나는 오랫동안 길을 걷고 있다. 우리가 함께 걷고 있는 '영화'라는 복잡한 길. 이 책은 그 길의 이정표와 같다. 영화를 꿈꾸는 모든 이들이 함께 보면 좋겠다.

——— **이준익**(영화감독, 《사도》《왕의 남자》)

시나리오를 쓰면서는 몇 번이나 막막한 어둠을 만난다. 어느 방향으로 가야 할지 모르겠는 순간 빛나는 별빛과도 같은 책. 오랫동안 시나리오를 쓰지 않았고 작법 또한 아련했다. 이 책을 읽고서 한 줄 쓰기 시작했다. 고마운 책이다.

——— **허진호**(영화감독, 《천문》《봄날은 간다》)

사람은 변하지 않는다는 말처럼 오기환을 잘 설명하는 문장도 없다. 어느 작가, 감독보다 인간적이고 따뜻한 사람이다. 이 책에는 오기환이라는 중견 작가이자 감독의 스토리에 관한 기술만이 아니라 진심과 열정이 고스란히 담겨 있다.

——— **윤제균**(영화감독, 《국제시장》《해운대》)

영화는 여러 면에서 매력적인 예술이다. 혼자 힘으로는 완성될 수 없다는 점도 영화의 매력이다. 그러나 이 책은 작가 혼자 고민해야 하는 시간을 이야기한다. 혼자의 고민과 밤을 도와준다.

——— **장항준**(영화감독, 《기억의 밤》《싸인》)

추천사를 쓰기 위해 책을 읽기 시작하다 진지하게 공부를 해 버렸다. 내가 글을 쓰고 영화를 찍을 동안 오래도록 곁에 두고 읽을 책. 자칫 길을 잃기 쉬운 시나리오 작가들에게는 든든한 내비게이션.

——— **강형철**(영화감독, 《스윙키즈》《써니》)

좋은 시나리오에 관한 끝없는 고민, 그 답을 알려 주고 싶은 진심이 담겨 있다. 많은 이들이 고민했지만 정리하지 못했던 숙제를 알려 준다. 읽다 보면 깨달음을 넘어 계획을 실행하게 되는 책. 작가들에게 큰 길을 열어 준다.

——— **박은경**(영화 제작사 더 램프 대표, 《말모이》《택시운전사》)

저자는 다양한 장르의 화제작, 흥행작을 쓰고 연출했다. 또 한국에서 중국까지, 여러 현장과 강단에서 활동해 왔다. 저자가 20여 년 동안 집요하게 탐구하고 노력한 분야가 '스토리'다. 재미와 성실함, 입체적인 해석으로 중무장한 이 책이 증거다.

———— **임필성**(영화감독, 《마담 뺑덕》 《남극일기》)

국내외의 여러 저자가 쓴 다양한 작법 책이 있음에도 굳이, 새로운 작법 책이 나와야만 하는 이유를 증명한다. 명쾌하지만 더없이 친절하다. 경험과 관찰을 통해 터득한 지혜를 아낌없이 준다. 확신을 갖고 추천한다.

———— **김윤영**(한국방송작가 교육원 강사 겸 드라마 작가, 《반올림》 《카이스트》)

Q: STORY: 시나리오, 어떻게 쓸 것인가?

A: 『스토리: 흥행하는 글쓰기』를 반드시 탐독하시길!

———— **박수진**(시나리오 작가, 《공조》 《국제시장》)

놀랍도록 튼실한 바이블의 탄생! 작법에 관한 기존의 모든 필독서를 예리하게 분석하고, 현장에서 체득한 자신만의 경험치를 보태 반짝이는 책을 내놓은 저자에게 큰 박수를 보낸다. 긴 말은 필요 없다. 이 책 한 권이면 된다.

———— **김인영**(드라마 작가, 《혹기사》 《태양의 여자》)

한 줄의 아이템에서 시작하여 시나리오가 나오기까지의 필요한 전부가 들어 있다. 특히 시나리오를 구조적으로 분석했다는 점, 21세기의 한국 흥행 영화들을 빠짐없이 분석해 냈다는 점에서 매우 유용하다.

———— **이하영**(영화 제작사 하하필름스 대표, 『영화 배급과 흥행』 저자)

스토리

: 흥행하는 글쓰기

일러두기

— 이 책에 나오는 영화명은 한국 제목에 맞추었다.

— 인명, 지명 등은 한글맞춤법, 외래어표기법에 의해 표기하는 것을 원칙으로 했으나, 일부는 통용되는 방식으로 표기했다.

스토리
: 흥행하는 글쓰기

The Tools of Screenwriting
: For Korean Writers

21세기 한국 영화들로
파헤친 시나리오 작법

오기환 지음

SIGONGART

스토리 : 흥행하는 글쓰기

초판 1쇄 발행일 2020년 10월 29일
초판 5쇄 발행일 2024년 7월 15일

지은이 오기환

발행인 조윤성

편집 이경주 **디자인** 서윤하
발행처 ㈜SIGONGSA **주소** 서울시 성동구 광나루로 172 린하우스 4층(우편번호 04791)
대표전화 02-3486-6877 **팩스(주문)** 02-585-1755
홈페이지 www.sigongsa.com / www.sigongjunior.com

ISBN 979-11-6579-226-8 03680

*SIGONGSA는 시공간을 넘는 무한한 콘텐츠 세상을 만듭니다.
*SIGONGSA는 더 나은 내일을 함께 만들 여러분의 소중한 의견을 기다립니다.
*잘못 만들어진 책은 구입하신 곳에서 바꾸어 드립니다.

"글 쓰는 일은 고독하지만,
유일하게 가치 있는 삶이다."
—— 귀스타브 플로베르

"스토리를 만들기 위해 고심하는
이 세상의 모든 작가들에게 바친다."
—— 오기환

추천의 글

1

슬쩍 잡아당겼는데 그것만으로도 글길 뚫림의 마법이!

많은 이들이 '자기계발서를 읽을 바에 그 시간에 차라리 삶을 살아라!'라고 외친다. 하지만, 살다 보면 나도 모르는 사이 멋진 제목의 자기계발서를 들여다보고 있는 스스로를 발견하는 민망한 순간에 놓이기도 한다. 이를테면 '자기계발서 따윈 필요 없어!'라는 제목에 순식간에 끌리는 것이다. 글을 써 온 나에게는 작법서가 일종의 자기계발서인 셈이었다. 어린 시절 멋진 시를 쓰고 싶은 마음에 시집을 잔뜩 사 모으면서도 실은 몰래 산 시 작법서 몇 권을 읽고는 아닌 척했다. 마찬가지 패턴으로 소설 작법서도, 희곡 작법서까지 읽지 않은 작법서가 없다. 한 편도 쓰지 못할 줄 뻔히 알면서도 혹시나 하는 유혹에 빠져 버리고 마는 것이다.

뒤늦게 영화를 배우면서, 나는 영화만은 절대 비밀 매뉴얼 따윈 들여다보지 않으리라 결심했었다. 오로지 영화만을 섬겨 모든 비밀을 습득할 거라고 굳게 다짐했건만, 실은 20년 넘는 여정 동안 읽지 않은 작법서가 없다고 고백한다. 왜일까. 무엇인가를 만들어 내며 산다는 것은, 크레타의 미궁에 갇힌 신세로 어디로 나아가야 할지 몰라 '글길 막힘writer's block'이라는 견고한 벽 앞에서 방황하다 좌절하고 다시 나아가다 또 좌절하기를 반복하는 형벌의 삶일지도 모른다. 물론 천장을 올려다보면 하늘 위로 멋진 작품들이 무수히 많이 수놓아져 있다. 기실 미로를 탈출할 수 있게 도와주는 수많은 지도가 눈앞에 있는 것이다. 하지만 그것만으로는 불안에 잠식된 창작자의 영혼이 쉬이 달래지지 않는다. 결국 누군가가 나타나 갈급한 손아귀에 미로의 해부도를 쥐어 주며, 겨우 한발 내딛을 정도의 한 조각의 희망이라도 선물해 주길 간절히 꿈꾸게 된다.

그렇게 시나리오를 써 주는 AI의 등장을 수십 년째 기도하고 있지만, 한참 요원해 보인다. 그래서인지 어디선가 업데이트된 매뉴얼이 등장했다는 소식이 들리면, 이렇게 당장 달려가 일단 폭풍 흡입하며 새로운 비방에 고팠던 허기를 달래 본다. 다 알고 있어 보이지만 사실은 모르는 이야기로 가득하다. 좋은 영화들을 해부하여 그 원소들을 살펴보는 즐거움이 가득 담겨 있다. 그것들을 잘 재조립하면 훌륭한 작품이 막 빚어질 것만 같다. 역시나 가끔씩 이런 판타지를 흠뻑 즐기는 것도 나쁘지 않다.

모든 작법서가 그렇듯, 이 책은 미래에 관한 이야기는 아니다. 멋진 과거를 장식했던 명작들의 아름다움을 예찬한다. 미래의 모든 훌륭한 스토리는 전복과 배반 속에서 피어나기 마련이다. 대부분의 명작은 통상적인 기대치와 다른 노선 속에서 태어났고, 그 이유로 오랫동안 살아남아 고전으로 자리 잡았기 때문이다. 재미있는 건 그 마스터피스들도 이 책 속에 수놓아진 과거의 개념과 원칙들을 온전히 소화해 낸 후에야 보이는 낯선 길 위에 자신만의 비전을 펼쳤기에 비로소 가능했다는 것이다. 그런 의미에서 대한민국 현직 영화감독이 풀어헤친 『스토리: 흥행하는 글쓰기』는 글길 막힘이라는 미로의 벽 앞에서 도움닫기가 절실한 우리 테세우스들에게 꼭 필요한 아리아드네의 실타래일지도 모른다. 혹시 아는가. 슬쩍 잡아당겼는데 그것만으로도 글길 뚫림의 마법이 휘릭, 하고서 발휘될지.

영화감독 민규동《허스토리》《내 아내의 모든 것》

추천의 글

2

보물의 위치와 방향을 결정하는 가장 기본적인 요소

나는 시나리오는 여행을 떠나기 전에 챙기는 지도와 같다고 생각한다. 우리는 아직 여행을 떠나지 않았고, 우리를 목적지까지 안전하고 편안하게 이끌어 줄 길을 선택하지 않았다. 떠나기 전에 우리는 이것이 어떤 여행이 될까 상상한다. 그리고 어떤 길을 택해야 옳은지 동행자들과 서로의 의견을 주장하며 그 과정에서 때론 대립하고, 때론 투쟁하며, 더러는 여행을 취소하기까지 한다.

하지만 좋은 여행에서 가장 중요한 것은 어떤 길을 선택하느냐보다는 여행의 목적 그 자체다. 지도 안에 새겨진 수많은 보물 중에 어떤 보물을 찾으러 갈 것이며, 그 보물이 우리 각자에게 어떤 의미를 갖게 될지, 우리는 명확하게 알아야 한다. 그러기 위해서는 일단 보물의 위치가 정확해야 하고 또 지도의 동서남북 표기가 명확해야 한다. 마지막으로 그 방향을 결정하는 사람인 디렉터의 목표에, 함께 여행을 떠나는 사람들이 공감해야 하겠다.

우리는 여행 중에 강을 만나 다리를 놓을 수도 있고, 배를 띄울 수도 있고, 강을 우회해서 갈 수도 있다. 어떤 보물을 왜 찾으러 떠나는지, 여행을 떠나는 이들의 목표와 방향이 명확하면 방법은 선명하게 눈에 보이기 마련이다. 우리는 더 이상 어떤 길이 옳은지 싸우지 않는다.

'시나리오'라는 지도에서 보물의 위치와 방향을 결정하는 가장 기본적인 요소는 메인 플롯이다. 메인 플롯이 불분명하면 어떤 길을 택하든 목적지에 도달할 수 없다. 지도를 아무리 아름답게 꾸미고 또 화려한 길들이 우리의 눈을 현혹해도 길을 안내하는 지도로의 제 기능을 발휘할 수가 없다. 이를테면 아무리 훌륭한 반찬이 있어도 쌀이 익지 않으면 밥을 먹을 수 없다고 해야 할까? 영화도 그렇다. 영화를 구성하는 다른 모든 요소가 뛰어나도 메인 플롯이 정확하게 설계되지 않으면 그 영화는 절대로 제 기능을 발휘할 수가 없다.

그런 면에서 『스토리: 흥행하는 글쓰기』는 시나리오의 구조에 대한 여러 가지 관점과 이론을 정립하여 처음 시나리오를 쓰는 작가들에게 각자가 찾아야 할 보물을 더욱 선명하게 보여 준다. 여행 초보자는 화려한 보물들에 현혹되기 쉽다. 이 책을 통해서 나만의 보물을 찾는 훈련과 지도를 읽는 방법을 익히기 바란다. 분명히 즐겁고 행복한 여행이리라. 그리고 목적지에 도달했을 때 뒤돌아보면, 내가 지나온 곳이 나를 위한 길이었음을 깨달을 것이다.

영화감독 신연식(《1승》《동주》(각본))

목차

들어가며

반갑습니다! 『스토리: 흥행하는 글쓰기』의 저자 '오기환'입니다. 이 책을 선택하고 애정으로 읽기 시작한 여러분 모두를 진심으로 환영합니다. 그리고 감사드립니다. 좋은 선택이 되도록 최선을 다하겠습니다.

여러분은 아마도 TV 드라마 작가 혹은 영화 시나리오 작가 지망생일 겁니다. 만약 아니라면 영화 텍스트를 체계적으로 읽고 싶은 영상 전공 학생이거나 바쁜 일상 와중에서도 짬을 내어 글을 써 보고 싶은 직장인일 겁니다. 현재 어떤 일을 하건 여러분은 국적, 인종, 성별을 떠나 스토리를 좋아하고 영화 시나리오나 드라마 대본에 관심 많은 사람일 겁니다.

가장 먼저, 좋은 선택을 했다고 말하고 싶습니다. 이 책에는 스토리에 관한 넓고 깊은 함의가 담겨 있습니다. 그래서 현재 여러분이 고민하는 어떤 부분에 대한 단서를 얻거나 문제를 해결할 수 있으리라 생각합니다.

현재 한국 영화 혹은 드라마 산업 분야에서 가장 힘이 센 곳은 어디일까요? 게임 혹은 웹툰 산업 분야에서는요?

영역을 막론하고 콘텐츠 비즈니스 분야의 중심은 '콘텐츠'입니다. 그리고 콘텐츠의 본질은 '스토리'고요. 따라서 콘텐츠 비즈니스에서 가장 힘이 센 이는 작가입니다. 지금 여러분이 가고자 하는 방향은 제대로 된 길이라고 할 수 있습니다.

그런데 이 책을 통해 여러분과 '스토리 작가의 길'을 함께할 사람이 궁금하지 않으세요? 저는 영화감독 겸 시나리오 작가입니다. 지금까지 영화 시나리오를 창작하는 영화 시나리오 작가, 영화 시나리오 이론을 가르치는 영화학과 교수, 시나리오를 검토하는 시나리오 닥터로 일해 왔습니다. 스토리에 관련된 어떤 문제에도 나름의 해답을 내놓을 만큼 많은 경험을 쌓았습니다.

책을 쓴 계기는 이렇습니다. 지금까지 20여 년 넘게 수많은 스토리 창작 도서를 읽었지만 어디에서도 제대로 된 답을 찾기가 힘들었습니다. 그러다 어느 순간 깨달았습니다. 타인의 책에서 나만의 답을 찾는 것이 잘못된 방법이었을 수도 있겠다고요.

다른 사람의 책에는 '그의 해답'이 있습니다. 독자는 작가의 해답을 읽게 되죠. 작가에게 공감하지 못하면 나만의 답을 찾기 힘듭니다. 결국 '나만의 해답'을 찾겠다고 결심했습니다. 이후 지식의 미로 속에서도 굴하지 않고 답을 찾고자 노력했고, 그 결과로 모든 미디어에서 유용하게 사용할 수 있는 스토리 공식 하나를 찾아냈습니다. '나의 해답'을 찾은 거죠.

이 책에는 제가 스토리 공식을 찾고자 노력했던 험난하고 지루한 과정에서 쌓인 온갖 지식이 담겨 있습니다. 그중에서 가장 객관적인 이론, 검증을 거친 경험만 모아서 전달하려 합니다. 스토리 창작에 곧장 적용할 수 있는 실용적인 내용입니다. 여러분의 노트북 옆에 항상 놓여 있고, 글쓰기가 막힐 때마다 열어서 해답을 찾을 수 있는 책을 만들었습니다.

스토리를 쓴다는 것, 새로운 세상을 창조하는 일은 너무 힘듭니다. 공산품 제조 공정과 달리 시작과 끝이 불분명합니다. 누구도 어디에서 어떻게 시작되고 언제 어떤 모습으로 끝나는지 정확하게 모릅니다. 하지만 여러분이 마음을 다잡고 글의 시작과 끝을 정한다면 스토리는 시작되고 끝날 겁니다.

저는 여러분 옆에 앉아 여러분이 끝까지 이 길을 완주할 수 있도록 응원하고 도움을 주겠습니다. '페이스메이커'라고 생각해 주세요. 저는 그 길을 잘 알고 있습니다. 여러 번 완주해 봤고, 지금도 쉬지 않고 매일 다시 출발하는 사람입니다. 여러분이 마음의 준비를 마쳤다는 신호를 주면 지금 바로 출발하겠습니다.

이 책을
읽기 전에
1

책의 구성

스토리 창작의 길은 다음과 같이 구성되어 있습니다.

1장 '스토리의 이론'에서는 기존 스토리 이론서 및 작법서들의 내용을 간결하게 정리했습니다. 제가 짚고 싶은 것은 하나입니다. 각각의 이론서와 작법서가 갖는 다양한 시선 중에서 우리가 찾아야 할 공통분모, 즉 시나리오 이론의 기초 요소를 살펴보겠습니다. 모든 스토리 이론가가 공통적으로 거론했던 창작의 과정을 관통하는 필수 요소가 무엇인지 정리했습니다. 로버트 맥키, 데이비드 하워드, 시드 필드와 같은 시나리오 이론 분야의 선구자들은 자신들의 저술에서 특유의 이론과 효능의 아우라를 설파했습니다. 그리고 모두 독특한 솔루션을 내놓았습니다. 이들의 차이점을 안다면 스토리의 개념을 정리하는 데 큰 도움이 될 것입니다.

2장 '플롯'과 3장 '주인공'에서는 스토리의 기본 이론을 다루고, 4장 '공식의 개념'부터 7장 '공식의 적용'까지는 스토리의 내적 순환에 대해 설명합니다. 스토리의 세계를 지탱하는 플롯의 삼각형부터 설정과 절정의 인과성, 공격점 1과 3의 연관성을 다루면서 결국 스토리는 살아 있는 유기체임을 증명할 예정입니다.

8장 '장르의 법칙'은 세상에 존재하는 모든 스토리가 어떤 생김새와 구조를 갖는가에 관한 답입니다. 장르마다 어떤 모양을 가지고, 어떤 형태로 나열되는지 설명했습니다. 이를 통해 멜로, 휴먼, 스포츠, 공포, 액션 등 여러 장르의 다양한 기본 서사 법칙을 숙지할 수 있습니다. 또 각 시대마다 선호했던 스토리의 종류는 무엇인지와 시대별 스토리의 형태는 어떻게 변화했는지와 오늘날의 영상 산업 분야에서 선호하는 장르는 무엇인지도 설명했습니다.

9장 '스토리 창작'과 10장 '창작의 순서', 11장 '장르별 글쓰기'에서는 스토리 창작의 전체 과정을 상세하게 설명했습니다. 창작의 매 과정마다 확인해야 할 점들을 나열하고 여러분이 스토리 창작의 전체 흐름을 쉽게 체화할 수 있도록 반복해서 다루었습니다. 더불어 창작의 각 과정이 얼마나 유기적으로 구성되는지도 명기했습니다.

스토리는 조립품이 아니라 유기체 혹은 생물체입니다. 생명 그 자체로 태어나죠. 스토리의 탄생 원리와 구성 요소들을 설명하면서 제가 생각하는 온전한 스토리 창작의 체계를 전달하겠습니다. 9, 10, 11장에서 제일 신경 쓴 부분은 다른 스토리 이론가들이나 창작 작법서가 지금껏 보여 주지 못한, '이론'과 '창작'의 연결입니다. 즉, '배우면 쓸 수 있다'는 단순한 명제를 증명하려고 했습니다.

이 책은 스토리의 미래 예측과 우리가 실제 영상 산업 현장에 어떻게 진입할 것인가까지 망라합니다. 책을 다 읽고 난 후에 여러분은 '결국 스토리란 ○○이다'라는 각자의 답을 얻으리라 확신합니다.

이 책을
읽기 전에
2

책의 특성

구조 vs. 대사

'흥행하는 스토리는 무엇일까?', '내가 이 책을 통해 전하고 싶은 메시지는 무엇일까?' 제가 이 책을 기획하면서 고심한, 스토리의 핵심은 '구조'였습니다. 스토리의 기본 구조를 설명하는 방법이 스토리의 본질을 제대로 이해할 수 있는 가장 쉬운(?) 길이라 생각했습니다. 『스토리: 흥행하는 글쓰기』는 스토리의 가장 밑바탕에서 스토리를 지지하는 서사 구조에 집중합니다.

윌리엄 골드먼은 《내일을 향해 쏴라》(1969)로 아카데미 각본상을, 《모두가 대통령의 사람들》(1976)로 아카데미 각색상을 수상했습니다. 그뿐만이 아닙니다. 《마라톤 맨》(1976), 《미저리》(1990) 등의 시나리오를 쓴 위대한 시나리오 작가입니다. 그는 시나리오에서 가장 중요한 세 가지 요소가 무엇이냐는 질문에 다음과 같이 답했습니다.

"구조, 구조, 구조!"

골드먼의 의견에 전적으로 동의합니다. 대사와 지문의 중요성을 폄하하는 것은 절대 아닙니다. 다만 스토리의 본질을 설명하고자, 저는 '구조'를 택했습니다. 그래서 『스토리: 흥행하는 글쓰기』는 구조를 통해 스토리의 본질을 설명합니다.

할리우드 영화 vs. 한국 영화

스토리 창작 이론 분야에서 한국인이 주도적으로 자신의 이론을 펼치고, 한국 고유의 서사를 다루고, 영향력을 행사한 책은 거의 없습니다. 외국인이 자신의 이론으로 할리우드 영화 텍스트를 분석한 책이 대부분이죠. 그 책들이 현재까지 학계에 적용된 이유는 다음과 같습니다. 우리나라의 경우 수많은 할리우드 영화가 미국과 거의 함께 개봉, 상영, 소비됩니다. 이에 할리우드 영화를 주요 소재로 한 교재에 담긴 내용과 사례는 별다른 저항 없이 한국의 스토리 교육에 정착될 수 있었습니다.

하지만 그들이 분석한 이론을 교육 현장을 떠나 영상 제작 현장으로 옮기면 어떨까요? 그들의 이론에 맞추어 영화 시나리오, 드라마 대본을 쓰면 투자받을 수 있을까요? 의문이 들 겁니다. 그래서 할리우드 영화, 드라마보다는 한국 영화, 드라마를 해석하고 분석하는 것을 기본으로 잡았습니다. 이 책은 한국 영상 산업을 기준으로 하고, 대한민국이라는 창을 통해 세상을 바라봅니다. 앞으로 여러분이 한국의 현장에서 일할 예정이라면 많은 도움이 될 겁니다.

할리우드 영화를 주로 보고, 매일 OTT Over The Top에 떠 있는 외국 드라마를 즐겨 보는 분들도 있을 테죠. 그렇다면 이렇게 생각해 보면 좋겠습니다.

외국인들은 왜 한국 영화, 드라마를 좋아할까요?

그 궁금증을 저와 함께 풀 수 있기를 바랍니다. 지금까지의 학습 방법과는 반대로, 한국식 스토리 이론과 창작 방법을 숙지한 다음에 우리의 시선과 공식으로 할리우드 영화를 분석해 보면 어떨까요? 스토리 영역에서도 한류로 증명된 '한국형 서사'가 있습니다. 전 세계를 상대로도 통용될 수 있음은 《기생충》(2019)이 너무나 훌륭하게 증명해 주었고요.

분석론 vs. 창작론

이 책은 실제로 창작을 어떻게 하는가에 중점을 두었습니다. 이론을 머릿속에 담는 게 아니라 내 손을 통해 실제 작품을 창작할 수 있는 방법 말입니다. 저는 수많은 책을 읽었고 또 셀 수 없을 만큼 많은 스토리 강의를 들었습니다. 이를 통해 얻은 이론과 정보들은 큰 도움이 되었지만 그와 별개로 작품을 창작하기란 정말 힘듭니다. '이론 공부는 할 만큼 했는데 창작은 쉽지가 않네…'라는 생각, 정말 많이 했습니다.

> "지금까지 스토리 이론을 공부했으니, 지금부터는 스토리 창작을 하라."

스토리 공부의 마지막에는 늘 이런 이야기를 들었습니다. 아쉽게도 먼저 손을 내밀고, 손을 잡고 같이 걸어가는 책과 커리큘럼은 없었습니다. 수학 공식만 알려 주고, 연습 문제 풀이는 없는 느낌? 솔직히 매번 그랬습니다. 그래서 작법서의 마지막 페이지를 넘길 때마다 허망

했습니다. 저는 먼저 따뜻한 손을 내밀어 보려 합니다. 여러분이 스토리에 대해 어느 정도 안다 싶을 때쯤 옆에서 조용히 속삭일 것입니다.

이제 같이 한번 써 볼까요?

마음의 준비가 되었다면 과감하게 작품으로 달려가면 됩니다. 아직 준비되지 않았다고 해도 괜찮습니다. 이 책을 다시 한 번 읽고서 시작하면 됩니다. 저와 동행하다가 제가 선배들의 책을 읽고 느꼈던 것과 비슷한 감정을 느낄 수도 있습니다. 그때는 좀 더 친절하게 말해 달라고 이야기해 주세요. 몇 번이고 다시 설명할 테니까요.

이 책 곳곳에는 이정표와 안내판이 놓여 있습니다. 제가 여러 번 다녔던 길이라 길을 잃었던 곳마다 표지판을 세웠습니다. 방향을 몰라 멍하니 고민했던 곳마다 화살표를 그려 놓았습니다. 끝을 몰라 포기하려고 했던 곳에는 남은 거리를 써 두었습니다. 지도가 없으면 완주하기 힘들지만 이정표와 안내판이 있다면 누구나 완주할 수 있습니다.

영화 vs. 영상

이 책에서 거론하는 예시의 대부분은 한국 영화입니다. 그리고 한국의 드라마와 예능도 조금 섞여 있습니다. 스토리의 원리는 매체만 다를 뿐 거의 같습니다. 각각의 스토리의 포맷에 따라 필수 요인들이 조금 다르게 배치될 뿐입니다. TV 드라마를 통해서도 스토리의 기본 이론들을 설명할 수 있고, 예능을 통해서도 주인공의 기능을 말할 수 있습니다. 다만 '스토리의 정석을 설명할 때 가장 효과적인 텍스트는 무엇일까?' 고민했을 때 분량과 밀도가 가장 효율적인 텍스트는 영화라 영화 위주로 설명할 예정입니다.

한 편의 영화가 보통 2시간이고, 한 편의 드라마가 대개 70분인 것처럼 이 책에도 정해진 분량이 있습니다. 16부작 드라마는 몇 편만 분석해도 책 분량의 절반을 차지할 것이라 설명의 효율 측면에서도 영화가 좋습니다. 꼭 필요한 드라마나 예능 프로그램은 요소요소에 배치했습니다.

오리지널 vs. 원작 각색

극장에 걸린 영화 가운데 오리지널 시나리오로 창작된 영화는 몇 편일까요? 드라마 가운데는요? 영화의 경우 아이언맨, 스파이더맨 같은 히어로가 나오는 마블 만화를 원작으로 하거나 원작 소설이 있는 영화가 많습니다. 드라마도 사정이 크게 다르지 않습니다. 각본 자체는 오리지널이라고 해도 외국에서 한 번 방영된 적이 있는 작품을 옮겨 오는 경우도 있으니까요. 그렇다면 여러분이 앞으로 쓰게 될 글은 오리지널 작품이 많을까요, 아니면 원작을 각색하는 경우가 많을까요?

잘 모르겠다고요?

다른 질문을 하겠습니다. 여러분은 원작 '창작' 작가가 되고 싶은가요, 아니면 원작 '각색' 작가가 되고 싶은가요? 앞의 질문에서는 불투명했던 답이 이번 질문에서는 분명해졌을 겁니다. 대부분의 작가는 오리지널 스토리를 쓰고 싶어 합니다. 작가의 본성이에요. 이 책은 오리지널 작품 창작을 목표로 하는 이가 보기에 좋게 구성했음을 미리 밝힙니다. 원작 창작과 원작 각색은 작법이 다릅니다. 이 세상에 없는 것을 새롭게 내놓는 것과 세상에 이미 있는 것을 다시 내놓는 것이 어떻게 같을 수 있을까요?

논문 vs. 족보

저는 영화 관련 학위는 있지만 학자는 아닙니다. 현장에서 일하는 영화감독입니다. 이 책은 논문이 아닙니다. 굳이 설명하자면 선배가 시험 때 애정을 가진 후배들에게 은밀히 건네는 '시험 족보' 같다고 할까요? 이 족보에는 답만 있지 않습니다. 지금까지의 시험을 정량적으로 분석하고 그것을 확률과 통계로 나눈 다음, 이번에는 이렇게 출제될 것 같다는 선배의 해석까지 있습니다.

여러 작품을 정량적으로 분석하고, 그것들을 세세히 분류하고, 확률과 통계를 낸 다음, 마지막으로 저의 해석을 추가했습니다. '이것은 이렇게 해석해야 하지 않을까?', '첫 출제 이후 시간이 많이 흘러서 문제 경향이 바뀔 것 같은데' 등등. 부분적으로 받아들이건 전체를 습득하건 여러분의 선택입니다.

살 vs. 뼈

이 책은 '스토리의 살'보다는 '스토리의 뼈'에 관심을 둡니다. 지방이 촘촘히 박혀 있는 맛난 이야기보다는 이들을 아래에서 든든히 받치고 있는 이야기의 뼈를 분석합니다. 우리는 TV 드라마와 영화를 재미있게 보지만 그것이 스토리 구조의 어느 곳에, 어떻게, 어떤 형태로 위치하는지는 잘 모릅니다. 이 책을 통해 '스토리의 뼈'를 이해하면 앞으로 날카로운 스토리의 어느 부위에, 어떻게 창작의 칼을 찔러 넣어야 든든한 뼈를 잘 발라 맛있는 살을 얻는지 알 수 있습니다. 그리고 그 과정을 통해 어떻게 스토리를 재구성해야 하는지를 깨닫게 됩니다.

제가 아는 스토리의 뼈의 형태는 이렇습니다.

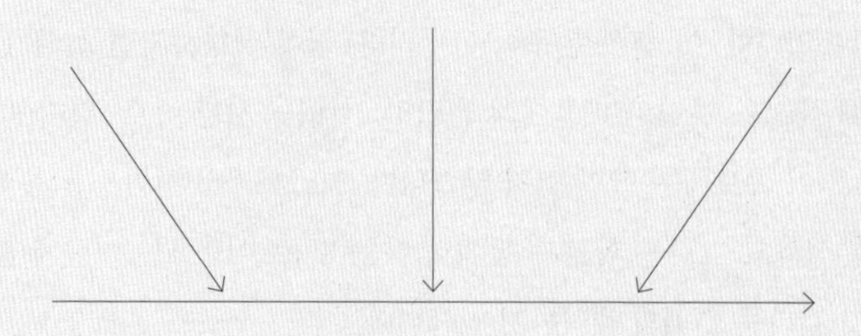

이상하게 생겼다고요?

처음으로 스토리의 뼈를 봤다면 이상하게 느끼는 게 당연합니다. 스토리의 뼈는 영화와 드라마의 모든 스토리에 항상 붙어 있습니다. 다만 제대로 이야기의 살을 발라내고, 그 안의 뼈를 본 적이 없어서 낯설게 느껴질 뿐입니다. 앞으로 충분히 설명하겠지만 당장 이야기의 뼈를 눈으로 확인하고 싶다면 지금 여러분이 시청하고 있는 16부작 드라마의 4부, 8부, 12부의 끝을 살펴보세요. 두 시간 분량의 영화라면 30분, 60분, 90분 지점을 보면 됩니다.

아무것도 안 보인다고요? 여러분! 세상의 진실은 아는 만큼 보이는 법입니다. 마음을 열고, 눈앞에 펼쳐진 새로운 세상을 받아들인다면 곧 볼 수 있습니다. 걱정하지 마세요.

지금까지 이 책의 특성을 설명했습니다. 이외에도 기존 작법서와는 다른, 독특한 지점이 몇 가지 더 있습니다. 이들은 직접 읽으면서 찾아주세요. 기대해도 좋습니다.

스토리 창작의 세계는 춥고 외롭습니다. 쉬엄쉬엄 걸어가는 산책 길이라기보다는 혼자 로프에 몸을 의지하면서 산을 올라야 하는 암벽 타기에 가깝습니다. 하지만 춥고 외로운 이 길의 끝에는 젖과 꿀이 흐르는 땅이 기다리고 있습니다. 믿으세요. 희망은 언제나 절망 뒤에 숨어 여러분을 기다리고 있으니까요.

스토리 창작 완주의 길, 지금 출발합니다!

01

스토리의 이론

스토리 공부, 어디까지 해봤나요? 스토리 창작, 얼마큼 써 봤나요?

스토리! 정말 쉽지 않습니다. 어렵습니다. 사법 시험이나 공무원 시험도 어렵지만 이런 시험은 범위가 정해져 있고, 해당 범주 안에서 공부하면 됩니다. 반면 스토리는 시작과 끝이 정해지지 않았고(범위가 없고), 문제가 어디서 출제될지 모릅니다. 그리고 시험의 결과물인 작품에 누구 하나 정확한 성적을 매길 수 없습니다.
스토리 창작의 세계를 레고 조립법처럼 펼쳐 보일 수 있다면 얼마나 좋을까요? 오랫동안 스토리 창작을 공부해 온 입장에서 말하자면 이것은 창조주의 절대 세계를 쉽게 엿보고자 하는 인간의 탐욕입니다. 창작의 세계는 인간이 침범할 수 없는, 신의 영역입니다.
글이란 정량적으로, 규칙적으로, 주기적으로 창작할 수 없습니다. 시작은 누구나 할 수 있지만 언제, 어느 순간, 어느 정도의 글을 어느 수준으로 쓸 수 있을지는 아무도 모릅니다. 그래서 글을 쓰는 이들은 현재 내가 쓰는 글이 언제 어떤 형태로 끝날지 모른다는 안쓰러운 고백을 자주 하게 됩니다.
스토리 쓰기는 라면 끓이기와는 다릅니다. 간단히 말해 스토리는 라면이 아닙니다. 우리는 라면을 쉽게 끓이고 또 간단하게 먹습니다. 같은 기계로 같은 종류의 라면을 만들 수 있고 같은 맛을 유지할 수 있습니다. 하지만 스토리의 제조 방법은 라면과 같지 않습니다.

라면과 스토리는 어떻게 다를까요?

① 라면은 보이지만 스토리는 보이지 않는다.
② 라면은 끓이는 데 3분이면 충분하지만 스토리는 최소 1년에서 3년 가까운 긴 시간이 필요하다.
③ 라면은 1천 명이 끓여도 비슷한 맛이지만 스토리는 1천 명이 같은 소재로 써도 저마다 다른 글이 나온다.

스토리를 공부하는 시작점에서 우리는 스토리는 라면이 아님을 인지해야 합니다. 스토리 공부는 라면을 만드는 방법을 배우는 것과는 많이 다릅니다. 창작의 비법을 쉽게 찾을 수 없다는 점을 인정해야 합니다. 창작 비법이 제각기 다를 수도 있다는 점도요. 스토리 공부의 시작점은 같을지 몰라도 도착점은 제각각입니다. 인정하기 싫지만 몇몇은 끝에 도착하지 못할 수도 있습니다.
그럼에도 불구하고 이 모든 어려움마저 스토리의 매력임을 인정해야 합니다. 어쩌면 이렇게 어렵기에 이 길을 선택하는지도 모릅니다. 지금부터 우리보다 먼저 창작의 길로 떠났고, 아직도 자신의 길을 가고 있는 몇몇 선배들의 여정을 살펴보고자 합니다. 그들의 이야기를 그대로 가져오지는 않았습니다. 제가 감명을 받은 부분과 그에 대한 생각을 조금 보탰습니다.
여러분도 자신의 생각을 정리해 보기 바랍니다. 새로운 것은 기존의 것을 새로운 시선으로 들여다볼 때 비로소 만들어지니까요.

1

Story
: 시나리오 어떻게 쓸 것인가

《어댑테이션》(2002)에서 실명으로 등장하여 '갈등이 이야기의 핵심'이라고 이야기하는 로버트 맥키의 저술 『Story: 시나리오 어떻게 쓸 것인가』(민음인, 2002)는 지금 이 순간에도 수많은 이들이 스토리의 진리를 찾기 위해 탐독하는 책입니다. 저도 읽었습니다. 한데 이 책에 나오는 '비트'나 '아크arc 플롯'(고전적, 이상적 구조)보다는 책의 서론에 있는 몇 문장을 소개하고 싶습니다.

> "이 책은 규칙이 아니라 원칙에 관한 것이다."
> "이 책은 공식이 아니라 영속적이고 보편적인 형식에 관한 것이다."
> "이 책은 관객을 경멸하기 위한 것이 아니라 존경하기 위한 것이다."
> "이 책은 복제가 아니라 독창성에 관한 것이다."

서론에 있는 여덟 문장 가운데 이 네 문장이 저에게 큰 영향을 끼쳤습니다. 『스토리: 흥행하는 글쓰기』의 서론에 있어도 무방한 내용입니다. 전적으로 공감하기 때문이죠.

이 네 문장을 저는 이렇게 정리하고자 합니다.

"이 책은 규칙이 아니라 원칙에 관한 것이다."

맞습니다. 저도 이 책을 통해 스토리에 관련하여 지금까지 축적한 지식을 모으고, 이를 자의적으로 해석하고, 주관적으로 풀이하여 전달하고 있습니다. 하지만 그것이 여러분을 옥죄는 규칙이 되어서는 안 될 것입니다. 이론이라는 딱딱한 규칙으로 여러분의 사고를 가둘 마음도 없습니다. 다만 창작의 길을 갈 때 의지할 수 있는 원칙을 내놓으려고 합니다. 다수가 의지할 만한 것들을 정리했으나 조금이라도 주관적이거나 독단적으로 보인다면 충분한 이유와 맥락을 더하겠습니다.

"이 책은 공식이 아니라 영속적이고 보편적인 형식에 관한 것이다."

책의 앞에서는 스토리에 관한 세상의 거의 모든 이론을 가져와 설명하고, 뒤에서는 스토리의 원형을 담아 그것을 충분히 표현할 수 있는 스토리 공식을 하나 내놓을 예정입니다. 그 공식은 기원전부터 지금까지 이어져 온 스토리의 보편적 형식과 여러분의 창의력을 대조하는 잣대로 기능했으면 합니다.
작가에게 상상력과 창의력은 무엇보다 중요한 재산입니다. 작가의 상상력과 창의력을 통해 나온 스토리가 이것을 보는 이들이 객관적으로 허용하고 납득할 수 있는 수준인지를 검증하는 규칙과 규정은 아직 없습니다. 그래서 하나의 작품이 세상에 나올 때마다 작가의 기준과 사회의 기준이 충돌하는 경우가 많습니다. 저는 이 갈등을 어느 정도는 해결할 수 있는 기준이 필요하다고 늘 생각해 왔습니다. 여러분이 제가 만든 공식을 가지고 자신의 스토리를 점검했으면 합니다. 저의 스토리 공식은 창작자의 주관과 관객의 객관이 충돌할 때 그것을 조정할 수 있는 보편적인 기준을 제시합니다. 아, 물론 강요는 아닙니다.

"이 책은 관객을 경멸하기 위한 것이 아니라 존경하기 위한 것이다."

보통의 작가들은 굉장히 주관적입니다. 다른 말로 이기적입니다. 반면에 관객들은 굉장히 객관적입니다. 다른 말로 이타적입니다. 글쓰기는 대부분 주관적이고 이기적인 작가가 객관적이고 이타적인 관객을 위해 씁니다. 그리고 그들의 호의적인 반응을 얻어야 합니다. 결코 쉽지 않죠.
저는 창작자인 여러분도 이해하고, 일반 관객의 마음도 공감합니다. 좋게 말하면 폭넓은 시야를 갖고 있습니다. 학교에서도 많이 가르쳤고, 현장에서도 많이 일했기 때문입니다. 그래서 작가와 관객의 중간 지점에서 여러분의 주관을 다치지 않고 객관적이고 이타적인 시선으로 쓸 수 있도록 조언할 것입니다. 여러분의 작업 결과물을 산업 현장으로 나가게 하는 것이 이 책의 최종 목표입니다.

"이 책은 복제가 아니라 독창성에 관한 것이다."

스토리 공부로 체득한 지식은 앞으로 제대로 된 글을 쓰는 데 쓰일 겁니다. 즉 외부에서 얻은 지식은 내면의 생각이 '반복'되는 데 쓰이는 게 아니라 생각이 '반복되지 않도록' 하는 데 쓰여야 합니다. 다른 표현으로 하자면 체득한 지식이 '관습적인 사고'에 적용되는 것이 아니라 '독특한 사고'에 응용되어야 합니다. 스토리에 관련된 모든 논의는 복제, 복습을 위함이 아니라 독립, 독창에 대한 것임을 잊지 마세요.

2

시나리오 가이드 & 시나리오 마스터

"누군가가 어떤 일을 하려고 대단히 노력하는데 그것을 성취하기는 매우 어렵다."
"이 드라마틱한 상황은 잘 쓰인 모든 신scene의 심장이며, 잘 그려진 모든 스토리의 중대한 요소다."

위의 두 문장은 할리우드의 시나리오 작가 겸 시나리오 강사인 데이비드 하워드가 쓴 두 권의 책에서 제가 가장 영향받은 문장입니다. 『시나리오 가이드』(한겨레출판, 1999)와 『시나리오 마스터』(한겨레출판, 2007)를 통해 두 문장을 얻게 되어 다행으로 여깁니다. 덕분에 주인공과 플롯의 개념에 대한 단서를 얻었으니까요.
저는 다음과 같이 정리해 봤습니다. 아래 두 동그라미는 주인공의 액션 라인이고 위는 적대자의 역할입니다.

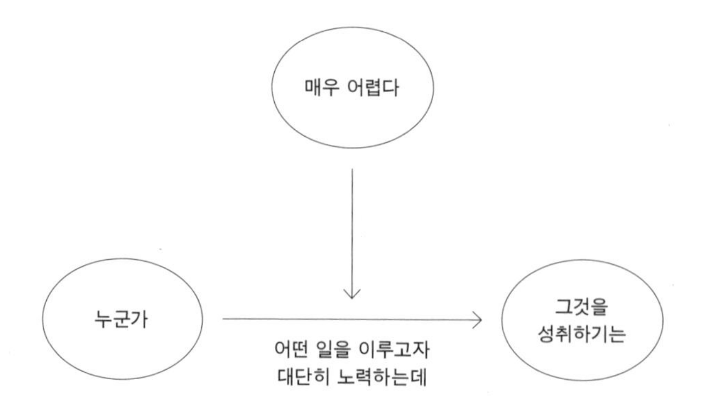

'주인공이 무엇을 하려는데 적대자가 그것을 막는다'는 문장은 스토리에 대한 원형적인 문장입니다. 저는 『시나리오 가이드』와 『시나리오 마스터』를 통해 하나의 문장을 얻었고, 그것을 도형적으로 해석하여 위와 같은 그림을 도출했습니다. 이후 나오는 '오기환의 공식'의 기초 도형은 이 두 권에서 아이디어를 얻었습니다. 창작에 대한 하나의 태도도요. 『시나리오 마스터』의 서문에는 다음과 같은 글이 나옵니다.

> "'시나리오 쓰기의 모든 것은 스토리를 어떻게 엮을 것인가로 요약된다'고 말하는 것은 건축이란 빌딩의 철골 구조를 조립하고 용접하는 것이라고 말하는 것과 유사하다. 분명히 금속 뼈대는 중요하다. 거기에 문제가 있다면 큰 빌딩은 무너질 것이다. 정작 빌딩을 사용하는 사람에게는 이런 구조가 눈에 보이지 않는다. 심지어 현대적인 디자인으로 구조가 눈에 보인다고 할지라도, 그것은 뼈대가 아니라 디자인적인 요소일 뿐이다. 그리고 가장 중요한 것은 관객은 별로 큰 의미를 두지 않는다는 것이다. 물론 구조가 아예 없다면 관객도 무심할 수 없겠지만."

스토리 창작의 근본은 창작의 기초가 되는 뼈대 구성이라는 점에는 모두가 공감할 것입니다. 하지만 저에게 더 큰 공감을 주었던 문장은 '정작 빌딩을 사용하는 사람에게는 이런 구조가 눈에 보이지 않는다' 였습니다.

창작 과정에서 우리가 가장 상처받는 이유는 글쓰기에서 반드시 지켜야만 하는 기준이 없기 때문입니다. 스토리 창작과 공부 과정에서 수많은 실패와 어려움을 겪으면서 생각한 것은 이 세상에 글쓰기 창작을 위한 힌트나 지식, 그리고 협조자가 정말 존재하지 않는가였습니다. 세상 대부분의 일은 실행을 위한 설계도가 있고 같은 예술 영역인 음악 작업의 경우에도 오선지 같은 도형과 화성악 같은 이론이 있는데, 왜 글쓰기에는 창작자를 도와주는 기준이나 규율이 없는지가 큰 의문이었습니다.

한편으로는 이 세상에 글쓰기에 관한 보편 지식이나 정보가 없는데 왜 누군가는 시나리오 초고 정도는 쉽게 쓸 수 있는가가 궁금했습니다. 누군가는 글쓰기는 예술의 영역이며 개인의 재능 문제라고 이야기할 수도 있습니다. 그러나 저는 꼭 재능의 문제라고 생각하지 않습니다. 예술적 완성도를 떠나 일단 글쓰기를 끝낼 수 있는 형식이나 절차가 없다는 점이 제가 가진 질문의 본질이었기 때문입니다. 그래서 아직 내가 모르지만 스토리 내부에 어떤 지식이나 정보 혹은 공식이 있지 않을까 생각했고, 내가 반드시 찾아내리라 다짐하며 스토리에 관한 연구를 계속했습니다. 그때 제 생각의 근거가 되었던 문장 중 하나가 '정작 빌딩을 사용하는 사람에게는 이런 구조가 눈에 보이지 않는다'였습니다.

여러분은 여러분이 있는 빌딩의 구조를 알고 있나요? 알 수 없고, 알고 싶어 하지도 않을 테죠. 설계도를 보면 쉽게 알 수 있지만 대부분은 보지 않습니다. 몰라도 생활에 지장이 없으니까요. 스토리도 마찬가지입니다. 관객들은 스토리의 구조를 전혀 모릅니다. 알 필요도 없고요. 하지만 빌딩을 세우는 건축가와 스토리를 창작하는 작가는 자신이 만들고 있는 건물과 스토리의 구조를 낱낱이 알아야 합니다. 그래야 빌딩을 완공하고 스토리를 끝낼 수 있으니까요.

그 답은 4장 '공식의 개념'에서 자세히 설명하겠습니다.

3

시나리오란 무엇인가 & 시나리오 워크북

시드 필드의 『시나리오란 무엇인가』(민음사, 2001)와 『시나리오 워크북』(경당, 2001)에서는 제 이론의 형식적인 바탕을 얻었습니다. 그래서 할 말이 많습니다. 얻은 것도 많지만, 그로 인해 새로운 세상이 열리는 바람에 지금은 시드 필드와 생각이 많이 달라졌습니다. 그가 책에서 이야기하는 내용과 제 생각의 차이를 살펴보는 것은 여러분이 새로운 사고를 확장하는 데 좋은 촉매제가 되리라 자신합니다.
제가 얻은 것은 하나의 그림과 몇 개 문장입니다.

시나리오의 기본을 공부했다면 '3막 구조'와 '중간점'의 위치를 잘 알고 있으리라 생각합니다. 1막과 2막이 끝나기 전에 다음 막으로 넘어

갈 수 있는 구성점이 존재한다는 게 시드 필드의 주장입니다. 저는 이것의 전체 개념에는 동의하나 세부 내용에는 공감하지 못했습니다.

첫 번째는 중간점입니다. 시드 필드는 첫 책 『시나리오란 무엇인가』에는 없던 중간점이라는 개념을 두 번째 저서인 『시나리오 워크북』에서 추가했습니다. '중간점은 극적 행동의 연결 고리로 2막의 전반부를 2막의 후반부와 연결시킨다'고 했습니다. 저는 중간점을 조금 다르게 생각합니다. 모든 스토리는 유기적으로 연결되어 있습니다. 따라서 중간점이 2막의 전반과 후반을 잇는 단순한 기능만 한다고 여기지 않습니다. 제가 생각하는 중간점은 전체 스토리를 본질적으로 방해하는 곳이자 가장 큰 적대자가 위치하여 주인공을 괴롭히는 지점입니다.

두 번째는 구성점의 위치와 기능입니다. 시드 필드는 기존 영화들을 분석하면서 구성점을 자세히 설명합니다. 일견 적절하고 합리적으로 들리고요. 저도 책을 읽을 당시에는 거부감 없이 받아들였습니다. 문제는 스토리를 창작할 때입니다. 이미 완성된 작품은 파일이나 대본을 열면 신이나 문장이 전부 나오니 쉽게 분석할 수 있습니다. 하지만 스토리를 창작할 때는 '아무것도 없는 곳'에서 '어떤 것'을 창작해야 합니다. 즉 분석론이 아니라 창작론이 필요합니다.

어느 정도 창작 경험이 있다면 새벽 2시를 전후하여 겪는 글쓰기의 어려움에 대해서 1천 퍼센트 공감하리라 믿습니다. 글이 막힌 새벽 2시를 떠올려 주세요. 그곳은 지옥입니다. 그럼에도 시드 필드는 창작자들이 지옥에 빠져 있는 그 어려운 순간에 어떻게 탈출해야 하는지 알려 주지 않습니다. 구성점을 어떻게 배치해야 하는지, 구성점 연결의 공식은 무엇인지, 어떻게 그곳이 구성점인지 알 수 있는지에 대해 정보를 주지 않습니다. 그래서 기존 작품을 분석하는 이론과 새로운 작품을 창작할 때의 이론은 다르다는 결론을 내렸습니다.

앞서 스토리는 생명체라고 했습니다. 구성점이란 생겨야 하는 특정 위치에 그냥 만들어지는 게 아니라 이야기의 시작부터 자동으로, 이야기의 내부 동력에 의해서 자연스럽게 생긴다고 봐야 합니다. 그래서 위치상으로만 존재하는 구성점에 동의할 수 없습니다. 다만 1막이 끝나는 지점에서 어떤 사건에 의해서 생겨야 한다는 점에는 동의합니다. 인위적으로 만들어지는 것은 아닙니다. 처음에 전체 스토리를 설명하는 바로 그 순간에 자동으로 생깁니다. 이야기의 구조는 이야기가 처음 시작될 때 자연적으로 뼈대가 태어납니다. 이야기를 창작하다 어느 순간 갑자기 자체로 진화해서 없던 뼈가 생기지는 않는다고 주장하는 바입니다.

시드 필드와의 근원적인 생각 차이는 스토리의 기본 요소 가운데 플롯에 대한 부분입니다. 주인공 부분에서는 대체로 일치합니다. 다음은 제가 취한 문장입니다.

"행동이 등장인물이다."

시드 필드는 『시나리오란 무엇인가』에서 등장인물을 설명하면서 '행동이 등장인물이다'라고 했습니다. 이 표현에 특히 공감합니다. 지금 여러분이 읽고 있는 『스토리: 흥행하는 글쓰기』의 키워드 두 가지는 '액션'과 '플랜'입니다. 전자는 주인공, 후자는 이야기의 플롯을 뜻합니다. 스토리에 등장하는 사람(주인공)은 자신의 행동으로, 자신이 누구인지 표현합니다. 그가 아무 말도 하지 않은 채 가만히 있다면 우리는 그에 대해 제대로 알 수 없습니다.

생각해 보세요. 병실에 여섯 명의 사람이 같은 환자복을 입고 있습니다. 그중 한 사람이 자신이 입원 전에 무슨 일을 했는지 이야기를 시작했습니다. 이때 우리가 그의 말만으로 그가 정확히 어떤 일을 어떻게 하는 사람인지 알 수 있나요? 알 수 없습니다. 말이 아니라 그의 일상을 화면으로 보여 주어야 믿을 수 있습니다. 이를테면 그가 환자복을 입은 채로 자신이 원래는 증권 회사에 근무했으며, 하루에 200억 원 정도를 거래했다고 하면 우리는 대충의 모습을 상상할 수는 있지만 '거짓말이면 어떡하지?' 의심할 수도 있습니다. 그때 그가 환자복이 아닌 양복을 입고 증권사로 출근하고 모니터로 증권을 거래하는 모습을 보여 준다면 어떨까요? 이처럼 말보다는 행동이 사람을 표현하기에 적합합니다.

액션은 스토리의 기본 원리에서 굉장히 중요한 부분입니다. 다시 6인 병실로 돌아가 보죠. 지금부터 여러분이 잠시 감독이 되어 이 장면을 촬영한다고 생각해 주세요. 그가 자신의 직업을 이야기하는 장면입니다.

— 6명이 모여 있는 병실.
— 무료한 사람들.
— 그중 한 명이 서서히 입을 연다. "이 방 분위기가 너무 썰렁하니까 제가 먼저 제 소개를 할게요. 저는 ○○증권에 근무합니다. 하루 거래량은 200억 원 정도고요… 블라블라."
— 그 말을 듣는 사람들.

더 찍을 컷이 있나요? 말하는 사람과 듣는 사람들 외에는 추가로 찍을 컷이 생각나지 않습니다. 이번에는 행동을 추가하겠습니다.

— 6명이 모여 있는 병실.

— 무료한 사람들.

— 그중 한 명이 서서히 입을 연다. "이 방 분위기가 너무 썰렁하니까 제가 먼저 제 소개를 할게요. 저는 ○○증권에 근무합니다. 하루 거래량은 200억 원 정도고요… 블라블라."

— 그 말을 듣는 사람들.

— 그의 말 위로 증권 회사에서 일하는 장면이 보인다. 바쁜 일상, 모니터를 바라보며 증권을 사고파는 긴장감, 성공과 실패의 모습들.

— 현실로 돌아오자 그가 사람들에게 핸드폰에 저장된 사진을 보여 주면서 말한다. "아까 말한 그때 사진이에요. 고생이 많았죠."

— 고개를 끄덕이는 사람들.

행동이 들어가니 그의 일과 직업에 대한 이해도가 높아지고 촬영 내용도 많아집니다. 등장인물이 말만 할 때보다는 행동으로 자신을 표현할 때, 우리는 그 사람을 더 잘 알 수 있습니다. 그래서 '행동이 곧 등장인물이다'라는 것입니다. 시드 필드에게 영향을 받은 글이 하나 더 있습니다.

"당신은 단 한 사람을 주인공으로 선택해야 한다."

하나의 스토리에 여러 등장인물이 나오는 경우가 있습니다. 《오션스 일레븐》(2001)이나 《도둑들》(2012) 같은 영화입니다. 이런 영화들은 누가 주인공인지 헷갈립니다. 그때 누가 주인공인지를 판단하는 근거를 시드 필드는 이렇게 표현합니다.

"《내일을 향해 쏴라》에서 주인공은 누구인가? 부치(폴 뉴먼 분)다. 그가 결정을 내리는 인물이다. 그가 일을 계획하며 연기하는 등장인물이다. 부치가 앞서고 선댄스(로버트 레드포드 분)는 따른다. 일단 주인공을 정해 놓기만 하면 당신은 완전한 형체를 갖춘 입체적인 등장인물의 초상화를 고안해 낼 방법들을 탐구할 수가 있다."

전적으로 공감합니다. 화면에 많이 등장한다고 주인공은 아닙니다. 마찬가지로 조금 등장한다고 반드시 조연이지도 않습니다. 스토리를 시작하고, 발전시키고, 끝내 성취하는 의지를 가진 자가 바로 주인공입니다.

주인공에 대해서는 3장 '주인공'에서 자세히 설명하겠습니다.

4

Save the Cat!

: 흥행하는 영화 시나리오의 8가지 법칙

기존 작법서들에 대한 불만 때문인지 아니면 그간 유의미한 새로운 책이 없었기 때문인지 블레이크 스나이더의 『Save the Cat!: 흥행하는 영화 시나리오의 8가지 법칙』(비즈앤비즈, 2014)을 보는 사람이 많아졌습니다. 저도 이 책의 캐주얼함을 좋아합니다. 특히 유의미하게 받아들인 부분은 시나리오의 순서 혹은 체계라고 할 수 있는 내러티브의 흐름입니다.

오프닝 이미지	(1)
주제 명시	(5)
설정	(1-10)
기폭제	(12)
토론	(12-25)
2막 진입	(25)

B 스토리	(30)
재미와 놀이	(-55)
중간점	(55)
악당이 다가오다	(55-75)
절망의 순간	(75)
영혼의 어두운 밤	(75-85)
3막 진입	(85)
피날레	(85-110)
마지막 이미지	(110)

※ 괄호 안의 숫자는 시나리오 페이지.

스토리의 흐름에는 정형화된 공식이 있다고 믿습니다. 그래서 자기만의 스토리의 흐름 체계로 영화 텍스트를 분석할 수 있다는 주장에 공감합니다. 다만 공식과 설명 방법이 조금 다릅니다. 스토리 공부를 많이 한 이들은 각자의 플로우flow가 있기 마련이죠. 자신의 흐름과 『Save the Cat!』에서 말하는 흐름을 비교해 보는 것은 스토리의 객관성을 확보하는 데 큰 도움이 됩니다.

로마로 떠나고 싶다면 로마에 먼저 가 본 사람의 이야기를 들으면 좋습니다. 그의 여정을 통해 나의 행로를 점검할 수 있으니까요. 스토리도 마찬가지입니다. 먼저 완결해 본 사람들의 여정을 보면 좋습니다. 그 길을 통해 계획을 설정할 수 있습니다. 『Save the Cat!』은 기존 작가들이 갔던 길을 알려 줍니다.

5

시학 & 스토리텔링의 비밀

아리스토텔레스의 『시학』은 시나리오 작가인 저에게 성경과 같은 책입니다. 나이 차이가 있어서 직접 배우진 못했지만 감히 직계 제자라 자신할 수 있습니다. 『시학』의 여러 번역서를 일일이 찾아 읽으며 공부했고, 여러 번 반복해서 학습했으니까요. 그리고 나름의 해석을 담은 자체 번역본도 있습니다. 처음 저를 『시학』으로 인도한 책은 마이클 티어노가 쓴 『스토리텔링의 비밀』(아우라, 2008)입니다. 우연히 이 책을 읽으면서 스토리 전반에 관한 여러 가지를 깨달았습니다. 덕분에 『시학』으로 달려갈 수 있었고, 마침내 구원받을 수 있었습니다. 간증(?) 같기도 하지만 그만큼 큰 감명을 받았습니다. 『스토리텔링의 비밀』과 『시학』에서 제가 가져온 두 문장은 다음과 같습니다.

"이야기의 재료는 사람이 아니라 행동이다."

『스토리텔링의 비밀』은 아리스토텔레스의 『시학』을 바탕으로 할리우드 영화들을 읽어 내는 책이라 곳곳에서 『시학』을 인용합니다. 위의 문장에 해당되는 『시학』의 문장은 다음과 같습니다.

> "이야기는 행동의 모방이므로 반드시 하나의 전체 행동을 모방해야 한다." (『시학』 8장)

이 문장을 저는 다음과 같이 해석합니다.

> ***이야기는 행동의 표현이므로 반드시 하나의 전체 행동을 표현해야 한다.***

제가 주인공의 개념을 설명하고 주인공의 동선을 구성하는 방법을 설명할 때 사용하는 가장 강력한 표현입니다. 또한 (시드 필드를 거론할 때 언급했던) '행동이 등장인물이다'와 유사한 표현입니다. 두 사람의 활동 시기를 따졌을 때 당연히 기원전 인물인 아리스토텔레스가 먼저입니다. 시드 필드가 아리스토텔레스의 영향을 받았겠죠? 아무튼 스토리에서 '행동'의 중요성은 기원전부터 인식되었다고 할 수 있습니다. 등장인물이 (스토리 내부에서) 어떤 행동을 하는지와 그중 어떤 행동을 하는 이가 주인공인지는 뒤에서 설명합니다.

> "'플롯'이 생명이다."

행동하는 주인공의 개념과 함께 플롯의 중요성에 대한 깨우침을 받았습니다. 위의 문장과 연결되는 『시학』의 내용은 다음과 같습니다.

"비극의 첫 번째 요소, 다시 말해 비극의 생명과 영혼은 플롯이고, 성격은 두 번째다. 이러한 보기는 회화에서도 찾아볼 수 있는데, 질서 없이 아무렇게나 그린 채색화는 단순한 흑백 인물화보다도 쾌감을 주지 못한다." (『시학』 6장)

위의 문장을 다음과 같이 해석합니다.

스토리의 첫 번째 요소, 다시 말해 이야기의 생명과 영혼은 플롯이고, 캐릭터는 두 번째다. 이러한 예는 회화에서도 찾아볼 수 있는데, 질서 없이 아무렇게나 막 그린 채색화는 간결하게 정리되어 있는 단순한 흑백 인물화보다도 쾌감을 주지 못한다.

'플롯이 생명이다'로 표현되는 플롯에 관한 문장은 저만의 스토리 공식을 설계하는 데 밑그림이 되어 주었습니다. 아리스토텔레스는 캐릭터보다 플롯이 우선시되어야 하고, 플롯은 간결하게 잘 정리되어 있어야 한다고 했습니다. 저는 이것이 『시학』의 가장 중요한 부분이라고 생각합니다.

영국의 철학자 앨프리드 화이트헤드는 '모든 근대 서양 철학은 플라톤 철학의 각주에 불과하다'라면서 플라톤을 칭송했습니다. 화이트헤드가 철학 분야에서 플라톤을 칭송했던 것처럼, 저는 스토리 분야에서 아리스토텔레스를 경배합니다. 이 세상의 스토리에 관련된 모든 담론은 아리스토텔레스의 『시학』의 각주라고 감히 말할 수 있습니다.

6

필수 요소

이외에도 다양한 소설과 희곡, 드라마 작법과 스토리 창작에 관련된 수많은 책을 읽고 공부했습니다. 마지막으로 블라디미르 프로프의 『민담 형태론』(지만지, 2003)과 파리 기호학파의 창시자인 알기르다스 그레마스를 소개합니다. 저에게 아리스토텔레스가 지식의 아버지라면 두 사람은 큰형 정도일까요? 아리스토텔레스를 통해 지식의 원형을, 두 사람을 통해서는 방법을 깨우쳤습니다. 『민담 형태론』에서 스토리 분석의 최소 단위에 대한 지식을, 그레마스의 '기호 사각형'과 '행위자 모델'에서 스토리 공식의 원형에 대한 영감을 받았습니다.

이런 기나긴 학습 과정을 통해 얻은 최종적인 깨달음은 똑같은 내용을 누군가는 쉽게 또 누군가는 어렵게 이야기하고 있다는 것이었습니다. 그리고 이런 정보를 정리하는 일이 반드시 필요하다고 생각했습니다. 그 과정에서 스토리 이론을 연구한 선구자들이 우리에게 보내는 공통된 세 가지 단어를 찾았습니다. '플롯', '캐릭터', '주제'입니다. 저는 '플롯', '주인공', '가치'로 치환해서 사용합니다.

왜 '주제'를 '가치'로 바꾸었냐고요?

대부분의 스토리 작법서는 이야기의 주제에 중점을 둡니다. 저도 스토리 작법을 가르치면서 오랫동안 사용했습니다. 그러다 급격한 영상 산업의 변화를 체감하면서 '주제'라는 단어만으로는 관객의 요구를 다양하게 해석할 수 없다고 생각했습니다.

— 나는 이 영화의 주제를 좋아해서 이 영화를 보기로 결심했어.
— 나는 치즈 팝콘을 먹으면서 이 영화를 봤는데, 그 주제에 너무 감동했어.

극장에서 친구와 대화할 때 이렇게 말하나요? 이런 표현을 사용하는 사람이 과연 몇이나 있을까요? 그래서 '주제'보다는 '가치'가 스토리를 이해하는 데 조금이나마 적절하지 않나 싶습니다.

— 나는 이 영화가 내 돈 1만 원을 지불할 만한 가치가 있다고 느껴서 이 영화를 보기로 결심했어.
— 나는 치즈 팝콘을 먹으면서 이 영화를 봤는데, 돈 내고 볼 만한 가치가 있어. 감동적이야!

이 표현이 절대적으로 정확하고 적절하다는 뜻은 아닙니다. 하지만 어색함은 확실히 덜하죠. '주제'라는 단어를 버리겠다는 의미가 아니라, '주제'보다는 '가치'라는 단어가 세상과 접점이 많아 보여 이 단어를 사용하려고 합니다.

02

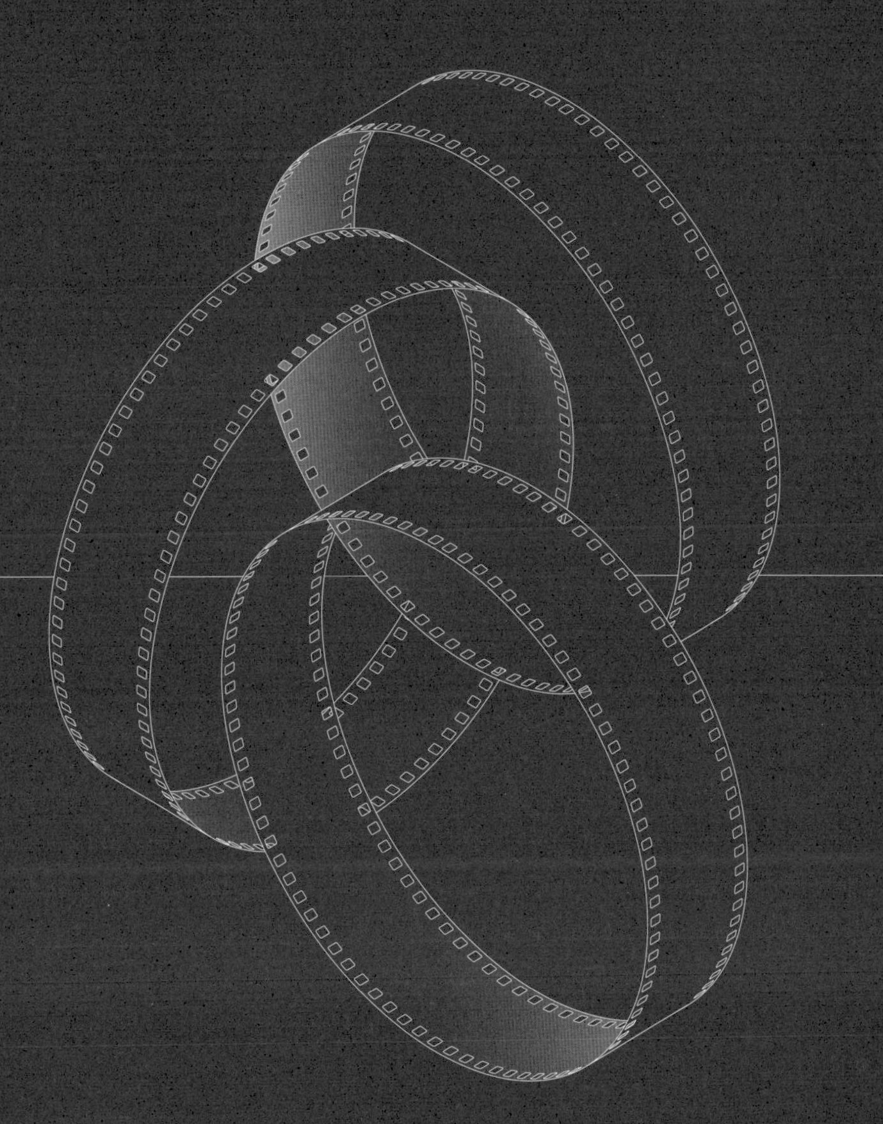

플롯

플롯은 스토리를 짤 수 있는 설계도입니다. 구성은 이야기를 담는 커다란 그릇입니다. 플롯이건 구성이건 이야기를 담는 '큰 체계'라고 이해하면 됩니다. 라면은 양은 냄비건 식판이건 도자기건 어디에 담든 맛에 큰 차이가 없습니다. 프랑스 코스 요리라면 이야기가 달라지겠죠. 각각의 순서마다 음식이 담기는 접시가 다르고, 식기에 따라 맛도 미묘하게 차이 납니다.
스토리도 그렇습니다. 이야기를 담는 그릇의 형태가 달라지면 맛도 달라집니다. 아이템을 담는 그릇은 이야기의 형식 및 내용을 어느 정도 결정할 수 있습니다.
이 책의 플롯을 예로 들겠습니다. 저는 이 책을 유기적으로 잘 결합해서 아름다운 생물체로 키우려 합니다. 책을 쓰기 전부터 줄곧 아름다운 플롯을 고민했고 그 결과가 이 글입니다. 제 생각을 잘 담아 정리하려면 어떤 형식의 그릇에 담아야 할까요? 이 책에 제 생각의 플롯이 있을까요, 없을까요? 있다면 어디에서 발견할 수 있을까요? 혹시 여러분은 제 생각의 플롯을 찾았나요?
이 책의 플롯은 '목차'입니다. 페이지를 앞으로 넘겨 목차를 다시 한 번 찬찬히 살펴보세요. 제 생각이 담긴 그릇이 목차이며, 지금 그 순서(목차)에 따라 생각을 펼치고 있습니다.
혹시 다음과 같은 경험을 한 적이 있나요?

— 나는 스토리를 1막까지 여러 번 썼다. 하지만 항상 거기까지였다.

— 나는 항상 20신 정도에서 글이 멈춘다. 고군분투했지만 이번에도 마찬가지다.

— 정말 분하지만 나는 아직도 내 글이 멈추는 이유를 모르겠다.

이 모든 문제의 답은 '플롯'입니다. 이 책으로 플롯을 공부하다 보면 얼마 안 가 고개를 끄덕일 것입니다. 단, 이 책의 순서(플롯)에 맞게 읽기를 추천합니다. 글에 적합한 플롯을 설정하기란 늘 어렵습니다. 창작의 경험이 적다면 더더욱요. 하지만 이야기의 크기에 맞는 적절한 그릇을 찾는 순간, 기특하게도 스토리는 알아서 잘 성장합니다. 나에게 맞는 그릇을 찾고 그곳에 뿌리내리는 순간이 글쓰기의 시작입니다.

1

3막

스토리에 관한 모든 화두는 결국 3막 구조에서 만납니다. 영화 관계자들이 스토리 창작 관련 회의를 할 때나, 결과물의 수정을 위해 난상토론할 때 보통 이런 말을 합니다. "3막 구조상 주인공이 1막에서 (1막에 맞는) 어떤 행동을 해야 하는데 3막에서 해야 할 일을 하고 있어 문제"라거나 "1막은 주인공이 영화 전체를 관통하는 액션을 시작해야 하는 지점인데 1막에서 제대로 준비하지 않았기 때문에 3막에서 폭발력이 약해서 문제"라는 식입니다. 대체 3막이 무엇이기에 스토리에 관련된 문제를 이야기할 때마다 모두가 이 단어를 입에 담는 걸까요?

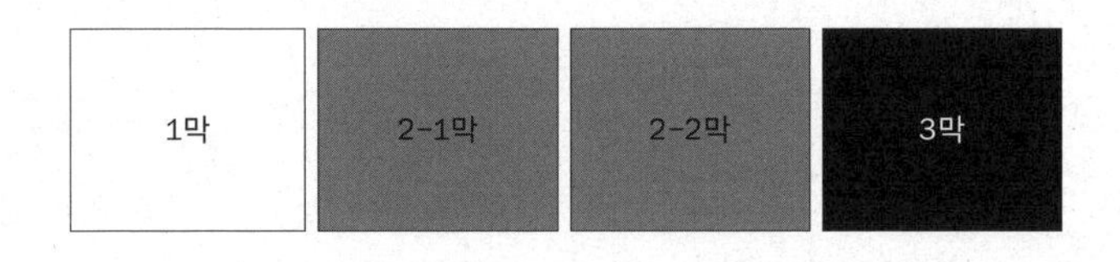

3막 구조는 1막과 2막, 그리고 3막이 1:2:1의 비율로 구성되는 이야

기의 얼개를 말합니다. 아리스토텔레스는 『시학』 7장에서 3막 구조에 대한 정확한 개념을 말하지는 않았습니다. 그러나 오늘날의 3막 구조의 개념을 설명할 수 있는 다음과 같은 말을 남겼습니다.

> "전체는 시작과 중간과 결말을 가지고 있다. 시작은 자체로 어떤 것 다음에 있는 무엇이 아니고 그다음에 다른 어떤 것이 있는 것이며, 결말은 필연적으로 또는 연속하여 일어나는 일로 자체가 어떤 것 다음에 있는 것이며, 그것 다음에는 아무것도 존재하지 않는 것을 말한다. 그리고 중간은 자체로 어떤 것 다음에 있으면서 그 것 다음에 다른 어떤 것이 존재하는 것이다. 그러므로 플롯을 잘 구축하려면 아무데서나 시작하거나 끝내서는 안 된다. 플롯 안에서의 시작과 결말은 반드시 앞에서 말한 바에 따라야 한다."

저의 해석은 다음과 같습니다.

> ***이야기는 시작과 중간과 끝으로 이어져 있다. 시작은 아무것도 없는 것에서 새로운 것을 만드는 것이다. 끝은 그 뒤로 아무것도 남아 있지 않는 상태다. 중간은 시작과 끝을 자연스럽게 잇는 것이다.***

아리스토텔레스가 활동했던 기원전에도 사람들은 이야기의 구성이 처음, 중간, 끝의 세 단위로 이루어져 있음을 알고 있었고, 그것은 오늘날의 3막 개념과 거의 비슷하다고 이해하면 됩니다. 조금 더 이해를 돕기 위해 초등학교 때부터 배웠던 이야기의 5단 구조, 즉 발단, 전개, 위기, 절정, 결말 구성을 3막 구조에 대입해 보겠습니다.

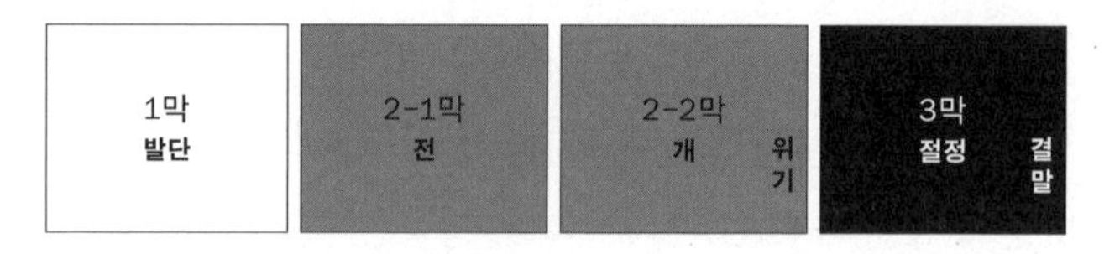

이 도표를 보면 이런 생각이 절로 듭니다. '어라, 전개가 저렇게 길어?', '위기, 절정, 결말은 3막에 다닥다닥 붙어 있네?' 1막은 발단, 2막은 전개, 3막은 절정의 기능을 하고, 3막 절정의 앞뒤에 위기와 결말이 붙어 있습니다. 1막에서 발생한 이야기는 2막이라는 길을 거쳐 전달되고, 3막에서는 전달받은 모든 이야기가 모여 절정에서 폭발하죠. 『시학』의 표현으로 바꾸자면 아무것도 없는 곳에서 1막이 시작되고, 3막은 그 뒤로 아무것도 남지 않는 이야기의 끝이며, 2막인 전개는 1막과 3막을 잘 연결해야 하는 숙명을 갖습니다.

제일 중요한 막은 아리스토텔레스가 말한 시작의 개념인 '1막'입니다. 여러분은 이야기의 종결점인 3막이 더 중요하다고 생각하나요? 3막의 중요성을 모르는 것은 아닙니다. 다만 1막이 더 중요하다고 생각하는 이유는 이야기가 1막에서 발생(발단)하지 않으면 2, 3막은 존재할 수 없기 때문입니다.

1, 2, 3막은 어떤 원리로 연결되어 있을까요?

3막 구조를 지탱하는 스토리 구조의 심연에는, 다시 말해 막과 막 사이에는 우리가 '어려움', '악인' 혹은 '적대자'로 표현하는 안타고니스트antagonist가 존재합니다. 안타고니스트라는 끈끈한 접착제가 3막을 연결한다고 생각하면 됩니다.

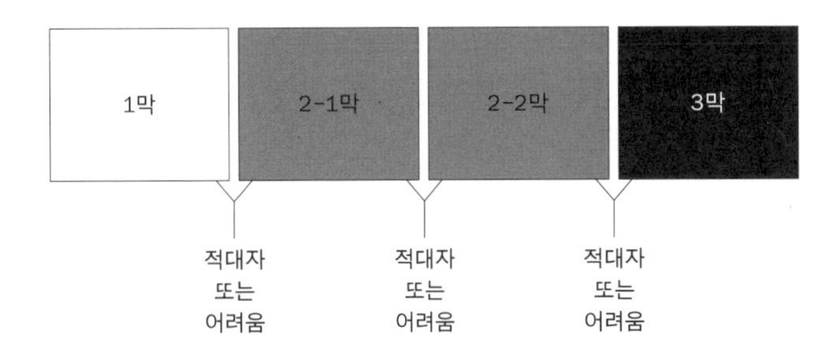

'막과 막 사이에 적대자가 있다는 점은 알겠지만 적대자가 어떻게 막과 막을 연결할 수 있지?', '연결 방법은 무엇이지?' 등의 의문이 듭니다. 지금부터 그것을 설명하겠습니다. 그래서 우리의 삶을 3막 구조에 대입해 보겠습니다. 먼저 조선 시대 사람들의 삶을 들여다보죠.

(1) 조선 시대 플롯 구조

조선 시대 사람들의 평균 수명은 45세 정도였습니다. 그 시절에 한 인간이 60세까지 산다는 것은 기적에 가까운 일이었습니다. 그러나 편의상 60세까지 산 사람의 삶을 살펴보겠습니다. 일반성과 보편성 확보를 위해 계급은 평민으로 하고요. 이제 이 사람의 삶을 3막 구조에 대입하겠습니다. 공식에 따라 15, 30, 45세에 커다란 사건이 일어나야 합니다.

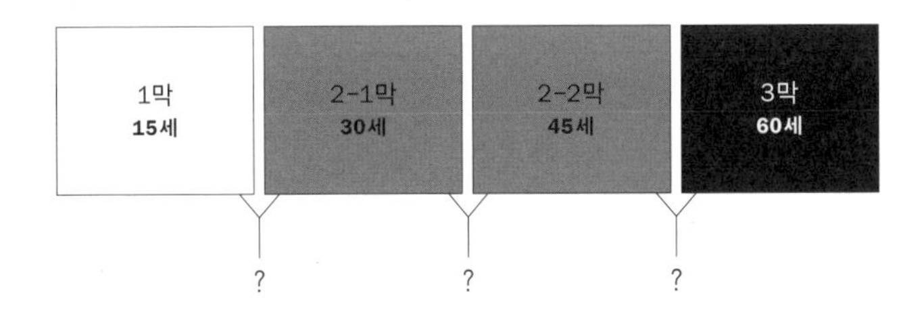

인생의 1막이 끝나는 시점인 15세가 되는 해에 그가 해결해야 할 어려움은 무엇이었을까요? 어떤 사람 혹은 무엇이 그의 15세를 방해했을까요?

답을 생각하는 과정에서 플롯 구조를 쫀쫀하게 붙여 주는 접착제인 적대자에 대한 이해를 넓힐 수 있습니다. 답이 떠올랐나요? 정답은 '결혼'입니다. 이른 나이지만 조선 시대의 15세에게는 결혼이 어른이 되는 첫 관문이었습니다. 어려움이기도 하고요.

어느덧 30세를 맞은 그가 겪는 어려움은 무엇이었을까요?

'설마 또?'라고 생각하는 그 답이 맞습니다. 이번에도 정답은 '결혼'입니다. 이번에는 자녀의 결혼입니다.

이제 45세가 된 그가 맞이하는 어려움은 무엇일까요?

이제는 편하게 답해도 됩니다. 손자 혹은 손녀의 결혼이겠지요. 이 사람의 삶을 정리해 보겠습니다.

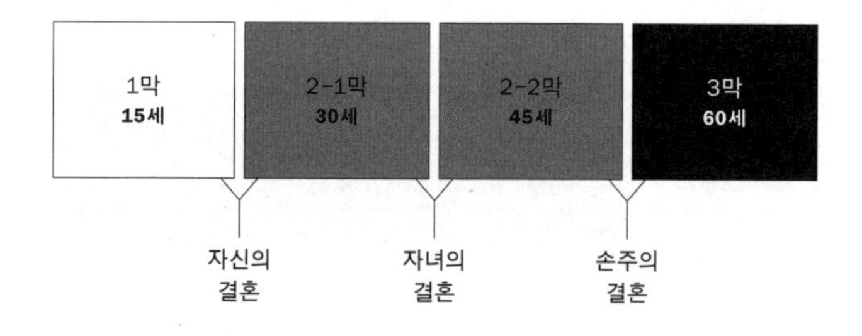

— 조선 시대에 태어나 육십 평생을 살았다. 15세 때는 자신이 결혼하느라, 30세 때는 자녀를 결혼시키느라, 45세 때는 손주를 결혼시키느라 힘들었던 평범한 조선 시대 일반인.

이것이 그의 인생 스토리입니다. 어려움을 빼면 다음과 같은 설명이 완성됩니다.

— 조선 시대에 태어나 육십 평생을 산 사람.

어떤가요? 삶이 무미건조하게 느껴지지 않나요? 스토리에 적대자가 들어가야 이야기가 재미있어지는 이유를 알 수 있죠. 또한 관객은 이야기에 어려움이 생길수록, 그것이 클수록 좋아합니다.
다시 한 번 정리해 보겠습니다. 조선 시대 평민의 일반적인 삶은 결혼의 플롯입니다. 어쩌면 생존의 플롯이라고 할 수도 있습니다. 태어나서 가장 중요하게 한 일은 자신이 결혼하고, 아이를 낳아 결혼시키고, 그 아이가 낳은 아이를 결혼시킨 일입니다. 그래서 그의 이야기는 생존 혹은 결혼으로 전부 설명이 가능합니다.

(2) 20세기 플롯 구조

오늘날을 사는 우리의 삶은 어떤가요? 지금은 21세기지만 이 책의 독자인 여러분은 대부분 20세기에 태어났을 겁니다. 이번에는 20세기 대한민국에서 태어난 일반인의 삶을 들여다볼까요?

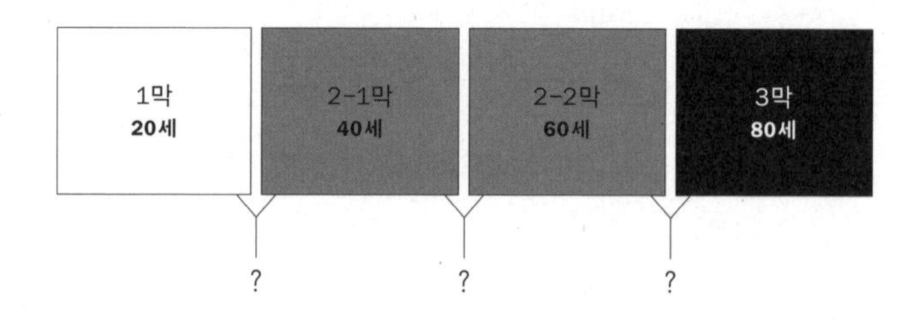

1960-1970년대에 대한민국에서 태어났고, 평균 수명 80세 정도로 예상되는 이들의 일반적인 삶은 어떻게 구성되어 있을까요? 세 번의 위기 발생 시점은 수명이 늘어남에 따라 조금씩 늦어졌습니다.

인생의 1막이 끝나는 20세에 부딪치는 가장 큰 어려움은 무엇일까요?

이번에는 결혼이 아니라 진학입니다.

인생의 2막이 끝나는 40세 정도에 겪는 어려움은요?

조선 시대 사람들의 삶은 결혼의 반복이었으니 이번에는 진학의 반복일까요? 아닙니다. 현재 대한민국의 40-50대를 생각하면 쉽게 답이 나옵니다. 직장에 잔류할 것이냐 창업 혹은 전직을 할 것이냐로요.

인생의 3막이 시작되는 60세에는 또 어떤 어려움이 생길까요?

이번에는 쉽게 답이 나옵니다. 은퇴입니다. 도표를 볼까요?

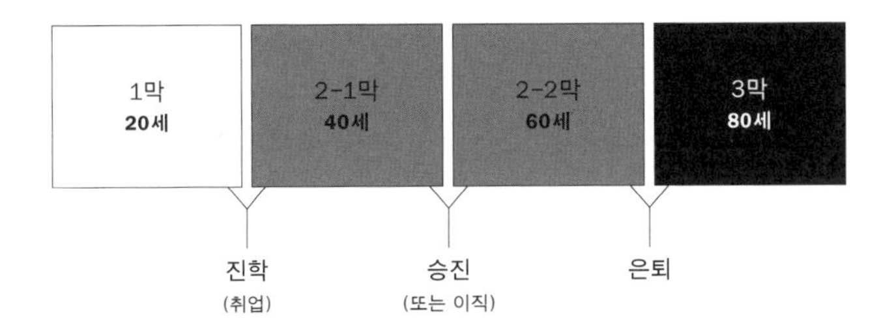

조선 시대의 결혼처럼 세 번에 걸쳐 반복되는 어려움은 없습니다. 승진과 은퇴는 연관성이 있어 보이지만 진학은 연관성이 떨어집니다. 여기에는 비밀이 하나 있습니다. 대한민국의 1960-1970년대 생들은 대학에 진학하면 거의 취직할 수 있었습니다. 지금은 판타지처럼 들리지만요.
20세기에 태어난 한국인의 삶은 이렇게 표현할 수 있겠네요.

— 1960년대에 대한민국에서 태어나 팔십 평생을 20세에는 진학 걱정, 40세에는 승진 걱정, 60세에는 은퇴 걱정을 하며 살다 간 사람.

어려움을 삭제하면 이렇죠.

— 1960년대에 대한민국에서 태어나 팔십 평생을 살다 간 사람.

이제 두 문장 차이가 보다 확실하게 나타나죠? 다시 말하지만 어려움이 있어야 이야기가 재미있어집니다. 이것이 플롯 구조의 핵심입니다.

(3) 21세기 플롯 구조

21세기에 태어난 이들의 삶을 살펴보겠습니다. 앞서 1960-1970년대생들의 자녀 세대라고 할 수 있습니다. 이 세대의 평균 수명은 100세입니다. 25년 단위로 어려움을 살펴보겠습니다.

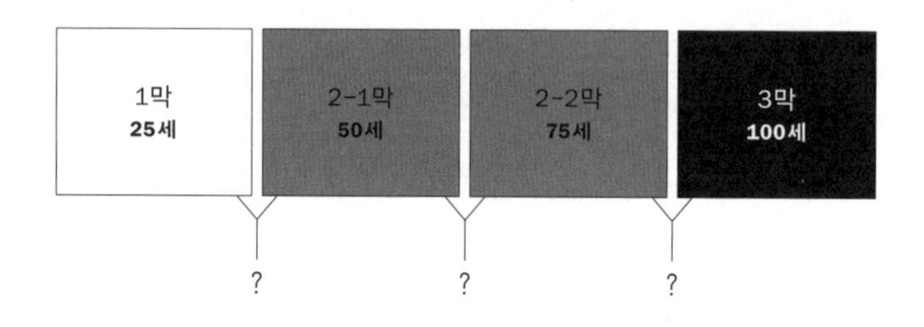

이들의 인생 1막 끝에는 어떤 어려움이 있을까요?

아무래도 '취업'이겠죠. 50세와 75세는요? 미래의 일을 예측하기란 불가능에 가깝지만 제가 생각하는 답은 다음과 같습니다.

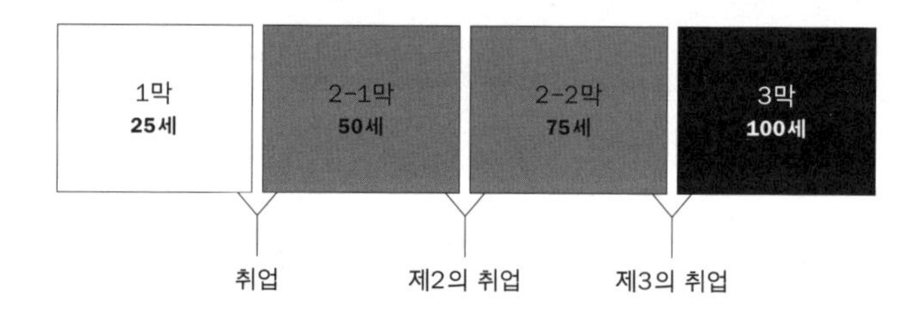

21세기에 태어난 이들의 삶은 세 번의 취업 플롯입니다. 정리하면 다음과 같습니다.

— 21세기 대한민국에 태어나 100년을 살면서 25세에 첫 번째 취

업, 50세에 두 번째 취업, 75세에 세 번째 취업을 할 것이다.

어려움을 제거하면 다음과 같습니다.

— 21세기 대한민국에서 태어나 100년을 살 것이다.

우리는 지금 스토리의 기본 요소인 플롯을 공부하고 있습니다. 그리고 막과 막 사이의 긴장을 유지시키는 어려움을 이해하기 위해 조선시대, 20세기, 21세기에 태어난 세 사람의 인생 플롯을 살펴봤습니다. 이를 통해 각 막을 연결하는 어려움이 어떤 형태로 막과 막 사이에 존재하는지 가늠할 수 있습니다.

(4) 22세기 플롯 구조

여러분께 한 가지 질문합니다.

수명이 120세까지 늘어날 22세기에 인간은 어떤 삶을 살까요?

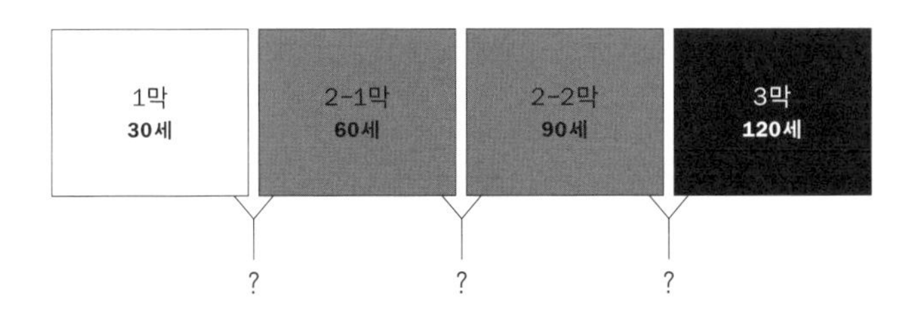

답은 아무도 모릅니다. 하지만 생각해 보세요. 우리는 작가잖아요.

2

플롯은 플랜이다

스토리 창작에서 플롯이 차지하는 비중은 매우 높습니다. 저는 구조주의자입니다. 스토리라는 탑을 쌓기 위해 어떤 공학적인 설계가 필요한지에 집중합니다. 지금까지 설명했던 '플롯'이라는 개념은 실제 창작에서는 '플랜'의 기능을 할 것입니다.
'플롯은 플랜이다'가 저의 스토리 창작법의 기본 개념입니다. 플랜은 계획이라는 뜻입니다. 플롯이 갖추어지지 않으면 이야기는 완성되지 않습니다. 반대로 정확한 플롯을 설정하면 당연히 이야기는 완성됩니다. 이야기의 완성을 간절히 바라는 우리들은 앞으로 플롯 갖추기에 심혈을 기울여야 합니다.

플롯은 플랜이다.

이 문장만 외우세요. 이것만 숙지하면 전진할 수 있습니다.

03

주인공
(캐릭터)

아리스토텔레스는 『시학』 6장에서 이렇게 말했습니다.

> "(스토리에 있어) 플롯이 제1의 원칙이며 비극(스토리)의 영혼이라고 할 수 있다. 반면에 성격(캐릭터)은 두 번째로 중요한 요소다."

기본적으로 이 말에 동의하지만 이런 생각도 해볼 필요가 있습니다. 영화 시나리오에서는 플롯이 절대적인 요소이지만, TV 드라마에서는 반드시 적용된다고 단정하기 어렵다고요. 《밥 잘 사주는 예쁜 누나》(2018)의 손예진(윤진아 역)과 《남자친구》(2018)의 송혜교(차수현 역)는 이 배우들의 출연 자체가 해당 드라마의 플롯이고, 대사 자체가 드라마의 내러티브라고 해도 과언이 아닙니다. 결론적으로 영화에서는 플롯이 절대적으로 강력하지만 드라마에서는 캐릭터가 플롯만큼 중요한 가치를 가질 때도 있다고 정리합니다.

1

주인공 찾기

제안 하나 하겠습니다. 여러분이 지금 하고 있는 혹은 지나간 연애를 함께 생각해 보자고요. 뜬금없이 연애라니 의아한가요? 단, 좋은 연애만 말고 나빴던 연애도 포함합시다.

우리는 그때 왜 그 사람과 사귀었을까요?

그리고 왜 지금은 그 남자 혹은 여자를 머릿속에서 지운 걸까요? 이별로 끝난 것은 누구의 잘못인가요? 처음에는 누가 고백했고 마지막엔 누가 결별을 고했나요? 과거가 아니라 현재 좋은 감정을 가지고 만나고 있는 상대를 대입해도 좋습니다. 곰곰이 생각해 보세요. 과거 혹은 지금 하고 있는 연애의 주인공이 나인지, 아니면 상대방인지를요. 이에 대한 생각과 답이 주인공의 개념을 확실하게 정리해 줄 것입니다.

"연애에 주인공이 어디 있어? 둘 다 주인공이지?"라고 반문하고 싶겠죠? 맞습니다. 하지만 굳이 둘 중 한 명을 골라야 한다면요?

저는 연애도 스토리도 반드시 주인공을 한 명으로 정하고 시작해야 한다고 생각합니다. 그리고 스토리를 창작할 때 주인공이 한 명이 아니면 결과가 좋지 않을 거라 예언하는 사람 중 한 명입니다. 시드 필드도 스토리의 주인공은 한 명이라고 말했던 것, 기억하세요? 본격적으로 스토리를 창작할 때, 주인공이 한 명으로 정리되지 않으면 글 전체가 송두리째 흔들리고 맙니다.

지금부터 여러분에게 주인공은 무엇을 하는 사람인지, 멜로 영화에서는 남녀 둘 중 누가 진정한 주인공인지, 주인공은 생각하는 사람인지 아니면 행동하는 사람인지를 질문하려고 합니다. 그리고 여러분 각자의 답을 기다린 후 각각의 질문에 대한 저의 해답을 하나씩 내놓을 예정입니다. 의견이 다를 수 있다는 점 미리 알려드립니다. 그렇다고 개인적인 생각을 늘어놓겠다는 뜻은 아닙니다. 저는 여러분과 저 사이에서 주인공이 되고 싶은 마음이 조금도 없습니다.

뜬금없이 왜 이런 말을 하냐고요? 지금부터 그 이유를 이야기하겠습니다.

2

주인공의 행동

연애 이야기로 돌아와 나쁜 연애 기억 하나와 좋은 연애 기억 하나를 떠올려 보세요. 나빴던 쪽부터 소환해 보죠. 저는 여성의 입장에서 나쁜 연애의 기억 하나를 만들어 봤습니다.

> 카페에서 기다린 지 18분! 그 자식은 아직도 보이지 않는다. 우리가 만난 지 오늘이 벌써 188일째! 이렇게 늦은 것만 88번이다. 아예 나타나지 않은 날도 18번이나 된다.
> '내 오늘 이 자식 멱살을 잡고 뒤통수를 벽에 박고 말 것이다!'
> 약속 시간 28분 후, 드디어 그 인간이 내 앞에 등장한다. 전형적인 그놈 패션인 추리닝에 삼선 슬리퍼, 떡진 머리! 그 모습을 보니 전두엽 쪽으로 피가 역류한다. 불끈 주먹이 쥐어진다. 그 자식이 내 앞에 철퍼덕 앉더니 미안하다는 말 한마디 없이 날 멀뚱히 바라보며 하품한다. 그리고 끝내 저주의 말을 내뱉고야 만다.
> "아하함! 오늘 뭐할까?"

'내가 너 죽일란다!'

벌떡 일어나 그놈의 멱살을 잡는 그녀!

두 사람은 앞으로 어떻게 될까요? 좋은 연애는 다른 모습이겠죠?

'3분 늦을 줄 알았는데, 벌써 8분이 지났네. 어제 술을 좀 마셨더니 아직 몽롱하지만 절대 티 내지 말아야지.'

호흡을 가다듬고 카페로 들어가 자리에 앉으니 기분 좋은 웃음을 지으며 나를 맞는 그 사람.

"많이 늦었지? 미안!"

"아냐, 괜찮아. 숨 좀 돌릴 겸 뭐 마시자."

"뭐가 좋을까?"

"내가 여기 자주 와서 아는데 유자 에이드 정말 맛있어."

"그걸로 할래!"

유자 에이드의 톡 쏘는 맛을 음미하고 있는데 그가 말한다.

"내가 오늘 데이트 계획을 세웠는데 한번 들어 볼래?"

"그래? 좋아!"(와우!)

"플랜 A, 미술관 관람 후에 파스타. 플랜 B, 강변에서 자전거 탄 후 피자. 플랜 C, 벽화마을 산책 후 삼겹살."

셋 다 마음에 들어 무엇을 고를까 생각하는데 그가 이렇게 말한다.

"오늘 네가 원피스를 입고 왔으니 자전거를 타거나 오래 걷는 건 좋지 않을 것 같다. 미술관에 갔다가 근사한 곳에서 파스타를 먹으면 어때?"

"그래!"

마주 보며 환하게 웃는 두 사람.

어디까지나 하나의 예입니다. 지금부터가 중요해요. 두 연애를 비교해 보는 거죠. 두 남자를 비교해 봅시다. 누가 주인공인가요? 주인공이란 미시적으로는 지질하지 않고, 멋있는 남자고요. 거시적으로는 자신의 계획이 있고, 그것이 틀리지 않다는 확신을 갖고서 계획을 행동으로 옮기는 사람입니다.

저는 여러분과 저 사이에서 주인공이 되고 싶지 않다고 했죠?

이 말뜻을 이해했나요? 제가 여러분을 저의 세계에 놀러 오라고 강요하면 계획을 행동으로 옮긴 주체가 되니 제가 주인공입니다. 하지만 저는 여러분이 여러분의 사고 안에서 자신의 계획을 세우고, 각자의 길을 떠났으면 합니다. 주인공이 되고 싶은 생각이 없다고 말한 것은 이 때문입니다. 주인공은 타의에 의해서 움직이는 사람이기보다는 자의로 움직이는 사람입니다. 즉 자신의 계획을 세우고, 자신의 계획대로 실행하는 사람입니다. 지금부터는 여러분이 주인공이 되세요.

3

과거, 현재, 미래

이번에는 또 다른 방법으로 주인공이 누구인지 살펴보겠습니다. 다음 중 누가 주인공일까요?

— A: 예전에 우리 집에 금송아지가 있었어.
— B: 난 지금 제빵 기술을 배우고 있어.
— C: 난 내년에 세계 여행을 떠날 거야.

이 질문을 공개적인 자리에서 여러 번 던졌는데 A를 선택한 사람은 거의 없었고, 그다음 B는 조금, 대다수는 C가 주인공이라고 답했습니다. 첫 번째 이유는 금송아지, 제빵 기술, 세계 여행이라는 세 단어가 주는 가치 차이 때문일 테고요. 두 번째로는 과거, 현재, 미래 중 미래를 주인공의 시제라고 많이 생각하기 때문이죠.

제가 생각하는 주인공은 B입니다.

이렇게 생각하면 쉽게 이해할 수 있습니다. 어떤 영화의 주인공이 지구를 구해야 합니다. 그가 이야기합니다.

— D: 난 과거에 지구를 구했어.

— E: 난 현재 지구를 구하고 있어.

— F: 난 미래에 지구를 구할 거야.

아이언맨이 "난 미래에 지구를 구할 거야!"라고 말하면서 카드 게임을 해도, 그가 주인공일까요? 눈치 빠른 여러분은 이미 깨달았겠지만 우리가 보고, 읽고, 체험하는 모든 스토리에서 주인공은 현재 시점에서 어떤 행동을 합니다. 영화에 나오는 과거 장면이나 미래에 대한 상상 장면은 뭐냐고 반박할 수도 있을 텐데요. 그 장면들은 현재 주인공의 상황과 미래 계획을 설명하기 위해 부가적으로 덧붙인 것이지, 주요 스토리는 아닙니다. 보통 서브플롯이라고 하죠.
'때는 바야흐로 2200년!'이라고 하면서 시작되는 SF 영화들이 제법 있습니다. 그 영화는 2200년이 현재입니다. 2200년을 기점으로 주인공이 현재에서 어떤 일을 하지 2195년으로 돌아가서 미션을 해결하거나 2205년으로 가서 지구를 구하지는 않죠. 서브플롯으로 2200년 기준의 과거나 미래 장면이 들어갈 수는 있지만 어디까지나 메인 플롯은 2200년의 현재 시점에서 진행됩니다. 사극도 마찬가지입니다. 《명량》(2014)의 이순신 장군이 왜군을 물리치는 사건은 조선 시대 선조 30년인 1597년, 바로 그때 현재에서의 일입니다.
시간을 이동하는 영화나 드라마는 뭐냐고요? 드라마 《시그널》(2016)을 예로 들어 보겠습니다. 이 드라마에는 두 명의 주요 인물이 나옵니다. 현재의 프로파일러 박해영(이제훈 분)과 과거의 형사 이재한(조진웅 분)이죠. 두 사람은 어떤 사건을 해결하려고 합니다. 이들에게 주어진 사건은 현재의 사건인가요? 과거의 사건인가요?

과거에서부터 현재로 이어진 사건이죠. 그 사건을 과거에서 풀어야 할까요, 아니면 현재에서 풀어야 할까요? 현재에서 풀어야 할 것 같지 않나요? 맞습니다. 보통 과거의 사건과 인물은 현재의 인물이 그것을 해결할 수 있도록 돕는 기능을 합니다. 대부분의 스토리는 현재의 어떤 일을 해결하기 위해 과거나 미래를 첨부하는 방식으로 구성됩니다.

이번에는 두 주인공이 있는 공간의 시제를 생각해 볼까요? 두 사람이 현재 어디에 있는지 살펴봅시다. 현재의 박해영과 과거의 이재한이 통화합니다. 이때 둘의 시제는 무엇이죠? 현재의 현재에 박해영이 있고, 과거의 현재에 이재한이 있는 겁니다. 둘은 각각 현재에서 서로 통화합니다. 현재와 과거를 오가는 게 아니라 각각의 현재가 연결되어 있습니다.

드라마 《W》(2016)도 그렇습니다. 이 드라마는 현재의 공간과 만화 속 공간을 오가며 진행됩니다. 하지만 모든 정보가 모이고 사건이 해결되는 곳은 어디인가요? 현재의 지금에서 모든 사건이 마무리됩니다.

정리하면 '주인공은 현재 시점에서 무언가를 하는 사람이다'가 됩니다. 앞에서 이야기한 주인공의 개념을 이 정의와 합친다면 다음과 같이 말할 수 있겠네요.

주인공은 현재 시점에서 자신의 계획을 세우고 자신의 계획대로 실행하는 사람이다.

4

생각하는 자 vs. 행동하는 자

주인공의 개념에 대해 조금 더 살펴볼 필요가 있습니다. 정확한 주인공이 정해져야 정교한 플롯을 만들 수 있기 때문입니다. 철학자 칸트는 "생각한다고 아는 것은 아니다"라고 했습니다. 단번에 이해하기 쉽지 않아 재해석해 보려고 합니다.

— 내가 짜장면을 먹고 싶다고 생각한다고, 짜장면을 만들 수 있는 방법을 아는 것은 아니다.
— 내가 1백 억 원을 벌고 싶다고 생각한다고, 1백 억 원을 버는 방법을 아는 것은 아니다.
— 내가 드라마 작가가 되고 싶다고 생각한다고, 드라마 작가가 되는 방법을 아는 것은 아니다.
— 내가 전교 1등을 하고 싶다고 생각한다고, 전교 1등이 되는 방법을 아는 것은 아니다.

여러 작가 지망생이 자신의 꿈을 이루기 위해 지금 이 책을 읽고 있습니다. 여러분은 작가가 되고 싶다는 '생각'을 했고, 지금 그 방법을 찾기 위해 '행동'을 시작했습니다. 작가가 되고 싶다고 '생각'하지만 지금도 집에서 '생각'만 계속하고 있는 이들도 분명 있을 겁니다.

지금 이 책을 읽고 있는 여러분과 생각만 계속하는 이들의 차이는 무엇일까요?

'생각'만 하는 사람들의 '생각'을 왜 자꾸 묻냐고요? 주인공의 개념을 정리하기 위해서입니다. 다음의 문장은 스토리일까요, 아닐까요?

— 나는 그녀를 생각한다.

이 문장은 스토리가 아닐 확률이 높습니다. 소설이나 시에서는 문장이 사람의 의식을 다루기도 하고 무의식의 흐름을 따라 글이 서술되기도 합니다. 제임스 조이스의 소설 『율리시스』는 주인공 세 사람의 내면과 무의식의 흐름을 따르죠. 하지만 영상화되는 영화 시나리오나 드라마 대본을 쓰는 작가라면 사람의 의식보다는 주인공의 '행동'을 표현해야 하는 경우가 훨씬 많습니다. 다음 중 어느 문장이 영상 스토리텔링에 적합할까요?

— A: 나는 그녀를 생각한다.

— B: 나는 그녀를 좋아해서, 찾아가 고백한다.

첫 번째 문장을 영상화한다고 가정해 봅시다. 이 문장에서 떠오르는 그림에는 무엇이 있나요? 한 남자가 한 여자를 생각하면서 의자에 앉아 있는 모습이 떠오릅니다. 생각에 잠겨 있는 남자의 모습을 한 장면 정도는 촬영할 수 있을 것 같습니다. 그다음 장면은요? 생각에 잠겨 있는 남자의 모습 외에 다른 이미지는 잘 떠오르지 않습니다. 그 이유를 생각하면서 두 번째 문장을 살펴봅시다. 이 문장에서는 어떤 그림, 이미지가 떠오르나요?

— 그녀에 관한 생각에 잠긴 남자.

— 학교나 회사에서 그녀의 모습을 훔쳐보는 남자.

— 고백할지 말지 고민하는 남자.

— 약속을 잡고 약속 장소로 가는 남자.

— 그녀에게 고백하는 남자.

— 그녀의 반응.

두 문장의 글자 수 차이는 고작 일곱 글자입니다. 그러나 두 문장을 생각할 때 떠오르는 이미지와 그것에 담긴 시간, 장소, 행동에는 커다란 차이가 느껴집니다. 영상 스토리텔링에 필요한 문장은 B와 같아야 합니다. 상상의 카메라로 그 장면을 포착할 수 있어야 합니다.
두 문장에 도대체 어떤 차이가 있기에 이런 결과가 나올까요? 해답을 알기 위해 먼저 두 문장을 품사별로 나누어 봅시다.

— 나는	그녀를	생각한다.		
(명사)	(명사)	(동사)		
— 나는	그녀를	좋아해서,	찾아가	고백한다.
(명사)	(명사)	(동사)	(동사)	(동사)

이렇게 보니 확실히 느껴지죠? 글자 수는 일곱 글자 차이지만 동사 수는 두 개나 더 많습니다. 동사가 두 개 많아졌는데 문장에서 연상되는 이미지는 다섯 개 이상 많아졌습니다. 여기서 우리는 문장을 표현하는 동사가 많으면 많을수록 영상화가 가능한 이미지가 많아진다고 가정할 수 있습니다.

— C: 나는 축구 시합 '보는' 것을 좋아한다.

— D: 나는 축구 시합 '하는' 것을 좋아한다.

이번에는 글자 수가 같습니다. 각 문장을 읽고 떠오르는 이미지를 점검해 보죠. 축구 시합 시간은 90분으로 하고, 장소는 축구장이라고 정하겠습니다.

C에서 떠오르는 이미지는 다음과 같습니다.

— 축구 경기가 열린다.

— 관중석에 앉아 축구 경기를 본다.

— 선수들의 움직임이 보인다.

— 나는 그것을 본다.

— 한 선수가 골을 넣는다.

— 나는 소리치며 그 장면을 본다.

경기가 끝날 때까지 이 순서가 계속 반복될 겁니다. D는요? 시작은 똑같이 하겠습니다.

— 축구 경기가 열린다.

— 경기장 안에 있는 공을 몰고 달리는 내(축구 선수)가 보인다.

— 나를 막는 수비수가 보인다.

— 나는 수비수를 제치며 슛을 한다.

— 수비수가 공을 막는다.

— 나는 튕겨 나오는 공을 다시 찬다.

— 공은 골키퍼 손을 스치며 골대 안으로 들어간다.

— 나는 소리친다.

— 다시 중앙선에서 공격이 시작된다.

— 나는 공을 차며 달린다.

이런 모습이 90분 동안 지속될 것입니다. 두 문장의 차이는 무엇일까요? 글자 수는 같습니다. 다른 것은 '보'와 '하', 단 한 글자인데, 90분의 축구 시합 동안 촬영할 수 있는 그림은 전혀 다릅니다. 한 글자만 다른 두 문장 사이에 어떤 차이가 있기에 떠오르는 이미지가 이처럼 달라질까요? '보는'과 '하는'의 차이는 무엇인가요?
그것은 어떤 사람이 행동을 능동적으로 하느냐, 수동적으로 하느냐입니다. 액션의 주체가 되면 행동이 많아지고, 그에 따라 촬영 가능한 이미지도 늘어납니다. 반면에 액션의 객체가 되면 행동에 제약이 생기고, 촬영 가능한 이미지도 적어집니다. 다음과 같이 정리할 수 있습니다.

주인공은 '생각'보다는 '행동'을 하는 사람이다.

주인공은 '수동적인 행동'보다는 '능동적인 행동'을 하는 사람이다.

5

주인공은 행동하는 자

다음 TV 예능 프로그램명을 보고 누가 출연했는지 맞춰 보세요.

—《놀러와》,《나는 남자다》,《무한도전》,《런닝맨》

맞습니다. 모두 인기 개그맨 '유재석'이 등장하는 프로그램입니다. 이 프로그램들을 나열한 이유가 궁금하다고요? 모두 유재석이 출연했는데 어떤 프로그램은 시청률이 높고 오래 방영되었고 어떤 프로그램은 시청률이 낮고 금방 사라졌습니다. 차이가 무엇일까요?
그 이유를 찾기 위해 우리가 알아야 할 것은 이것입니다.

주인공은 액션이다.

위의 프로그램들을 살펴보면《놀러와》와《나는 남자다》는 유재석이 앉아서 진행했습니다. 반대로《무한도전》과《런닝맨》은 격렬하게 움직이면서 진행했고요. 앞에서 플롯을 설명할 때 플롯을 팽팽하게 연결하는 것은 '어려움' 혹은 '적대자'라고 했습니다. 주인공 파트에서 제일 중요한 개념은 주인공은 행동해야 한다는 것입니다.

사람은 본능적으로 움직임을 좋아합니다. 길을 걷고 있는데 누군가 갑자기 뛰기 시작하면 어떻게 하나요? 나도 모르게 쳐다봅니다. 학교 다닐 때를 생각해 볼까요? 반에서 제일 인기 있던 친구는 누구였나요? 쉬는 시간에도 열심히 수학 문제를 풀던 친구였나요, 아니면 친구들을 재미있게 해 주려고 온몸을 흔들며 춤추던 친구였나요?

—《1박 2일》 vs. 《패밀리가 떴다》

이번에도 예능 프로그램입니다. 두 프로그램 모두 연예인들이 전국을 다니면서 자신들만의 게임 혹은 미션을 진행하는 포맷입니다. 언뜻 두 프로그램의 포맷에는 큰 차이가 없어 보입니다. 2007년 8월에 첫 방송을 시작한 《1박 2일》은 2019년 12월에 시즌 4를 방송했습니다. 2008년 6월에 시작한 《패밀리가 떴다》는 2010년 7월에 시즌 2를 끝으로 막을 내렸습니다.

비슷한 프로그램인데 왜 어떤 프로그램은 지속되고, 어떤 프로그램은 멈출까요? 우리가 알지 못하는 다양한 제작상의 이유가 있겠죠. 다만 우리는 단순하게 스토리 이론만 가지고 두 프로그램을 비교하는 게 목적이니 그것만 살펴보겠습니다.

이 두 프로그램의 차이는 바로 '액션'입니다. 《1박 2일》의 프로그램 설명은 '전국을 여행하며 벌어지는 갖가지 에피소드를 다룬 프로그램'입니다. 《패밀리가 떴다》는 '시골에서 지내는 1박 2일의 에피소드를 담은 프로그램'입니다. 두 프로그램의 내부 시간의 총량은 모두 1박 2일입니다. 동일합니다. 프로그램 설명 문장 중 같은 단어는 '에피소드' 입니다. 다른 표현은 하나입니다. '전국을 여행하며'와 '시골에서 지내는'. 둘 중 어떤 표현이 더 액티브한가요? '여행하는 프로그램'과 '지내는 프로그램'은 서로 다를 수밖에 없음을 말하고 싶습니다. 액션성이 강한 '여행하는' 프로그램은 지속되고, 액션성이 약한 '지내는' 프로그램은 멈춘 게 아닐까요?

계속 강조하지만 스토리 창작에서 제일 중요한 두 단어는 '액션'과 '플롯'입니다. 지금까지 이 두 단어에 대해 쉬지 않고 설명했습니다. '액션'에 대한 설명을 조금만 더 이어 가겠습니다.

6

액션이 주인공이다

아리스토텔레스는『시학』8장에서 다음과 같이 말했습니다.

> "플롯(이야기)은 하나의 행동에 대한 모방(표현)이므로, 하나의 전체를 이루는 단일한 행동을 모방(표현)한 것이어야 한다."

이해하기 쉽지 않습니다. 이 문장을 나름대로 해석해 보면 다음과 같습니다. 이야기는 '상태'나 '상황'에 대한 '묘사'가 아니라, 누군가의 '행동'을 표현하는 '서사'입니다. A를 사랑하는 B의 상태에 대해서가 아니라, A를 사랑해서 고백하러 달려가는 B의 '행동'에 대해 쓰는 것입니다. 상태를 그리는 묘사와 달려 나가면서 행동을 그려 나가는 서사의 차이를 생각해 봅시다. 사전적 정의는 아래와 같습니다.

— 묘사描寫: 사물을 있는 그대로 그려 냄.
— 서사敍事: 사실을 있는 그대로 적음.

묘사는 사물을 그려 내는 것, 서사는 사실을 적는 것입니다. 이야기는 사물에 관한 걸까요, 아니면 사실에 관한 걸까요? 스토리는 정지한 사물에 대한 표현이라기보다는 움직이는 사실에 대한 표현입니다. 그렇다면 사물을 그려 내는 것과 사실을 적어 나가는 것은 무엇이 다를까요?

동작의 멈춤과 진행을 설명하겠습니다. 인물이 움직이지 않으면 이야기도 움직이지(발생하지) 않습니다. 인물이 움직이는 순간 이야기도 시작됩니다. 앞에서도 설명했지만 누군가를 사랑하는 마음만 가지고 있는 것은 상태 혹은 상황입니다. 다시 말해 이야기로 이어 나갈 동력은 없습니다. 하지만 사랑하는 마음을 행동으로 보여 준다면 이야기로 이어 나갈 수 있습니다. 이제부터 여러분은 스토리 창작의 모든 경우에 있어서 모든 문장이 상태, 상황인지 혹은 행동, 액션인지 점검해야 합니다. 즉 묘사를 그려 내지 말고, 서사를 적어 나가야 합니다.

만약 이야기의 근간을 지탱하는 사람(A라고 합시다)이 주인공이라면 그의 행동이 일관되고 흔들림이 없어야 합니다. 예를 들어 A가 한 사람(B라고 합시다)만 사랑하고 고백하러 가야 합니다. A가 세 명의 다른 이성을 모두 사랑하고 세 명 모두에게 고백하러 가는 스토리라면 대중이 받아들일 수 없을 겁니다. 단일 행동이 아니니까요. 그리고 A가 사랑을 고백하러 가는 중에 갑자기 오락실에 들어가더니 게임을 시작하는 등의 전개도 안 됩니다. 역시 단일한 동선이 아니기 때문이죠. 동선의 혼란은 이야기의 기본 축을 흔드는 일입니다.

일반적으로 사람들이 듣고 싶어 하는 이야기는 이렇습니다. 주인공은 하나의 목표를 가지고 있습니다. 그리고 그것을 이루기 위해서 최선을 다하죠. 이 과정에서 온갖 어려움을 만납니다. 하지만 시련 속에서도 어려움을 극복하고 자신이 원하는 것을 끝내 성취해 냅니다. 관객들은 주인공의 단일한 행동을 좋아합니다. 동선이 흔들리고 목표가 수시로 바뀌는 (단일하지 않은) 주인공의 행동에 불편을 느낍니다.
마지막으로 『시학』의 문장을 새롭게 치환해 보겠습니다.

이야기는 주인공의 단일한 행동에 대한 표현이다. 작가는 이야기 전체를 지배하는 하나의 행동을 표현해야 한다. 그 하나의 행동은 절대적인 일관성을 지녀야 한다.

이야기의 완성은 안정적인 플롯과 행동하는 주인공의 완벽한 결합이라고 생각합니다. 플롯은 플랜이니 스토리의 전체 골격을 담당하고, 주인공은 그 플랜 안에서 강력한 행동을 하며, 하나의 목표를 향해 흔들림 없이 전진해야 합니다. 그것이 제가 상상하는 아름다운 스토리입니다. 따라서 움직이지 않는 인물은 (스토리상의) 주인공이라고 할 수 없습니다.
여러분의 글에 존재하는 주인공을 지금 당장 움직여야 합니다. 그때서야 비로소 스토리가 살아 움직이게 될 것입니다. 지금부터 강력하게 움직여 볼까요? 레디, 액션!

04

공식의 개념

지금부터 이야기의 공식을 하나 제시하겠습니다. 이 공식은 스토리의 이론을 담을 수 있는 만능 그릇입니다. 또한 앞으로 여러분이 본격적으로 이야기를 만들어 나갈 때 수시로 확인해 볼 수 있는 가이드라인입니다. 지금부터 제가 설계하고 제안하는 도표의 효용성을 설명하고자 합니다. 궁극적으로는 이 도표의 효능을 널리 알리고 싶으니 공식 활용법과 확장 가능성도 적극적으로 설명할 것입니다. 이를 위하여 스토리 이론의 그릇이자 창작의 가이드라인인 내러티브 공식의 체계와 개념을 살펴보겠습니다.

1

오기환의 공식

'오기환의 공식.' 제 이름을 건 스토리의 공식입니다. 민망하네요. 여러분이 저를 이상하게 볼 수도 있다는 점, 너무 잘 알고 있습니다. 하지만 제 설명을 조금만 들으면 우리 사이의 불편함은 사라지리라 생각합니다. 사정은 이렇습니다.

2007년, 저는 불혹의 나이에 시나리오 창작 박사 과정에 들어가면서 시나리오 공부를 다시 시작했습니다. 2007년 이전에는 세 편의 영화 시나리오를 쓰고 연출했습니다. 그중 두 편은 성적이 좋았고(《선물》(2001)과 《작업의 정석》(2005)입니다), 한 편은 좋지 않았습니다(《두 사람이다》(2007)입니다).

두 번의 안타보다 한 번의 실책이 더 크게 느껴졌습니다. 스토리 공부를 다시 제대로 해야겠다고 결심했던 까닭은 시나리오를 쓸 때마다 매번 불안했기 때문입니다. 그리고 그런 상황을 견디기 힘들었습니다. (글을) 과거에 써 본, 현재에 쓰고 있는, 미래에 쓰고 싶은 모든 이가 느끼는 감정이 바로 '이것' 아닐까요? 우리는 항상 뭔가를 쓰죠. 매일 뭔가를 쓰려고 생각하고, 끝날 때까지 쓰고, 끝이 안 날 것 같더라도 일단은 계속 씁니다. '평소에 뭔가를 쓰지 않는 사람은 창작자가 아니다'라는 업계의 암묵적인 동의 때문인지도 모르겠습니다.
아무튼 저는 글을 쓸 때마다 느껴지는 불안감을 떨치려고 스토리 공부를 시작했고, 그 과정에서 다수의 책을 읽었고, 많은 연구를 한 끝에 나름의 결과물을 얻었습니다. 그것이 저의 박사 학위 논문입니다. 한데 어설펐습니다. 그때 설계한 이론의 최초 개념은 '주제 결정론'이었습니다. 주제만 정하면 스토리는 쉽게 쓸 수 있다는 것이죠. 공부를 계속하다 보니 생각이 많이 바뀌었습니다. 이 책에서 '주제'라는 단어를 사용하지 않는 게 반증입니다. 물론 아직도 여러분과 공감, 호환되지 않는 문제점이 있을 수 있습니다.
이러한 문제점을 모두 다 해결하고 싶은 욕심은 없습니다. 그간 겪어 온 바에 의하면 스토리에 관련된 모든 화두는 만인의 절대적인 공감을 얻기가 불가능하기 때문입니다. 하지만 이렇게 과감하게 공식의 개념을 설명하는 이유가 있습니다. 제가 기존 학자들의 이론을 습득하는 과정에서 저의 이론을 체계화했듯이 여러분도 '오기환의 공식'의 개념과 활용 방법을 학습하는 과정에서 자신만의 시스템을 만들 수 있으리라는 확신입니다. 그러니 부디 끝까지 함께해 주세요.

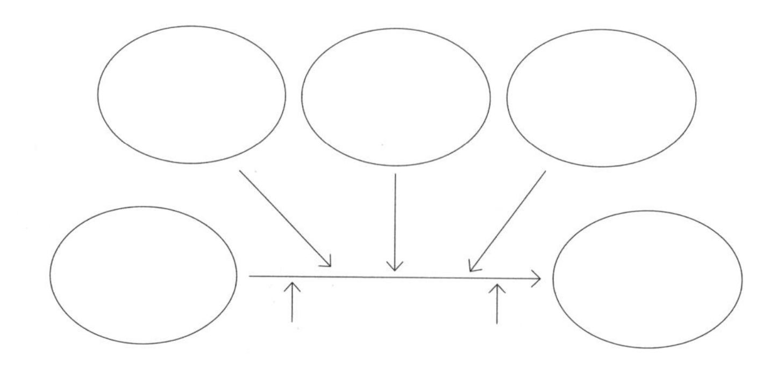

이것이 저의 스토리 공식의 원형입니다. 지금부터 이 공식의 기초를 설명하겠습니다. 명쾌한 이해와 객관적인 해석과 열린 토론이 가능하도록 모든 개념을 도형으로 구체화시키겠습니다.

첫 번째는 '플롯의 삼각형'입니다. 주인공의 기능과 장르의 설정에 있어 가장 중요한 역할을 하는 개념입니다. 스토리 내부 구조에서 가장 중요한 원형입니다.

2

플롯의 삼각형

스토리의 기본 바탕에는 플롯의 삼각형이 위치하고 있습니다. 플롯의 삼각형은 곧 주인공의 삼각형이기도 합니다. 주인공이 행동을 시작하고 어려움을 겪고, 끝내 성취하는 과정이 바로 플롯이기 때문입니다. 즉 플롯의 삼각형은 주인공과 플롯이 직접적으로 대면하는 이야기의 바탕입니다.

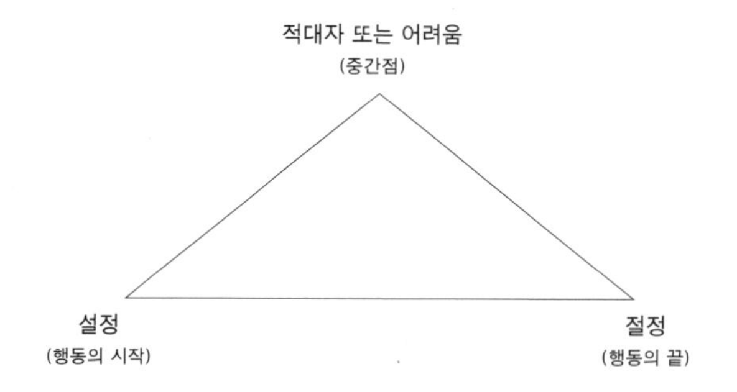

간단하죠? 이 단순한 그림이 스토리 공식의 기본 축입니다. 여러 번

설명했듯 이 책은 주인공(액션)과 플롯(플랜)의 최적화된 조합을 목표로 합니다. 먼저 주인공을 설명하고 플롯의 개념을 합치시키겠습니다. 설명을 진전시키기 위해 우리가 앞에서 봤던 3막 구조를 다시 보겠습니다.

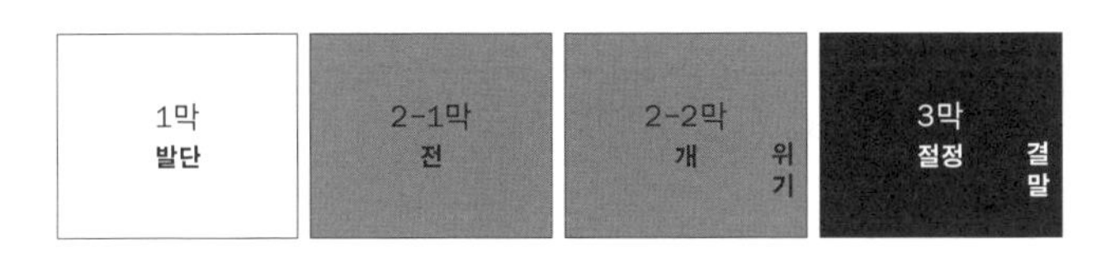

이 그림을 굳이 소환한 이유는 여기에 플롯의 삼각형이 담겨 있기 때문입니다.

무슨 엉뚱한 소리냐고요?

저는 구조주의자입니다. 스토리의 세 가지 요소(플롯, 주인공, 가치) 중 플롯을 가장 중요하게 여깁니다. 플롯이라는 큰 그림 안에 주인공이라는 작은 그림이 들어 있습니다. 3막 구조라는 플롯 안에서 살아 움직이고 있는 우리의 주인공의 모습은 다음과 같습니다.

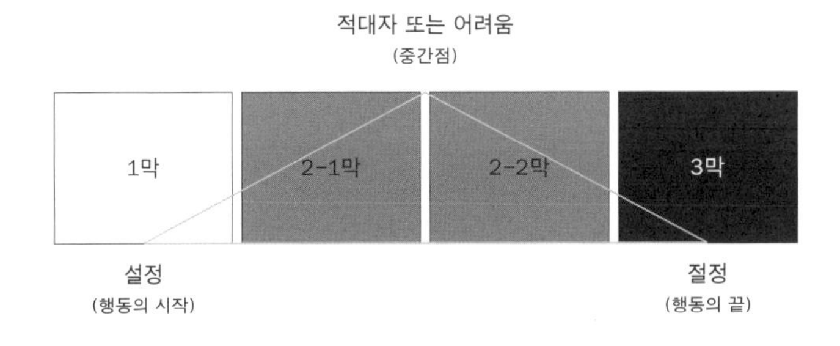

이렇게 합쳐진 그림을 보니 이해가 가나요? 아니면 더 혼란스러워졌나요?

주인공의 세 가지 축인 '설정', '적대자', '절정'은 플롯의 기본 축인 '계기적 사건', '중간점', '사건의 절정'이라는 플롯의 3가지 기본 축과 연동됩니다. 또한 여러분이 쓰고 있는 스토리의 장르를 결정하는 지점이기도 합니다. 장르의 요소와 형태에 대한 디테일은 8장 장르의 법칙에서 다시 설명하겠습니다.
먼저 계기적 사건이 일어나는 지점인 설정 부분을 살펴보겠습니다.

(1) 설정

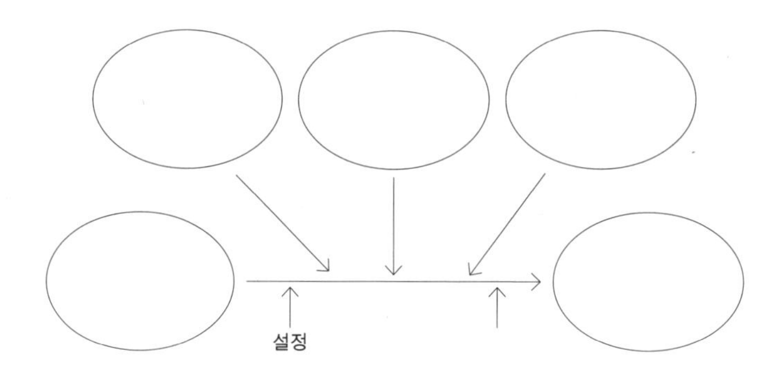

영화를 기준으로 시작 7-15분 정도 후에 '계기적 사건'이 발생합니다. 주인공이 본격적인 행동을 시작하는 시점입니다. 평범한 일상을 살던 주인공이 재난에 빠지는 순간이죠. 그리고 어떤 남자(여자)가 어떤 여자(남자)를 보고 반하는 순간이기도 합니다. 《500일의 썸머》(2009)에서 남자 주인공 톰이 여자 주인공 썸머를 처음 만나는 곳이 계기적 사건이 발생하는 지점입니다. 계기적 사건이 발생하는 지점을 저는 '설정'이라고 표현합니다. 스토리의 본격적인 셋업이 시작되는 지점이라고 이해하면 좋습니다. 설정은 이후에 나오는 3막의 절정과 연동되는 개념이기도 합니다.

계기적 사건이 발생하면서 본격적인 스토리가 시작되는 지점인 설정은 장르를 결정합니다. 《500일의 썸머》의 톰은 설정에서 썸머를 보고, 그때부터 사랑의 감정을 느낍니다. 이후 본격적인 스토리가 전개됩니다. 대부분의 멜로 스토리는 설정에서 어떤 여자(혹은 남자)가 자신이 사랑하게 될 어떤 남자(혹은 여자)를 만납니다. 그리고 본격적인 스토리가 시작됩니다.

액션 영화라면 설정에서 주인공과 적대자가 격렬하게 싸웁니다. 재난 영화라면 앞으로 닥치게 될 재난의 전조가 나타납니다. 휴먼 영화라면 평범한 일상을 살던 주인공 앞에 특별한 사건이 발생하고 주인공이 거기에 휘말립니다. 그래서 저는 설정을 장르의 형태를 결정하는 포인트라고 주장합니다. 설정에서 일어나는 사건의 모습이 해당 영화의 장르를 정합니다.

스토리 창작 때 작가가 이 지점에서 '계기적 사건'을 제대로 '설정'할 수만 있다면 스토리의 반은 이미 쓴 것이나 마찬가지입니다. 설정에 적절한 계기적 사건이 있다는 말은 스토리를 본격적으로 시작할 수 있다는 신호이거든요. 시작이 반이라는 이야기가 괜히 있는 게 아닙니다. 또한 설정이 있다는 것은 곧 비슷한 형태의 절정이 있다는 것과 같은 의미입니다. 1막의 설정이 적절하게 탄생한다면 3막의 절정도 설계가 가능합니다. 이에 관련해서는 절정 부분에서 다시 한 번 살펴볼 예정입니다.

드라마는 설정을 어떻게 세팅해야 할까요?

드라마는 16부 전체 스토리의 설정을 확정해야 합니다. 동시에 전체 설정에 따른 매 회마다의 설정 지점도 지정해야 하고요. 예를 들어 16부 드라마라면 16부의 전체 스토리와 각 회마다의 설정을 모두 확인해야 할 필요가 있습니다. 그리고 각 회의 설정이 전체 스토리의 기본 흐름에 맞는지도 비교, 분석이 필요합니다.

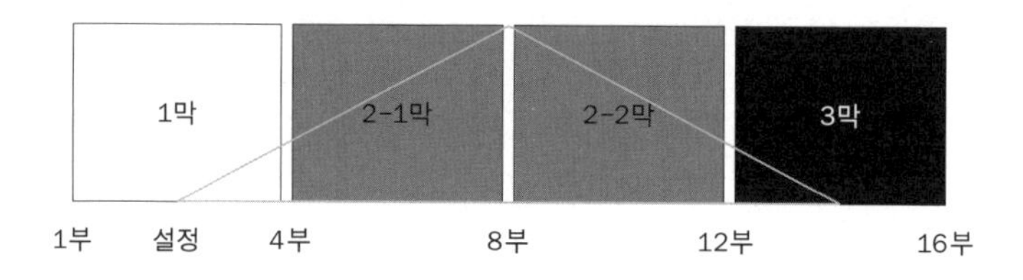

시나리오의 3막 개념을 16부작 드라마 플롯에 반영한다면 위와 같이 구성됩니다. 16부작이 아니라 24부작이라면 6, 12, 18, 24부로 나눠서 적용하면 됩니다. 일단 16부작을 기준으로 설명하겠습니다.

16부작 전체의 계기적 사건이 발생하는 설정 지점은 2부에서 3부로 넘어가는 시점이 될 확률이 높습니다. 보통 드라마 1부에서 전체 드라마를 관통하는 스토리의 기초와 근원적인 문제점을 다 보여 주고, 2부에서 1부에 대한 상세한 추가 설명과 등장인물이 전부 등장하면서 본격적인 드라마가 진행되기 때문이죠.

드라마 《밥 잘 사주는 예쁜 누나》를 봅시다. 1부에서 두 주인공 윤진아와 서준희(정해인 분)가 처음 만납니다. 2부에서 두 사람이 같은 건물에 근무하게 되면서 서로의 존재를 인지하고, 윤진아의 전 남자친구 문제로 얽히면서 본격적인 이야기가 시작됩니다. 보통의 멜로 드라마 구조가 이렇습니다. 1부에서 인물들이 만나고 2부에서 그들이 어떤 사건을 계기로 관계가 얽히면서 본격적으로 시작합니다. 그래서 2부의 끝이 보통 드라마의 설정, 다시 말해 계기적 사건이 일어나는 포인트라고 할 수 있습니다.

《사랑의 불시착》(2019)도 볼까요? 1부에서는 돌풍에 휘말려 북한으로 불시착한 윤세리(손예진 분)가 북한군 리정혁(현빈 분)을 만납니다. 2부에서는 리정혁의 오른쪽 길로 가라는 말을 안 믿고 왼쪽 길을 택하여 북한 마을에 도착하게 된 윤세리와 리정혁이 다시 만나죠. 2부 끝부분에서 리정혁의 적대자인 조철강(오만석 분)이 리정혁의 집에 들이닥쳐 윤세리를 발견하고 리정혁이 윤세리를 자신의 약혼녀라고 부르면서 본격적인 스토리가 전개됩니다.

2부 끝부분에 나오는 계기적 사건은 전체 스토리를 지지하는 지지대이자 앞으로 전체 스토리를 펼쳐 나갈 수 있는 터닝 포인트입니다. 《밥 잘 사주는 예쁜 누나》와 《사랑의 불시착》의 2부 끝의 공통점은 남녀 주인공과 함께 그들의 적대자들이 위치한다는 사실입니다. 1부에 스토리의 상황적 근거를 제시하고, 2부 끝부분에 남녀 주인공과 적대자를 동시에 배치해야 한다는 점을 기억하세요.

지금까지 살펴본 바와 같이 설정은 스토리의 본격 시작점이고, 장르를 결정짓는 지점입니다. 영화에서는 1막 전체를 지탱하는 곳이고, 드라마에서는 4부 전체를 지지하는 곳입니다.

(2) 중간점

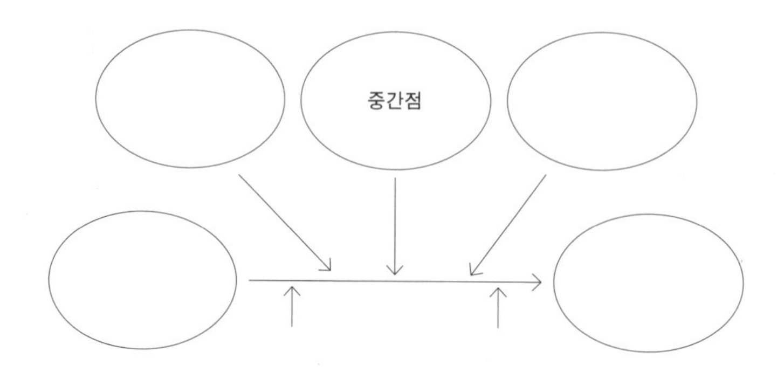

중간점은 우리의 주인공이 고통을 받는 지점입니다. 적대자가 전체 스토리를 관통하는 주인공의 계획과 행동을 저지하거든요. 강력한 적대자의 모습은 인간일 수도 있고, 국가(혹은 기관) 시스템이거나 자연재해 혹은 종교일 수도 있습니다. 어쨌거나 적대자는 우리의 주인공을 힘들게 합니다. 적대자의 모습과 어려움의 형태는 장르별로 다르게 나타납니다. 하지만 적대자는 장르에 관계없이 전체 스토리 중 중간점에서 가장 강력합니다. 따라서 전체 스토리의 일관성을 유지할 수 있는 강력한 적대자를 배치하는 게 작가가 중간점에서 해야 할 일입니다.

이곳에 주인공의 목표를 근원적이고 정확하게 방해할 만한 적대자 혹은 어려움을 배치해야 합니다. 멜로 영화의 중간점에서는 적대자가 두 사람의 사랑을 방해해야 합니다. 남자 주인공의 전 연인 혹은 부모가 등장하여 두 사람의 사랑을 막아야 합니다. 《노팅 힐》(1999)의 중간점에는 안나(줄리아 로버츠 분)의 전 연인 제프(알렉 볼드윈 분)가 갑자기 나타나서 윌리엄(휴 그랜트 분)과 안나의 사랑을 방해하는 시퀀스가 있습니다. 제프가 윌리엄 앞에서 안나와 키스하며 윌리엄을 하대하죠.

이 장면을 통해 멜로 영화의 중간점의 기능과 주인공을 힘들게 하는 최고의 방법을 배울 수 있습니다.
반면에 범죄 영화로 분류되는 《도둑들》의 중간점은 다이아몬드를 훔치러 들어간 도둑들이 다이아몬드를 찾지 못하고 뿔뿔이 흩어지는 지점입니다. 그들의 계획의 무산되면서 스토리는 극적인 전환점을 맞이하죠. 목표를 향해 빠르게 달려가던 주인공의 계획이 어긋나는 것은 범죄 영화에서 자주 볼 수 있는 중간점의 형태입니다.
이렇듯 장르에 따라 중간점의 유형이 달라집니다. 멜로 영화는 주인공의 사랑을 방해하는 누군가가 중간점에서 적대자 역할을 맡습니다. 범죄 영화는 범인들의 계획을 무산시키는 상황이 발생하면서 스토리는 전환점을 맞고 새로운 국면으로 향합니다. 어떤 장르이건 중간점은 영화 전체에서 주인공이 최대의 고비를 맞이하는 곳이며, 가장 힘든 상황에 빠지는 지점입니다.

TV 드라마의 중간점은 어떨까요?

16부작 드라마를 기준으로 보면 8부에서 9부로 넘어가는 지점이 중간점이 됩니다. 《밥 잘 사주는 예쁜 누나》를 보죠. 제목에서부터 장르를 알 수 있습니다. 멜로죠. 그렇다면 적대자는 사람일 가능성이 높습니다. 8부에 여자 주인공 윤진아의 전 남자친구가 나타나 윤진아를 납치하는 사건이 등장합니다. 그리고 9부에서는 윤진아와 남자 주인공 서준희의 사이를 알게 된 가족들 때문에 두 사람이 힘들어합니다. 서준희의 친누나인 서경선과 윤진아는 둘도 없는 친구 사이로, 윤진아에게 서준희는 친동생 같은 존재거든요. 그런 두 사람이 사랑을 시작했으니 주위에서는 두 사람의 사랑을 방해합니다. 정리하면 8부는 윤진아의 전 남자친구의 납치로, 9부는 윤진아가 아버지 앞에서 통곡하는 장면으로 시작됩니다.

그런데 《밥 잘 사주는 예쁜 누나》의 최대 적대자는 누구인가요?

저는 여자 주인공인 윤진아의 어머니라고 생각합니다. 후반부로 가면 그녀는 격렬하게 윤진아와 서준희의 사이를 방해합니다. 두 연인은 윤진아의 어머니 앞에서 무릎까지 꿇습니다. 스토리의 중간점인 9부에서요. 이렇듯 중간점에서는 그 드라마의 가장 강력한 적대자가 나타나 스토리를 지배합니다. 반대로도 생각해 볼까요? 드라마를 쓰기 전에 8부와 9부 사이의 중간점에 가장 강력한 적대자를 먼저 배치한다면 어떨까요? 글쓰기가 훨씬 쉬워질 겁니다. 적대자가 배치되었다는 것은 드라마를 관통하는 플롯의 케이블이 생겼다는 증거입니다. 주인공과 적대자가 격렬하게 부딪칠수록 스토리는 재미있어질 테니까요.

《SKY 캐슬》(2018)도 살펴보겠습니다. 그동안 드라마 소재로 잘 쓰이지 않던 대한민국의 입시 현실을 다루었음에도 인기가 높았던 작품입니다. 20부작인 이 드라마의 중간점은 10부와 11부 사이입니다. 10부에서는 등장인물들이 살고 있는 'SKY 캐슬' 내부의 사건을 소재로 소설을 쓰려고 하는 이수임(이태란 분)이 주민 총회에 끌려와 주민들의 극렬한 반대를 맞습니다. 또 이수임을 몰아세운 한서진(염정아 분) 역시 과거의 비밀이 폭로되어 곤경에 빠집니다. 한편 어머니의 사망으로 출생의 비밀을 알게 된 김혜나(김보라 분)는 갈 곳이 없어지자 친부인 강준상(정준호 분)과 그의 아내인 한서진의 집으로 들어가려고 노력하지만 쉽지 않습니다.

중간점에서 전체 서사를 지탱하는 메인 캐릭터 모두가 어려움에 처합니다. 동시에 이후의 스토리를 전개해 나갈 수 있는 근거를 마련합니다. 이런 기능을 하는 곳이 중간점입니다. 중간점을 지나면서 이수임은 다시 소설을 쓰고, 한서진은 자신의 집에 들어온 김혜나로 인해 고민이 시작되고, 한서진의 집에 들어간 김혜나는 자신의 목적을 이루기 위한 행동을 계속합니다. 정리하면 중간점은 주요 등장인물들이 어려움에 처하는 곳이자 후반부를 위한 정보를 준비하는 곳입니다. 작가인 여러분은 중간점에서 주인공을 가장 큰 어려움에 처하게 해야 합니다. 동시에 이후 스토리를 펼칠 수 있는 근거도 마련해야 합니다.

> "중간점은 이야기를 전개해 나가는 동안 당신을 안내하고 방향을 제시해 주는 정류장이자 목적지이자 등대다."

시드 필드는 『시나리오 워크북』에서 중간점을 이렇게 말했습니다. 이 말을 '중간점은 스토리의 척추다'라고 고쳐 말하고 싶습니다. 표면적으로는 1막에서 잘 쌓여 온 정보들이 중간점에서 강력하게 충돌하고, 재구성되고, 재배열되면서 3막까지 나아갈 여력을 얻습니다. 심층적으로는 주인공과 적대자의 근원적인 충돌을 통해 우리가 지금 보고 있는 이야기가 어떤 내용인지, 장르적으로는 어떤 형태인지를 되새기는 지점입니다. 척추가 없으면 인간이 제대로 설 수 없듯 스토리 또한 적절한 중간점이 없다면 제대로 된 이야기를 펼칠 수 없습니다.
스토리의 척추인 중간점은 장르마다 형태와 어려움의 상태가 다릅니다. 이에 관해 충분한 학습이 이루어져야 실제 스토리 창작 시에 당황하지 않고 스토리를 전개할 수 있습니다.

(3) 절정

절정은 우리가 흔히 클라이맥스climax로 알고 있는 바로 그 지점입니다. 보통 3막 중간에 위치하며, 스토리의 장르마다 형태가 다릅니다. 1막의 설정 지점과 3막의 절정 지점은 동류항이라고 생각해도 됩니다. 혼합 장르인 경우를 제외하면 설정과 절정의 형태는 대부분 비슷합니다. 그래서 설정과 절정 지점의 형태가 장르를 결정한다고 볼 수 있습니다.

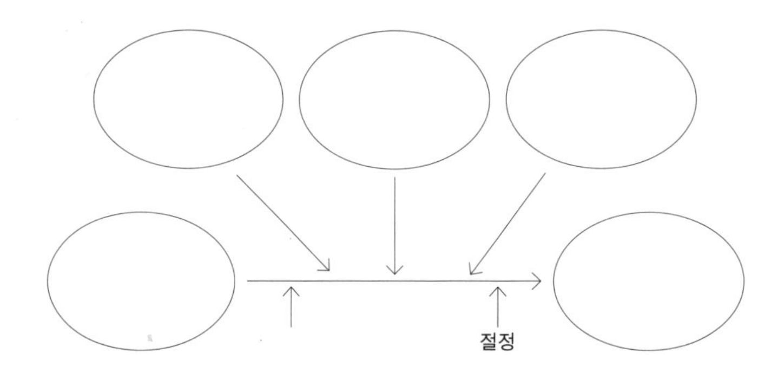

예술 영화 계열인 《시》(2010)의 설정은 주인공 미자(윤정희 분)가 시를 쓰기로 결심하는 곳이고 절정은 어떤 소녀의 목소리로 시가 완성되는 곳입니다. 멜로 영화 《노팅 힐》의 설정은 안나와 윌리엄이 길에서 부딪히는 곳이고 절정은 윌리엄이 안나의 기자회견장에서 사랑을 고백하는 곳입니다. 액션 영화 《공조》(2016)의 설정은 북한 위폐 공장에서 벌어지는 총격전이고, 절정은 남한에서 대치한 북한 형사 임철령(현빈 분)과 (남한으로 숨은) 조직의 리더 차기성(김주혁 분)의 강렬한 총격전으로 마무리됩니다.

어떤가요? 형태의 유사성이 느껴지나요? 보통 설정에서 시작된 이야기의 형태는 절정에서 설정과 비슷한 이야기의 형태로 마무리됩니다. 장르별로 설정과 절정의 연관성과 유형을 살펴보는 것도 스토리 공부를 위한 좋은 방법입니다.

드라마는 절정의 위치가 영화와는 조금 다릅니다. 16부 드라마의 경우 단순한 숫자 분류로는 3막의 중간에 해당하는 14부와 15부 사이에 절정이 위치해야 합니다. 대부분 그 위치에서 스토리의 변곡점을 맞습니다. 하지만 14부 끝에서 스토리의 절정이 일어난다면 그로부터 스토리의 종결인 16부 엔딩까지는 아직도 많은 시간(100~120분)이 남아 있습니다. 15부와 16부를 이끌고 나갈 수 있는 어려움이 절정인 14부의 끝에서 없어진다면 이후의 스토리를 지탱하는 긴장의 시스템이 와르르 무너질 수밖에요.

따라서 외부 구조상의 절정이 14부와 15부의 사이에 온다면 마지막 내부 구조상의 최종 절정은 마지막 회인 16부의 절정 지점에 옵니다. 16부작 《밥 잘 사주는 예쁜 누나》는 16부의 절정에서 서준희가 윤진아에게 달려오면서 절정을 맞이합니다. 역시 16부작인 《사랑의 불시착》도 16부의 절정 지점에서 윤세리와 리정혁이 스위스에서 다시 만나면서 두 사람의 사랑이 이루어집니다. 20부작인 《SKY 캐슬》 또한 20부에서 등장인물들의 모든 관계가 정리됩니다. (16부를 기준으로 했을 때) 드라마의 외부 구조상의 절정은 14부와 15부 사이에서 1차로 오고, 스토리 내부 구조의 최종 절정은 최종 회차의 절정 지점에 위치합니다.

무엇이 절정인지 감이 잡히죠?

지금까지 플롯의 삼각형을 공부하면서 전체 스토리의 기본 요소들을 살펴봤습니다. 이 과정에서 주인공과 플롯의 연결 단서들을 어느 정도 체화했습니다. 다음은 본격적으로 공식의 내부를 볼 시간입니다. '오의 공식'은 '주인공의 공식'과 '적대자의 공식', 이 두 가지의 합입니다. 간단히 표현하면 스토리의 핵심은 주인공과 적대자의 충돌입니다. 스토리는 주인공이 '주인공의 공식' 안에서 펼쳐 나가는 액션을 적대자가 '적대자의 공식' 안에서 막는 형태로 구성되어 있습니다.

3

주인공의 공식

주인공의 액션을 스토리의 끝까지 인도하는 것이 '주인공의 공식'입니다. 지금부터 어떤 사건으로 시작한 스토리가 어떻게 종결되는지 이야기해 보려고 합니다. 시작과 끝의 단순한 연결 안에 우리가 펼칠 수 있는 스토리의 무한한 가능성이 담겨 있습니다. 즉 주인공의 공식은 스토리의 처음과 끝을 책임집니다.

이것이 제가 생각하는 주인공의 공식입니다. 네, 이 중요한 공식은 딸랑 동그라미 두 개로 끝납니다. 사기? 아닙니다. 여러분! 세상의 이치는 세상의 원리를 아는 사람의 눈에만 보입니다. 지금은 동그라미 두 개로만 보이지만 설명을 조금만 더 들으면 아하! 하고 깨우칠 것입니다.

앞서 주인공은 액션이라고 말했습니다. 위 그림의 중간에 있는 화살표에 주목해 주세요. 화살표의 방향은 왼쪽에서 오른쪽으로 향합니다. 따라서 주인공의 공식의 기본 원리는 왼쪽의 어떤 모습에서 시작하여 오른쪽의 어떤 모습으로 완성됩니다. 스토리가 어떤 모습으로 완성되는지가 관건입니다.

(1) 《건축학개론》

멜로 영화 《건축학개론》(2012)의 남자 주인공 승민(엄태웅/이제훈 분)은 대학 신입생 때 서연(한가인/배수지 분)을 만나고 사랑의 감정을 느낍니다. 왼쪽의 동그라미는 '승민이 서연을 만나 사랑의 감정을 느낀다'로 채워질 수 있겠죠.

오른쪽은 어떻게 채워야 하나요? 멜로 영화의 공식대로라면 사랑의 완성이지만 두 사람의 사랑은 이루어지지 않습니다. 그런데 《건축학개론》은 4백 만 명이 넘는 관객이 든 흥행작입니다. 무엇 때문일까요? 플롯, 주인공, 가치에 답이 있습니다. 하지만 지금은 주인공에 관련된 이야기만 하겠습니다.

《건축학개론》의 주인공은 현재의 승민(엄태웅 분)**일까요, 아니면 현재의 서연**(한가인 분)**일까요?**

멜로 장르의 특성상 남녀 주인공 모두가 주인공이라는 의견에 동의할 수 없습니다. 확실히 기억하세요. 스토리의 주인공은 단 한 사람이어야 합니다. 답을 찾기 위해 승민과 서연의 행동을 비교해 봅시다.

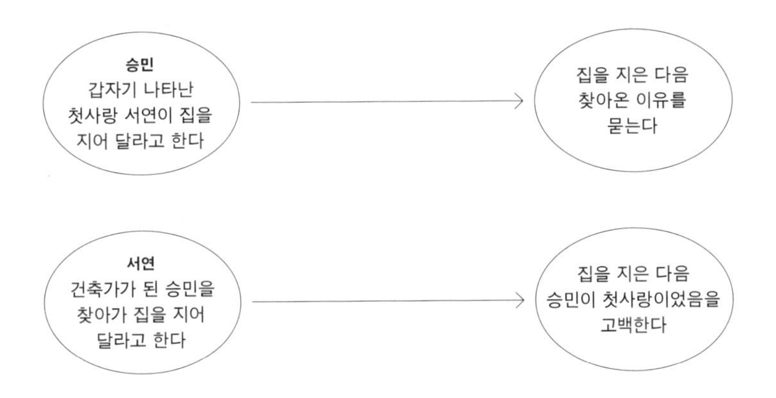

승민과 서연 가운데 스토리의 액션을 만든 사람은 누구입니까? 누구 때문에 스토리가 시작됩니까?

스토리의 시작만 생각하세요. 누가 시작하나요? 남자 주인공 승민인가요, 아니면 여자 주인공 서연인가요? 서연이 승민을 찾아오면서 스토리가 시작됩니다. 따라서 주인공은 서연입니다.
스토리의 '시작'을 만드는 자가 주인공입니다. 주인공의 공식에 따라 스토리의 시작과 그 시작을 만드는 주인공은 왼쪽에, 스토리의 끝과 그 결말을 만드는 주인공은 오른쪽에 위치해야 합니다. 주인공의 공식은 얼핏 보면 단순한 동그라미 두 개로 보이지만 그 안에는 엄청난 무게와 깊은 세계가 존재합니다.
아리스토텔레스는『시학』8장에서 다음과 같이 말했습니다.

> "플롯(이야기)은 하나의 행동에 대한 모방(표현)이므로, 하나의 전체를 이루는 단일한 행동을 모방(표현)한 것이어야 한다."

우리는 '단일한 행동의 표현'에 주목해야 합니다. 아리스토텔레스의 말에 따르면 이야기는 행동하는 자를 표현하는 것입니다.《건축학개론》에서 스토리의 처음에 행동한 사람은 서연입니다.

> **《건축학개론》을 관통하는, 단일한 행동을 하는 인물은 누구인가요? 첫사랑을 찾아와 집을 지어 달라고 요청하는 서연입니까? 서연의 부탁에 마지못해 응하고, 또 그녀의 기준에 맞추어 집을 짓는 승민입니까? 누가 더 단일한 행동을 하고 있나요?**

조금 다른 시선으로 행동의 크기를 확인해 봅시다.《건축학개론》의 스토리 전체에서 가장 큰 행동을 하는 사람은 누구입니까? 승민이 제주도에 멋진 집을 지었으니 승민이라고 답할 수도 있습니다. 하지만 스토리의 현재 시점에서 가장 큰 행동은 중간점에서 바닷가 야외 포장마차에서 술을 마시다 쓰러지고, 그런 자신을 말리니까 (대학 시절의 새침한 모습과 다르게) 술주정하는 서연입니다. 게다가 영화 전체에서 승민이 집을 짓는 장면은 거의 나오지 않습니다. 두 사람이 집을 지으러 돌아다니는 장면이 대부분이죠. 서연이 주정하는 장면도 그 여정에 들어 있고요.
과거 시점에서는 등장인물들 가운데 누가 가장 큰 행동을 하나요?

택시를 붙잡고 정릉(자신의 집)으로 가자고 소리치는 대학생 승민이 가장 큰 행동을 하지 않나요?

> **맞습니다. 승민은 과거 시점의 이야기(대학 시절)에서 가장 큰 행동을 한 인물입니다. 하지만 조금만 더 생각해 보세요. 이 장면에서 승민의 행동이 큰가요? 아니면 승민을 때리면서 떼 놓으려는 택시 기사의 행동이 큰가요?**

현재 시점과 과거 시점이 교차하는《건축학개론》의 서사 특성상 스토리의 본질과 일관성이 헷갈리는 지점이 분명 있습니다. 단순하게 행동의 크기로만 주인공을 찾는다면 현재 시점에서는 서연, 과거 시점에서는 승민이 주인공이라고 할 수 있습니다. 하지만 주인공의 기준은 큰 행동이 아닙니다. 큰 행동을 했음에도 택시 기사가 주인공이 아닌 이유입니다. 행동의 일관성이 키워드입니다. '일관성 있는 단일 행동을 하느냐?', '해프닝으로 잠시 소리만 지르는 것이냐?'는 분명하게 구분되어야 합니다.
기억하세요! 우리가 주인공의 공식에서 확인해야 하는 것은 행동의 시작점과 단일한 행동의 지속 여부, 그리고 행동의 크기임을요.

(2)《세븐》

이번에는 스릴러 영화인 데이빗 핀처 감독의《세븐》(1995)을 봅시다. 신참 형사 밀스(브래드 피트 분)가 성서의 일곱 가지 죄악을 따라 발생하는 사건을 해결하는 내용입니다. 단도직입적으로 묻겠습니다.

《세븐》의 주인공은 누구인가요? 신참 형사 데이빗 밀스인가요? 아니면 연쇄 살인마 존 도(케빈 스페이시 분)**인가요?**

형사 데이빗 밀스와 연쇄 살인범 존 도 가운데《세븐》의 스토리를 본격적으로 시작하게 만드는 사람은 누구입니까? 두 사람의 행동을 주인공의 공식에 넣어서 비교해 보겠습니다.

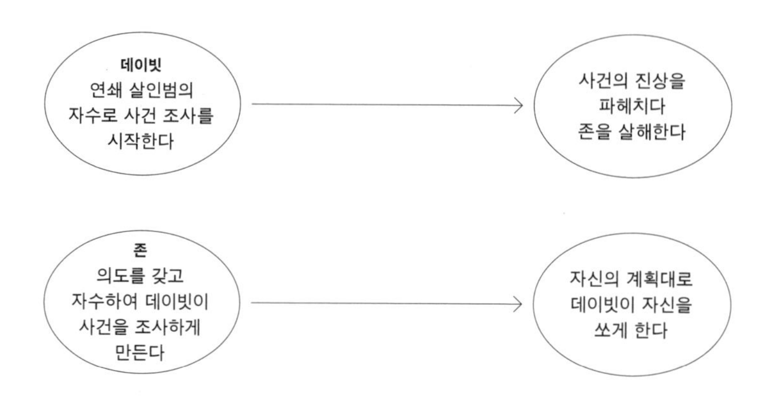

누가 스토리를 주도하나요? 그렇습니다. 존 도가 영화의 스토리를 주도합니다. 그렇다면 누가 주인공인가요? 역시 존 도입니다.

여러분의 생각은 어떤가요?

주인공이 누구인지를 집요하게 따지는 이유는 이렇습니다. 관객이 영화를 관람할 때나 작가 지망생이 영화 텍스트를 분석할 때는 누가 주인공인지가 크게 중요하지 않습니다.《건축학개론》을 승민의 시선에서 보나 서연의 시선에서 보나 큰 차이가 없습니다.《세븐》도 마찬가지입니다.

창작의 경우는 다릅니다. 스토리 창작에서 주인공을 누구로 정하느냐는 가장 중요한 문제입니다. 주인공이 누구인지를 찾고, 그의 일관된 행동을 배치해야 스토리가 생성되기 때문이죠. 이 책의 목표가 분석과 해석이 아니라는 사실은 알고 있죠? 창작이 목적인 우리들은 스토리를 주도하는 주인공의 개념을 명확하게 이해해야 합니다. 등장인물들의 분량과 상관없이 누가 스토리를 주도하는지 살펴야 하고요. 다시 말해 행동의 시작이 누구인가를 결정해야 합니다.

4

적대자의 공식

적대자는 플롯의 삼각형 가장 높은 곳에 위치하여 주인공에게 어려움을 투하하는 인물입니다. 인간의 모습을 벗어나 재난이나 사회 현상 같은 존재로 나타날 수도 있습니다. 그래서 적대자의 표면적인 형태와 어려움의 모습이 아니라 주인공을 효과적으로 어렵게 만드는 적대자의 심층적인 형태, 시스템, 그리고 기능을 살펴야 합니다. 모든 작가는 주인공에게 커다란 애정을 갖고 많은 공을 들입니다. 하지만 그가 창작하는 스토리가 객관적이고 대중적인 평가를 받는 데 있어서는 적대자의 위치와 크기가 제일 중요합니다. 시나리오의 영화화 가능성이나 드라마 편성 가능성을 높이는 데 있어서도요.

이유가 무엇일까요?

'어려움이 많을수록 이야기는 재미있어진다'는 말, 기억하나요? 강력한 적대자는 스토리를 강렬하게 만듭니다. 주인공이 아무리 훌륭하다고 해도 그에 맞는 적대자가 없다면 스토리는 가치를 인정받지 못합니다.

그 이유는 무엇일까요?

적대자가 없는 스토리는 평화롭지만 재미는 없습니다. 강력한 적대자가 세상을 뒤집고 암흑이 세상을 지배할 때, 그때가 히어로가 나타나 세상을 바로잡을 수 있는 적기입니다. 적대자가 없는 세상은 손님이 없는 가게처럼 지루합니다. 손님이 없으니 주인공도 하품하며 낮잠을 잡니다. 이 평화로운 세상에 폭탄을 던지는 적대자가 나타나야 주인공이 벌떡 일어나 (자신의 본분인) 세상을 구하러 달려갈 수 있습니다. 잊지 마세요. 스토리는 적대자가 완성합니다. 우리는 주인공에 맞먹는 적대자의 존재를 잊지 않고 있어야 합니다. 악마 같은 적대자를 만들어야, 주인공과 적대자가 격렬하게 싸우는 거대한 스토리를 창작할 수 있습니다.

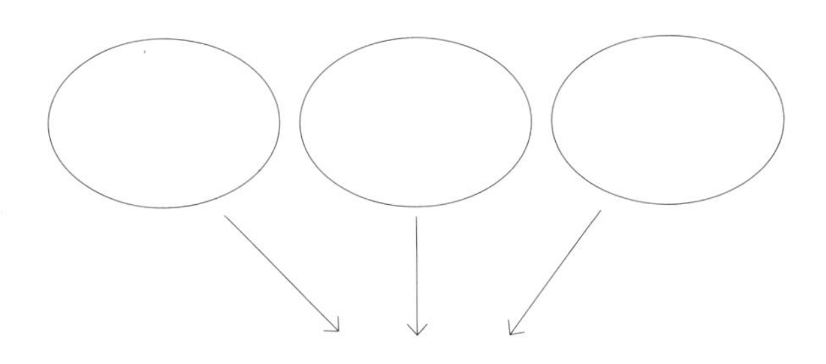

이것이 적대자의 공식입니다. 동그라미 세 개에 화살표도 세 개입니다 각각의 동그라미는 3막 구조에서 설명했던 막과 막 사이의 어려움, 바로 그 위치입니다. 따라서 세 개의 동그라미는 차례로 공격점 1, 공격점 2, 공격점 3이 됩니다.

왜 공격점이냐 하면 이름 그대로 주인공을 강력하게 괴롭히는 곳, 주인공의 내면 혹은 외면을 공격하는 곳이기 때문입니다. 이 세 동그라미 가운데 중간 동그라미인 '공격점 2'는 플롯의 삼각형에서 꼭짓점이었던 바로 그곳(중간점 혹은 미드 포인트)입니다. 즉 주인공이 하고자 하는 행동을 결정적으로 막는 스토리의 척추를 담당하는 곳입니다.
이제 주인공의 공식과 적대자의 공식을 조립해 볼까요?

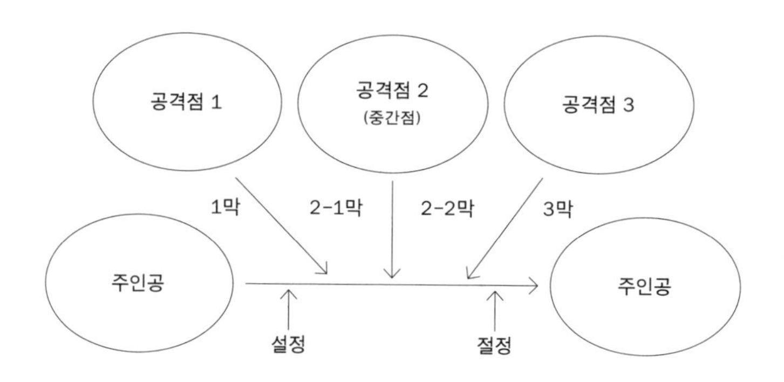

이것의 '오기환의 공식'의 기본형입니다. 아래의 두 동그라미는 주인공의 목표 및 동선을 표현하고, 위의 세 동그라미는 적대자의 기능 및 시스템입니다. 작품 분석을 통해 적대자의 위치와 기능에 관한 세부적인 설명을 이어 가겠습니다.

(1) 《시》

가장 먼저 이창동 감독의 《시》를 분석해 보겠습니다. 이 영화는 2010년 제63회 칸 영화제에서 각본상을 수상했습니다. 대본의 우수성은 이미 세계적으로 검증받았다고 볼 수 있습니다. 개인적으로 너무 좋아하는 작품이라 언젠가 책을 쓴다면 꼭 다루고 싶었습니다. 시나리오를 쓰는, 작품을 창작하는 모든 사람이 꼭 봤으면 하는 걸작입니다.
장황한 설명을 했는데요. 이 명작의 적대자는 누구일까요? 주인공이 하고자 하는 목표 및 계획이 정확하게 서야 그것을 방해하는 적대자의 공식을 만들 수 있습니다. 먼저《시》의 주인공과 주인공의 계획을 살펴보겠습니다.

주인공 미자의 계획은 간단합니다. 시를 쓰는 것이죠. 주인공은 처음부터 시를 쓰기 위해 일관된 행동을 할 것입니다. 주인공의 목표를 알게 된 우리는 미자의 계획을 방해할 적대자를 만들어야 하고요.

어떻게 하면 미자가 시를 못 쓰게 할 수 있을까요?

어려운 질문입니다. 생각해 보세요. 영화를 본 사람은 알겠지만《시》는 첫 장면부터 상업 영화의 법칙을 따르지 않습니다.《시》는 예술 영화입니다. 직설적으로 말해 미자가 시를 쓰지 못하게 하는 방법이 표면적이고 직접적인 방법이 아니어야 합니다. 적대자는 인간의 모습이 아닐 수도 있다고 했습니다. 예술 영화는 악당이 나타나 1차원적으로 주인공을 괴롭히는 단순한 서사 형태로 진행되지 않습니다. 누군가가 미자가 시를 쓰지 못하게 연필을 뺏거나 종이를 찢거나 하는 직접적인 행동을 하지 않죠.

예술 영화는 2차원적인 어려움을 투여하는 경우가 많습니다. 감독은 적대자들을 이렇게 배치했습니다.

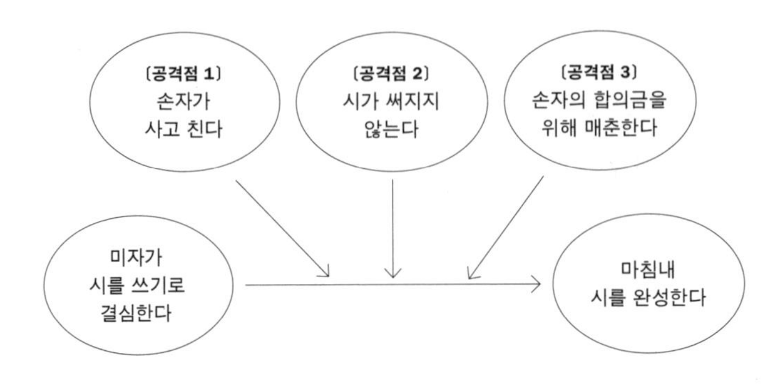

영화가 시작되자마자 주인공 미자에게 약간의 치매 증상이 있으며, 이에 따라 그녀의 기억은 서서히 지워질 거라는 '어려움'을 보여 줍니다. 이외에도 그녀의 삶은 스산합니다. 첫 번째 공격점에 한 소녀에게 범죄를 저지른 손자가 등장합니다. 손자는 미자의 하나뿐인 가족입니다. 멀리 사는 딸 대신 노년의 미자가 말썽을 일으키는 손자를 챙기죠. 두 번째 공격점에서 미자는 어느 여류 시인의 발표회에 갑니다. 그리고 이렇게 말합니다. "어쩜 그렇게 시를 잘 쓰세요? 저는 아무리 써도 안 되는데…."

플롯의 삼각형을 설명할 때 두 번째 공격점인 중간점은 가장 본질적인 어려움이 오는 곳이라고 했습니다. 미자가 가장 하고 싶은 것은 시 쓰기입니다. 따라서 시를 제대로 쓰지 못하는 재능 부족이 가장 근원적인 문제입니다. 시를 쓰고자 하는 주인공의 일관된 행동에 '아무리 써도 안 돼요'라는 적대자를 배치한 것입니다.

세 번째 공격점에서 미자는 손자가 저지른 범죄의 합의금 마련을 위해 자신이 간호하던(미자의 직업이 간병인입니다) 할아버지에게 매춘하고 돈을 받습니다.

미자가 시를 쓰지 못하게 만들고자 각기 다른 세 가지 어려움을 배치한 데 대해 '이게 뭐가 특별하지?'라고 어리둥절할 수 있습니다. 감독이 공격점에 왜 이런 적대자들을 배치했는지 아직 석연치 않을 수도요. 다시 한 번 언급하자면 이 영화는 예술 영화입니다.

이 책의 중반부에 다루겠지만 '표면 서사'와 '심층 서사'라는 개념이 있습니다. 표면 서사는 1차원적으로 드러나는 서사이고, 심층 서사는 서사의 내부에 존재하는 심층부를 말합니다.《시》처럼 예술 영화의 범주에 드는 영화들은 깊은 심층부를 갖는 경우가 많습니다. 스토리를 해석하는 여러 층위를 보여 주고자 이번 기회에 심층 서사의 예를 살펴보기로 하겠습니다.

조금 깊은 시선으로《시》를 다시 한 번 보겠습니다.

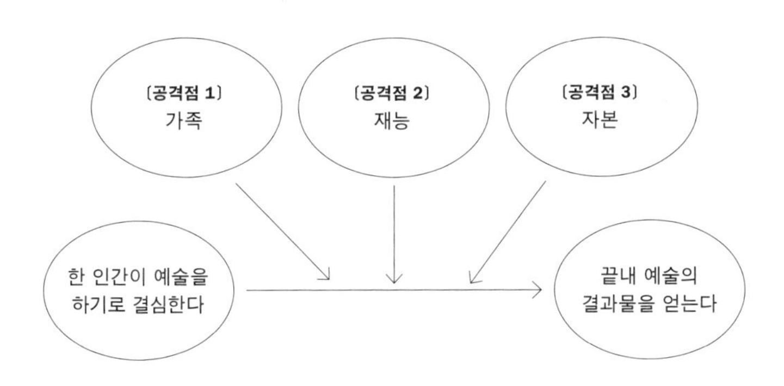

표면 서사의 해석은 초등학생이 산수 문제를 푸는 일과 비슷합니다. 반면에 심층 서사의 해석은 고등학생이 수능 심화 문제를 푸는 일처럼 까다롭습니다. 초보자가 스토리의 심층 서사를 분석하는 것은 초등학생이 수능 심화 문제를 푸는 일과 같습니다. 숫자의 많고 적음이나 나열 정도만 이해해도 풀 수 있는 산수 문제와 달리 수학은 숫자 간의 배열과 규칙, 공식 등을 총체적으로 이해해야 풀 수 있기 때문이죠.

우리가 표면 서사와 심층 서사의 차이를 제대로 이해하기 위해서는 기본적인 공식 외에도 스토리 내부의 원리와 기본 요소들 간의 연결 방식도 이해해야 합니다. 그래야 작품을 제대로 분석하고, 걸작을 창작할 수 있습니다.

어렵죠? 다른 예를 들어 보겠습니다. A는 평생 예술에 종사하기로 결심했습니다. 그가 스물다섯 살이 되자 가족들이 말합니다. "우리 집안에는 예술가가 없는데, 너는 대체 누구를 닮아서 예술을 하겠다고 이 난리니?" 온 가족이 예술가 지망생인 A를 이상하게 쳐다보죠. 시간이 흘러 A의 나이가 어느덧 서른다섯이 되었습니다. 이번에는 스스로가 이런 생각을 합니다. '어라? 내가 진짜 평범한가? 왜 이렇게 예술이 어렵고, 도대체 되는 일이 없지? 10년 전에 엄마 말을 들었어야 했나…. 죽기 전에 작가로 데뷔나 할 수 있는 거야?' 그리고 또 시간이 흘러 마흔다섯 살이 되었습니다. A는 기본 생활을 영위하는 것조차 힘듭니다. 정말로 이 길을 계속 가야 할지 어느 때보다 심각한 고민에 빠지죠.

이것이《시》의 심층 서사입니다. 한 인간이 예술을 하고자 할 때는 보통 주위에서 말립니다. 첫 번째 적대자는 예술적 재능의 근원을 묻는 가족들입니다. 두 번째 적대자는 자신의 예술적 재능의 함량을 고민하고, 스스로를 믿지 못하는 자기 자신입니다. 세 번째 적대자는 기본 생활의 영위조차 힘든 예술가를 둘러싼 물질적인 환경입니다.

이창동 감독은 이 영화를 통해 예술가의 삶을 이야기하고 싶었던 게 아닐까요? 이런 심층적인 이야기를 '시를 쓰고자 하는 할머니 미자'라는 표면적인 서사로 덮은 다음, 우리에게 전달하지 않았을까 추론합니다. 여러분은 어떻게 해석하고 싶나요?《시》에는 층위가 하나 더 있으나 그것은 뒤에서 다루겠습니다.

지금 우리가 서 있는 이곳은 적대자의 기능에 대한 이야기를 나누는 곳입니다. 적대자의 배치 및 설정을 조금 더 공부하기 위해 상업 영화 텍스트를 분석해 보겠습니다. 예술 영화는 아무래도 분석의 경계가 모호해서 의견 일치에 어려움이 있습니다. 반면에 상업 영화는 예술 영화보다는 쉬운 스토리를 가지고 있고, 스토리의 결이 명쾌합니다. 공감대도 훨씬 더 커질 수 있습니다.

(2) 《청년경찰》

김주환 감독의 《청년경찰》(2017)의 적대자 배치를 보면서 적대자 배치법에 대해 조금 더 알아보겠습니다. 경찰대 재학생인 기준(박서준 분)과 희열(강하늘 분)은 러닝 타임 내내 다음의 목표를 가지고 달리면서 사건을 해결합니다.

제목 그대로 아직 정식 경찰은 아니지만 미래에 경찰이 될 경찰대 학생들이 사건 해결을 위해 동분서주한다는 게 전체 플롯입니다. 주인공의 목표를 알았으니 곧바로 적대자를 살펴보겠습니다. 경찰대 학생들이 사건을 해결하지 못하게 만들기 위해서는 어떤 적대자를 어떻게 배치해야 할까요?

밤에 길을 가다가 범죄를 목격한다면 정의로운 시민인 우리들은 112에 전화하거나 가까운 파출소나 경찰서에 신고할 것입니다. 그것으로 정의로운 시민으로서의 임무 끝! 집에 가서 편히 쉬면 됩니다. 다만 이러면 스토리가 발생하지 않습니다. 이 영화의 스토리 창작자들이 주인공을 '청년 경찰'로 설정한 이유는 너무나 분명합니다. '경찰'이 못 푸는 사건을 '청년 경찰'인 주인공들이 해결한다가 포인트입니다. 즉 기존 경찰과 청년 경찰의 대비가 스토리 진행상 가장 중요한 포인트입니다. 이제 영화의 적대자 구성을 보죠.

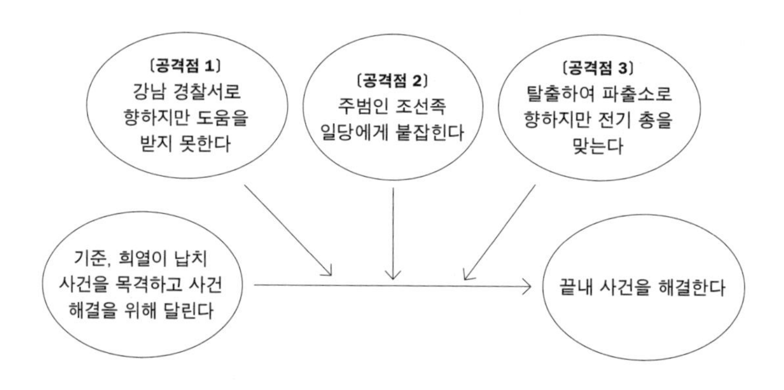

스토리는 기존 경찰이 해결하지 못하는 문제를 두 명의 청년 경찰이 해결하는 과정으로 짜여 있습니다. 이와 같은 표면 서사는 다음과 같은 심층 서사로 바꿀 수 있습니다.

공격점 1에서 청년 경찰 기준과 희열은 납치 사건을 보자마자 사건 해결을 위해 강남 경찰서로 달려가지만 아무 도움도 받지 못합니다. 공격점 2에서는 어려움에도 불구하고 주범을 잡으려고 대림동으로 달려가지만 오히려 범인들에게 붙잡혀 모진 고생을 당합니다. 공격점 3에서는 우여곡절 끝에 탈출하여 파출소로 달려가지만 답답할 정도로 사건 처리 절차를 고집하는 일선 경찰에게 전기 총을 맞습니다. 물론 우리의 주인공들은 온갖 고난에도 끝내 사건을 해결합니다.

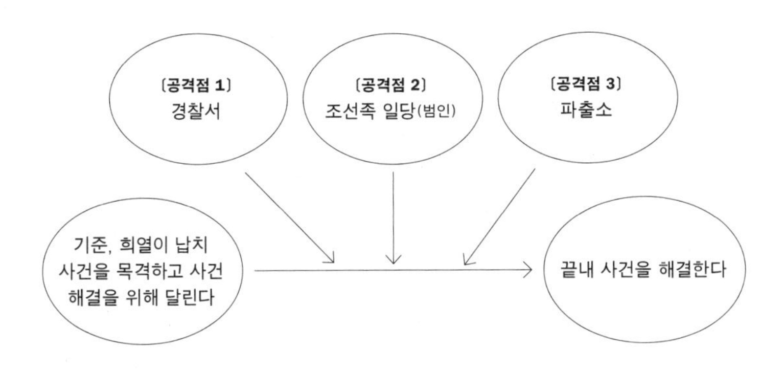

'기성 사회와 세대가 해결하지 못하는 사회의 여러 문제를 세상의 때가 묻지 않은 청년들은 해결할 수 있다.' 이것이 작가가 영화에 담은 메시지가 아닐까요? 영화 스토리의 심층에 깔려 있는 작가의 시선이 사회와 조응하면서 500만 명이 넘는 관객이 이 영화를 보았습니다. 정리하면《청년경찰》의 적대자 배치의 핵심은 '청년 경찰'과 대비되는 '기존 경찰'을 적대자로 삼은 점입니다. 글을 쓸 때 주인공의 동선과 180도 반대편에 서 있는 인물 혹은 상황을 가져다 적대자의 위치에 놓는다면 좋은 결과를 얻을 수 있습니다.

주인공과 적대자 사이의 최적의 각도는 180도다.

예술 영화인《시》와 대중 영화(상업 영화)인《청년경찰》의 적대자 배치를 비교해 보면서 적대자의 위치와 기능을 살펴봤습니다. 적대자의 배치와 위치 설정에 관한 내용은 계속 반복될 예정입니다.

05

공식의 원리

주인공의 공식과 적대자의 공식이 합쳐진 형태인 '오의 공식' 중 아직 설명하지 못한 부분을 짚어 보겠습니다. '오의 공식' 내부의 규칙과 흐름을 설명하고자 합니다. 시스템의 내적 흐름이 있다는 말은 공식의 내부에서 기본 요인들이 자유롭게 움직인다는 말입니다. 공식의 요소들이 유기적으로 연결되어 있다는 뜻이죠. 시스템이 체계적이라는 의미이고요. 이번 장에서는 스토리 공식의 내부 연결 방법을 자세하게 설명하겠습니다.

1

계획은 완성된다

(1) 완성되는 계획이 필요하다

한 아이가 있습니다. 그 아이는 항상 말하죠. “하고 싶은 게 없어!” 주변 사람들은 결국 포기합니다. 아이의 부모는 절대 포기할 수 없습니다. 그래서 아이를 관찰합니다. 그런데 아무것도 하고 싶은 게 없다는 아이가 나무로 장난감 하나는 기가 막히게 잘 만드는 것을 발견합니다. 부모는 아이에게 공부하라는 잔소리 대신 나무며 조각칼을 말없이 사 줍니다. 이렇게 아이가 하고 싶은 걸 하게 두었더니 아이는 말없이 평생 나무로 장난감 만들기만 합니다. 어른이 된 아이는 목공 장인이 됩니다. 그 곁엔 평생을 묵묵히 자식을 지켜본 늙은 부모가 있습니다. 그들은 웃으며 서로를 바라봅니다.

이 이야기에서 '오의 공식'에 적용되는 주인공은 누구인가요?

잘 정리되지 않을 겁니다. 왜일까요? '주인공은 액션이다'라고 했습니다. 액션을 생각해 보세요. 아이의 액션은 '나무로 장난감을 만드는 것'입니다. 부모의 액션은 뭘까요? '묵묵히 나무와 조각칼을 아이에게 사 준 것'입니다. 둘 중 주인공을 고르라고 하면 당연히 아이가 주인공입니다. '만드는 것'이 '사 주는 것'보다 큰 동작이니까요.

그런데 찜찜합니다. 주인공은 아이라고 정확하게 말하기도 애매하고, 그렇다고 부모라고 하기에도 난처한 느낌. 이야기에 나온 아이와 부모에게 정확하고 철저한 계획이 없기 때문입니다. 등장인물이 잘못했다는 뜻이 아닙니다. 실제 삶이라면 아이도 올바르게 성장했고, 부모도 아이의 성취를 지켜봤으니 분명 훈훈한 이야기입니다. 하지만 우리가 영화, 드라마, 웹툰 주인공으로 등장시키기에는 부족합니다.

아이는 장차 목공 장인이 되겠다는 계획이 없었습니다. 부모도 아이를 목공 장인으로 만들겠다는 계획을 세우지 않았습니다. 물론 우리도 처음부터 모든 것을 계획하고 그것을 성취하기 위해 인생을 살지는 않습니다. 그렇기 때문에 모든 사람의 삶이 영화나 드라마가 되지 못하고요.

위인전에 등장하는 위인들은 어떤 계기를 통해 어느 순간 자신의 계획을 세웁니다. 그리고 그것을 위해 온갖 역경을 이기고 마침내 계획을 완성합니다. 위의 이야기로 영화나 드라마를 만들 수 없다는 뜻이 아닙니다. 다만 우리가 스토리를 창작하면서 초반에 주인공을 설정할 때는 위인전의 위인들처럼 자신의 계획이 분명한 인물을 주인공으로 셋업해서 스토리를 전개해야 합니다.
1592년 조선에 살았던 수많은 사람이 임진왜란을 겪었습니다. 하지만 왜 이순신 장군의 삶만 영화화되었을까요? 제 답은 이순신 장군은 계획이 있던 인물이라는 겁니다. 왜군을 물리쳐야겠다는 '생각'은 조선 사람 전체가 했을 겁니다. 하지만 왜군을 물리칠 수 있는 자신만의 계획을 가진 사람은 몇 명이나 있었을까요?
정리하겠습니다. 보통의 주인공은 행동의 시작과 행동의 크기로 평가받습니다. 하지만 영화나 드라마에 나오는 주인공은 행동과 함께 무언가를 성취하기 위한 자신만의 계획을 가져야 합니다. 앞으로는 주인공의 계획을 중심으로 스토리 분석을 하겠습니다. 스토리 창작 부분에서도 주인공에게 어떤 계획이 있는지, 그것이 일관성이 있는지를 점검하겠습니다.

(2) 완성되는 창작자의 계획이 필요하다

실생활에서 완벽한 계획을 갖고 있는 이는 극소수입니다. 다수는 주어진 환경에서 그때그때 나름의 최선을 다해 살아갑니다. 영화도 마찬가지입니다. 강력한 의지와 계획으로 살아가는 주인공도 있지만 주어진 환경에서 처지에 맞춰 나름의 최선을 다하는 주인공도 존재합니다. 그래서 자신의 강력한 계획이 없는 주인공들이 나오는 영화를 살펴보려고 합니다.
장준환 감독의 《1987》(2017)입니다. 이 영화의 주요 등장인물로는 박처장(김윤석 분), 공안부장(하정우 분), 연희(김태리 분), 이한열(강동원 분)이 있습니다.

이들 가운데 자신의 계획이 있는 사람은 누구인가요?

박 처장에게는 계획이 있었다고요? '처음부터' 자신의 계획이 있었나요? 그건 아닙니다. 고문 중 사망 사고가 발생하니까 어쩔 수 없이 계획을 만들었습니다. 그 유명한 '탁 치니 억 하고'는 임기응변이죠. (이 영화는 1987년 박종철 열사 고문치사 사건을 모티프로 만들었습니다.) 처음부터 이렇게 말해야지 하면서 전체 계획을 세우지 않았습니다. 보다 단순하게 표현하자면 이 영화의 주요 인물들은 '액션'보다는 '리액션'을 많이 합니다.

지금까지의 설명과는 전혀 다른 내용이라고요?

맞습니다. 그래서 보충 설명을 하는 겁니다.《1987》같은 영화는 등장인물들의 계획이 없어 보입니다. 아니 없습니다. 지금까지의 설명 내용과 맞지 않죠. 하지만 이 영화에는 조금 다른 계획이 들어 있습니다. '주인공의 계획'이 아니라 '창작자의 계획'입니다.

스토리의 세계는 태평양보다 넓습니다. 드넓은 바다에는 한국 고등어도 있고 노르웨이 고등어도 있죠. 그것처럼 스토리의 세계에는 주인공의 계획과 등가 효과를 가진 창작자의 계획도 있습니다. 세상의 모든 법칙에는 예외가 있기 마련이죠. 스토리를 지탱하는 계획 중에는 주인공의 계획도 있지만 가끔은 창작자(작가나 감독)의 계획이 전체 스토리를 지배하는 경우도 있습니다. 다만 창작자의 설계가 탄탄해야 합니다. 그래야 등장인물들이 리액션을 많이 해도 스토리가 흐트러지지 않습니다.

재난 영화를 생각해 봅시다. 어떤 재난이 닥치고 이를 극복하는 사람들의 이야기가 이 장르의 특성이자 서사의 특징입니다. 평화로운 일상을 즐기던 도중에 갑자기 재난이 닥치기 때문에 계획을 세울 수도 없고, 설사 사전에 계획이 있었다고 해도 재난 때문에 계획을 신경 쓸 여유가 없습니다. 그럼에도 그 어떤 영화보다 관객들이 몰입하여 보는 경우가 많습니다. 주인공의 계획이 없는데 스토리는 재미있습니다. 왜 그럴까요?

세상에는 재난 영화처럼 주인공이 리액션밖에 할 수 없는 스토리도 존재합니다. 이런 영화들이 실제 존재하고, 대중의 엄청난 호응을 받기도 합니다. 재난이라는 소재를 통해 자신의 이야기를 관객에게 전달하고 싶은 창작자의 큰 그림이 존재하기 때문입니다.

다시 《1987》로 돌아가겠습니다. 영화의 창작자인 김경찬 작가와 장준환 감독은 답답하고 암울했던 한 시대를 이야기하고 싶었을 겁니다. 그래서 생각했겠죠. '어떻게 하면 그 시대를 제대로 이야기할 수 있을까?' 그래서 찾은 답이 박종철 사건을 초반에, 이어서 이한열 사건을 후반에 배치하는 것이었습니다. 이런 작가의 큰 계획에 따라 등장인물들을 배치하고 그들을 작가의 계획 안에서 움직이게 했습니다. 정말 하고 싶었던 이야기는 등장인물들의 삶을 통해 (그들이 살았던) 시대를 보여 주려는 것이었으니까요. 그 시대를 살았던 '사람'이 아니라, 그들이 살던 '시대'가 주인공인 셈입니다. 그런 작가의 큰 계획이 있었기에 역사에 휘말리는 등장인물들을 배치하고, 그들을 그 시대 안에서 소용돌이치게 한 것입니다.

대부분의 스토리에서 주인공에게는 계획이 있습니다. 그런데 가끔 주인공의 계획이 없어 보이는 스토리도 있습니다. 그럼에도 스토리가 재미있다면 다음과 같은 이유 때문입니다. 스토리의 전면에는 주인공의 계획이 없어 보이지만 스토리의 후면에는 주인공을 움직이는 창작자의 계획이 반드시 있다는 것이죠. 그리고 이런 스타일의 스토리는 보통 역사적 사실을 다룬 시대극이나 공포 혹은 재난 장르인 경우가 많습니다.

(3) 처음부터 계획을 세우지 않는 것도 계획이다

지금까지 '주인공의 계획'이나 '창작자의 계획'이 있어야 매끄러운 스토리 창작이 가능하다는 주장을 했습니다. 이번에는 이 두 가지 경우 이외의 독특한 스토리를 알아보겠습니다. 여러분 중에는 주인공에게 반드시 계획이 있어야 스토리가 매끄럽게 창작된다는 주장에 거부감이 들거나 매번 주인공이 무엇을 해야 한다는 것 자체가 싫은 사람도 있을 테죠. 무의식의 흐름에 따라 인간의 내면을 보여 주는 스토리를 창작해 보겠다는 계획을 세운 사람도 있을 것입니다. 세상의 이면을 보여 주고 싶어서 아무것도 안 하는 사람들을 보여 준다거나 파멸하는 사람들의 운명에 대한 스토리를 쓰고 싶은 작가들도요.
이 경우에는 아무것도 안 하는 사람들을 보여 주겠다는 것 자체가 계획입니다. '아무것도 안 하고 있는 것'은 계획이 아닙니다. 하지만, '아무것도 안 하고 있는 사람들을 보여 주겠다'는 분명한 계획입니다. '인간의 파멸'은 계획이 아닐지 모르지만 '인간의 파멸을 보여 주겠다'는 계획입니다.
독립 영화나 저예산 영화의 경우 가끔 이런 스토리가 있습니다. 사람의 행동이 아니라 그 사람의 주위 공기만을 담습니다. 또 주인공을 바라보는 타인의 시선만 담는 경우도 있습니다. 이들 모두 스토리입니다. 예술의 세계에서는 절대적으로 어떻게 해야 한다는 법칙은 없습니다. 다만 이런 스타일의 스토리는 주관적이기에 다수의 공감은 어렵다는 점은 인지해야 합니다.
여러분 앞에는 보통 다음과 같은 세 가지 종류의 이야기가 있습니다.

① 명쾌한 계획이 있는 주인공의 이야기
② 명쾌한 창작자의 계획이 있는 이야기
③ 아무것도 안 하겠다는 계획이 있는 이야기

이 가운데 어떤 이야기를 선택할지는 자유입니다. 명쾌한 주인공의 계획을 보여 주어도 됩니다. 아니면 창작자의 명쾌한 계획하에 공포나 재난 상황에 대해 리액션만 하는 주인공을 보여 주어도 됩니다. 아무것도 안 하는 혹은 몰락하는 사람을 통해 작가가 말하고자 하는 주제만 보여 주어도 됩니다. 하지만 기억하세요. 이 가운데 무엇이건 하나를 선택하는 순간, 그것은 여러분의 계획이 됩니다.
앞으로 여러분이 선택하는 스토리는 많은 사람이 보거나 혹은 소수라도 광적으로 좋아하거나 혹은 극도로 주관적인 것 중 하나일 겁니다. 어떤 글을 쓰건 자신의 취향에 맞게 쓰면 됩니다. 다만 글을 시작하기 전에 자신과 자신의 스토리가 어떤 성향인지는 반드시 알고 창작해야 합니다. 공들여 완성한 결과물이 처음 예상과 다르다면 비극입니다. 애초에 작가의 계획이 없었다고 할 수 있습니다. 작가가 정확하게 계획을 세우면 글도 정확하게 나옵니다. 반면에 계획 없이 글을 쓰면 전혀 다른 글이 나오거나 결말을 맺지 못합니다.

현재 여러분에게는 어떤 계획이 있나요?

2

설정은 절정을 바라보며 달려간다

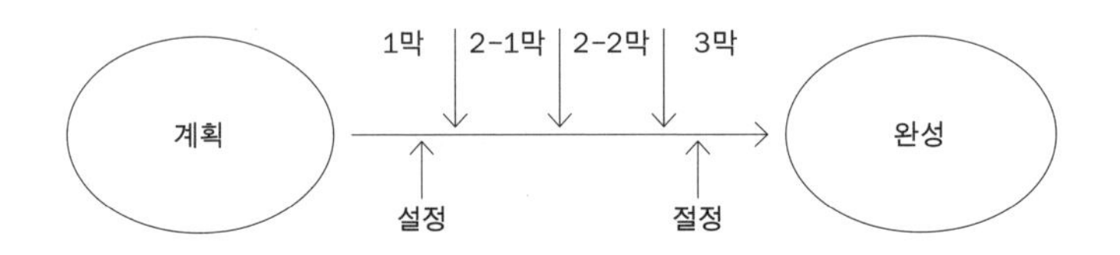

위의 공식에서 '설정'은 어떤 사람의 생각이나 행동이 변하는 지점, 혹은 주인공이 본격적으로 자신의 계획을 시작하는 지점입니다. 즉 주인공에게 어떤 '계기'가 생겨서 계획을 세우고 실행하거나 혹은 주인공이 사건에 휩쓸리는 '계기적 사건'이 발생해서 그에 맞는 계획을 세우고 실행하는 지점 혹은 순간을 말합니다. 그리고 절정은 설정에서 발생한 이야기가 모여 폭발하는 지점입니다.

이미 알고 있다고요? 그렇다면 설정과 절정 사이에는 어떤 연관성이 있을까요? 그리고 두 지점은 어떻게 연결되어 있을까요?

주인공의 계획이 스토리 전체를 관통하는 넓은 개념이라면, 설정은 주인공의 계획이 시작되는 좁은 지점을 말합니다. 다른 말로 주인공의 계획이 무엇인지 설명하는 게 1막의 기능이라면 설정은 1막에서 주인공의 계획이 시작되는 순간이라고 할 수 있습니다.

예를 들어 보겠습니다. A사를 다니는 회사원 김 씨가 지루한 일상을 보내다 갑자기 누군가에게서 5개월 후인 8월에 회사에서 감원을 계획하고 있다는 이야기를 들었습니다. 김 씨는 본능적으로 생각합니다. '누가 살아남을까?' 수차례 고심한 결과 자신이 살아남을 거라는 확신이 들지 않자 협력 회사인 B사로의 이직을 결심합니다. 김 씨가 B사 내부 사정을 알아봤더니 마침 8월에 김 씨와 같은 업무 분야의 인력 충원을 계획한다고 합니다. 김 씨는 회사 동기들 모르게 반드시 B사로 이직하겠다고 결심하고 세부 계획을 세웁니다. 현재 시점인 3월부터 A사의 감원 계획과 B사의 구인이 실행되는 8월까지 만 5개월 정도 회사를 다니면서 B사의 구인 조건에 맞추어 퇴근 후에는 영어 학원을 수강하면서 열심히 이직을 준비합니다. 동료들 모르게 학원을 다니던 김 씨는 어느 날 학원 건물 1층에서 우연히 동료를 만납니다. 자신과 똑같이 학원을 다니며 무언가를 준비하는 동기를 보면서 이렇게 유추해 봅니다. '재도 B사에 지원하려는 거 아냐?' '저 자식도 8월에 잘리는 거 누구한테 들은 거 아냐?' 힘들게 이직 준비를 하던 김 씨가 8월에 드디어 B사에 지원합니다.

이 이야기에서 '설정' 혹은 '계기적 사건'이 벌어지는 지점은 어디일까요?

대부분은 김 씨가 감원 계획을 듣는 순간이라고 말합니다. 아닙니다.

사실 대다수는 '계기적 사건'과 '설정'을 정확하게 구분하지 못합니다. 김 씨가 감원 계획을 듣는 것은 '계기적 사건'입니다. 감원 계획을 듣고 이직을 결심하고 실행하는 지점이 바로 설정입니다. 차이가 이해되나요?

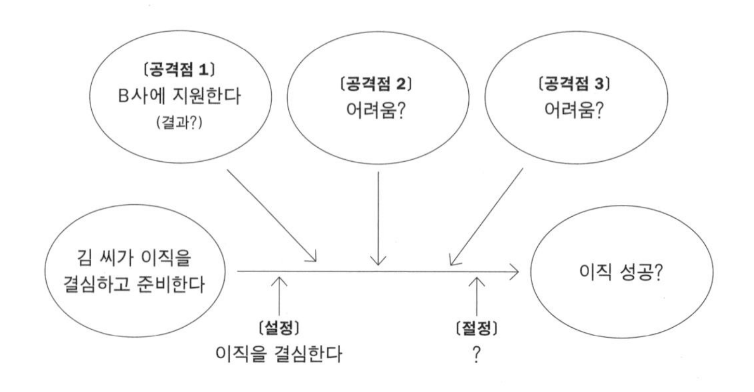

설정이 명확하게 인지되었다면 동시에 절정의 물음표를 바라봐야 합니다. 현재의 설정에서 저 멀리 있는 절정까지의 거리가 너무 멀어 연관성을 생각하기 힘들다면 수오 마사유키 감독의 《쉘 위 댄스》(1996)를 참고하세요. 주인공 스기야마 쇼헤이(야쿠쇼 코지 분)는 평범한 일상을 살고 있는 회사원입니다. 어느 날 지하철에서 사교댄스 교습소의 창가에 서 있는 키시카와 마이(쿠사카리 타미요 분)를 보면서 밋밋한 일상에 예기치 않은 술렁임이 일기 시작합니다. 마이를 다시 한 번 보고 싶어 노심초사하던 그는 결국 용기를 내어 댄스 교습소의 문을 엽니다.

이 스토리에서 '계기적 사건'은 무엇이며, 설정은 어디인가요?

무료한 일상을 보내던 그가 평소와 똑같이 퇴근하던 어느 날 밤, 지하철에서 마이를 본 그 순간이 설정이라고 생각할 수 있습니다. 주인공의 동작이 시작되는 '계기'를 만들어 준 곳이니까요. 그 순간이 없었다면 쇼헤이가 춤을 배워야겠다는 생각을 하지 않았을 테고, 스토리가 시작되지 않았겠죠. 하지만 앞에서 짚은 것처럼 이 지점은 설정이 아니라 '계기적 사건'이라고 봐야 합니다. 설정은 그녀로 인해 댄스학원에 들어선 순간입니다.

쇼헤이가 '춤을 배우겠다'라고 결심하고 문을 연 순간, 곧바로 절정을 바라봐야 합니다. 절정에 단순한 문장을 하나 배치해 봅시다. 설정이 '춤을 배우겠다'라면 절정은 '춤을 추겠다'여야만 합니다. '춤을 구경하겠다' 혹은 '춤을 출 때 입을 옷을 디자인하겠다'는 안 됩니다. 주인공의 일관된 행동에서 벗어나니까요. 설정 지점에서 춤에 관심을 갖게 된 주인공은 절정에서 춤을 춥니다.

김 씨의 이야기는 설정에서 감원 계획을 듣고 이직을 결심했기에 절정에서는 또 한 번의 이직, 원래 회사로 복귀 혹은 자신의 사업 창업이라는 세 가지 방법이 있으리라 예측합니다. 이런 연관성이 설정과 절정 사이에 있기에 '설정은 절정을 보며 달려간다'라고 표현하고 싶습니다. 지금부터 주인공이 자신의 계획을 실행하는 지점인 '설정'과 스토리를 응축시켜 폭발하는 지점인 '절정'의 연관 관계와 연결 방법을 알아보겠습니다.

(1) 설정과 절정은 장르를 결정한다

설정과 절정은 플롯의 삼각형 중 좌우의 끝 지점입니다. 주인공은 '설정'에서 '무엇'을 본격적으로 시작하고, '절정'에서는 그 '무엇'을 마무리합니다. 앞에서 주인공이 스토리상에서 행하는 '무엇'이 장르를 결정한다고 했는데요. 세 가지 장르의 설정과 절정을 비교해 보고자 합니다.

① 멜로

멜로의 핵심은 무엇인가요? 남녀 혹은 동성 혹은 사물 혹은 외계 생명체… 어쨌거나 어떤 두 대상이 사랑하는 이야기입니다. 멜로 이야기의 본격적인 시작점인 설정에서 두 대상(주인공)은 어떤 모습으로 나타나야 할까요? 대부분의 사랑 이야기는 두 주인공의 만남으로 본격적인 이야기를 시작합니다. 《노팅 힐》을 보겠습니다.

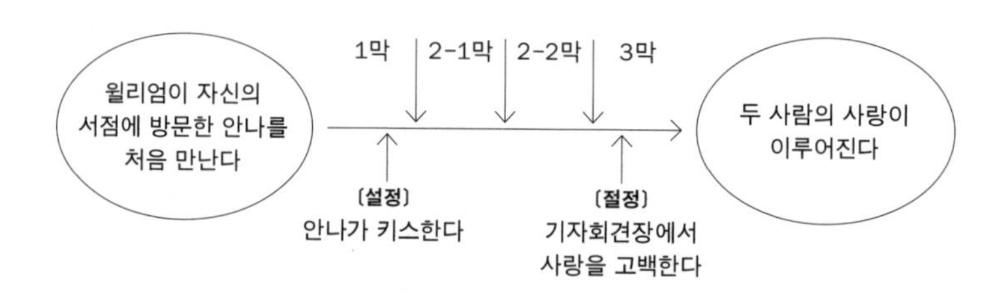

어떤 남녀도 길에서 우연히 만날 수 있지만 사랑에 빠지는 경우는 매우 드물죠. 멜로 장르는 보통 우연히 만난 두 사람이 운명적인 사랑을 하는 이야기입니다. 따라서 멜로 영화의 '설정'과 '절정'은 두 사람이 만나고, 사랑이 맺어지는 지점이 되겠습니다. 타인인 두 사람이 연결되는 지점이 '설정', 고백이나 키스를 통해 사랑이 이루어지는 지점이 '절정'이죠.

《노팅 힐》은 톱스타 안나와 작은 서점을 운영하는 윌리엄이 우연히 만나 고난(장애물)을 극복하고 끝내 사랑을 이루는 내용입니다. '설정'에서 두 사람은 어떻게 만나나요? 윌리엄이 운영하는 서점에서 처음 만난 두 사람은 잠시 후 거리에서 운명처럼 다시 한 번 부딪치게 됩니다. 안나의 옷에 커피를 쏟은 윌리엄은 그녀를 자신의 집에 데려와 옷을 갈아입게 합니다. 이로써 한 번의 만남으로 끝날 뻔한 두 사람의 인연이 이어집니다. 그리고 안나가 윌리엄에게 키스합니다. 윌리엄이 안나에게 커피를 쏟는 지점이 '계기적 사건'이고, 안나가 윌리엄에게 키스하는 순간이 '설정'입니다. 이 키스가 없었다면 스토리는 발현될 수 없었을 테니까요. 이처럼 멜로 영화의 설정 지점은 두 사람의 우연한 만남이 운명으로 변환되는 순간이라고 할 수 있습니다.

또한 절정 지점은 (멜로 스토리의 공식대로) 두 사람의 사랑이 이루어지는 곳입니다. 대부분의 멜로 스토리에는 사랑을 고백하는 장면이 나옵니다. 《노팅 힐》에서도 윌리엄이 기자회견장에서 안나에게 자신의 진심을 고백합니다. 절정입니다. 그리고 모든 사람의 축복 속에서 스토리는 마무리됩니다.

간단하게 정리하면 멜로 스토리의 설정 지점은 두 사람이 처음 만나고 사랑이 불타오르는 곳입니다. 절정 지점은 두 사람의 진심이 확인되는 순간(키스, 고백)입니다.

② 액션

보통의 액션 영화 초반부에는 스토리 전반을 관통하는 '계기적 사건'이 일어납니다. 어떤 형태일까요? 당연히 '액션'이죠. 김성훈 감독의 《공조》(2017) 초반부에 조직의 리더 차기성이 위조지폐 동판을 탈취하기 위해 공장에 들이닥치고, 북한 형사 임철령은 이를 막기 위해 고군분투합니다. 치열한 총격전 와중에 임철령은 아내를 잃고 크게 분노하죠.

정리해 보면 다음과 같습니다.

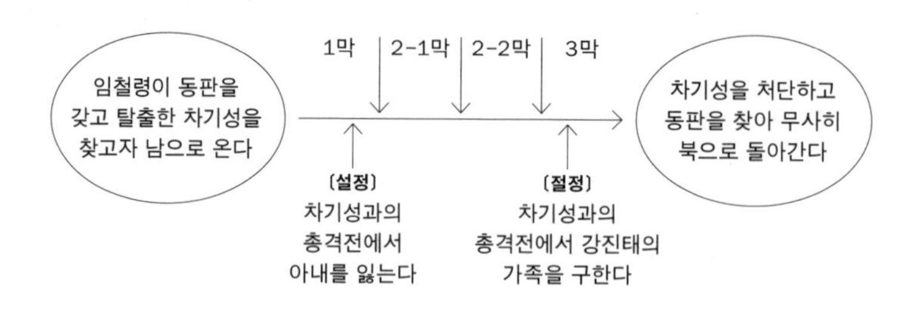

임철령이 남한으로 간 차기성을 잡으러 따라오면서 본격적인 스토리가 펼쳐집니다. 절정에서는 임철령이 차기성과 다시 한 번 총격전을 벌이면서 인질로 잡힌 남한 형사 강진태(유해진 분)의 가족들을 구합니다.

장르마다 '설정'과 '절정'의 형태가 다릅니다. 멜로 영화 《노팅 힐》과 액션 영화 《공조》의 설정과 절정의 형태가 다른 것은 장르가 다르기 때문입니다. 사랑을 다루는 멜로는 만남과 고백으로 이루어집니다. 액션 장르는 격렬한 액션을 통해 진행되기에 설정과 절정이 주인공과 적대자의 강렬한 액션 신으로 표현됩니다. 지금 액션 영화 스토리를 구상하고 있다면 도입부에 강력한 액션 신부터 써 나가기 바랍니다. 액션의 형태만 갖추면 액션 영화가 된다고 생각하지는 말아야 합니다. 액션 장면이 있다고 전부 액션 영화라고 할 수는 없기 때문입니다. 《공조》에서처럼 계기적 사건의 기능을 하는 액션 장면은 전체 스토리를 구동시킬 수 있는 액션이어야 합니다. 설정의 액션 신 내부에 전체 스토리를 지배할 수 있는 내용을 담고 있어야 합니다. 《공조》의 경우 설정에서 보이는 계기적 액션 신에서 적대자인 차기성의 목표가 보입니다. 동시에 차기성 때문에 아내를 잃은 임철령의 분노도 보입니다. 주인공의 목표와 적대자의 목표가 드러나고 그로 인해 상황이 폭발하죠. 이로써 임철령이 차기성을 따라 남한까지 내려갑니다. 주인공과 적대자 관계인 두 사람의 갈등은 영화 전체를 지배하는 갈등이고, 이로 인해 전체 스토리는 긴장을 유지합니다.
이처럼 설정에서 단순한 싸움이 아니라 싸우는 이유가 담긴 액션 신을 터뜨려야 합니다. 단순한 폭발 신만으로는 스토리를 출발시킬 수 없습니다. 전체 스토리를 지탱할 수 있는 총격전이 필요합니다. 총격전 안에는 절정까지 지속될 수 있는 스토리의 씨앗이 담겨 있어야 하고요. 스토리는 폭발하지 않고 빌딩만 폭파되는 액션 신은 제대로 된 '설정'이 아니라 단순한 '폭발 사고'에 지나지 않습니다. 빌딩과 함께 이야기도 빵 하고 함께 터질 수 있는 신을 준비하세요.

③ 스릴러

> 언제부턴가 우리 동네에 이상한 소문이 떠돌기 시작했다.
> 남이 살고 있는 집에 몸을 숨긴 채 살아가는 사람들에 대한 이야기였다.
> 그 사람들은 몰래 함께 살다가 자리를 차지한다고 한다.
> 마치 올빼미 새끼처럼….

허정 감독의 《숨바꼭질》(2013)에 나오는 내레이션입니다. 영화는 아파트에 사는 사람들과 그 집을 노리는 외부 침입자를 다룹니다. 《숨바꼭질》의 전체 내용과 설정과 절정 지점을 찾으면 다음과 같습니다.

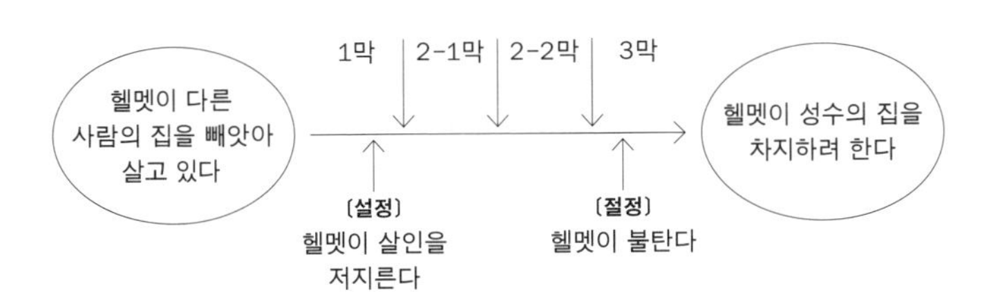

스릴러 영화답게 설정에서 헬멧이 한 여성을 살해하는 장면에 강력한 서스펜스가 있습니다. 절정인 성수(손현주 분)의 아파트에서 벌어지는 신들도 스릴러의 전형처럼 보입니다. 숨고 긴장이 흐르고 다시 공격하는, 한마디로 서스펜스가 가득 담긴 긴장감 있는 액션이 화면을 지배합니다. 총알이 난무하지는 않아도 집을 지키려는 자의 절박함과 집을 차지하려는 자의 광기가 잘 표현되어 있습니다.

재미있는 점은 기존 액션 영화와 비교했을 때 시작과 결말의 형태가 다르다는 점입니다. 스릴러 영화는 보통 설정에서 '사건'이 발생하고, 절정에서 범인과 추적자(이를테면 형사)의 결투가 벌어지면서 사건이 '해결'됩니다. 다시 말해 스릴러 장르의 스토리는 사건을 벌이는 사람과 추적하는 사람의 갈등으로 완성됩니다. 한데《숨바꼭질》의 설정과 절정에는 유의해서 살펴야 할 부분이 하나 더 있습니다. 극 초반부의 설정에서 흐르는 내레이션과, 극 후반부의 절정이 지난 후 엔딩에 다시 한 번 나오는 내레이션입니다. 주희(문정희 분)의 딸의 목소리로 흐릅니다.

《숨바꼭질》이 액션 영화였어도 내레이션이 효과적이었을까요?

아닐 겁니다. 내레이션이 효과적이었던 이유는 영화가 스릴러 장르였기 때문입니다. 그래서 내레이션이 흘러도 자연스럽습니다. 장르적 글쓰기가 목표라면 장르별 서사의 특성을 충분히 숙지해야 합니다. 스토리의 설정과 절정은 이야기가 담긴 장르의 특성에 맞게 독특한 형태로 나타납니다. 앞으로는 영화를 볼 때 이야기가 어떤 형태로 시작되고 또 마무리되는지 살펴보세요. 장르적 글쓰기에 큰 도움이 됩니다.

(2) 설정이 성장하면 절정이 된다

다시 한 번 '설정'과 '절정'의 연관성을 살펴보겠습니다.

'절정'은 '설정'의 성장태, 즉 변화된 모습이다.

이직을 준비하는 김 씨를 다시 불러 보겠습니다. 이 이야기의 설정은 '이직을 결심한다'입니다. 절정은 설정의 또 다른 모습이니 성장 혹은 변화를 주어야겠죠? 어떻게 해야 할까요? 멈칫, 하는 게 당연합니다. 크게 고민하지 마세요. 주인공은 무엇(행동)을 해야 한다고 지겹도록 말했습니다. 맞습니다. 행동하는 자가 주인공입니다. '감원 계획을 듣는다'가 성장하기 위해서는 무엇을 변화시켜야 할까요? 역시 행동입니다. 설정의 행동을 성장, 변화시키면 절정이 됩니다.

설정:	우연히	감원 계획을 듣고	이직을 결심한다.
절정:	정확하게 계획을 세워	자신이 스스로	이직한다.

설정에 맞춰 절정을 성장시키면 김 씨가 '타사로 이직', '원래 회사로 복귀', '자신의 회사 창업'으로 절정을 맞이할 수 있습니다. 이 세 가지 변수 가운데 가장 큰 성장 혹은 변화는 창업입니다.

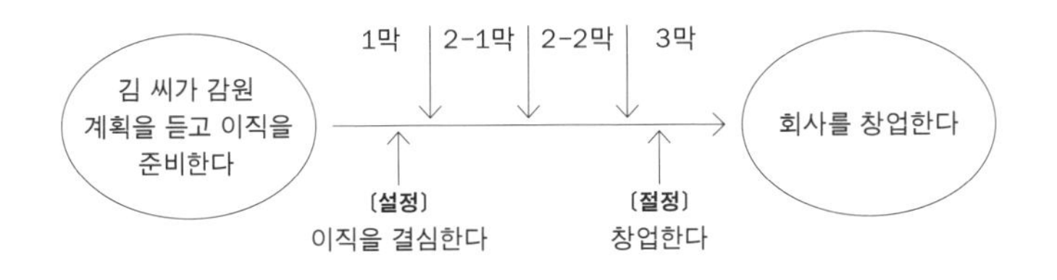

이렇게 절정이 배치된다면, 스토리는 다음과 같이 정리할 수 있습니다. '우연히 회사의 감원 계획을 듣고 이직을 준비하던 김 씨가 이직 과정에서 수많은 어려움을 겪으면서 한 단계 성장하여 마침내 창업에 성공하는 이야기다.'

《공조》도 다시 보겠습니다.

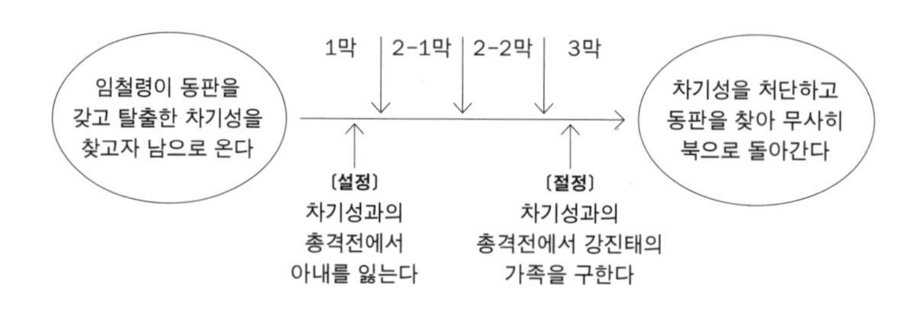

설정에서 가족을 잃은 임철령은 절정에서 미션도 해결하고 강진태의 가족도 구합니다. 어떤가요? 주인공의 성장이 느껴지지 않나요? 설정에서 자신의 가족을 지키지 못했던 임철령이 성장하고 변화하여 마침내 절정에서는 타인의 가족까지 구하니까요. 작가는 스토리의 구상 단계에서 다음 두 가지를 유념해야 합니다. 이야기를 구상하는 단계에서부터 설정과 절정의 내적 연관성에 맞추어 스토리를 설계해야 합니다.

설정에서 모자랐던 주인공은 절정에서 완벽하게 변화한다.

설정에서 부족했던 상황은 절정에서 완벽하게 변형되어 다시 나타난다.

(3) 설정과 절정의 모습이 다른 경우도 있다

아주 가끔이지만 설정과 절정이 다르게 나타날 수도 있습니다. 설정과 절정은 장르를 결정하는 지점입니다. 설정과 절정의 모습이 다른 데는 다음의 두 가지 경우가 있습니다. 첫째는 주인공의 성장이 아니라 몰락을 보여 주는 스토리입니다. 둘째는 두 가지 이상의 장르가 혼합되어 있는 스토리입니다.

전자는 절정이 설정의 성장태가 아니라 몰락의 형태로 나타납니다. 절정 지점에서 주인공의 성장태를 보여 주는 게 아니라 몰락태를 보여 주어야겠죠. 즉 설정과 전혀 다른(반대) 모습으로 주인공의 모습을 내려앉히는 게 도움이 될 겁니다. 독립 영화나 예술 영화에서 가끔 볼 수 있는데요. 예전에는 가끔 보였지만 요즘에는 찾아보기 힘듭니다. 이런 내용을 생각해 봅시다.

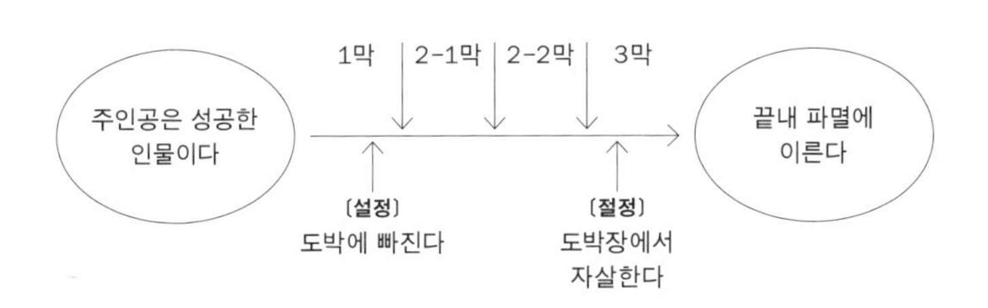

이런 스토리라면 절정은 설정의 성장이 아니라 몰락이 타당하겠죠. 인간의 파멸을 이야기하고 싶다면 설정에서 스토리의 시작과 동시에 절정에서 파멸하는 모습도 고민해야 합니다. 인간의 파멸을 다룬다면 (보통의 경우와 다르게) 설정이 최고점, 절정이 최저점이 됩니다. 미리 그 양극단을 생각해 두어야 스토리가 자연스럽게 낙하할 것입니다.

두 가지 이상의 장르가 섞여 있다면 설정과 절정의 '형태'가 다르게 나타나는 경우가 많습니다. 앞에서 《청년경찰》을 살펴봤는데요. 이 영화는 무슨 장르일까요?

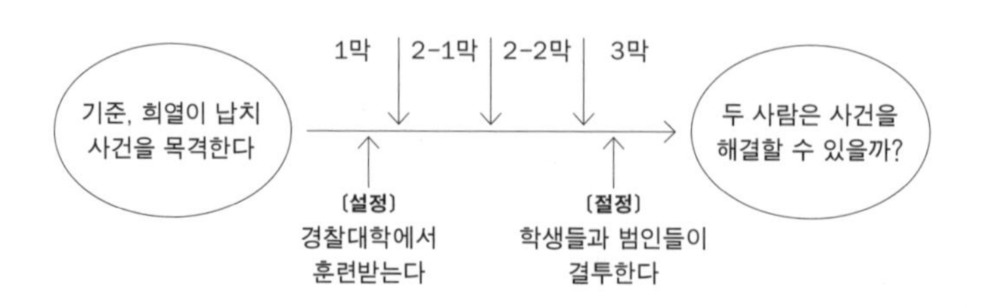

대다수가 액션이라고 답합니다. 그렇게 말해도 문제없어 보이죠. 설정은 경찰대에 입학한 기준과 희열의 교육 과정, 절정은 적과의 강력한 액션 신입니다. 그래서 설정은 성장 드라마, 절정은 액션이라고 이야기할 수 있습니다. 하지만 액션보다는 성장 드라마로 보는 쪽이 정확할 듯합니다. 이렇게 살펴보죠.

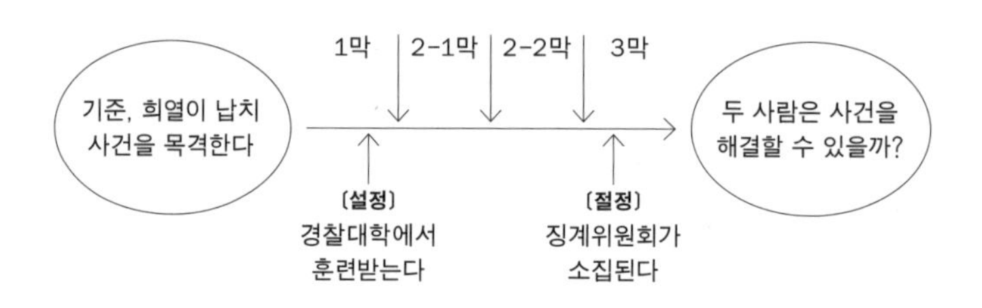

설정에서는 경찰대 새내기인 주인공들이 훈련받는 모습이 자세히 나옵니다. 절정에서는 교내 징계위원회가 소집됩니다. 징계위원회가 열리기 전, 기준과 희열은 양 교수(성동일 분)에게 "학교를 계속 다니고 싶습니다", "경찰이 되고 싶습니다"라고 말하면서 진심을 전합니다. 일반적인 액션 영화라면 설정과 절정 모두에 강렬한 액션 신이 있어야 합니다. 이 영화는 그렇지 않습니다. 격렬한 액션 신은 징계위원회가 열리기 전에 위치합니다. 《청년경찰》의 본질은 성장 드라마입니다. 그 위에 액션이 놓여 있다고 해야 정확한 분석입니다. 설정에는 경찰대 입학, 절정에는 '경찰대를 계속 다닐 수 있을까?'라는 고민이 있습니다. 이를 토대로 간단하게 영화를 설명하면 이렇습니다. '경찰대에 입학한 새내기들이 사건에 휘말리고 이를 해결하면서 진짜 경찰이 되어 간다.'

휴먼 드라마 스토리는 보통 이렇게 시작합니다. '일상을 보내던 누군가에게 어떤 일이 발생한다.' 《청년경찰》의 장르를 드라마와 액션 중에 고르라고 한다면 휴먼 드라마를 선택하겠습니다. 사고를 조금 더 넓히기 위해 성장 영화 《빌리 엘리어트》(2000)의 플롯도 보겠습니다.

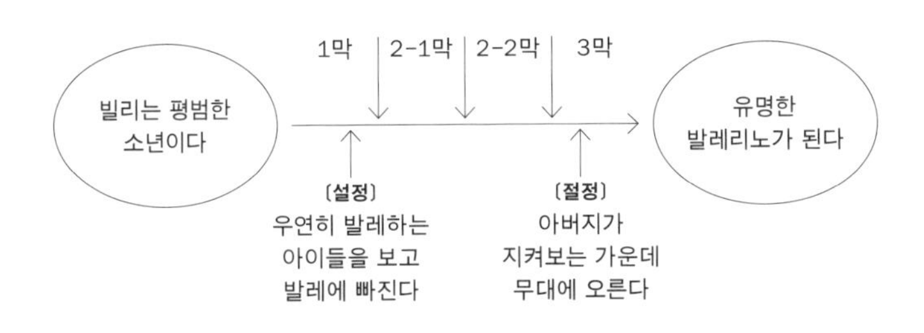

《청년경찰》과 《빌리 엘리어트》의 구조를 비교하면 형태의 유사성을 느낄 수 있습니다. '우연히 빠져들고, 온갖 어려움을 극복하고, 결국 그것을 해내다'가 모든 성장 스토리의 기본 구조입니다. 그래서 《청년경찰》은 성장 드라마입니다.

지금 구상하거나 쓰고 있는 시나리오에 두 개 이상의 장르가 들어 있다면 둘 중 무엇이 나의 스토리를 푸는 데 적절한지 고민하세요. 장르가 계속 섞여 있으면 스토리 확장이 어렵습니다. 장르마다 고유의 규칙과 형태가 존재하는데, 장르가 섞여 있으면 일관된 스토리를 전개할 수 없습니다. 지금부터 글을 쓸 때는 내가 쓰고자 하는 메시지를 가장 효율적으로 전달할 수 있는 장르를 분명하게 정하기 바랍니다. 그것을 기본으로 쓰고 그 글의 구조가 안정적으로 자리 잡은 다음에 작가가 바라는 장면들을 추가로 넣으세요.

(4) 설정과 절정은 톨게이트의 시작과 끝이다

설정과 절정은 고속도로 톨게이트의 입구와 출구와 같습니다. 서울 노원구에 사는 A가 자동차로 부산 해운대구에 간다고 생각해 봅시다. 서울 북부인 노원에서 부산을 가려면 구리를 지나 동서울 톨게이트를 통과해야 합니다. 톨게이트를 나서면 가장 먼저 '부산 ○○○ km'라는 표지판을 만납니다. 이 표지판을 보는 순간 이제 정말 부산에 간다는 느낌이 들죠. 그리고 4시간여를 달려 부산 톨게이트를 빠져나오면 이제 부산이구나 하는 생각이 듭니다.

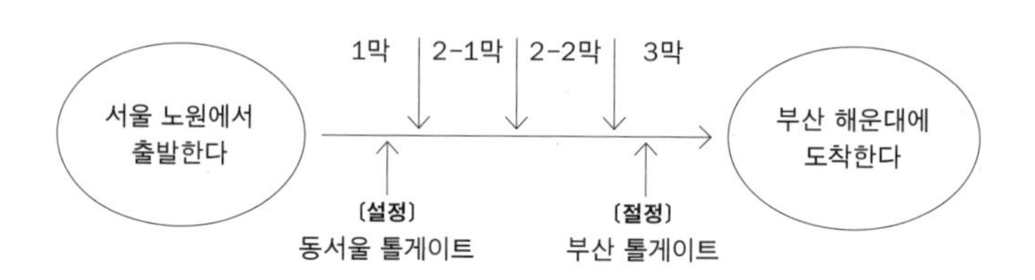

본격적인 여행이 시작되는 지점이 설정이고, 고속도로를 나와 부산으로 진입하는 순간이 절정입니다. 우리는 여행을 떠나기 전에 대략의 여정을 미리 정합니다. 출발지와 목적지를 결정하고, 교통수단을 정하고, 대략의 비용을 예상하죠. 스토리 창작이라는 여행은 출발지와 목적지 사이의 거리도 멀고 비행기나 기차처럼 정규 노선이 있는 것도 아닙니다. 실시간 교통 상황에 따라 변수가 생기는 자동차 여행에 가깝고 1년 정도의 교통비를 예상하고 떠나는 장거리 여행이라고 할 수 있습니다. 변수가 많은 장기 여행이니 사전 준비가 철저하지 않으면 중간에 길을 잃어버리기 쉽습니다.
사전에 확인해야 할 것들 중 1순위는 단연 출발지와 목적지입니다. 두 번째는 설정과 절정이라는 고속도로 진입로와 진출로입니다. 우리는 설정이라는 톨게이트를 통해 이야기에 정확하게 진입하고, 설사 중간에 잠시 길을 잃고 방황하더라도 어떻게든 사전에 정해 둔 절정이라는 톨게이트를 찾아 이야기의 고속도로를 빠져나와야 됩니다.

톨게이트에 진입하지 못하거나 혹은 빠져나올 수 없다면요?

아직 설정이라는 톨게이트에 진입하지 못했다면 장르가 명쾌하게 정해지지 않아서입니다. 절정이라는 톨게이트에서 빠져나오지 못한다면 처음부터 목적지가 제대로 정해지지 않은 여행이거나 중간에 목적지가 바뀐 경우일 것입니다. 길을 가다 이 길이 아닌가 싶어 기존의 길을 버리고 새로운 길을 찾거나 여행자가 처음의 여행 목적을 잃어버렸을 가능성이 높습니다. 이때는 다소 힘이 들겠지만 일단 잠시 멈추세요. 그리고 확인해야 합니다.

첫째, 여행을 떠날 만한 상황이었나?
둘째, 처음의 여행 계획이 잘못되었나?
셋째, 나는 이런 장거리 여행이 맞는 사람인가?

이 세 가지 질문을 통과했다면 처음으로 돌아가 전체 계획을 수정한 다음 다시 길을 떠나야 합니다. 예외적으로 시작과 끝의 형태가 달라도 개인적 만족도가 너무 높거나 새로운 여행 방식을 인정받는 특수한 경우라면 그대로 마무리해도 좋습니다.

이번 여행의 목적이 자기만족이라면 스스로 여행의 끝을 정하면 됩니다. 하지만 이번 이야기를 많은 사람에게 알리고자 한다면 그 여행의 끝을 스스로 결정하면 안 됩니다. 여행의 시작과 끝이 타인들이 이해할 수 있을 만큼 합리적이어야만 합니다. 내 글을 볼 독자들이 좋아할 만한 여행을 하세요!

3

'공격점 1'과 '공격점 3'은 쌍둥이다

공격점은 말 그대로 적대자가 주인공을 괴롭히고 공격하는 지점입니다. 공격점 2는 중간점으로, 가장 중요한 적대자가 위치합니다. 이번에는 적대자의 양쪽 날개를 담당하는 공격점 1과 공격점 3의 기능과 형태를 알아보고자 합니다. 공격점 1과 공격점 3은 쌍둥이라고 생각해도 좋습니다. 쌍둥이를 분류할 때 일란성과 이란성으로 나누죠. 공격점 1과 3은 이란성에 가깝습니다. 완전히 똑같지는 않지만 매우 비슷한 모습과 형태로 나타나 주인공을 괴롭힙니다.

(1) 《청년경찰》

《청년경찰》의 주인공들은 사건 해결을 위해 동분서주하지만 적대자인 강남경찰서와 파출소는 그들에 협조하지 않습니다. 그래서 주인공들은 자신들의 목적인 범인 검거에 매우 애먹죠. 여기서 우리가 확인할 것은 적대자인 '강남경찰서'와 '파출소'의 동질성과 이질성입니다. 경찰서와 파출소라는 조직의 유사성은 모두가 잘 알고 있으니 언급하지 않겠습니다. 대신 주인공들과의 충돌 형태와 서사적 연관성을 살펴보겠습니다.

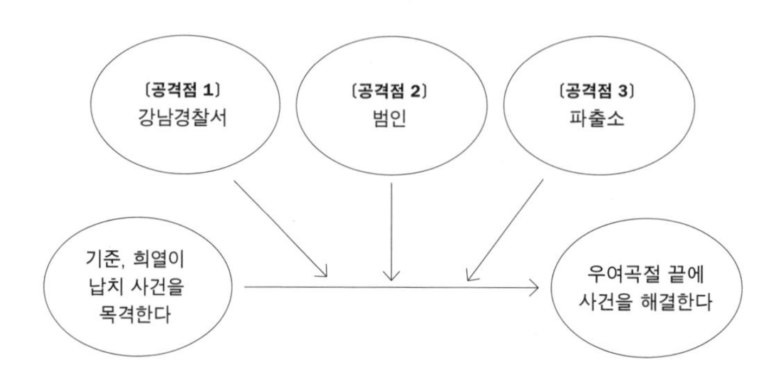

공격점 1에서 주인공들은 범인은커녕 그들의 근거지도 제대로 파악하지 못합니다. 대신 경찰서로 달려가 빨리 범인을 잡아 달라고 부탁하지만 경찰대 선배이기도 한 형사들은 대기업 회장 손자의 실종 사건이 우선이라며 전혀 도움을 주지 않습니다. 공격점 3에 가면 주인공들은 범인은 물론이고 그들의 근거지도 파악했습니다. 그사이 범인들에게 잡혔다가 탈출해서 파출소로 들어갔으니까요. 이제 갈등이 풀리는가 싶은데 파출소에 있는 경찰이 주인공들을 막아섭니다. 신고 절차만 따지고 심지어는 공격도 하죠.
공격점 1과 공격점 3의 공통점은 주인공들이 '도움을 요청하며 달려갔지만 전혀 도움을 받지 못한다'입니다. 차이점은 공격점 1에서는 '경찰 기관 안으로 들어가지도 못했다'이고, 공격점 3에서는 '경찰 기관 안으로 들어는 갔지만 오히려 공격받았다'입니다.

공격점 1과 3이 이란성 쌍둥이 같다고 한 말이 이해 가나요?

'도움을 받지 못한다'는 공통점, 경찰 기관의 '외부와 내부', '신고조차 못 한다'와 '오히려 공격받는다'는 차이점입니다. 완벽하게 똑같지는 않지만 이란성 쌍둥이처럼 비슷한 형태로 설계되어 주인공을 곤경에 몰아넣습니다. 창작 과정에서 어떤 형태의 적대자를 공격점 1에 배치한다면 공격점 3에서는 공격점 1의 이란성 쌍둥이 같은 적대자를 배치하세요. 멜로에서도 마찬가지입니다.

(2) 《노팅 힐》

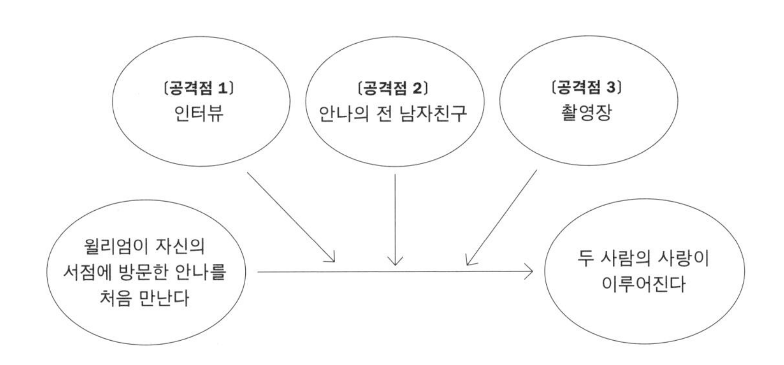

공격점 1에서 윌리엄은 안나를 만나기 위해 기자 인터뷰 장소로 찾아갑니다. 자신을 《호스 앤 하운드》라는 잡지의 기자로 소개하고 안나를 인터뷰하죠. 공격점 3에서는 안나의 영화 촬영 현장에 찾아갑니다. 그리고 녹음 기사의 호의로 헤드폰을 끼고 있다가 배우들의 개인적인 이야기를 듣게 되는데요. 촬영에 앞서 상대 배우와 대사를 맞추던 안나는 그가 윌리엄에 대해 묻자 "나를 쫓아다니는 남자인데 갑자기 찾아와 깜짝 놀랐다"고 말합니다. 그 말에 윌리엄은 큰 충격을 받아 쓸쓸히 촬영 현장을 떠나고요.
공격점 1은 일반인이 유명인과 만나기 위해 어쩔 수 없이 기자 행세를 하는 지점입니다. 공격점 3 역시 일반인이 쉽게 갈 수 없는 영화 촬영 현장에 갔다가 유명인에게 모욕당하는 지점입니다. 모두 일반인과 유명인의 신분 차이로 인해 충돌이 벌어지죠. 《노팅 힐》은 일반인과 유명인의 사랑을 다루기에 작가는 공격점 1과 공격점 3의 양쪽 날개에서 일반인과 유명인의 신분이 충돌하도록 했습니다.
유명인과 일반인의 사랑을 다룬, 두 사람의 신분이 충돌하는 내용을 담은 드라마 각본을 쓴다고 가정해 보겠습니다. 전체 16부를 기준으로 1막의 끝인 4부와 3막의 끝인 12부에 유명인과 일반인의 신분이 충돌하는 지점을 만들면 됩니다. 또 《노팅 힐》 중간점에서 안나의 전 남자친구가 등장해 윌리엄을 괴롭히듯이 드라마의 중간점인 8부 끝에는 주인공이 좋아하는 유명인이나 연관된 또 다른 유명인이 나와 주인공을 신분 차이로 괴롭히면 됩니다. 이와 같은 내용적인 참고는 표절이 아닙니다. 장르의 공식을 잘 따르는 것입니다.

(3) 《숨바꼭질》

《숨바꼭질》을 다시 가져온 이유는 공격점 1과 공격점 3의 형태의 유사성이 독특하기 때문입니다. 공격점 1과 3이 데칼코마니처럼 배치된 좋은 예인데요.

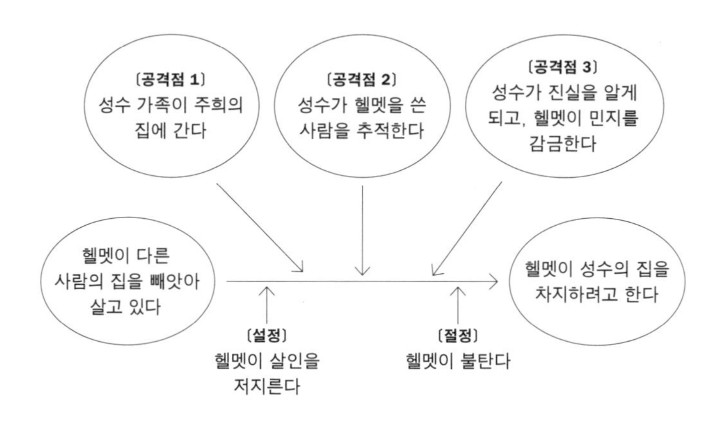

공격점 1에서 수상한 남자가 민지(전미선 분)의 차에 타서는 내리지 않는 소동이 벌어집니다. 이때 주희가 나타나 그를 전기 충격기로 제압하죠. 이로 인해 주인공과 적대자가 서로의 존재를 알게 됩니다. 이후 민지 가족은 주희의 집을 방문합니다. 공격점 3을 보면 (민지의 남편인) 성수가 헬멧을 쓴 사람이 주희였음을 깨닫는 동시에 공격당하고 감금됩니다. 반면 주희는 민지의 집에 침입하여 민지를 제압하죠. 그다음 주차장으로 내려가 차 안에 있는 민지의 아이들과 대치합니다. 공격점 1에서는 민지가 주희의 집으로 향하고, 공격점 3에서는 주희가 민지의 차로 향합니다.

어떤가요? 형태의 유사성이 느껴지나요? 차에서 집으로 또 집에서 차로, 동선이 유사합니다. 공격점 1과 3의 내적 연결에서 살펴야 할 점은 단순한 동선의 순서가 아닙니다. 공격점 1과 3의 연결 조합에는 여러 모습이 있는데, 그중 하나가 《숨바꼭질》처럼 공격점 3이 공격점 1과 순서를 바꿔서 등장할 수도 있다는 점입니다.

쌍둥이처럼 비슷한 형태로 표현되는 공격점 1과 공격점 3의 모습은 여럿이지만 대부분 공격점 1에 근원이 있다.

절정이 설정에 기반하여 재구성되듯, 공격점 3 또한 공격점 1을 기반으로 다시 태어납니다. 즉 설정을 구상할 때 절정과의 내적 연관성을 반드시 생각해야 하듯 공격점 1에 적대자를 배치할 때는 공격점 3에서 등장할 적대자의 모습도 반드시 고민해야 합니다.

지금까지 '오의 공식'의 외적인 규칙과 내적인 원리를 살펴봤습니다. 그 과정에서 창작 과정의 예비지식도 쌓았습니다. 이제 심화 과정에 들어갈 차례입니다. 그곳에는 지금껏 우리가 간과했던 스토리의 또 다른 비밀들이 숨어 있습니다.

06

표면 서사와 심층 서사

어떤 영화는 대중과 평단의 사랑을 듬뿍 받는 반면 어떤 영화 시나리오는 세상에 나가기는커녕 평생 작가의 책상 위에 놓여 있습니다.

> 단골 카페 2층에 앉아 하루 최소 8시간씩 글을 썼다. 매일 아메리카노 몇 잔으로 버티며 온종일 작은 노트북 화면을 들여다봤다. 그런 생활을 한 지 1년 만에 겨우 시나리오 초고를 마쳤다. 하루만 푹 쉰 다음 곧장 지인들에게 시나리오를 돌렸다. 초조한 마음으로 기다렸지만 사흘이 지나도 반응이 없다. 일일이 전화해 그들의 의견을 들으러 나섰다. 입으로는 좋다면서 나와 눈을 마주치려고 하지 않는다. 본능적으로 지난 1년이 허망하게 사라졌음을 느낀다. 애써 고맙다고 웃으며 밖으로 나왔다. 찬바람이 목을 훑으며 지나간다. 오싹한 한기가 느껴져 잠시 멈춰 가만히 하늘을 올려다본다. 나도 모르게 눈물이 차오른다. 울지 않으리라 다짐하며 그대로 밤하늘을 쳐다본다.

창작자라면 남의 이야기처럼 느껴지지 않을 겁니다. 내 글이 타인에게 평가받아야 한다는 사실을 거부하는 이는 없을 테죠. 창작자로 살기로 마음먹은 이상 내 글은 나를 떠나 세상 밖으로 나가야 할 운명이니까요. 좋지 않은 평가를 받으면 잠시 기분이 상하지만 며칠 몸과 마음을 추스르고는 다시 수정 원고를 쓰기 시작합니다. 작가의 운명이란 지치지 않고 글을 쓰는 데 있으니까요. 간혹 모니터링 과정 중에 다음과 같은 독특하고 특수한 반응이 나올 때가 있습니다. 이때 좌절의 칼이 작가의 심장을 콕 찌릅니다.

— 글이 나쁘지는 않아. 한데 이게 영화가 될지는 모르겠네.
— 한 달만 더 쓰면 완고는 나올 것 같아. 다만 투자가 될지는 모르겠어.
— 이거 영화 시나리오야 아니면 드라마 대본이야?

왜 이런 상황이 벌어지는지 이유 아는 사람 손!
친구들은 답을 알려 주지 않습니다. 사실 친구들은 모릅니다. 여러분도 잘 모를 겁니다. 지금부터 이야기하는 스토리의 비밀은 사람들이 왜 내 글에 이런 말을 하는지에 관한 것입니다. 수많은 작가들이 모니터 과정에서 같은 고통을 겪어 왔음에도 불구하고 아무도 거론하지 않았던 층위, 창작의 세계에서 모두가 겪고 있지만 누구도 이유를 설명해 주지 않았던 영역의 이야기를 꺼내려고 합니다. 스토리에는 우리가 읽어 낼 수 있는 스토리가 있고, 우리가 읽어 내야만 하는 스토리가 있습니다.

사람들은 자신이 읽는 스토리를 스토리의 전체라고 평가합니다. 그런데 그 스토리의 심층에는 또 하나의 스토리 영역이 있습니다. 보통 사람들은 있는지도 모르고, 안다고 해도 읽어 내지 못하는 영역이죠. 단순하게 이야기하자면 스토리에는 1층짜리 이야기도 있지만 지하 5층의 깊이와 지상 5층의 높이를 동시에 가진 이야기도 있습니다. 그러므로 글을 읽을 때는 내가 읽는 스토리가 전체가 아닐지도 모른다는 의구심을 가져야 합니다. 우리가 읽고 있는 스토리는 스토리의 전체가 아닐 수도 있습니다. 숨겨져 있는, 읽어 내야만 하는 영역까지 온전히 읽어 낼 때에야 비로소 스토리의 전체와 마주할 수 있습니다.

텍스트에는 두 가지 층위가 있습니다. 누구나 읽을 수 있는 스토리는 '표면 서사', 아무나 읽어 낼 수 없는 스토리는 '심층 서사'입니다. 이를 '1차 서사'와 '2차 서사'라고도 부를 수 있습니다. 혹은 '소재를 중심으로 한 스토리'와 '명확한 주제가 있는 이야기'로 나눌 수도 있습니다. 표현은 간단하지만 의미는 깊습니다.

1

〈보헤미안 랩소디〉

Mama, just killed a man

Put a gun against his head

Pulled my trigger, now he's dead

Mama, life had just begun

But now I've gone and thrown it all away

Mama, ooh

Didn't mean to make you cry

If I'm not back again this time tomorrow

Carry on, carry on, as if nothing really matters

퀸의 명곡 〈보헤미안 랩소디〉의 가사 일부입니다. 개인적으로 좋아해서 20년 넘게 자주 들었던 곡입니다. 고백하자면 그동안은 제대로 된 가사 분석도 없이, 단지 멜로디가 좋아서 듣다가 영화 《보헤미안 랩소디》(2018)가 개봉하면서 20년 만에 가사를 들여다봤습니다.

Mama, just killed a man

Put a gun against his head

Pulled my trigger, now he's dead

Mama, life had just begun

그러자 지금껏 아무 생각 없이 들어 왔던 노래 가사가 새롭게 다가왔습니다.

노래의 주인공은 누구를 죽인 걸까요?

'남자를 죽였다just killed a man'라는 표면적인 가사 때문에 1975년에 발표된 노래가 우리나라에서는 1994년까지 금지곡이었습니다. 가사의 심층적인 의미를 분석하기 위해 수많은 글을 찾아봤습니다. 노래를 만든 퀸의 보컬 프레디 머큐리는 생전에 가사의 의미에 대해 공식적으로 의견을 밝힌 적은 없다고 합니다. 하지만 여러 추측이 존재합니다. 그중 가장 설득력 있게 다가온 논리는 다음과 같습니다.

'Mama, just killed a man.' 이 문장은 표면적으로는 '엄마, 방금 제가 어떤 남자를 죽였어요'로 읽히지만 심층적으로 분석해 읽어 내면 '엄마, 저는 방금 저의 남성성을 포기했어요'라고 해석할 수 있습니다. 프레디 머큐리는 양성애자였습니다. 아무리 서구 사회가 개방적이어도 성소수자로 살아가는 게 녹록지는 않았을 겁니다. 이에 정신적으로 고통받던 그는 어느 순간 결심합니다. 그리고 고백하죠. 이제부터 자신의 남성성을 포기하고 다른 길을 갈 것임을. 〈보헤미안 랩소디〉의 가사는 이와 같은 심층적인 의미를 내포하고 있다고 해석해도 좋습니다.

'표면 서사'는 1차적으로 서사의 외면에 단순하게 표현되는 것이고, '심층 서사'는 2차적으로 서사의 내면에서 심도 있게 해석되는 것입니다. 이 노래 가사처럼 영화나 드라마 중에는 표면 서사 밑에 엄청난 의미를 담은 심층 서사가 숨어 있는 텍스트들이 있습니다. 보통 '걸작'이라고 부르거나 '예술적이다'라고 평가받는 작품들입니다.

2

《괴물》

봉준호 감독의 첫 번째 1천 만 영화 《괴물》(2006)을 살펴보겠습니다. 심층 서사 분석의 첫 영화로 《괴물》을 내세운 이유는 다음과 같습니다. 예술적 완성도도 뛰어나지만 본질은 상업 영화이기 때문입니다. 이 책에서 이야기하는 심층 서사의 개념은 예술 영화에 국한되지 않습니다. 심층 서사 분석의 개념은 모든 영화에 적용되는 보편성을 지닙니다. 시나리오 안에 심층 서사를 제대로 구축한다면 상업성과 예술성의 두 마리 토끼를 모두 잡을 수 있습니다. 모든 감독과 시나리오 작가가 바라는 바지요.

대한민국에 상업성과 예술성을 모두 충족시키는 뛰어난 감독을 꼽을 때 봉준호 감독을 빼놓을 수 없습니다. 그래서 그에게 대중의 인기와 평단의 찬사를 모두 안겨 준 《괴물》을 분석하려고 합니다. 표면 서사부터 보겠습니다.

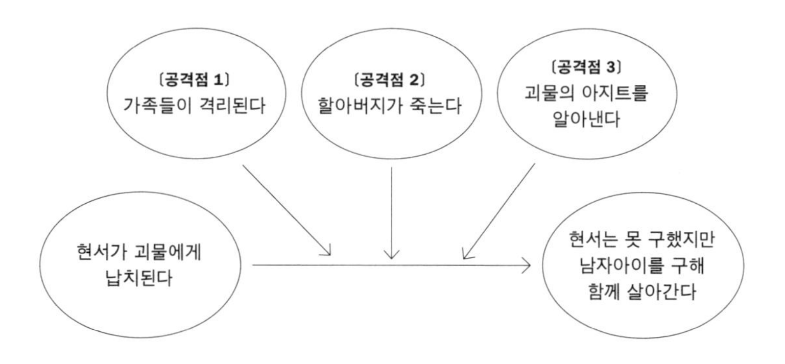

메인 스토리는 '온 가족이 괴물에게 납치된 현서(고아성 분)를 구하고자 노력한다'로 요약할 수 있습니다. 표면에 나타난 서사를 정리하면 이렇습니다. 평범한 일상을 사는 한 가족, 갑자기 괴물이 등장한다, 딸아이(손녀, 조카)가 괴물에게 납치당한다, 온 가족이 나서서 아이를 찾는다. 전형적인 괴수 이야기입니다. 그러나 단순한 괴수 영화였다면 스페인 시체스 영화제 등 다수의 국내외 영화제에서 작품상을 수상하지 못했겠죠. 《괴물》의 표면 서사 밑에는 다음과 같은 심층 서사가 존재합니다.

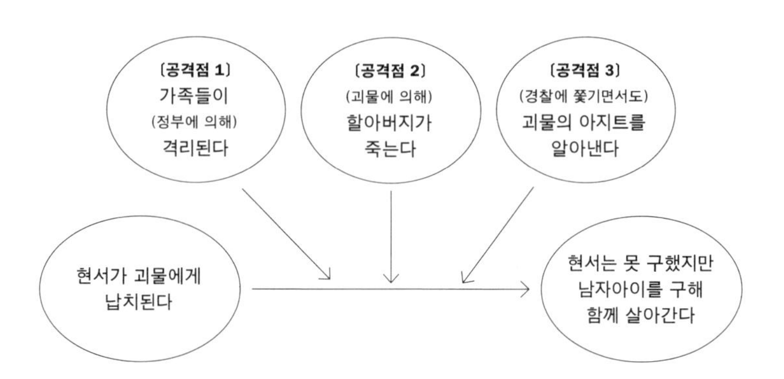

이게 무슨 심층 서사인지 갸우뚱할 수 있습니다. 심층 서사 분석은 처음이니까 차근차근 살펴보도록 합시다. '정부', '괴물', '경찰'이라는 단어에 주목해 주세요. 《괴물》을 심층적으로 이해하기 위해서는 다음의 질문에 대답해야 합니다.

이 영화에 나오는 괴물은 'MADE IN KOREA'입니까? 아니면 'MADE IN USA'입니까? 누가 괴물을 만들었습니까? 한강에 독극물을 뿌리도록 지시한 사람은 누구입니까?

어느 미국인이 한국인에게 독극물을 뿌리라고 시켰죠. 이 때문에 한강에 괴물이 탄생합니다. 그리고 그 괴물이 현서를 납치했습니다. 이런 논리로 괴물은 한국인이 아니라 미국인이 만들었다는 주장이 가능해집니다. 괴물이라는 단어를 미국이라는 단어로 바꿔서 살펴보겠습니다.

① 한국 가족이 평화롭게 살고 있는데 미국이 한국 가족 중 현서를 납치했다.
② 한국 가족이 아이를 찾아 나서려고 하는데 한국 정부가 가족을 격리시켰다.
③ 가족 중 할아버지가 미국에 의해 죽었다.
④ 아이의 위치를 파악하려고 통신사 건물에 들어갔는데 한국 경찰이 쫓아와서 도망쳤다.
⑤ 가족들이 힘을 모아 현서를 납치한 미국을 죽이고, 다시 각자의 삶을 살아간다.

어떤가요? 《괴물》의 서사를 이렇게 분석할 수 있습니다. 물론 다른 해석도 가능합니다. 다만 좋은 영화의 표면 서사 밑에는 심층 서사가 존재함을 전달하고 싶습니다. 《괴물》의 심층 구조는 다음과 같지 않을까요?

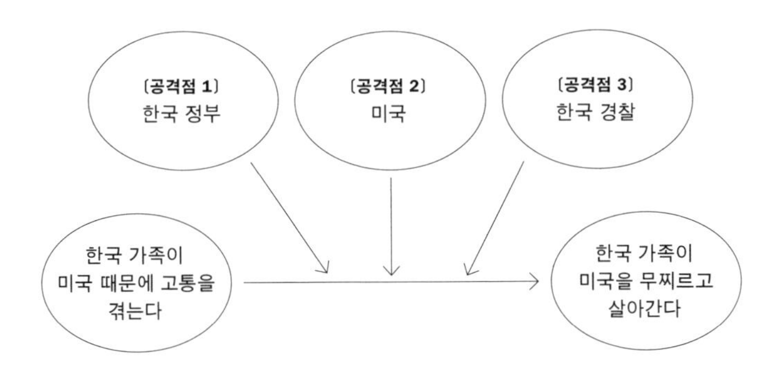

한국 가족이 평화롭게 살고 있는데 한국 정부와 미국과 한국 경찰이 그들을 괴롭히는 이야기! 이런 분석에 동의하지 않는다는 주장에도 동의합니다. 자의적인 해석이니까요. 다만 유지나 평론가 또한 《괴물》을 '최초로 기록될 합법적인 반미 오락 영화의 탄생!'이라고 평했습니다. '이 영화는 이유를 잘 모르겠는데 너무 좋다!' '와우! 이 영화, 완전 내 취향이야!' 이런 말을 했거나 같은 느낌을 받은 적이 있다면 그 작품은 심층 서사 설계가 잘된 작품일 겁니다. 우리가 좋다고 느끼는 모든 것에는 우리가 인지하지 못하는 무엇이 더 있습니다. 이를 정확하게 알기 위해서 각자가 각자의 방법으로 해석하고 분석합시다.

이제 심층 서사의 존재를 알게 된 우리들은 어떡해야 할까요?

스토리에 관련된 여러 화두가 있습니다. 그중 저는 '결과론'을 가장 경계합니다. 여기에 좋은 결과를 받은 어떤 작품이 있습니다. 결과의 이유를 언급하는 일은 누구나 할 수 있습니다. 우리는 이미 세상에 나온 작품의 벌써 알고 있는 결과를 알고자 어려운 스토리 공부를 하는 게 아닙니다. 앞으로 만들게 될 작품, 현재 내가 쓰는 작품의 결과를 예상해 보고자 공부합니다.

심층 서사의 존재와 개념을 인지했고, 기능에 동의한다면 앞으로는 창작 작업 전에 몇 가지 사항을 점검하세요. 이야기의 표면 서사의 설계를 시작함과 동시에 혹은 표면 서사의 1차 설계가 끝난 다음에는 반드시 이런 고민을 해야 합니다. '내가 지금 쓰고 있는 글은 심층 서사가 있는가?' '심층 서사가 없다면 심층 서사와 맞먹는 다른 가치가 있는가?'

스스로에게 반드시 이 질문을 던지고 그 해답을 찾아야 합니다. 이 과정을 통해 내 글의 층위를 가늠할 수 있습니다. 국어 시험에서 풀었던 1번 문제, 즉 '이 글의 주제는 무엇인가?' 혹은 '이 글이 뜻하는 바는 무엇인가?'라는 질문과 다름없습니다. 동시에 지금 쓰고 있는 글의 목적에 대한 명쾌하고 명징한 논리 증명 절차입니다.

3

《기생충》

이제 이 영화를 빼놓고는 한국 영화를 이야기할 수 없습니다. 대한민국 1백 년 영화사 최고의 성취라고도 할 수 있습니다. 2019년에 칸 영화제 황금종려상을 수상했고, 2020년에 아카데미 영화제에서 국제영화상, 각본상, 감독상, 작품상을 수상한 작품입니다. 이 위대한 작품으로 스토리의 깊고 넓은 세계를 논해 보겠습니다.

우리가 생각할 것은 딱 하나입니다. '봉준호 감독은《기생충》으로 우리에게 어떤 이야기를 하고 싶었던 것일까?' 세부 분석에 앞서 한 가지 질문을 더 하겠습니다. 이 영화를 보고 나서 상쾌한 기분을 느낀 사람이 있을까요? 기분이 좀 이상하지 않던가요? 영화는 너무 좋은데 뭔가 찜찜했을 겁니다. 이유가 뭘까요? 여기에 심층 서사의 단서가 있습니다. 먼저 영화의 내부를 들여다보겠습니다.

분석을 위해 영화 내용을 간단하게 설명하겠습니다. 의도한 바는 아니지만 일부 스포일러가 포함될 수 있습니다. 혹시 아직 이 영화를 보지 않았다면 진도를 나가기 전에 보면 좋겠습니다.

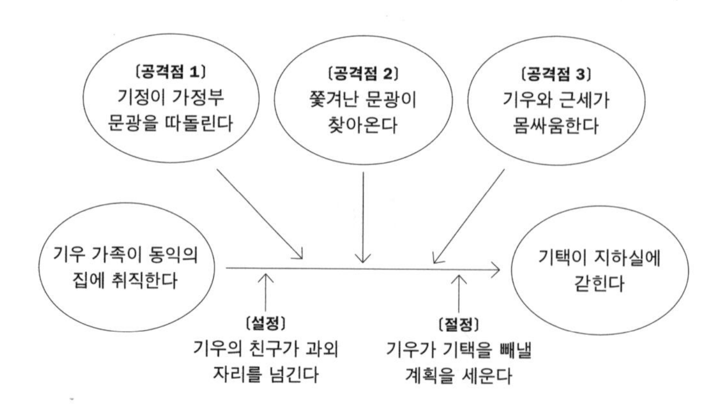

전원 백수에 반지하에 살지만 화목한 기택(송강호 분) 가족이 있습니다. 어느 날 아들 기우(최우식 분)가 친구의 제안으로 부잣집 과외 선생으로 취직합니다. 다른 가족들도 차례로 그 집에 들어갑니다. 이 과정에서 그들은 자신들의 일자리(안정)를 위해 비슷한 계급과 경제 형편을 가진 것으로 보이는 자가용 운전사와 가정부 문광(이정은 분)을 해고시킵니다. 서민이 다른 서민의 자리를 빼앗았다고 볼 수 있죠. 일자리 수는 고정되어 있으니까요.

어쨌거나 경제적 안정을 찾은 기우네 가족은 집주인이 자리를 비운 사이 즐거운 한때를 보냅니다. 그때 갑자기 문광이 찾아와 문을 두드립니다. 문을 열어 주지 않았다면 이후의 이야기가 진행되지 않았겠지만 그러면 영화가 아니죠. 아무튼 문을 열어 준 가족들은 놀라운 사실을 알게 됩니다. 부잣집 지하에 사람이 살고 있던 거죠. 그는 문광의 남편으로 빚을 지고 이곳에 숨어들었습니다. 그때부터 반지하 가족과 지하 가족이 대치합니다. 일자리 수는 고정되어 있으니 내가 살려면 상대방을 제거해야 하는 게 세상의 이치입니다. 결국 충돌이 일어나고 이 과정에서 문광이 죽습니다.

며칠 후, 파티로 인해 모두가 분주한데 기우가 수석을 들고 지하실로 내려가 숨진 문광의 남편 근세를 죽이려고 합니다. 근세의 반격도 만만치 않죠. 파티가 열리는 정원에서 반지하 가족과 지하 가족의 살육전이 벌어집니다. 이 과정에서 기택은 집주인 동익(이선균 분)을 죽이게 되고 이번에는 자신이 지하로 숨어듭니다. 그리고 예전에 근세가 그랬던 것처럼 부잣집의 음식을 몰래 훔쳐 먹으며, 모스 부호로 자신의 존재를 알립니다.

이렇게 표면 서사가 정리되었습니다. 심층 서사는 무엇일까요? 이 영화의 깊은 곳에 무엇이 있기에 칸과 아카데미가 《기생충》에 최고상을 주었을까요? 스토리를 심층적으로 이해하고자 아들 기우의 시선에서 영화를 바라보겠습니다.

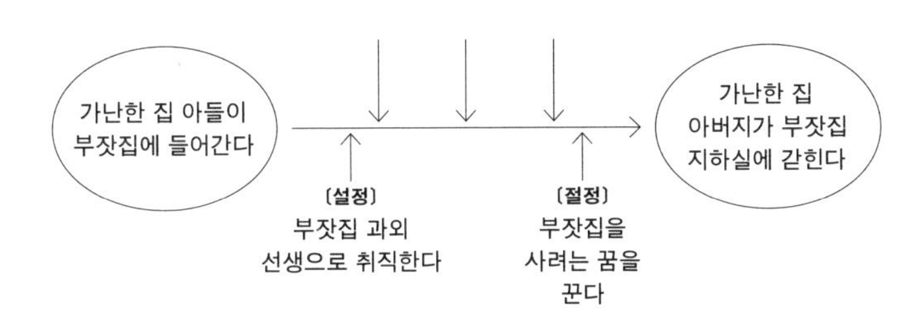

설정에서 기우는 동익의 집에 과외하러 들어가고, 절정에서는 동익의 집을 사겠다는 계획을 세웁니다. 이 계획은 기우의 꿈으로 나타나죠. 여기서 질문 하나 하겠습니다. 기우의 꿈은 이루어질까요? 그래서 기택이 지하실에서 빠져나올 수 있을까요? 저마다 생각이 다를 겁니다. 감독은 결말을 열어 두었으니까요. 이 영화를 보고 나서 기분이 안 좋았다는 이들 대부분은 기우의 꿈이 이루어지지 않을 거라 생각하기 때문입니다. 추가로 적대자 라인을 살펴보겠습니다.

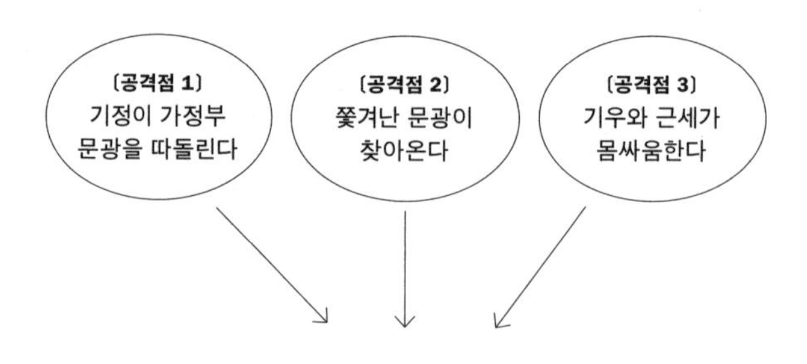

기정(박소담 분)은 오빠 기우의 소개로 동익의 아들 다송의 미술 과외 교사 면접을 봅니다. 그리고 부잣집의 가족 같은 존재인 가정부 문광에게 다송의 어머니인 연교(조여정 분)와 둘이서만 이야기하고 싶다며 자리를 비켜 달라고 하죠. 심지어는 문광의 자리에 자신의 어머니인 충숙(장혜진 분)을 들입니다. 억울하게 쫓겨난 문광은 중간점에서 반지하 가족을 찾아오고 공격점 3에서 두 가족이 충돌합니다.

중간점은 가장 강력한 적대자가 나타나는 곳입니다. 시나리오의 공식대로라면 반지하 가족과 갈등을 빚어야 하는 대상은 지하 가족이 아니라 지상 가족(동익과 연교)이어야 합니다. 하지만 《기생충》에서는 중간점에서 지하 가족이 재등장합니다. 여기서 감독의 시선을 읽어야 합니다. '반지하 가족'의 주적은 '지하 가족'입니다. 영화의 메인 서사는 반지하 가족과 지하 가족의 갈등이고, '지상 가족'은 서브 서사를 담당할 뿐입니다. 무슨 의미일까요? 답을 찾기 위해서는 영화의 심층 서사를 들여다봐야 합니다.

심층 서사를 보니 무언가 느껴지죠? 보충 설명하겠습니다. 봉준호 감독의 전공은 사회학입니다. 사회학을 전공했다고 모두 사회학에 관련된 일을 하지는 않습니다. 다만 전공을 택한 개인의 성향과 대학 시절 학습한 전공 지식은 오랫동안 남습니다. 전작인 《괴물》 역시 어느 정도 영향을 받았을 테고요.

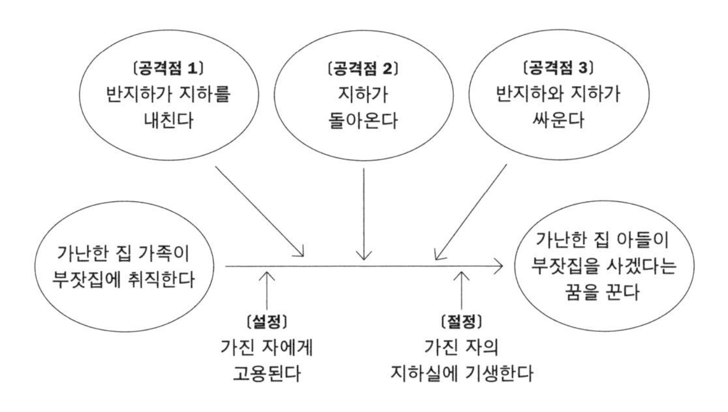

우리는 어떤 사회에 살고 있나요?

대한민국은 '자본주의' 사회입니다. 《기생충》은 자본주의를 이야기한다고 봐야 합니다. 우리는 자본주의 사회에 살고 있음에도 자본주의가 어떤 시스템인지 깊게 생각하지 않습니다. 태어날 때부터 자본주의의 공기에 둘러싸여 있기 때문일 수도 있죠. 매일 사는 게 힘들다고 불평하면서도 시스템에 순응하며 그냥 살아갑니다. 이 영화는 우리가 투덜대면서도 맞춰 살아가고, 감히 벗어날 생각을 하지 못하는 자본주의 시스템을 논합니다.

보통 자본주의의 불합리를 다루는 영화들은 가진 자와 못 가진 자의 대치를 통해 부당함과 불공정함을 표현합니다. 켄 로치 감독의 《나, 다니엘 블레이크》(2016)나 《미안해요, 리키》(2019) 등이 그렇습니다. 《기생충》은 조금 다릅니다.

'반지하와 지하가 싸우고, 결국 반지하가 지하의 자리로 들어간다.' 오늘날 자본주의 체제 국가에 사는 서민들의 삶이 다 이렇지 않을까요? 그래서 영화를 보고는 기분 나빠지는 게 아닐까요? 칸 영화제가 봉 감독에게 최고상인 황금종려상을 준 이유도, 전 세계의 극찬을 받은 것도 현대 사회의 대다수 국가가 자본주의 체제를 선택했기 때문일 겁니다.

자본주의의 실상은 가진 자와 못 가진 자의 싸움이 아니라 반지하와 지하의 싸움이라는 감독의 해석이 존중받은 겁니다. 시스템의 상층부는 고정되어 있습니다. 부자들은 위에서 삽니다. 그들이 내려오는 것을 본 적이 없습니다. 한번 부를 가지면 계속 누릴 수 있죠. 변화는 아래에만 있습니다. 자본가에게서 떨어지는 것을 얻어먹고, 그들에게서 조금이라도 이익을 얻기 위해 서민들끼리 싸웁니다.

꿈꾸지 않는 것은 아닙니다. 모두들 상층부로의 진입을 꿈꾸지만 쉽사리 이루어지지 않습니다. 봉준호 감독은 기우가 몇 년을 벌면 박 사장의 저택을 살 수 있을지, 조감독들과 계산해 봤다고 합니다. 그리고 547년이라는 답을 얻었다고 합니다. 계급 변화는 이렇게 어렵습니다. 신분 상승의 사다리가 없으니 아래에 놓인 사람들은 계속 힘듭니다. 더욱 가혹한 것은 우리가 그나마도 계속 일하려면 비슷한 계층의 사람들과 경쟁하고, 심지어 이들을 제거해야 한다는 데 있습니다.《기생충》을 통해 우리는 자신의 삶을 바라봅니다. 그래서 웃으면서 영화관 밖을 나올 수 없습니다. 낡은 집에 놓인 좁은 침대에 피곤한 몸을 뉘이며 지쳐 잠에 곯아떨어집니다. 그러면서 꿈꿉니다. 내 집을 사는 꿈, 상류층에 진입하는 꿈….

《기생충》은 어떠한 꿈을 꾸고 있는 우리들에게 그 꿈이 맞느냐는 질문을 던집니다. 어떻게 답해야 할까요? 이 영화의 심층 서사는 여러분이 준비하는 대답 속에 존재합니다.

4

《엑시트》

이번에는 940만여 명의 관객을 동원한 《엑시트》(2019)를 통해 상업 영화의 심층 서사를 살펴보겠습니다. 앞에서 분석한 봉준호 감독의 《괴물》과 《기생충》, 뒤에 나올 이창동 감독의 《시》 같은 소위 '걸작'을 만드는 것은 모든 영화인의 꿈입니다. 그만큼 만들기는 어렵고요. 그렇다고 대중 영화의 가치가 낮다는 뜻은 아닙니다. 여러 사람을 즐겁게 만드는 일이 얼마나 대단한가요?

캐주얼한 영화에도 심층 서사가 존재합니다. 이 책을 읽고 있는 독자 중에는 상업 영화의 감독 혹은 작가를 꿈꾸는 이들도 있을 겁니다. 데뷔를 위해서는 장편 시나리오를 써야 하고, 마땅히 시나리오 완성을 위해 사전에 정교한 설계도를 구성해야 합니다. 설계도 구축을 위해서는 기존 상업 영화들의 구조를 찾아보는 게 큰 도움이 됩니다. 《엑시트》의 심층 서사를 분석하는 이유가 여기 있습니다. 상업 영화는 설명도 분석도 쉬워야 합니다. 아무래도 예술 영화보다는 객관적이어야 하죠.

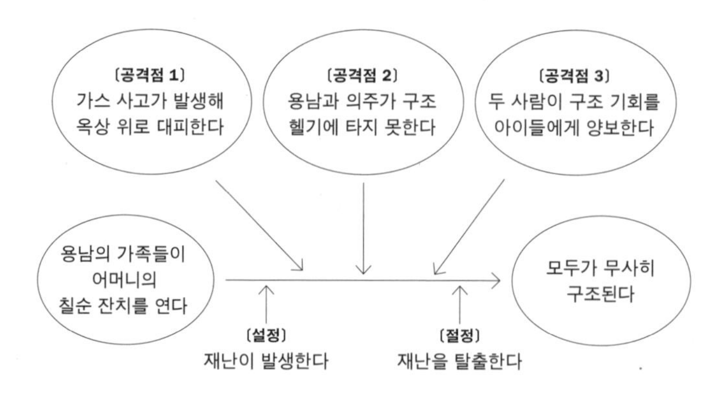

백수 용남(조정석 분)은 어머니의 칠순을 맞이하여 모처럼 가족들과 좋은 시간을 가집니다. 그때 가스 사고가 터지고 온 도시에 가스가 차오릅니다. 내 한 몸 챙기기도 바쁜데 하필 좋아하는 후배가 일하는 연회장에서 잔치를 하는 바람에 가족도 구해야 하고 후배인 의주(임윤아 분)도 구해야 하는 임무를 떠안습니다.

용남은 어떻게 이 위기를 극복할까요? 이것이 《엑시트》의 가장 중요한 스토리입니다. 여기서 질문 하나 나갑니다. 단 몇 문장으로 모든 설명이 가능한 이 영화가 어떻게 940만 명이 넘는 관객을 동원할 수 있었을까요? 이유를 알아보고자 심층 서사를 분석해 보겠습니다.

《엑시트》는 재난 영화의 외피를 입고 있습니다. 사건의 진원지는 재난입니다. 재난이 액션, 주인공은 리액션을 하는 구조입니다. 외부로부터 사건이 발생하는 영화들은 사건의 표면에서는 주인공이 열심히 뛰어다니지만 실은 스토리의 심층에 존재하는 작가가 진짜 주인공입니다. 명확한 작가의 계획이 있다는 게 이런 장르의 특징입니다. 쉽게 말해 재난이 곧 작가의 시선이고, 재난의 종류를 설정하는 것 자체가 작가의 의도입니다.

《엑시트》의 재난은 독특합니다. 밑에서부터 차오르는 재난입니다. 낮은 곳에 있으면 죽고, 올라가면 삽니다. 화산 폭발과는 반대입니다. 그래서 주인공들은 끊임없이 위로 올라갑니다. 이와 같은 재난의 형태에 작가의 시선이 있다고 보입니다. 세상의 수많은 재난 가운데 위로 올라가야 살 수 있는 재난을 택했으니까요. 작가가 이런 형태의 재난을 통해 표현하고 싶은 건 높낮이, 계급, 신분의 차이입니다. 이 말이 맞다면《엑시트》의 심층 서사는 바로 재난 자체의 특성입니다.
중간점에서 용남은 건너편에 보이는 높은 건물을 가리키며 의주에게 외칩니다.

> 의주야, 내가 여기서 나가면… 나가기만 한다면 저런데 저렇게 높은 건물로 된 회사에만 원서 낼 거야. 무조건 층수만 보고. 저기 있는 사람들은 다 구조되었을 거 아냐.

어떤가요? 작가가 설정한 재난의 기능이 보이나요? 작가는 재난이 발생하면 낮은 곳에 사는 가난한 자들은 속절없이 죽고 높은 곳에 사는 부유한 자들은 구조받을 수 있음을 이야기하고 싶은 겁니다. 이를 위해 밑에서부터 차오르는 재난을 설정했습니다. 이렇듯 재난 영화의 설정에서도 작가의 의도가 반영된 서사를 구성하는 것이 요즘의 스토리 작법입니다.
이런 시선에 맞춰《엑시트》에 담겨 있는 심층 서사를 분석하면 이렇습니다.

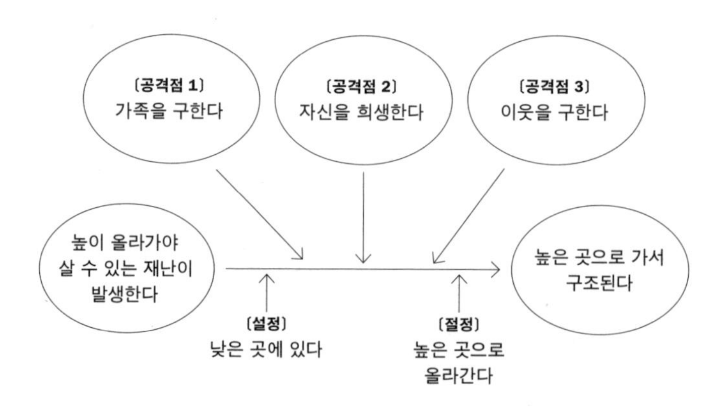

대중 영화에는 일반 관객이 굳이 분석하지 않아도 마음으로 바로 이해되는 심층 서사가 담겨 있습니다. 그것이 관객의 심장에서 자연스럽게 해석될 때, 좋은 결과를 얻습니다. 동의한다면 앞으로 시나리오 창작 시 내 글에 어떤 심층 서사가 있는지를 반드시 점검하세요. 표면 서사와 심층 서사의 이중 설계에 대한 가능한 한 많은 지식을 쌓으세요. 상업 영화건 예술 영화건 스토리 자체에 깊은 의미가 있다면 반드시 좋은 결과를 얻을 것입니다.

5

《시》

이창동 감독의 《시》를 다시 보겠습니다. 좋은 시나리오가 갖추어야 할 여러 요인이 담긴 텍스트이거든요. 스토리에 관련된 모든 영역과 관점에서 바라보며 설명하기에 참 좋은 영화입니다. 1차원적인 표면 서사와 2차원적인 심층 서사의 층위는 앞에서 설명했지만 한 번 더 짚어 보겠습니다. 차례로 《시》의 표면 서사와 심층 서사를 형상화한 도표입니다.

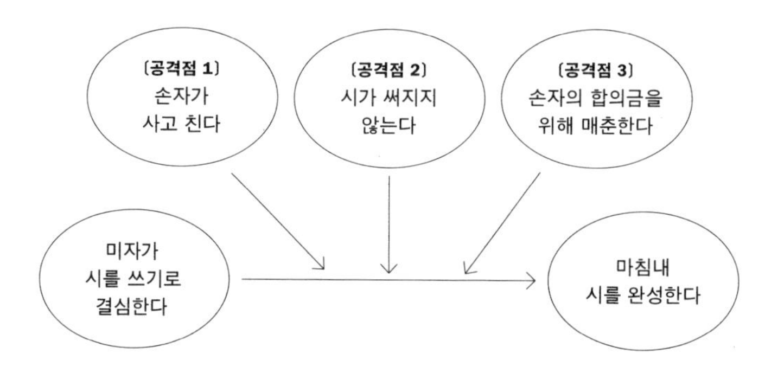

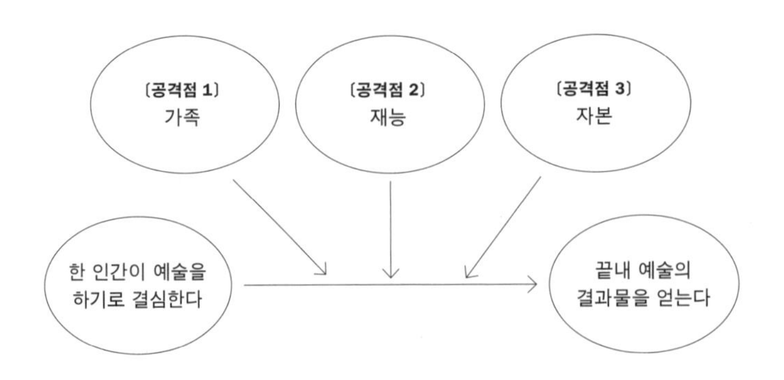

심층 서사 밑에 다른 심층 서사가 한 층 더 있다면 어떨까요? 《시》가 그렇습니다. 심층 서사 밑에 심층 서사가 한 층 더 있습니다. 이유는 이렇습니다. 후반부에서 미자는 자신이 쓴 시를 제출하고는 사라져 버립니다. 이후로는 모습을 나타내지 않고요. 미자가 쓴 시를 읊는 이는 미자 자신이 아니라 영화 맨 처음에 죽어서 물에 떠내려온 인물로 추정되는 어느 소녀입니다. 누구일까요?

미자의 시를 읊는 묘령의 소녀는 어린 미자입니다.

저는 여러 번 《시》를 보다 어느 순간 불현듯 이 생각이 떠올랐습니다. 곧바로 온몸에 소름이 돋았고요. 그렇게 한동안 멍하니 자리에 앉아 있었습니다. 그날 이후, 마음속 깊이 진심으로 이창동 감독을 존경하게 되었습니다. 시를 읊는 소녀는 표면적으로는 미자의 손자에게 피해 입은 소녀로 보이지만 심층적으로는 (노년인) 미자의 '순수'라고 해석합니다. 영화의 첫 부분에 소녀가 물에 떠내려오죠. 표면적으로는 미자의 손자에게 피해를 입은 소녀이고, 심층적으로는 미자가 오래전에 가졌던 순수입니다.

제가 찾은 또 하나의 층위는 다음과 같습니다. 한 인간이 이토록 어려운 예술을 하는 이유는 우리가 예술 창작 과정을 통해 잃어버렸던 순수를 찾을 수 있기 때문이라고요. 이런 가정으로 텍스트를 분석하면 다음의 세 가지 층위를 볼 수 있습니다.

— 1차 서사: 미자 할머니가 시를 쓰는 이야기다.
— 2차 서사: 한 인간이 예술을 하는 과정에 대한 이야기다.
— 3차 서사: 인간이 예술을 하면 잃어버린 순수를 찾을 수 있다는 이야기다.

작가의 철저한 설계만 있다면 심층 서사는 무한대로 아래로 파고들거나 위로 층을 쌓아 올릴 수 있습니다. 이 작업을 어떻게 시작할까요?

이 글이 뜻하는 바가 무엇인가 떠올려 보세요.

명쾌한 대답이 나오면, 그때 설계를 시작하고 그것을 바탕으로 글을 쓰세요. 곧장 답이 나오지 않는다면 잠시 멈추어야 합니다. 지금 고민하지 않는다면 앞으로 글을 쓰며 살아가는 내내 이 질문이 여러분을 고통에 빠뜨릴 겁니다. 이유는 간단합니다. 목적지가 명쾌한 글과 목적지가 불분명한 글은 결과가 다를 수밖에요. 뜻하는 바가 없는 글이 목적을 이룰 수 있을까요?
표면 서사와 심층 서사가 정교하게 구성된 스토리는 대중의 지지와 예술적 공감을 모두 얻습니다. 앞으로 글을 쓰기 전에는 항상 내가 쓰는 스토리의 표면 서사와 심층 서사가 무엇인지 자문하기 바랍니다.

07

공식의 적용

이제 스토리에 관해서라면 어느 누가 어떤 질문을
던져도 한 시간은 너끈하게 버텨 낼 만큼 성장했습니다.
지금부터는 스토리 공식의 개념이 실제 스토리 창작에
어떻게 적용되는지, 그리고 이것이 세상의 어떤 부분에
맞닿아 있는지를 논할 차례입니다.
이번 장은 지금까지 배운 이론을 다양한 시선에서
살펴보는 '복습' 과정으로 마련했습니다. 또한 현재
우리에게 남아 있는 어려움의 실체를 파악하고, 다음
스텝을 준비하는 '예습' 과정이기도 합니다.

우리는 지금 이 책의 어느 부분에 와 있습니까? 이 책을 영화라고 가정한다면 지금은 몇 막인가요? 대답하기 쉽지 않습니다. 매 순간 어려움이 다가오지만 끝내 그것을 극복해 내는 것이 스토리입니다. 창작에만 적용하라는 것은 아닙니다. 스토리 공부를 시작하면서부터 저는 알고 있는 모든 지식을 스토리 이론에 적용시켜 보는 버릇이 생겼습니다. 물론 스토리의 공식이 세상을 살아가는 절대적인 법칙은 아닙니다. 다만 세상살이 자체가 스토리이기에 스토리의 공식과 생활의 접점이 많음을 자주 느낍니다.

세상과 나 사이의 각도를 잴 수 있는 규칙이 하나 있다면 어떨까요?

스토리의 공식을 세상일에 적용해 봅시다. 삶 전체를 바라볼 수 있고, 내 삶이 지금 어디로 향하는지도 알 수 있습니다. 본격적인 창작의 세계로 넘어가기에 앞서 지금까지 학습한 스토리의 공식을 우리 삶에 적용해 보려 합니다.

자기소개서 쓸 때도 생각해 봅시다

모든 글쓰기는 예술 창작입니다. 어떤 글이건 글 쓰는 사람은 작가이고, 글을 쓰는 과정은 창작 과정입니다. 지금 우리가 논하는 모든 정보는 실생활에서 자기소개서를 쓸 때도 적용이 가능합니다. 한 번이라도 자기소개서를 써 봤거나 앞으로 써야 한다면 자기소개서의 기본을 따져 봅시다.

자기소개서의 목적은 무엇일까요? 국어사전에는 '자신의 이름, 경력, 직업 따위를 남에게 알리는 글'이라고 나옵니다. 다른 사람에게 자신을 알리는 게 목적이죠. 남에게 자기 자신을 잘 알리려면 어떻게 해야 될까요? 스토리의 공식으로 생각해 봅시다.

자기소개서에서 주인공은 누구인가요? 나 자신입니다. 주인공인 나를 남에게 잘 표현하려면 나의 '생각'을 써야 할까요? 나의 '상태'를 써야 할까요? 나의 '행동'을 써야 할까요? 정답은 행동, 즉 액션입니다. 그런데 대부분은 상태 혹은 상황을 씁니다.

> 저는 ○○○○년 ○○ 시에서 사랑이 가득한 부모님 밑에서 큰 문제 없이 평범하게 자랐습니다. ○○초등학교, ○○중학교, ○○고등학교를 나와… 블라블라….

자신의 상태 혹은 상황에 대한 표현은 다른 이들이 강력하게 주목하는 스토리가 아닙니다. 따라서 지양해야 합니다. 자기소개서에서 두 번째로 많이 쓰는 부분이 자신의 '생각'일 겁니다.

> 이에 대해 저는 이렇게 생각하며… , 이 부분에 대해서 적극 공감하는 편입니다.

자신의 생각을 표현하는 것은 좋습니다. 다만 이왕이면 행동이 동반된 생각을 쓰면 어떨까요? 앞의 글을 수정하면 이렇게 되겠죠.

> 이에 대해 저는 이렇게 생각하여 이런 식으로 적용해 봤으며…, 이 부분에 대해서 적극 공감하여 저런 방법을 대입해 봤습니다.

생각만 한 사람과 생각에 따라 행동한 사람의 차이가 느껴지나요? 스토리에서는 행동이 곧 스토리이기에 행동이 수반되지 않는 생각은 타인들에게는 실체가 없어 보입니다. 이런 경우도 있죠. 학교 다닐 때 반 친구들을 둘러보면 공부할 거라고 매일 말만 하면서 정작 공부를 안 하는 학생들이 있습니다. 그 친구들은 매일 공부해야 한다고 '생각'은 하지만 '행동'하지는 않습니다. 당연히 성적은 오르지 않죠. 비슷한 예로 다이어트도 있습니다. 이 세상에는 매일 다이어트를 해야 한다고 '생각'하면서 '행동'하지 않는 많은 사람이 있습니다. 결과는 언급하지 않겠습니다.
애석하게도 생각을 행동으로 연결하는 사람은 매우 드뭅니다. 그리고 행동이 동반되지 않는 생각은 타인에게 실체가 없다고 인식됩니다. 그래서 문장을 구성할 때는 구체적인 행동이 동반된 생각을 쓰는 쪽이 좋습니다.

보고서 쓸 때도 생각해 봅시다

여러분 가운데 직장인이 있다면 자신이 가장 최근에 쓴 보고서를 열어 보기 바랍니다. 어떤 내용이 담겨 있나요? 상사에게 어떤 내용을 보고했나요? 좋은 평가를 받았나요? 대부분의 보고서는 앞부분에 현재의 시장 상황을 분석하는 데 많은 시간을 할애합니다. 회사 혹은 제품의 상태에 대한 내용입니다.

하지만 상황 분석을 면밀히 올린 보고서에 상사는 어떤 표정을 짓나요? 다 읽고 나서 말없이 쳐다보지 않던가요? 그 눈빛의 의미는 뭘까요? 아마 상사는 '액션'을 바랄 겁니다. 보통 이렇게 말하죠.

> 시장 상황은 잘 알겠는데 말이야. 그래서 우리가 도대체 앞으로 어떻게 해야 한다는 거야? 포인트가 뭐야?

어느 회사건 어느 부서건 좋은 실적을 원합니다. 좋은 실적을 성취하는 방법은 '상황' 분석일까요? 구체적인 '행동'일까요? 답은 분명합니다. 앞으로 보고서를 써야 할 일이 있다면 앞으로 우리 조직이 어떻게 움직여야 하는지에 대한 계획, 즉 '액션 플랜'을 첨부하세요.

행사하기 전에도 생각해 봅시다

다음 주에 삼성동 코엑스 앞 광장에서 이벤트 행사를 진행한다고 가정해 봅시다. 많은 사람을 불러 모아 정성껏 준비한 이벤트 물품을 전부 나눠 주어야 일이 끝난다면, 어떻게 해야 효율적으로 행사를 진행할 수 있을까요? 제가 추천하는 방법은…? 맞습니다! 이번에도 액션입니다. 행사장에서는 어떤 액션을 취해야 할까요?

춤이라도 춰야 합니다. 춤은 액션입니다. 내가 할 수 없다면 행사장에 온 사람들이라도 춤출 수 있는 환경을 마련해야 합니다. 경품을 걸고 행사에 동참시키세요. 그런데도 사람들이 춤을 안 추면 어떻게 해야 할까요? 행사장 앞에 바람에 따라 움직이는 춤추는 인형이라도 놓아야 합니다.
또 다트 던지는 사람들도 많이 볼 수 있습니다. 던지기만 하면 아무리 사소한 거라도 상품을 주죠. 왜일까요? 혹시 이유를 생각해 본 적이 있습니까? 역시 '액션' 때문입니다. 움직이면 무조건 재미있습니다. 장사를 한다면 조용히 사람들을 기다리는 것보다 소리쳐서 사람들을 불러 모아야 합니다. 행사장 앞에서 춤이라도 춰야 합니다. 다트라도 던지게 해야 합니다. 사람은 본능적으로 움직임에 시선을 주고 동참하고 싶어 하니까요.
미술 전시는 어떨까요? 말없이 갤러리 안을 움직이는 사람들이 떠오릅니다. 필연적으로 움직임이 적은 미술 전시를 재미있게 만들려면 어떻게 해야 할까요? 이번에도 액션이 정답입니다. 다만 미술품을 움직일 수는 없으니 관람객을 움직여야 합니다. 전시실 입구에 다음과 같은 안내를 붙이면 어떨까요?

> 이번 전시에는 작은 이벤트가 하나 숨어 있습니다. 작품 1, 7, 12, 23, 31번에 힌트가 숨어 있습니다. 다섯 가지 힌트를 모아서 전시회 출구 안내 데스크로 오시면 소정의 상품을 드립니다.

이와 같은 안내 문구를 본 관람객은 어떤 반응을 보일까요? 자신도 모르게 힌트가 숨어 있다는 다섯 작품 앞으로 향하게 됩니다. 경품에는 관심이 없더라도 힌트가 무엇인지 작품을 들여다보게 됩니다. 이를 통해 전시장에 활력이 넘치게 될 겁니다. 이렇게 간단한 동선을 하나 만들어 주는 것만으로도 관람객은 주인공이 되어 전시회를 즐기게 됩니다. 누군가가 주인공이 된다는 것은 전시회뿐만 아니라 실제 삶에서도 굉장히 중요한 문제입니다. 이번에는 스토리의 이론과 공식으로 우리의 삶을 들여다보겠습니다.

살면서도 생각해 봅시다

여러분의 삶은 지금 어디로 흘러가고 있나요? 행복한가요? 삶이 너무 힘들다고 생각하는 이들에게 묻겠습니다. 5년 후의 자신의 미래가 어둡다고 생각하죠? 불쾌했다면 용서를 바랍니다. 책의 앞부분에서 주인공을 설명할 때도 짚었습니다. 보통의 주인공은 '미래의 계획'을 이루기 위해 '현재'에서 '무엇'을 하는 사람입니다.

지금의 삶이 행복하다면 벌써 주인공입니다. 미래에 대한 계획이 있고 그것을 이루기 위해 매일 무엇인가를 하고 있을 겁니다. 지금의 삶이 조금 힘들다면 현재는 주인공이 아닐 확률이 높습니다. 어떻게 해야 할까요? 일단 빨리 자신의 삶의 주인공이 되어야 합니다. 타인의 기준은 필요 없습니다. 나의 기준으로 하고 싶은 것을 찾고, 그것을 이루기 위한 세부 계획을 세우고, 매일 조금씩 성취해 나가야 합니다. 그러다 보면 어느 순간 내 삶이 행복하다고 느끼는 순간이 옵니다. 그때 깨닫게 됩니다. '아, 내가 이 세상의 주인공이 되었구나!'

재미있는 스토리는 어려움을 극복하고 끝내 승리하는 스토리입니다. 지금 잠시 힘들다고 내려앉지 말고, 빨리 계획을 세우고 달려가 끝내 승리하세요. 움직이는 순간 스토리는 시작됩니다. 크게 소리 지르며 달려 나가기 바랍니다. 힘차게 발을 내딛는 바로 그 순간, 당신이 이 세상의 주인공입니다.

아이를 키우면서도 생각해 봅시다

모든 부모의 꿈은 내 아이를 세상의 주인공으로 키우는 것입니다. 욕심 많은 부모들은 초등학교 때 이미 고등학교 때 배울 공부를 선행시킵니다. 경제적으로 여유 있는 집일수록 그럴 확률이 높습니다. 선행학습에는 많은 돈이 듭니다. 경제적 여유가 부족해 아이에게 전 과목 과외를 시킬 수 없으면요? 대출이라도 받아야 하나요? 한국에서의 삶을 포기하고 교육 환경이 좋다는 곳으로 이민 가야 하나요? 무슨 방법이 없을까요?

아이가 하고 싶은 대로 목표를 정하게 하는 방법이 가장 좋을 것 같습니다. 부모 입장에서는 그런 결정이 쉽지 않습니다. 영화의 주인공은 영화 속에서 한 가지 일만 합니다. 우리의 삶도 비슷합니다. 평생 같은 일을 하죠. 그 일을 결정할 수 있게 해 주어야 합니다. 그러려면 아이가 성인이 되기 전에 가능한 한 다양한 경험을 할 수 있게 해야 합니다. 대학 졸업 전까지 평생 할 수 있는 일 한 가지를 찾아 주는 것이 아이를 행복하게 키우는 가장 좋은 방법이라고 생각합니다. 당연히 쉽지 않습니다.

부모의 강력한 의지로 S대에 진학한 학생이 있다고 가정해 봅시다. 부모의 계획대로, 부모에게 등 떠밀려 진학한 후에는 어떻게 살까요? 막상 본인이 하고 싶은 건 없을 겁니다. 자신이 선택한 적이 없으니까요. 아무리 좋은 대학을 졸업해도 사회의 주인공이 될 가능성은 희박합니다. 그 아이는 자기 삶의 주인공이 아닙니다. 부모가 주인공입니다. 현재 혹은 앞으로 부모가 될 모든 이들이 함께 생각해 봐야 합니다.

저는 지금도 생각합니다

지금 여기는 이 책의 몇 막일까요?

이 책은 순수 오리지널 창작 스토리는 아니지만 저의 지식 체계를 찬찬히 정리한 글이기에 전체 구성과 목차가 존재합니다. 500페이지 가까운 두꺼운 책을 쓰기 시작할 때, 저는 가장 먼저 전체 목차를 정리했습니다. 전체 목차는 계획이고 곧 플롯입니다. 전체 설계도를 먼저 구성하고 그다음 글을 쓰기 시작했습니다. 이 챕터도 그 설계의 일부분입니다.

왜 저는 이와 같은 목차를 설계했을까요?

제가 이 책을 쓰기 전에 설계한 『스토리: 흥행하는 글쓰기』의 3막 구조를 보겠습니다.

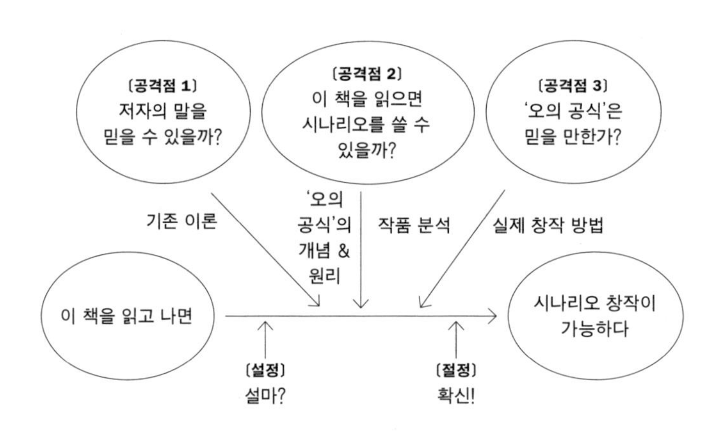

위의 도표에 따르면 우리는 지금 가장 강력한 적대자가 존재하는 중간점, 즉 미드 포인트에 와 있습니다. 이 책의 저자인 저는 지금까지 설명한 모든 정보를 가지고 지금부터 실제 시나리오 창작이 가능함을 증명해야 합니다. 여러분은 위의 그림에 나와 있는 대로 도대체 이 사람의 말을 믿어도 되는지, 이 책을 읽으면 진짜 창작이 가능한지, 그리고 '오의 공식'이라는 스토리 공식이 정말로 현장에 적용 가능한지 등 수많은 질문을 던지며 지금까지 왔을 테죠.

지금 잠시 쉬면서 '이 이론을 가지고 진짜 시나리오 창작이 가능한 거야?'라고 스스로에게 묻고 있습니다. 의심과 불신이 교차하는 지점입니다. 가능하다는 저자의 확신과 가능할까 하는 독자의 의심이 극렬하게 부딪치는 곳이 바로 지금! 이 책의 중간점입니다. 그래서 제가 사전에 이런 챕터를 설계한 것입니다.

저의 이론을 충실히 공부한 여러분에게 이 이론은 글쓰기 외에도 세상의 다양한 이치에 통용된다고 설득하고 있습니다. 그리고 여러분은 에이, 설마, 과연 등으로 나타나는 불신의 적대자를 여러분의 마음에 키우고 있습니다. 그래서 여러분의 내면에 있는 강력한 불신을 이곳에서 어느 정도 소멸시키고 다음 순서로 넘어가고자 합니다.

왜 이 챕터를 이 책의 중간점에 배치했는지 아시겠죠?

인간이 하는 어떤 일도 자연 그대로 만들어지지 않습니다. 자연 현상을 제외한 모든 일은 인위적인 부분이 있습니다. 다만 치밀한 계획을 가진 사람들이 상황을 정교하게 재구성하고 채움으로써 자연스럽게 느끼게 만들죠. 저 역시 나름의 치밀한 계획을 가지고 이 책을 채우고 있는 중입니다. 여러분이 그 흐름을 자연스럽게 느꼈으면 좋겠고, 그 결과로 자신의 스토리도 물 흐르듯 잘 쓸 수 있었으면 합니다. 이제 이 책의 중간점을 지나 2-2막으로 진군하겠습니다.

08

장르의 법칙

이번 장에서는 첫째, 지금까지 배웠던 시나리오의 원칙들을 가지고 실제 영화 텍스트들을 분석하겠습니다. 이를 통해 지금까지 다루었던 이론이 현실에 적용됨을 증명하겠습니다. 둘째, 실제의 창작 과정이 어떻게 진행되는지 알아보겠습니다. 그리고 실제 창작 과정에서 겪을 수 있는 여러 오류를 다양한 방법으로 해결하겠습니다. 이 책의 전반부는 이론의 체계, 후반부는 창작의 체계로 구성되어 있습니다. 창작의 체계 안에는 장르 분석과 창작 과정이 있습니다. 먼저 장르 분석 과정부터 보겠습니다.

1

장르의 공식

지금부터 장르의 갖가지 형태를 살펴보겠습니다. 여러분 앞에 놓인 이야기를 날카로운 칼로 뼛속 깊숙이 찔러 넣어 살은 잘 발라내고, 뼈의 형태를 온전히 보겠습니다. 횟집에 가면 서더리탕이라는 메뉴가 있습니다. 생선 잡뼈를 모아 끓인 탕이죠. 강태공들은 뼈만 봐도 전날 광어가 많이 팔렸는지, 참돔이 많이 썰렸는지 단번에 알아봅니다. 뼈와 살을 발라낸 기술로 가게 수준도 짐작할 수 있습니다. 지금부터 특급 주방장처럼 좋은 칼로 각 '장르'의 살을 발라내 보겠습니다. 그리고 모든 '장르의 뼈'를 해체해 보겠습니다. 이 뼈가 우리가 써 나가야 하는 글의 길, 플롯입니다.

책의 중·후반부에 장르 분석을 배치한 이유는 지금까지 배운 스토리의 이론에 '장르의 공식'이라는 '플롯의 지도'를 첨부하기 위해서입니다. 이렇게 생각해 주세요. 장르 분석은 수학 기출 문제 풀이입니다. 이론을 배우고, 시험 전에 기출 문제를 많이 풀어 보면 좋은 결과를 얻습니다. 지금까지 배운 스토리 이론으로 기존 영화를 잘 분석하면 시나리오 초고 정도는 금방 쓸 수 있습니다.

단편은 여러 번 썼지만 장편은 두렵나요? 그걸 '재능 부족' 때문이라고 여기나요?

재능 부족 탓이 아닙니다. '장르'라는 '공유 플랫폼'에 대한 이해가 부족하기 때문입니다. 그러니 자책은 금물입니다. 지금까지 발간된 모든 스토리 작법서에서는 장르 분석 혹은 장르의 공식을 제대로 다루지 않았습니다. 이번에 제대로 깨우칩시다. 알고 나면 글쓰기가 쉬워집니다. 플롯을 이해하고 쓰는 글과 플롯에 대한 이해 없이 쓰는 글은 전혀 다릅니다.

'스토리의 이론'과 '장르의 공식'만 알면 누구나 시나리오 초고 정도는 쓸 수 있습니다.

지금부터 스토리 창작의 단서들을 공개하겠습니다.

2

멜로

멜로 장르는 한 사람이 다른 사람을 만나고, 두 사람이 서로 사랑하게 되는 과정을 따라가는 이야기입니다. 움직임이 강력한 '액션 서사'라기보다는, 감정의 흐름을 따라가는 '정서적인 스토리'라고 볼 수 있습니다. 지금부터 멜로 서사의 내부 체계와 구성 요소들을 하나하나 짚어 나가겠습니다.

(1) 멜로 스토리 공식

기본적인 멜로 스토리의 서사는 다음과 같습니다.

— 1막: 두 사람이 만난다.
— 2-1막: 두 사람의 감정이 어느 정도 진행된다.
— 중간점: 사랑을 방해하는 가장 강력한 적대자가 등장한다.

— 2-2막 후반 혹은 3막 초반: 두 사람이 잠시 헤어진다.

— 절정: 다시 만난 두 사람이 키스하거나 포옹한다.

정리하면 이런 모습이죠.

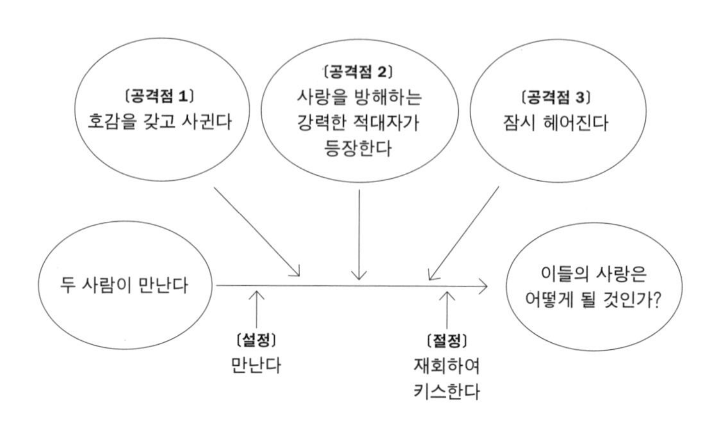

메마른 가슴을 말랑말랑하게 바꾸는 멜로도 수학 공식처럼 낱낱이 해체할 수 있습니다. 멜로의 공식은 아래의 도표처럼 더 낱낱이 분석될 수도 있습니다.

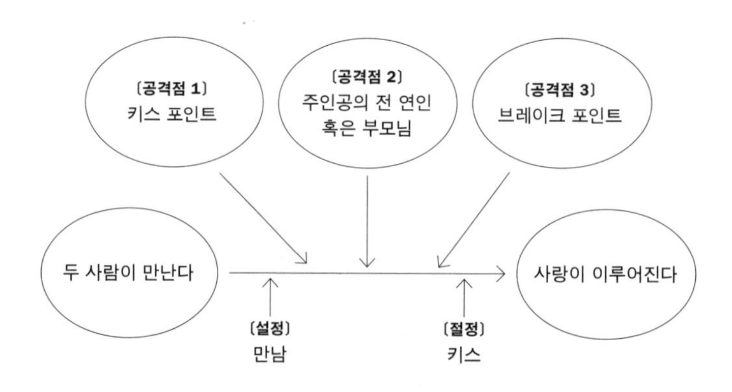

멜로 영화에서 남녀 주인공은 대개 설정에서 만납니다. 공격점 1인 키스 포인트에서는 주로 키스하고요. 공격점 2인 중간점에서는 남자 주인공의 전 연인, 부모님 혹은 여자 주인공의 전 연인, 부모님이 나타나 두 주인공의 사랑을 방해합니다. 이로 인한 우여곡절을 겪으며 두 사람은 공격점 3인 '브레이크 포인트'에서 잠시 이별을 겪습니다. 그리고 절정에서 재회하곤 사랑을 이루죠.

제가 본격적으로 영화 서사를 분석하기 시작한 시기는 2009년입니다. 첫 출발은 하나의 가정이었습니다. '스토리에는 우리가 모르는 어떤 구조가 숨어 있는 것 같다.' 이후 수많은 작품을 저만의 방법으로 분석했습니다. 가정으로 시작한 작업이 어느 순간 확신으로 바뀌었습니다. 그때부터 이야기의 구조와 장르의 특성을 체계적으로 정리해 나갔습니다. 이 책에 등장하는 여러 예시가 그 결과물입니다. '설마'가 '확신'이 되기까지 오랜 시간이 걸렸고, 확신을 검증받는 데도 여러 과정을 거쳤습니다. 마지막으로 여러분과 함께 검증해 보겠습니다.

(2) 멜로 스토리 작품 분석

《로마의 휴일》 vs. 《노팅 힐》

시대에 따라 버스 요금이 달라지듯 시대마다 서사의 내부 체계도 바뀝니다. 좋아하는 카페의 커피 맛은 변함없을지 몰라도 일정 기간마다 가게 인테리어는 바뀝니다. 스토리도 마찬가지입니다. 시간에 따라 시대의 변화에 따라 조금씩 형태가 달라집니다. 이를 위해 멜로 영화의 고전이라 불리는 작품 하나를 열어 보겠습니다. 초창기의 멜로는 어땠는지를 보고 나서 이후 어떤 변화가 있었으며, 지금은 어떻게 유통되는지 살펴보죠.

《로마의 휴일》

윌리엄 와일러 감독의 《로마의 휴일》(1953)의 줄거리는 이렇습니다. 왕실의 고압적인 분위기에 반기를 든 앤 공주(오드리 헵번 분)는 몰래 거리로 뛰쳐나가 잠들었다 우연히 신문사 기자 조 브래들리(그레고리 펙 분)를 만나게 됩니다. 그는 신분을 숨긴 앤을 평범한 여성으로 생각하죠. 하지만 우연히 공주의 정체를 알고 나서는 커다란 호의를 베풉니다. 특종을 잡을 기회로 여겨 기꺼이 로마 시내 곳곳을 안내합니다. 그런데 이 과정에서 그만 앤 공주의 순수한 매력에 빠져 버립니다. 앤 공주도 마찬가지죠.

《로마의 휴일》은 두 주인공의 감정의 흐름을 따라 진행되는 영화입니다. 전체 플롯의 표면 서사는 다음과 같습니다.

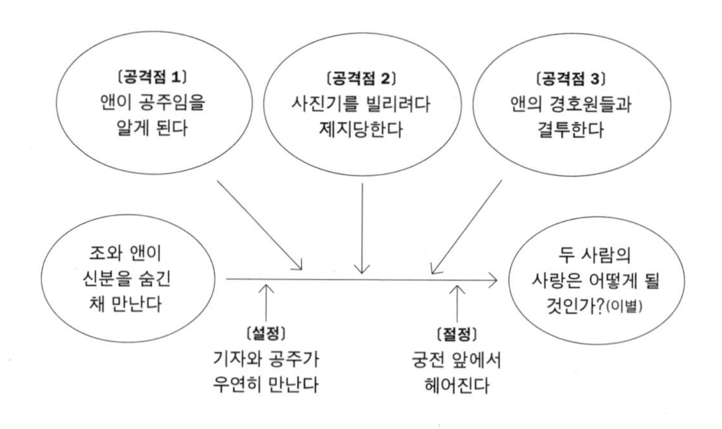

일반적인 멜로 스토리는 관객들이 한 남자와 한 여자가 만나, 그들의 사랑이 어떻게 진행되는지를 지켜보게 됩니다. 《로마의 휴일》 또한 영화의 중간점과 엔딩을 제외하면 전형적인 멜로 영화 서사의 공식을

따릅니다. 지금부터 이 영화가 오늘날의 멜로 영화의 구조와 다른 몇 가지 차이점을 알아보겠습니다. 저는 세 가지를 꼽고 싶습니다. 모두 과거 시나리오의 형식을 통해 현재 시나리오의 원칙을 생각해 볼 수 있는 지점들입니다.

첫째는 주인공의 첫 등장 시간입니다. 남자 주인공 조 브래들리는 영화가 시작한 지 17분이 지나서야 친구들과 포커하면서 처음 등장합니다. 요즘 영화와는 많이 다르죠. 《로마의 휴일》을 지금 리메이크한다면 조는 원작 영화의 첫 장면인 앤 공주가 거리를 지나는 신에서 친구이자 동료 사진 기자인 어빙과 함께 그녀를 취재하면서 등장할 겁니다. 왜냐고요? 남자 주인공이 영화가 시작되고 17분이나 지나서 등장한다면 요즘 관객들이 좋아할까요? 등장 시점이 잘못되었다는 뜻은 아니지만 1950년대 스토리의 구조는 지금과는 많이 다릅니다.

둘째는 엔딩입니다. 우리가 잘 알고 있듯 두 사람의 사랑은 이루어지지 않습니다. 현대의 멜로 스토리의 공식에 부합하려면 해피엔딩이어야 합니다. 영화를 분석할 때는 해당 영화가 제작된 시기의 가치관에 따라 분석해야 합니다. 영화는 먼 미래의 관객이 아니라 당장 오늘 이 영화를 볼 당대의 관객을 위해 존재하기 때문이죠. 따라서 1950년대의 시선에서 영화를 이해할 필요가 있습니다. 당시의 사회 분위기상 공주와 서민의 사랑은 이루어지는 것보다 헤어지는 쪽이 합리적입니다. 물론 절정 지점에서는 키스하며 마음을 나누지만 이는 헤어짐을 위한 장치입니다.

《로마의 휴일》을 리메이크한다면요?

결말은 해피엔딩이 될 확률이 높습니다. 2000년대 초반 한국 영화에는 주인공이 불치의 병으로 죽는 최루성 영화가 제법 있었습니다. 대표적으로 《선물》과 《국화꽃 향기》(2003)가 있죠. 또 새드 엔딩이지만 사랑의 추억을 회상하는 것만으로도 관객에게 만족을 안겼던 《봄날은 간다》(2001)도 있었습니다. 그로부터 한 세대가 지났습니다. 사람들은 자신의 감정에 보다 솔직해졌습니다. 사랑에 있어서도 나를 최우선에 둡니다. 헤어진 연인의 행복을 위해 자신을 희생하지 않습니다. 모든 영화가 행복한 결말이어야 한다는 의미는 아닙니다. 다만 관객 대부분이 이를 바란다는 점은 분명합니다.

보통의 사람은 사는 것 자체가 힘듭니다. 즐거운 일이 별로 없습니다. 몸을 뉘일 수 있는 방 한 칸, 저축이 가능한 정도의 월급, 일주일에 한 번은 괜찮은 식당에서 외식할 수 있을 정도의 여유를 바라죠. 그만큼 모든 게 불안합니다. 일상의 팍팍함 때문에 영화나 드라마가 행복한 결말을 맺기를 간절하게 바랍니다. 작가는 이런 독자, 관객의 마음을 진심으로 이해해야 하고요.

셋째는 적대자의 종류입니다. 《로마의 휴일》의 중간점, 미드 포인트를 지탱하는 것은 필름 카메라의 부재입니다. 요즘은 모든 사람이 24시간 손에 쥐고 있는 핸드폰으로 머리를 짧게 자르고 있는 공주의 모습을 손쉽게 촬영할 수 있습니다. 하지만 컬러 영화도 없던 시절에 공주의 모습을 바로 담을 수 있는 필름 카메라가 없다는 사실은 굉장한 문제였습니다. 그야말로 특종인데, 이를 증명할 카메라가 없다! 생각만 해도 답답하죠.

오늘날에도 멜로 영화의 중간점에 이처럼 단순한 적대자, 상황을 배치할 수 있을까요?

단순한 적대자, 상황으로는 스토리를 지탱하기가 어렵습니다. 이렇게 생각해 보세요. 현재 여러분의 사랑을 방해하는 장애물은 무엇인가요? 1950년대의 남녀가 사랑할 때 겪는 어려움과 지금의 여러분이 사랑할 때 겪는 어려움이 같을까요? 아닐 겁니다. 여러분이 쓰는 멜로 스토리에서는 적대자의 종류와 중간점이 과거와 달라야 합니다.

1950년대에 만들어진 《로마의 휴일》로 멜로 영화의 올드 버전을 살펴봤습니다. 50여 년의 세월을 뛰어넘어 이번에는 《노팅 힐》을 통해 멜로 영화의 서사 구조가 어떻게 변했는지 보겠습니다.

《노팅 힐》

로저 미첼 감독의 《노팅 힐》은 유명 영화배우인 안나 스콧과 평범한 서점 주인인 윌리엄 데커의 사랑 이야기입니다. 눈치 빠른 독자라면 왜 《로마의 휴일》과 《노팅 힐》을 함께 설명하는지 금방 알아챘을 겁니다. 아직 잘 모르겠다면 힌트를 드리겠습니다. 바로 《귀여운 여인》(1990)입니다!

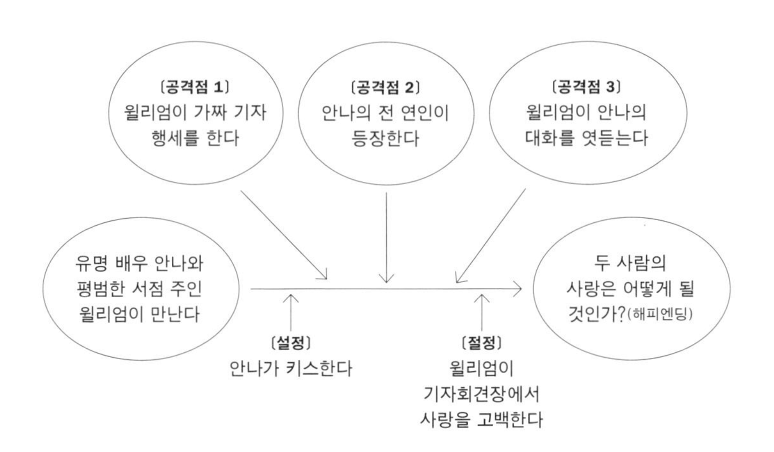

《노팅 힐》의 구조는 멜로의 기본 공식과 거의 같습니다. 1막에서 남녀가 만나고, 2-1막에서 사랑이 깊어지고, 미드 포인트에서 적대자(안나의 전 남자친구)가 나타나 갈등하면서 두 사람이 잠시 헤어지고, 마지막에 고백하면서 해피엔딩! 이것이 멜로 영화입니다. 이 공식을 벗어나는 영화는 멜로가 아니라고 봐야겠죠. 같은 장르는 같은 구조입니다.

《로마의 휴일》과 《노팅 힐》의 구조 비교

이제 《로마의 휴일》과 《노팅 힐》의 닮은 점이 보이나요? 비슷한 점이 많죠. 우리가 쓰는 이야기들은 보통 우리 머릿속에 떠오른 생각들을 글로 옮긴 오리지널 스토리입니다. 그런데 어떤 면에서는 완전한 오리지널이 아닐 수도 있습니다. 표절이라는 의미는 아니고요. 모든 창작자는 누군가로부터 영향을 받습니다. 작가가 좋아하는 드라마, 영화, 소설 등은 당연히 그의 창작 스타일, 플롯, 캐릭터 구축에 영향을 줍니다.

이 세상에 온전하게, 모든 것이 완벽하게 새로운 이야기가 존재할 수 있을까요?

이런 가정은 어떨까요? 하나, 《노팅 힐》의 시나리오 작가 리처드 커티스(《네 번의 결혼식과 한 번의 장례식》[1994], 《브리짓 존스의 일기》[2001], 《러브 액츄얼리》[2003]의 작가)는 《로마의 휴일》의 팬이었습니다. 자신도 언젠가 이런 부류의 시나리오를 써 봐야겠다고 생각했습니다. 둘, 1950년대의 공주와 같은 존재는 현재의 스타니까 유명 여자 영화배우와 일반인의 사랑을 그려야겠다고 떠올리고 아이디어를 확장시켜 나갑니다. 멜로의 대가답게 그는 《로마의 휴일》의 플롯 분석부터 했습니다. 같은 장르는 같은 뼈를 갖고 있다는 사실도 잘 알고 있었죠. 하지만 스토리의 뼈를 발라 보니 중간점의 적대자와 영화의 엔딩이 걸렸습니다. 《로마의 휴일》의 중간점에 위치한 '필름 카메라의 부재'는 현대 사회에서는 강력한 적대자로 기능하지 못하는데다 비극으로 끝나는 결말에 어느 투자자가 지갑을 열까 고민도 들었습니다. 그래서 두 곳을 수정합니다. 중간점에는 멜로의 전형적인 적대자인 여자 주인공의 전 연인을 배치하고, 결말은 해피엔딩으로 바꾸었죠.

다시 《로마의 휴일》의 플롯을 들여다보니 스토리 전체를 수정하지 않고 부분 수정만으로 가능하겠다는 깨달음이 왔습니다. 《로마의 휴일》의 첫 장면에서 사람들이 앤에게 "앤 공주님!"이라고 소리치는 장면을 《노팅 힐》에서는 사람들이 안나에게 "안나!, 안나 스콧!"이라고 소리치는 것으로 수정했습니다. 그리고 《로마의 휴일》의 기자회견장에서 끝내 두 사람이 결별하는 결말을 《노팅 힐》의 기자회견장에서는 사랑이 이루어지는 것으로 바꾸었습니다.

스토리의 처음과 끝이 정리되었으니, 다른 부분의 수정도 시작합니다. 《로마의 휴일》의 남자 주인공의 직업은 기자입니다. 기자가 기자회견장에 가는 건 너무나 자연스럽죠. 《노팅 힐》의 남자 주인공은 서점에서 일합니다. '기자회견장'에서의 엔딩을 만들어야 한다면 장치가 필요합니다. 그래서 남자 주인공을 가짜 기자로 만들었습니다. 이에 맞춰 왼쪽 날개인 공격점 1에 관련 설정을 첨가하고요. 공격점 1에서 남자 주인공이 가짜 기자 신분으로 인터뷰를 진행하게 합니다. 절정에서는 기자회견장으로 달려간 남자 주인공이 가짜 기자 신분으로 안나에게 질문합니다. 그리고 해피엔딩!

마지막으로 미드 포인트에서는 멜로 영화의 공식 적대자인 여자 주인공의 전 연인을 갑자기 등장시킵니다. 플롯의 삼각형 이론상 중간점에 가장 강력한 적대자가 등장하니 그의 신분도 역시 스타입니다. 남자 주인공이 여자 주인공과의 신분 차이를 한 번 더 깨달아야 하니까요. 스타 커플과 평범한 서점 주인. 미드 포인트에 신분 격차라는 장애물을 놓습니다.

이런 과정을 겪어《로마의 휴일》이《노팅 힐》이 된 게 아닐까요?《로마의 휴일》과《노팅 힐》의 구조를 함께 살펴보죠.

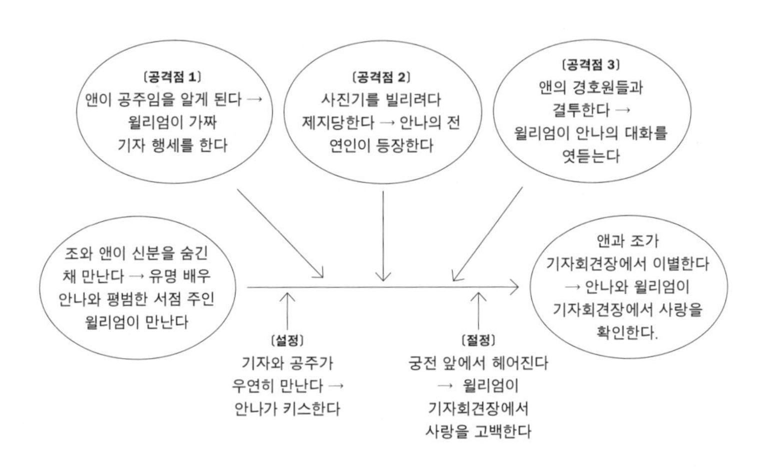

이토록 세세하게 두 영화를 비교 분석하는 이유는 다음과 같습니다. 여러분이 고전 영화를 보다가 너무 마음에 드는 작품을 발견했습니다. 작가로서 이 영화를 현재 시점으로 각색하고 싶다는 욕심이 들었습니다. 해당 작품이 오늘날에도 곧장 적용 가능한 플롯을 갖고 있다면 당연히 리메이크 판권을 사야 합니다. 다행히도 그런 경우는 드뭅니다. 거의 모든 옛날 영화는 그 시대에 맞는 플롯을 갖고 있으니까요. 이때 먼저 그 영화의 스토리를 세밀하게 분석해 보세요. 그다음 현대식으로 재구성할 수 있는지, 다양한 형태로 변형시켜 보세요. 여러 궁리 끝에 현대적인 새로운 이야기로 바꿀 수 있겠다는 확신이 들면 과감하게 플롯을 변형해서 재구성해 보기 바랍니다. 물론 어떻게 변형해도 원작 영화의 플롯을 벗어날 수 없다면 그때는 판권을 구매하고요.
《로마의 휴일》과 《노팅 힐》처럼 새로운 느낌의 다른 영화로 느껴진다면 과감하게 수정해 봤으면 합니다. 같은 선수로 구성된 열한 명의 축구 팀도 감독에 따라, 포지션에 따라 전혀 다른 팀이 될 수 있는 것과 같은 이치입니다. 시나리오 구조를 새롭게 재배열할 수 있다면 같은 소재라도 전혀 다른 이야기입니다.

플롯을 공부하면 할수록 새로운 아이템을 얻을 가능성이 높다.

앞으로 장르의 특성을 설명함에 있어, 유사한 두 영화를 한데 묶어서 설명하겠습니다. 두 작품을 비교하면서 유사성과 차이점을 알아보고, 두 작품을 관통하는 장르의 특성을 살펴보겠습니다. 예로 드는 두 영화 중 한 작품이 다른 작품을 표절했다는 의미는 절대 아닙니다. 같은 장르라는 점을 설명하고 싶은 겁니다. 반복해서 말하지만 모든 고등어는 크기나 모양이 달라도 같은 형태의 뼈를 가집니다. 그 공통된 구조를 체득하는 게 이번 장의 목표입니다.
창작자는 세상에 존재하는 모든 스토리의 형태를 잘 알고 있어야 합니다. 나의 글이 다른 사람의 글과 비슷하다는 억울한 피해를 당하지 않기 위해서도요. 표절 혐의에 당당히 대응할 수 있으려면 플롯을 완벽하게 공부해야 합니다. 그리고 앞으로 새로운 글을 쓰기 위해서는 과거부터 지금까지 세상에 나온 스토리의 내부 형식과 구조를 완벽하게 알고 있어야 합니다.

《8월의 크리스마스》 vs. 《봄날은 간다》

허진호 감독의 영화들인 《8월의 크리스마스》(1998)와 《봄날은 간다》를 통해 서사의 깊이를 논하고자 합니다. 마니아가 많기로 유명하죠. 시나리오 강의 때 수강생들에게 두 영화 중 어느 영화가 더 좋으냐고 몇 번 질문한 적이 있습니다. 대부분 《8월의 크리스마스》라고 답했는데요. 왜일까요? 같은 감독의, 동일한 멜로 장르인데 왜 《8월의 크리스마스》를 더 좋아하는지 자세히 살펴보고자 합니다.

《8월의 크리스마스》

정원(한석규 분)은 한적한 지방 소도시에서 '초원사진관'이라는 오래된 사진관을 운영합니다. 혼기는 꽉 차다 못해 지났지만 홀아버지를 모시고 사는 처지라 연애와는 거리가 멉니다. 사실 삶이 얼마 남지 않은 시한부 환자입니다. 치료가 불가능하기에 조용히 삶을 정리하는 중이죠. 그러던 어느 날 그의 삶에 주차 단속원 다림(심은하 분)이 끼어듭니다. 밝은 다림의 모습에 정원도 마음이 끌리고, 두 사람의 마음이 깊어질수록 정원은 점점 죽음과 가까워집니다.

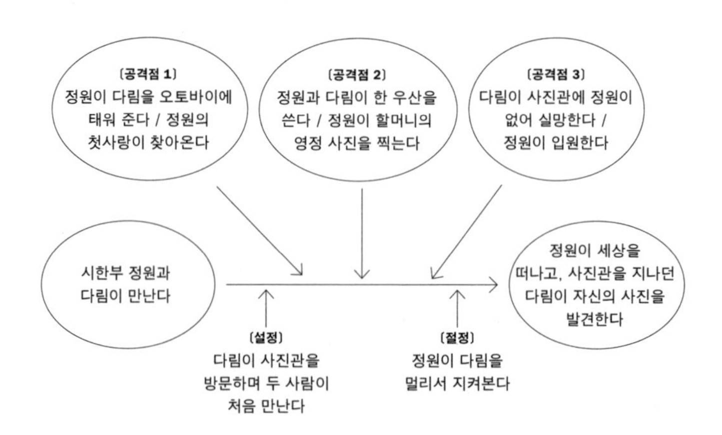

표면 서사는 두 주인공인 정원과 다림이 만나고, 친해지고, 어려움을 겪고, 헤어지고, 다시 만나는 멜로 장르의 외피 그대로입니다. 세밀하게 살펴야 할 곳은 중간점과 절정입니다. 스토리의 중간점을 잘 보세요. 멜로 장르의 중간점은 남자 주인공(혹은 여자 주인공)의 전 연인 혹은 부모가 등장하여 두 사람의 사랑을 방해하는 지점입니다. 《8월의 크리스마스》에는 '다림의 남자'나 '정원의 여자'가 등장하지 않습니다. 적대자는 정원의 얼마 남지 않은 삶입니다. 여타의 멜로 영화와 다른 부분입니다.

절정은 어떤가요? 정원이 창문 너머로 다림을 쳐다봅니다. 두 사람이 직접적으로 만나지는 못하지만 한 공간에 있습니다. 감독은 관객이 정원의 시선으로 다림을 쳐다보게 만드는 클라이맥스를 보여 줍니다. 일반적인 멜로 영화의 절정 스타일은 아니어도 멜로 장르의 형태와는 유사합니다.

이 두 지점을 다른 멜로 영화들과 비교해 보세요. 점점 의아한 느낌이 들 겁니다. 앞서 '플롯의 삼각형'을 설명할 때 설정, 절정, 중간점의 세 곳은 스토리에서 가장 중요한 척추와 같다고 했습니다.

설정과 절정이 멜로인데, 중간점에 죽음이 존재할 수 있을까요?

《8월의 크리스마스》는 멜로 영화가 아닙니다.

— 남녀가 만나 우여곡절 끝에 사랑을 이룬다.
— 평범한 일상을 보내던 사람에게 일상을 뒤흔드는 사건이 발생한다.

이 두 문장의 차이는 무엇일까요? 위는 '멜로'를, 아래는 '휴먼 드라마'의 스토리를 설명하는 표현입니다. 《8월의 크리스마스》는 표면적으로는 멜로의 외피를 쓰고 있지만 심층적으로 분석하면 휴먼 드라마입니다. 감독의 처음 의도도 순수한 멜로물은 아니었던 것 같습니다. 인터뷰에서 이렇게 말했거든요.

> "사실 죽음에 관련된 이야기를 하고 싶었는데, 그러면 영화가 만들어질 수 없을 것 같아 스토리에 형식적으로 멜로라는 외피를 씌웠다."

이를 근거로 멜로 서사를 지우고, 정원의 상황에 따른 스토리만 정리했습니다.

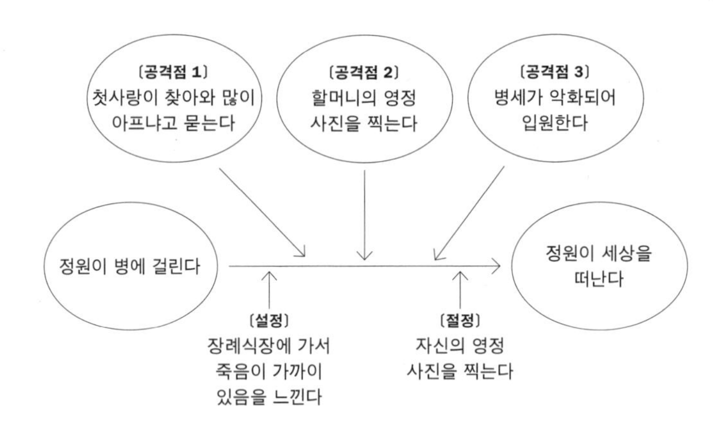

정원에만 집중하면, 한 남자의 죽음을 찬찬히 따라가는 예술 영화 계열의 스토리임을 발견할 수 있습니다. 죽음을 앞둔 정원은 지인의 장례식장을 방문하여 자신의 삶도 얼마 남지 않았음을 인식합니다. 또 사진관을 방문한 한 할머니의 영정 사진을 찍으면서 자신의 죽음을 예감하죠. 시간이 지남에 따라 병세가 나빠져 입원까지 합니다. 마지막에는 자신의 영정 사진을 스스로 촬영하고 마침내 세상에서 사라집니다. 이것이《8월의 크리스마스》의 메인 스토리입니다.
근거는 1막 끝과 엔딩의 내레이션으로 나타납니다. 1막 끝에서 버스에서 내린 정원의 내레이션은 이렇습니다.

> 사랑도 언젠가는 추억으로 그친다.

엔딩 내레이션은 다음과 같습니다.

> 사랑도 언젠가는 추억으로 그친다는 것을 나는 알고 있었습니다. 하지만 당신만은 추억이 되지 않았습니다. 사랑을 간직한 채 떠날 수 있게 해 준 당신께 고맙다는 말을 남깁니다.

영화의 내적 구성과 영화 속의 내레이션, 그리고 감독 인터뷰를 복합적으로 살펴보면 좋겠습니다. 이 영화는 표면적으로 정원과 다림의 '사랑'을 세밀하게 그리고 있지만 작가가 심층적으로, 진짜 하고 싶은 이야기는 '죽음'과 '사라짐'입니다. 정원의 내레이션처럼 말이죠.

《봄날은 간다》

《봄날은 간다》는 어느 겨울, 사운드 엔지니어 상우(유지태 분)가 지방 방송국의 라디오 PD인 은수(이영애 분)를 만나면서 벌어지는 이야기입니다. 역시 표면 서사는 전형적인 멜로 스토리를 따릅니다. 설정에서 만나고, 1막 끝에서 처음 키스하고, 중간에 위기가 오면서 적대자 기능을 하는 다른 남자가 등장합니다. 두 사람은 2-2막 끝에서 헤어지고 절정에서 다시 만나지만 포옹이나 키스는 하지 않습니다. 《500일의 썸머》처럼 이루어지지 않는 멜로 스토리의 전형을 담는 구조입니다.

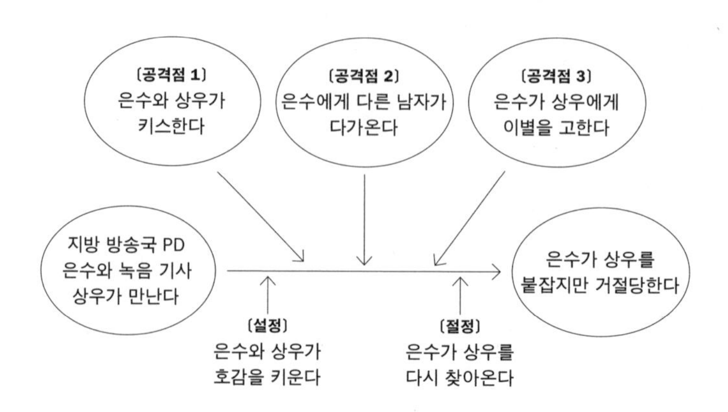

다만 《봄날은 간다》는 《8월의 크리스마스》처럼 또 다른 서사의 층위가 보이지 않습니다. 치매에 걸린 상우의 할머니는 《8월의 크리스마스》의 정원과 비슷한 역할을 하지만 그녀의 역할은 '봄날은 간다'라는 제목에는 공조할 수 있어도 메인 서사를 놓고 봤을 때는 약합니다. 또 《8월의 크리스마스》는 남자 주인공인 정원이 죽음을 맞지만 상우의 할머니는 조연이라 죽음을 맞이해도 빈자리가 크지 않거든요.

둘 다 잘 만들어진 영화임에는 틀림없습니다. 다만 표면적으로는 비슷해도 심층적으로는 이처럼 다른 구조를 가지고 있습니다. 《8월의 크리스마스》는 휴먼 드라마이고 《봄날은 간다》는 멜로입니다. 멜로의 기본 형식에 대한 이야기는 마치고, 이번에는 멜로 장르의 변형 버전을 보겠습니다.

《500일의 썸머》 vs. 《건축학개론》

앞에서 멜로 장르의 기본 형식을 정리했다면 지금부터는 일반적인 멜로 공식과는 다른 형태의 작품을 보면서 심화 단계로 진입하겠습니다. 우리가 살펴볼 영화는 《500일의 썸머》와 《건축학개론》입니다.

《500일의 썸머》

운명적인 사랑을 기다리는 순수 청년 톰(조셉 고든 레빗 분)과 구속받기 싫어하는 자유로운 여자 썸머(주이 디샤넬 분)가 만나 벌어지는 이야기입니다. 두 사람이 친구도 애인도 아닌 애매모호한 관계를 지속하면서 일어나는 다양한 사건을 담습니다. 2009년에 제작된 영화지만 여전히 큰 사랑을 받고 있죠.
영화는 '500일'이라는 기간 동안 두 주인공인 썸머와 톰이 만나고 헤어지는 과정을 시간의 순서가 아니라 시간을 오가며 서술하는, 구조적으로 굉장히 독특한 영화입니다. 《건축학개론》과 함께 묶은 이유가 이것입니다. 《500일의 썸머》는 시간을 오가며 전개되고, 《건축학개론》은 현재와 과거의 시간이 병행되면서 앞으로 향하기 때문입니다. 스토리 전개에서 시간의 변형과 병행을 살펴보자는 말입니다. 두 영화의 전개 방식을 유심히 보세요.

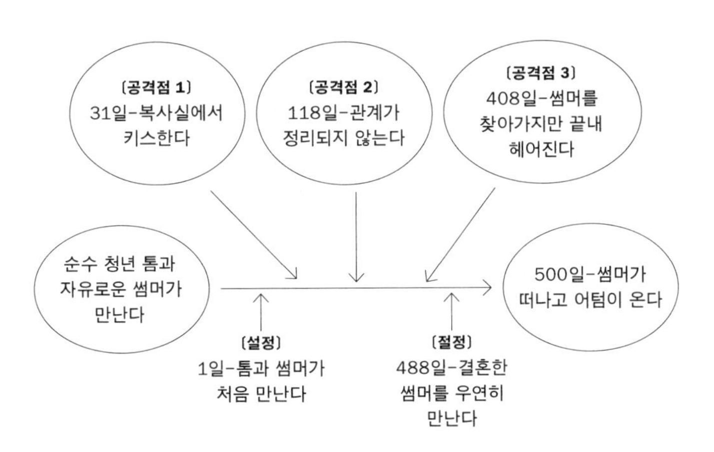

《500일의 썸머》의 내부 구조를 보면 《봄날은 간다》처럼 비극 멜로의 전형을 따르고 있음을 알 수 있죠. 플롯의 위치와 구성 요소로만 보면 거의 같습니다. 시간을 오가며 전개되는 형식은 독특하지만 스토리의 살을 발라내고 뼈를 정리하면 멜로 장르의 기초 요소들이 있어야 할 자리에 설정과 절정이 제대로 위치했음을 발견할 수 있습니다.
날짜를 앞뒤로 오가며 전개되는 복잡한 구성이지만 우리가 《500일의 썸머》를 보면서 무리 없이 스토리를 따라갈 수 있는 이유는 기본 구성 요소들이 제 위치에 배치되어 있기 때문입니다. 이야기가 표면적으로 아무리 산만해도 밑바닥에 기본 요소들만 안정적으로 배치되면 서사가 흔들리지 않습니다. 그만큼 심층 요소들의 위치 배열이 중요합니다. 바람이 심하게 불어도, 텐트 바닥의 기본 위치에 팩을 깊숙이 안정적으로 박으면 텐트는 흔들리지 않죠. 스토리의 기본 요소들은 텐트 팩 같은 역할을 합니다.

《건축학개론》

건축가 승민에게 대학 시절의 첫사랑 서연이 찾아옵니다. 《500일의 썸머》가 시간을 앞뒤로 오가면서 진행되는 '전후 변형 버전'이라면 《건축학개론》은 현재 서사와 과거 서사가 동시에 진행되는 '교차 병행 버전'입니다. 시간이 변동되더라도 장르의 기본 공식과 요소가 제 위치에 있으면 이야기는 잘 유지된다고 했습니다. 《건축학개론》의 분석에서는 현재와 과거의 시제가 동시에 진행되어도 스토리가 흔들림 없이 유지되는 이유와 방법을 알아보겠습니다.
먼저 현재의 스토리를 보겠습니다.

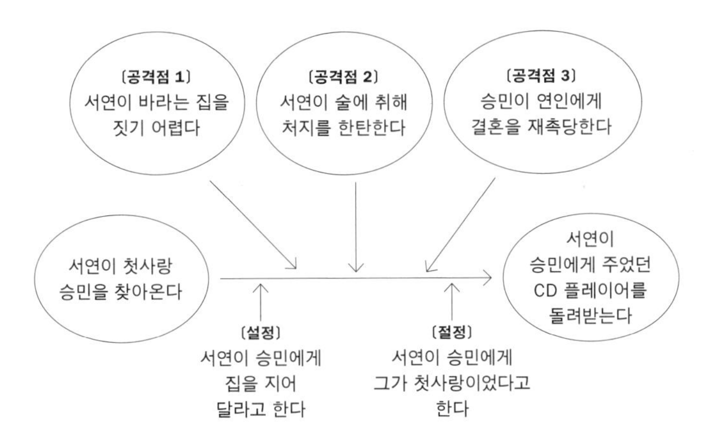

과거 스토리도 분석했습니다.

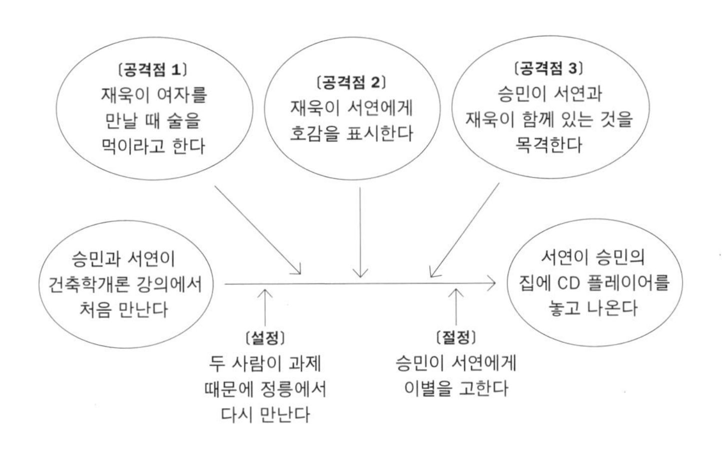

현재는 현재대로, 과거는 과거대로 장르의 규칙에 맞게 잘 정리되어 있습니다. 현재와 과거를 오가는 스토리를 구상할 때는 논리 없이 사건이 교차하면 안 됩니다. 현재는 현재대로 과거는 과거대로 사전에 정교한 구성을 해 두어야 합니다. 각각의 설계가 끝난 후에 두 시제를 합치고요.

《건축학개론》의 현재와 과거 스토리를 분리해서 각각의 디테일을 살펴보면 과거 시제는 멜로, 현재 시제는 휴먼 드라마임을 발견할 수 있습니다. 과거 시제에서 대학 신입생 승민은 건축학개론 수업에서 첫눈에 반한 서연에게 조금씩 다가갑니다. 대학생 승민과 서연의 이야기는 이루어지지 않는 멜로 서사의 전개를 보여 줍니다. 그리고 현재 시제는 서연이 승민에게 찾아와 건축 작업을 의뢰하면서 전개됩니다. 평범한 일상을 보내던 남자 주인공에게 갑자기 사건이 발생하는 휴먼 드라마의 공식을 따르죠.

두 사람의 과거는 멜로입니다. 그로 인해 생긴 현재의 드라마가 《건축학개론》 스토리의 본질입니다. 과거의 멜로와 현재의 휴먼 드라마가 서로 잘 짜여 있어서 좋은 결과를 얻었다고 생각합니다. 《8월의 크리스마스》의 외피는 멜로, 속살은 휴먼 드라마였죠? 《건축학개론》의 과거는 멜로, 현재는 휴먼 드라마입니다. 두 영화를 비교해서 살펴봐도 많은 공부가 될 겁니다.

《건축학개론》은 2012년 영화인데요. 영화 속 여러 소품(전람회 앨범 등)으로 미루어 주인공은 95학번 전후로 예상합니다. 개봉 당시 90-98학번의 숱한 남자들이 "나에게도 대학 시절 저런 X년이 있었다"라고 진술했습니다. 그 이유 또한 영화의 서사 구조에 해답이 있습니다. 스토리는 현재에서 과거를 바라보는 시선으로 구성됩니다. 관객들은 현재의 시선으로 과거의 추억을 회상했을 겁니다. 그래서 '우리 시대의 첫사랑'과 '첫사랑을 그리워하는 마음'을 모두 담은 수작이 되었습니다.

《지금 만나러 갑니다》

이장훈 감독의 《지금 만나러 갑니다》(2017)는 '런치의 여왕' 다케우치 유코가 출연한 일본 영화 《지금 만나러 갑니다》(2004)를 원작으로 합니다. 수아(손예진 분)는 비가 오는 날 돌아오겠다는 아리송한 말을 남긴 채 세상을 뜹니다. 그리고 1년의 시간이 흘렀지만 우진(소지섭 분)과 아들은 여전히 그녀의 부재에 힘들어하고요. 그러던 어느 날, 수아가 나타납니다. 한데 남편 우진은커녕 아들 지훈도 기억하지 못합니다. 어쨌든 부자는 그녀의 등장이 반갑기만 하고, 한동안 잊었던 과거의 행복을 다시 느낍니다.

대략의 줄거리를 알았으니 전체 구성을 볼까요?

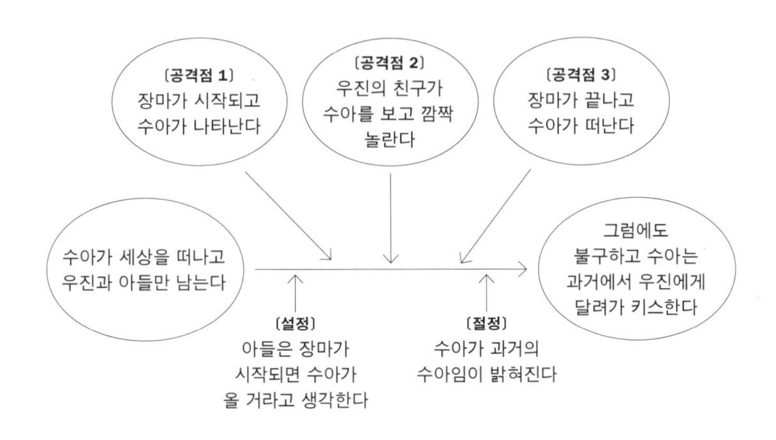

멜로의 기본 공식과 매우 다른 구조입니다. 맞습니다. 《지금 만나러 갑니다》는 장르적으로 멜로에 속하지 않습니다. 이 영화는 휴먼 드라마입니다. 공격점 1에서 수아가 나타나 공격점 3에서 사라집니다. 《수상한 그녀》(2014)에서 공격점 1에서 오말순이 소녀가 되었다가 공격점 3에서 다시 할머니가 되는 것과 같죠.

내부의 시제도 살펴봅시다. 《지금 만나러 갑니다》는 현재와 과거의 서사가 섞여 있습니다. 2-1막에서 시작되는 과거와 현재의 혼재는 《건축학개론》과는 다른 형태입니다. 1막 끝에 다시 나타난 수아는 과거 시제에서 교통사고를 당해 정신을 잃은 수아입니다. 즉 과거에서 현재로 온 것이죠. 그래서 우진과 만나 사랑하게 되고 아들까지 낳은 일은 전혀 모릅니다. 아직 그녀에게 일어나지 않은 미래의 일이니까요. 일종의 타임 슬립으로 볼 수 있는 스토리 구조를 가집니다. 여러 번 반복해서 분석하면 이 영화가 가진 스토리 구조의 탄탄함에 탄복할 겁니다. 그리고 작가가 복잡하게 과거와 현재를 뒤섞어 구성한 이유를 발견할 수 있습니다.

이 영화의 장점을 하나만 꼽으라면 단연 심층 서사입니다.《지금 만나러 갑니다》의 표면 서사와 심층 서사를 영화 제목으로 표현해 보겠습니다.

— 표면 서사: 지금 (그 남자를) 만나러 갑니다

— 심층 서사: 지금 (내가 이 사람을 만나면, 얼마 후에 내가 죽게 되는 걸 알고, 남편과 아이를 두고 혼자 저세상으로 가는 것을 알면서도, 그럼에도 불구하고 나는 그 삶을 선택했기에 이 남자를) 만나러 갑니다

저 역시 처음에는 멜로라고 생각했다 서사의 독특함을 발견하고는 깊이 감탄했습니다. 과거와 현재를 절묘하게 섞어 '지금 함께 살고 있는 가족이 제일 중요하며, 나는 다시 태어나도 이 가족을 택할 것이다'는 이야기를 담고 있어서요. 영화의 만듦새는 논하지 않겠습니다. 서사의 독특함은 충분히 특별합니다. 여러 번 분석하고 논의할 가치가 있습니다.

《8월의 크리스마스》와는 또 다른, 서사의 독특함을 가진 휴먼 드라마입니다. 사랑에 관한 이야기를 쓴다고 할 때《봄날은 간다》처럼 전형적인 멜로 구성인지 아니면《지금 만나러 갑니다》나《8월의 크리스

마스》처럼 휴먼 드라마 계열의 스토리인지를 먼저 구분해야 합니다. 우리가 살펴본 것처럼 멜로 서사와 드라마 서사는 스토리의 구성 요소와 위치가 다르니까요.

(3) 멜로 스토리 총정리

지금까지 멜로 서사의 기본 스토리 공식, 멜로 형식의 초창기와 현재, 멜로 서사의 다양한 변형, 멜로와 휴먼 드라마의 차이 등을 두루 봤습니다. 멜로는 두 사람의 '만남'과 '다시 만남'을 설정과 절정으로 배치해야 하는 장르입니다. 그리고 두 주인공의 첫 만남에서 다시 만날 때까지의 사이에는 다양하고 복잡한 과정이 존재합니다. 하지만 이 모든 것은 멜로의 공식 안에서 변형된다는 점을 잊지 마세요. 같은 장르라는 것은 같은 공식을 공유한다는 뜻입니다. 멜로 장르는 같은 형식을 공유하는 사랑 이야기들의 집합입니다.

3

휴먼

(1) 휴먼 스토리 공식

삶이 힘들거나 문제가 있는 사람에게 어느 날 커다란 사건 혹은 상황이 발생합니다. 상황 해결을 위해 노력하지만 쉽지 않죠. 하지만 끝내 해결합니다. 이 과정에서 주인공은 삶의 단면을 냉정하게 들여다보고, 깨닫고, 모르던 것을 발견하고, 결국 성장합니다. 이것이 휴먼 드라마의 공식입니다. 정확히 반을 가른 양파처럼 관객도 휴먼 드라마를 보고서는 자신의 삶의 조각들을 바라보게 됩니다. 그리고 앞으로 어떻게 살아갈지에 관한 교훈을 얻습니다.

미래는 누구도 알 수 없습니다. 휴먼 드라마의 공식은 멜로의 공식보다 정형화하기 힘듭니다. 평범한 일상을 보내던 주인공에게 예기치 않은 상황이 발생하고, 상황이 커지고, 상황을 해결하려는 과정에서 삶의 근원적인 문제점에 직면하고, 마지막 선택의 기로에 놓이고 결국에는 이야기의 시작 지점보다 성장한다는 패턴은 같습니다. 다만 휴먼

이라는 그릇에 담기는 이야기의 폭이 넓어 제대로 정리할 필요가 있습니다.

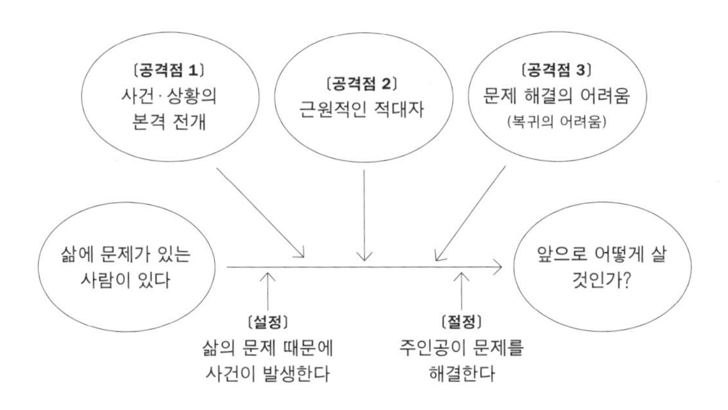

(2) 휴먼 스토리 작품 분석

《키드》 vs. 《그렇게 아버지가 된다》

찰리 채플린 감독(물론 주인공도 찰리 채플린입니다)의 《키드》(1921)와 고레에다 히로카즈 감독의 《그렇게 아버지가 된다》(2013)는 부자父子의 이야기를 다룹니다. 모두 수작이고요. 두 영화를 통해 초창기의 휴먼 드라마와 현대의 휴먼 드라마의 기본 요인은 어디가 어떻게 다른지 보겠습니다.

《키드》

부유한 화가에게 버림받은 젊은 여성이 아이를 낳습니다. 미혼모가 된 그녀는 아이를 키울 능력이 없어 고급 자동차 안에 아이를 버립니다. 부잣집에서 키워지기를 바라는 마음에서요. 그리고 도둑이 아이가 탄 자동차를 훔칩니다. 그런데 차에 예상하지 못한 아이가 있자 도둑은 아이를 쓰레기통 옆에 버리는데, 우연히 길을 지나던 찰리(찰리 채플린 분)가 아기를 발견합니다. 그 역시 아이를 키울 형편이 아니지만 아이를 버리려고 할 때마다 남들이 보게 되어 결국 자신의 낡은 아파트로 데려옵니다.

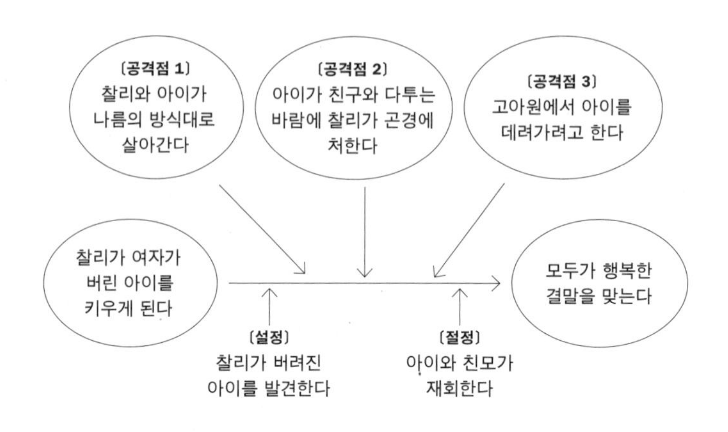

길에서 발견한 아이에게 이름을 붙여 주고 아들처럼 키우면서 부성애를 깨닫는 남자. 후반부에 아이는 극적으로 친모를 찾습니다. 불행으로 시작해서 행복으로 끝나는 해피엔딩의 전형적인 요소가 담겨 있죠. 주목할 점은 《키드》 초반 전개의 지루함과 적대자의 기능입니다. 과거의 작품을 현재의 시선에서 바라볼 때 피할 수 없는 문제이죠.

스토리의 초반 전개를 논하는 이유는 이야기의 전개 방식과 생략을 말하고 싶어서입니다. 《키드》는 찰리가 버려진 아이를 맡아 키우는 사연을 순서대로 세세히 보여 준 난 다음, '그리고 5년 후 아이가 이렇게 컸습니다'라고 알려 주는 전통적인 서사 방법을 취합니다.

옛날 중국 무협 영화에서 많이 사용했죠. 여러 무협 소설과 영화가 다음과 같이 시작되었습니다. 이야기의 시작과 함께 중원 최고의 어느 문파가 적들에게 공격받습니다. 갑작스러운 습격에 주인공의 아버지가 죽죠. 하지만 이 난리 통에도 아버지의 충성스러운 신하는 적들의 눈을 피해 집안의 적통인 갓난아기를 안고 도망칩니다. 그리고 10년이라는 세월이 지났습니다. 어느덧 총명한 소년이 된 아이는 신하를 아버지로 여기며 살고 있습니다. 평화롭던 어느 날 주인공의 존재를 알게 된 적들이 습격하고 신하는 주인공을 대신하여 칼을 맞습니다. 마지막으로 이렇게 말하죠. "공자님. 저는 공자님의 아버지가 아닙니다. 사실 공자님은 ○○가의 적통으로… 이 표식을 들고 세상으로 나가 아버님의 복수를 하십시오!" 이로써 주인공은 아버지의 복수를 위해 중원으로 나아갑니다.

요즘 영화는 이런 방식으로 스토리를 풀지 않아요!

최근 영화들은 아이가 성인이 된 이후부터 바로 보여 줍니다. 다른 이가 주인공을 맡아 키우게 된 사연은 중간점 전후에 과거 회상으로 간단하게 처리합니다. 예전과 비교하여 스토리의 전개 속도가 정말 많이 빨라졌습니다. 과거에는 글쓰기 과정을 '발단-전개-위기-절정-결말'의 5단계로 가르쳤는데요. 요즘 영화는 발단은 아예 빠지고 곧장 전개부터 시작됩니다. 그러니 글 초반부에 이야기의 근원을 너무 자세하게 설명할 필요가 없습니다. 본격적인 스토리를 진행한 다음, 호흡이 안정되고 완급을 조정할 여유가 생기는 중간점 부근에서 회상 장면이나 현실과 회상의 교차 장면으로 간단하게 처리해도 충분합니다. 이것이 요즘 스타일입니다. 찰리 채플린이 만든 《키드》는 무성 영화 시대 때 만들어졌기에 당대의 작법을 따랐고요. 그때는 이것이 정통이었습니다.

그다음으로 '적대자'와 적대자의 '위치'와 '기능'을 보겠습니다. 《키드》의 중간점은 다음과 같습니다. 찰리의 아들이 다른 아이와 싸웁니다. 그때 아들과 싸우는 아이의 형이 나타나 찰리가 곤경에 처하죠. 요즘의 시선에서는 효율적이지 않은 적대자 사용법입니다. 아이의 형과 찰리가 싸울 때, 아이의 진짜 엄마가 나타나 두 사람의 싸움을 잠시 말리기는 하지만 연결이 효과적이거나 적절해 보이지는 않습니다. 요즘 같았으면 공격점 3에 나타나는 고아원 사람들이 조금 더 빨리 중간점에 나타나 "진짜 아이 아빠가 누구인가요?" 같은 중심 질문을 던지고, 공격점 3에서 찰리가 자신이 아이의 진짜 아빠인 이유를 증명하는 스토리로 전개되었을 겁니다. 하지만 아이가 친모를 찾는다는 결말이 이미 정해져 있기에 이와 같은 변주를 주기는 힘든, 닫혀 있는 구조라고 할 수 있습니다. 당시에는 적절한 스토리 작법이었겠지만 지금과는 많이 다릅니다. '모든 것은 변한다'는 말은 시나리오 작법에도 통용됩니다.

《그렇게 아버지가 된다》

2013년에 칸 영화제 심사위원상을 수상한 고레에다 히로카즈 감독의 《그렇게 아버지가 된다》는 성공한 비즈니스맨 료타(후쿠야마 마사하루 분)가 어느 날 병원으로부터 아이가 바뀌었다는 이야기를 들으면서 시작됩니다. 《키드》가 주인공이 길에서 아이를 발견하면서 벌어지는 이야기라면 《그렇게 아버지가 된다》는 내 아이가 (아이가 태어난 병원에서) 다른 아이와 바뀌었다는 사실을 알게 되면서 벌어지는 이야기입니다.

료타는 병원의 실수로 아이가 바뀌었다는 사실을 인지하고, 지금까지 다른 가정에서 자란 친자를 마음으로부터 받아들이기 위해 노력합

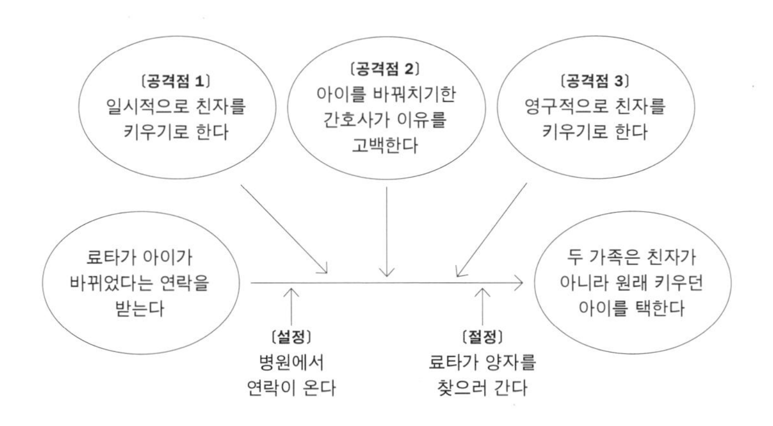

니다. 동시에 지금껏 내 아이라고 생각하며 키운 아이를 친부모가 있는 곳으로 보내는 과정도 그려집니다. 스토리의 구성은 위와 같습니다. 영화는 료타가 진짜 아버지가 되어 가는 모습을 보여 줍니다.

그러나 이는 어디까지나 표면 서사입니다. 감독은 더 깊은 이야기를 바랐고, 그래서 '아이가 뒤바뀌었다'는 눈에 잘 띄는 소재를 택했습니다. 여러 번 영화를 보고 나면 왜 감독이 제목을 '그렇게 아버지가 된다'라고 정했는지 깨닫게 됩니다. 바뀐 아이를 어떻게 해야 하는가라는 표면적인 의문을 다루지만, 그보다는 료타라는 인물로 표현된 남자가 어떻게 아버지가 되어 가는지를 담담히 따라갑니다. 뒤바뀐 아이라는 표면 서사를 잠시 걷어 내고 료타가 어떻게 아버지가 되어 가는지를 살펴보겠습니다.

료타의 행보만 놓고 보면 다음과 같은 분석이 가능합니다. 특히 공격점 1에 자리 잡은 영화 시작 31분경에 나오는 장면을 유심히 봐야 합니다. 아이가 어른들에게 총 쏘는 시늉을 할 때 료타를 제외한 모든 남자는 총에 맞아 죽는 척합니다. 굉장히 중요한 장면입니다. 미혼이거나 아이가 없다면 명심하세요. 어느 날 내 아이가 나에게 총을 쏘면 무조건 "으악" 소리 내면서 죽는 척해야 합니다. 아버지의 의무입니다. 료타는 이 의무를 저버립니다. 그러다 영화가 시작되고 1시간 46분경, 드디어 아이의 총소리에 료타가 쓰러져 죽는 척합니다. 료타라는 남자가 아버지가 된 것입니다.

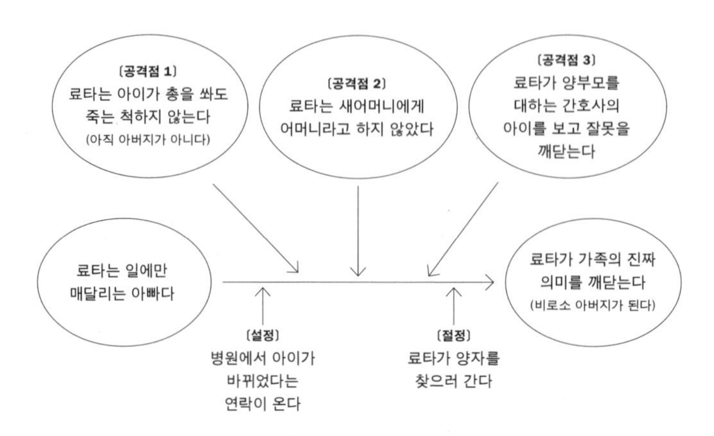

표면적인 적대자는 두 아이를 바꾼 간호사지만 심층적 의미의 적대자는 료타 자신입니다. 그는 자신을 진심으로 사랑해 준 새어머니 노부코를 어머니라고 부르지 않았습니다. 가족으로 인정하지 않았으니까요. 노부코는 말합니다.

> 피가 연결되지 않았어도 같이 살다 보면 정도 생기고 닮아 가기도 하지. 부부도 그렇잖아. 부모 자식도 그런 게 아닐까? 나는 말이야, 그런 마음으로 너희들을 키웠는데….

감독이 하고 싶었던 말은 이게 아닐까요? 이 영화의 심층 서사는 '같이 사는 사람을 가족으로 인정하고 정을 나눌 수 있는 사람만이 아버지가 된다'입니다. 표면 서사는 심층 서사를 위해 존재합니다. 표면 서사는 소재, 심층 서사는 주제입니다.

《키드》와 《그렇게 아버지가 된다》를 통해 휴먼 드라마의 고전과 현대 서사를 비교해 봤습니다. 이를 통해 스토리 전개 방식의 차이와 중간점의 기능이 다름을 이해했으면 합니다. 빠른 스토리 전개와 강력한 적대자의 등장은 오늘날의 모든 스토리에서 통용되는 원칙입니다.

글은 시대를 반영한다!

휴먼 드라마는 스토리의 공식을 통해 1차 분류할 수는 있지만 세부 과정이 멜로처럼 단순하고 획일적이지는 않습니다. 사랑은 두 사람 사이에서 일어나는 일이지만 휴먼 드라마는 모든 사람에게 일어날 수 있는 일이니까요. 구성 요소의 위치와 기능을 세밀하게 나누는 노력을 하기보다는 관객의 공감 얻기를 우선시해야 합니다. 휴먼 드라마를 준비하는 작가가 스스로에게 던져야 하는 가장 근원적인 질문은 '관객이 공감할 수 있는가?'입니다. 오늘을 살아가는 사람들이 공감할 수 있는 대사 하나, 지문 한 줄을 쓰는 데 집중하세요.

휴먼 드라마는 사람에게 사건이 생기는 표면 서사가 있고, 이 사건을 통해 사람과 사람 사이의 도덕이나 원칙, 인간이면 마땅히 지켜야 할 윤리적인 문제를 깊게 다루는 장르입니다. 오늘을 살아가는 사람의 이야기가 본질이기에 현재의 관객이 공감할 수 있어야 합니다. 이를테면 점점 관례나 형식을 따지지 않는 시대가 되어 가는데, 조상을 제대로 모시기 위해 매달 제사 지내는 가족의 이야기를 쓴다면 관객들이 공감할까요? 책상에서 글을 쓰는 것도 작가의 일이지만 세상 사람들의 관심사에 귀를 기울이는 것은 작가의 의무입니다.

《7번방의 선물》

이환경 감독의 《7번방의 선물》(2013)은 1천2백 만 관객의 눈물샘을 자극한 영화입니다. 여섯 살 지능의 딸 바보 아빠 용구(류승룡 분)는 경찰청장의 딸을 살해했다는 억울한 누명을 쓰고 교도소에 수감되는 것도 모자라 결국 사형당합니다. 긴 시간이 흐르고 성인이 된 용구의 딸 예승(박신혜 분)은 사법연수원 국민 참여 모의재판을 통해 아빠의 누명을 풀어 줍니다.

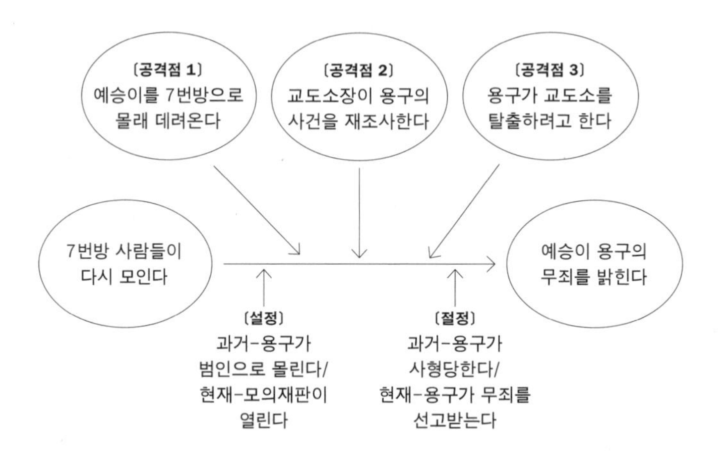

현재와 과거의 서사가 동시에 진행되는 이 영화의 표면 서사는 예승이가 국민 참여 모의재판을 통해 과거에 억울하게 사형당한 아빠 용구의 한을 풀어 준다는 것입니다. 심층 서사는 무엇일까요? 억울하게 범인으로 몰렸음에도 항변조차 할 수 없는 서민 아빠의 한이라고 할 수 있습니다.

《7번방의 선물》이 이토록 큰 인기를 얻은 이유가 이것입니다. 휴먼 드라마의 성공은 동시대 관객과의 공감에 달려 있습니다. 억울한 일을 당한 서민이 제대로 하소연할 곳이 있나요? 소시민의 쌓이고 쌓인 억울함이 2013년에 이 영화를 통해 폭발했다고 봅니다. 죽음을 목전에 둔 용구의 "살려 주세요!"라는 절규를 듣고서 눈물짓지 않은 이는 없을 거예요. 관객들은 어린 딸을 두고 억울하게 죽음을 맞는 용구의 모습에서 거친 현실을 살아가는 자신을 봤을 겁니다.

장르는 조금 달라도 류승완 감독의 《베테랑》(2015)과 이병헌 감독의 《극한직업》(2018)이 유사하다고 볼 수 있습니다. 《베테랑》에는 어린 자식 앞에서 재벌 3세에게 모욕당하는 서민 아빠가 있고, 《극한직업》에는 범인을 잡기 위해 통닭집까지 열면서 일하는 형사 아빠가 있습니다. 한쪽에는 억울하고 사는 게 힘든 서민 아빠가 있고, 반대편에는 이들을 겁박하는 요인이 존재합니다. 반드시 서민의 억울함을 담아야 한다는 법은 없지만 시대의 울분이 담긴다면 폭발력이 생기는 장르가 휴먼 드라마입니다.

《써니》

강형철 감독의 《써니》(2011)는 유쾌한 영화죠. 잘나가는 남편과 예쁜 딸을 둔 중년의 나미(유호정 분)는 여유는 있지만 어딘지 허전한 나날을 보내고 있습니다. 어느 날 어머니 병문안을 간 그녀는 여고 동창이자 학창 시절 친목 클럽 '써니'의 짱이었던 춘화(진희경 분)와 재회합니다. 벌교에서 전학 온 자신을 도와주었던 의리 넘치는 친구였죠. 의기투합한 두 사람은 써니의 남은 다섯 멤버를 찾습니다. 그리고 이 과정에서 삶에서 가장 행복했던 순간의 자신과 재회합니다.

우리는 《그렇게 아버지가 된다》를 통해 진정한 아버지가 되어 가는 주인공을, 《7번방의 선물》을 통해서는 아버지의 한을 풀어 주는 딸을 만났습니다. 그리고 《써니》에서는 삶의 고단함 때문에 잊고 산 친구를 만납니다. 안부가 궁금하지만 바쁜 일상 때문에 친구를 살피지 못하는 자신의 민낯을 마주합니다. 이 영화를 보고 나면 뜸했던 친구에게 전화하게 됩니다.《써니》는 그때는 내 인생의 전부였던 친구들과의 우정을 통해 어린 시절의 순수했던 나를 만나는 이야기입니다.

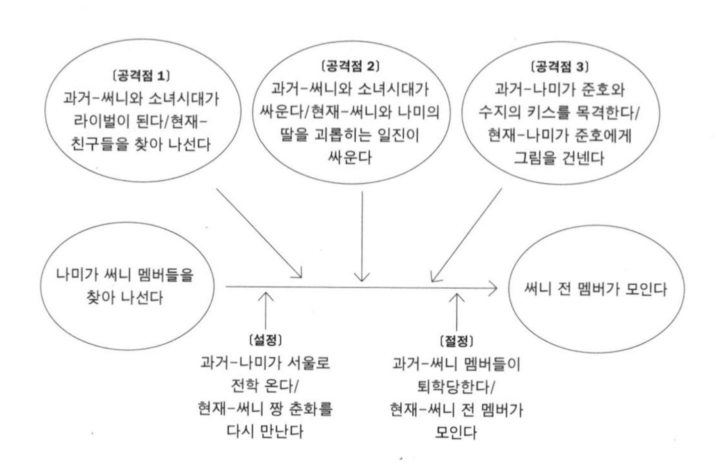

현실을 그대로 담으면 다큐멘터리죠.《써니》는 대중 상업 영화라 어느 정도 판타지가 있습니다. 일례로 춘화는 자신은 죽어 가면서도 친구들을 살뜰히 챙깁니다. 팍팍하게 사는 나는 친구들을 챙기지 못하지만 잊고 있던 부자 친구가 나에게 큰 도움을 주면 얼마나 좋을까요? 이런 바람은 판타지입니다. 휴먼 드라마는 내심 바라지만 쉽게 일어나지 않는 판타지를 가공하여 관객에게 내놓는 관객 맞춤형 스토리입니다. 삶이 점점 각박해지고 있습니다. 아이러니하게도 그 덕분에 우리는 좋은 휴먼 스토리를 얻을 수 있는 환경에 살고 있습니다.

《수상한 그녀》

《수상한 그녀》(2014)는 교수가 된 아들 자랑이 유일한 낙인 욕쟁이 칠순 할매 오말순(나문희 분)이 '청춘사진관'에서 사진 한 장 찍었다가 스무 살 오두리(심은경 분)가 되어 다시 한 번 인생의 전성기를 누린다는 내용입니다. 한국에서 좋은 성과를 얻은 것은 물론이고 일본, 중국, 태국, 베트남, 필리핀, 인도, 인도네시아 등에서도 리메이크되었습니다. 이 영화의 매력이 무엇이기에 전 세계가 이토록 열광하는지 알아볼까요?

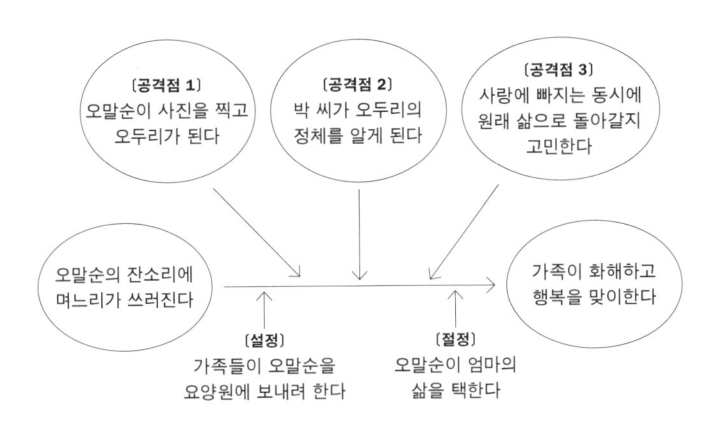

대한민국의 모든 어머니에게 통용되는 스토리가 있습니다. 자식에 대한 헌신! 가족에 대한 희생! 《써니》에 잊고 지낸 친구가 있다면 《수상한 그녀》에는 가족을 위해 모든 것을 희생하고 지금은 방전되어 버린 어머니가 있습니다. 오말순 여사가 김정호의 〈하얀 나비〉를 부르며 지나간 삶을 회상할 때, 40대 이상은 화면을 보며 통곡했습니다. 힘든 세상 속에서 나를 키워 주느라 늙어 버린 어머니의 고단한 삶을 느꼈기 때문입니다. 영화가 끝나자마자 중년 아들이 엄마에게 전화합니다.

아들: 엄마, 잘 지내시죠? 건강하시죠?

엄마: 갑자기 뭔 일이랴?

아들: 그냥… 그냥요.

엄마: 에라이, 전화비 많이 나와. 빨랑 끊어. 얼릉!

무심하게 끊었지만 엄마는 아들의 전화가 반가웠을 테고, 아들은 그동안 어머니를 챙기지 못한 자신을 자책하면서 조만간 찾아뵈어야지 했을 겁니다. 이것이 영화의 성공 요인 아닐까요? 어머니라는 절대적인 존재를 뚜렷하게 인식하게 만드니까요. 하지만 어머니에 대한 이야기를 시간 순서대로 평범하게 담았다면 큰 성공을 거두지 못했을 겁니다. '청춘사진관'이라는 장치를 넣음으로써 늙은 어머니가 젊은 여성으로 변신하는 내용을 담았기에 큰 성공을 거둘 수 있었습니다. 특히 오말순의 노년과 청년을 연기한 두 배우의 나이 차를 오십 살 가까이 벌려 두었기에 그 대비가 더욱 뚜렷했습니다.
스토리 구조에서 주의 깊게 볼 것은 공격점 1과 3의 기능입니다.

《지금 만나러 갑니다》의 구조를 기억하나요?

《지금 만나러 갑니다》와 《수상한 그녀》의 구조를 비교해 보면 도움이 됩니다. 《지금 만나러 갑니다》의 수아는 공격점 1에서 비와 함께 나타났다가 공격점 3에서 장마가 끝나면 돌아가야 합니다. 《수상한 그녀》의 오말순은 공격점 1에서 아가씨로 변신하고 공격점 3에서 할머니로 돌아갈지 고민합니다.
'변신 이야기' 혹은 시간을 오가는 '타임 리프' 스토리는 공격점 1에서 변신 혹은 시간 이동하고, 공격점 3에서 다시 변신 혹은 현재로 돌아오기 위해 노력합니다. 공격점 1에서 변화하고 공격점 3에서 되돌아오는 걸 '변신 스토리의 공식'으로 보면 됩니다. 《빽 투 더 퓨처》(1985)에서부터 《아바타》(2009)까지 다양한 작품이 있으니 두루 살펴보기 바랍니다. 그리고 이들의 공격점 1과 3을 유심히 보면서 변신 혹은 시간 이동 스토리에 관한 아이디어를 얻어 보세요.

《지금 만나러 갑니다》와 《수상한 그녀》 사이에는 또 하나의 공통점이 있습니다. 절정을 보세요. 수아는 돌아가면 죽는다는 사실을 알면서도 지금의 가족을 만나러 갑니다. 오말순은 이제는 엄마의 삶을 살라고, 현재로 돌아오지 말고 행복을 찾아 떠나라는 아들의 말에도 "난 다시 태어나도 똑같이 살 거고, 그 이유는 바로 너의 엄마로 살기 위해서다"라고 합니다.

두 영화는 형식은 다르지만 그 안에 담긴 내용은 유사합니다. 주인공은 자신을 희생하고 기꺼이 가족을 택합니다. 두 영화를 함께 틀고 플롯의 구조를 살펴보세요. 스토리의 내부 서사를 공부하는 데 많은 도움이 될 겁니다. 가족과 가족을 위한 희생을 다루는 스토리는 전 세계 어느 곳에서도 공감을 얻습니다. 그래서 《수상한 그녀》가 전 세계에서 사랑받는 게 아닐까요.

(3) 휴먼 스토리 총정리

사람이 살아가다 보면 어느 순간 꼭 어떤 일이 생깁니다. 그로 인해 우리는 삶을 배우고, 경험을 쌓고, 앞으로 어떻게 살아갈지에 관한 지혜를 얻습니다. 휴먼 드라마는 일상에서 벌어질 수 있는 다양한 사건을 보여 줍니다. 우리가 사는 사회에 대한 새로운 정보를 알게 되거나, 타인을 대하는 기본적인 자세를 얻거나 혹은 사회를 지탱하는 수많은 서민의 한을 터뜨려 줍니다. 이런 스토리를 보면서 무속으로 따지면 굿판, 종교로 따지면 회개나 참선, 심리학적으로는 카타르시스

같은 감정을 겪습니다. 그리고 다시 현재의 삶을 살죠. 다만 지금까지와는 조금 다른 시선으로요. 평온한 일상을 뒤흔든 스토리를 체험하면서 주인공이 자신의 삶에 대해 새로운 자각을 하기 때문입니다.

앞으로도 '세상사'는 끊임없이 변할 겁니다. 하지만 '인간사'에는 그리 많은 변화가 없을 겁니다. 우리를 둘러싼 환경은 급격하게 변하겠지만 그 속에 담긴 인간의 희로애락은 급격하게 변할 수 없으니까요. 휴먼 드라마를 좋아한다면 인간을 둘러싼 환경보다는 둘러싸인 환경에 적응하며 살아가는 인간을 눈여겨보세요. 그들이 힘겨워하는, 그들이 바라는, 그들이 꿈꾸는 모든 것이 휴먼 드라마의 소재가 됩니다. 어느 시대건 세상을 이겨 내며 살아가는 인간이 있습니다. 그들이 바로 여러분이 쓰게 될 이야기의 주인공입니다.

4

스포츠

(1) 스포츠 스토리 공식

이른 새벽 졸린 눈을 비비며 TV를 켭니다. 잉글랜드 프리미어 리그 경기 때문이죠. 아침에 출근해야 하지만 아랑곳하지 않습니다. 혹은 금요일에는 일이 끝나자마자 한강으로 달려가 땀에 흠뻑 젖은 채로 자정까지 농구에 열중하는 당신. 주말마다 자전거로 팔당까지 달려야 새로운 한 주를 살아갈 힘이 생기는 이들도 있죠. 그런 사람들이 공감하는 이야기가 스포츠 스토리입니다. 이 장르의 대부분은 성장 이야기입니다. 낮은 곳에 있던 누군가가 운명처럼 어떤 스포츠 종목을 만나고 깊이 빠져듭니다. 그 과정에서 주인공은 자신의 지위가 높아지고, 자존감이 단단해지는 경험을 하죠. 승패는 상관없습니다. 과정을 이겨 내고 극복하는 자체로 승자니까요. 스포츠 스토리는 어떤 서사 구조를 가지는지 공통점을 모아 봤습니다.

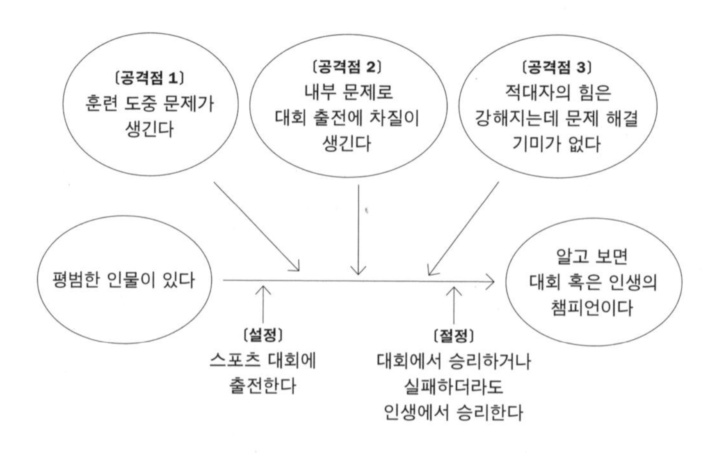

스포츠 스토리의 구조는 위와 같습니다. 특정 스포츠가 있고, 그 종목과 관련된 대회가 있습니다. 주인공은 스스로 혹은 그의 재능을 알아본 코치에 의해 해당 종목을 접하고 어느새 대회에도 참가합니다. 아무도 기대하지 않는 주인공이지만 그에게는 비범한 재능이 숨겨져 있죠. 이로 인해 예선부터 돌풍을 일으키고 승승장구하지만 내부적인 문제로 일순간 한계에 부딪치고 맙니다. 좌절하고 힘들어하던 주인공은 끝내 문제점을 해결하고 마지막 승부 혹은 결승전에 나가죠. 그리고 대회에서 승리하거나 설사 이번 대회에서 패하더라도 앞으로 인생이라는 큰 대회에서는 승리하리라는 암시를 주고 끝납니다.

스포츠 스토리를 쓰고자 한다면 이야기의 처음에는 주인공을 최대한 낮추고, 해당 스포츠를 통해 결말에는 주인공을 최대한 성장시키세요. 그것이 스포츠 스토리의 가장 중요한 뼈대입니다. 실화면 더욱 좋습니다. 많은 관객이 주인공의 이야기를 이미 알고 있으니까요.

(2) 스포츠 스토리 작품 분석

《록키》

《록키》(1976)는 왕년의 스타 실베스터 스탤론이 나오는 명작으로, 40년이 지난 지금도 끊임없이 회자되고 또 패러디되고 있습니다. 줄거리는 매우 간단합니다. 주인공 록키(실베스터 스탤론 분)는 필라델피아 뒷골목의 무명 복서입니다. 실상은 고리대금업자의 하수인 노릇을 하면서 살아가는 하류 인생이죠. 어느 날 미국 독립 200주년을 기념해 세계 복싱 챔피언이 무명의 복서에게 자신과 겨룰 수 있는 도전권을 주는 이벤트를 준비하고, 그 상대로 록키가 지목됩니다.

우리의 주인공 록키는 승리를 거둘까요?

스포츠 스토리의 전형을 담고 있는 《록키》를 소환한 이유는 스포츠 스토리에도 올드 버전이 존재하기 때문입니다. 과거의 플롯과 요즘의 포맷이 어떻게 다른지 알아보겠습니다.

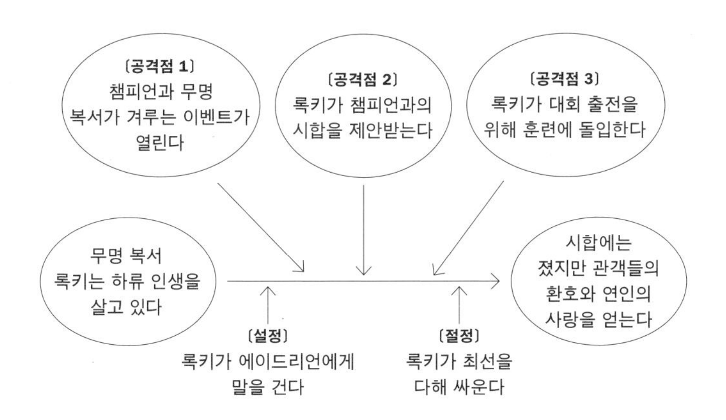

《록키》의 서사에서 확인해야 할 사항은 다음의 두 가지입니다. 첫째, 록키가 챔피언과의 한판을 위해 훈련하고 시합하는 시점입니다. 스포츠 영화의 기본 공식을 다시 살펴본 다음 이 영화의 플롯을 확인해 보세요. 이런 차이가 보입니다.

첫째, 현재의 공식으로는 공격점 1에서 훈련을 시작해야 합니다. 올드 버전 스토리인 《록키》는 서사의 3/4 지점인 공격점 3에 가서야 본격적인 훈련을 시작합니다. 그리고 현재의 공식으로는 아무리 늦어도 중간점에는 대회나 경기에 참가해야 하는데, 《록키》는 절정에서야 참가하고요.

둘째, 장르를 확인해야 합니다. 《록키》는 스포츠 영화일까요? 전형적인 스포츠 영화와는 차이가 있습니다. 주인공이 평범한 일상을 살다 갑자기 인생을 바꿀 만한 사건이 발생하는 스토리를 휴먼 드라마라고 정의했습니다. 어쩌면 이 영화는 스포츠가 아니라 휴먼 드라마일지도 모릅니다.

《록키》는 휴먼 드라마일까요?

《록키》의 설정과 절정을 다시 보기 바랍니다. 그리고 영화의 엔딩 장면도 보세요. 설정과 절정이 스토리의 장르를 결정합니다. '설정'에서 록키는 여주인공 에이드리언에게 말을 걸고, '절정'에서 에이드리언은 안타까운 눈빛으로 시합 중인 록키를 쳐다봅니다. 그리고 시합이 끝난 후 둘은 껴안으며 사랑한다고 소리칩니다. 설정, 절정, 결말만 본다면 《록키》는 멜로입니다.

도대체 《록키》는 무슨 장르일까요?

스포츠 종목을 다룬다고 반드시 스포츠 영화는 아닙니다. 《록키》는 휴먼 드라마로 봐야 합니다. 그런데 앞에서 《록키》는 스포츠 스토리의 전형이 담겨 있다고 했습니다. 대부분의 스포츠 스토리는 사실 휴먼 드라마입니다. 휴먼 드라마의 특징이 뭔가요? 일상의 변화를 일으키는 사건이 벌어진다는 것이죠. 스포츠 영화는 변화의 사건이 '스포츠' 종목인 겁니다. 다시 말하자면 휴먼 드라마의 세계 중 스포츠 종목을 다루는 분야가 있는데, 그것이 스포츠 스토리입니다.

반복해서 말하는 이유는 스포츠 종목을 정했다고 해서 스포츠 스토리의 기본이 다 정해진 것처럼 여겨서는 안 되기 때문입니다. 스포츠는 표면 서사의 소재일 뿐입니다. 시나리오를 쓰기 전에 스포츠 종목이라는 표면 소재를 뛰어넘는 심층 서사를 정해야 합니다. '나는 도대체 무슨 이야기를 하고 싶어서 ○○ 스포츠 종목으로, ○○○ 선수로 이 글을 쓰려고 하는 것인가?'를 반드시 고민해야 합니다.

사전에 내가 쓰고자 하는 이야기가 정말 쓸 만한 주제 혹은 가치를 가지는지 깊이 숙고하고, 내가 정한 스포츠 종목이 그 이야기를 하는데 적절한 종목인지도 냉철하게 따져야 합니다. 여러 번 다시 생각해도 일치한다면 그때 시작해도 늦지 않습니다.

개인적으로 좋아하는 종목이라서, 일주일에 한두 번 취미로 하다가, 어느 날 이런 선수가 있다는 이야기를 듣고, 몇 번의 수소문 끝에 당사자인 선수를 만나고, 선수의 허락을 받아 글을 쓰기 시작한다면 얼마 지나지 않아 다음과 같은 난처한 상황에 빠질 것입니다. 일단 글이 제대로 써지지 않습니다. 한데 이유를 몰라 답답합니다.

이유는 두 가지입니다. 내적인 이유는 이렇습니다. 작가가 써야 할 이야기는 특정 스포츠를 하는 선수의 이야기지 특정 종목이 아닙니다. 모든 스포츠 영화나 드라마가 특정 종목을 하는 특정 선수의 이야기를 다룬다고 반문할 수 있습니다. 맞습니다. 당연히 특정 스포츠를 하는 특정 선수의 이야기를 다루는 게 스포츠 장르입니다. 하지만 관객이 극장에서 보는 건 스포츠 중계인가요, 아니면 특정 선수의 인생 여정인가요? 스포츠 종목이 아니라 한 사람의 인생을 말하는 게 목적입니다. 주인공이 그 스포츠를 하고 있거나 했을 뿐입니다. 즉 스포츠 종목의 디테일이 아니라 주인공의 세밀한 인간사를 써야 합니다.

다음은 외적인 이유입니다. 작가가 좋아하는 스포츠 종목을 관객도 좋아하리란 법은 없습니다. 작가가 매력적이라고 느끼는 선수를 관객도 매력적으로 느끼리라 확신할 수 없습니다. 작가가 완성한 스포츠 시나리오를 투자사가 시장성이 있다고 판단할지 확실히 장담할 수 없습니다. 이야기가 세상 밖으로 나가지 못할 때, 이유는 하나입니다. 세상 밖의 사람들(관객)이 좋아하는 이야기를 써야 하는데, 작가 자신이 좋아하는 이야기를 쓰고 있기 때문이죠. 타인이 좋아할 만한 이야기인지 검증받고 시작해야 하는데, 내가 좋아하니까 모두 좋아하겠지 하는 근거 없는 확신으로 쓰기 때문입니다. '록키'라는 한 인간을 써야지 '복싱'이라는 스포츠 종목을 쓰면 안 됩니다.

스포츠 스토리는《록키》처럼 스포츠, 휴먼, 멜로가 모두 섞일 수 있는 장르입니다. 스포츠 종목을 통해 할 수 있는 이야기, 작가가 하고 싶은 이야기를 분명하게 정리하세요. 이때 단순한 인터뷰가 되지 않도록 객관적인 시선을 놓치지 않아야 합니다.

《우리 생애 최고의 순간》

임순례 감독의《우리 생애 최고의 순간》(2007)은 대한민국 여자 핸드볼 선수들의 이야기입니다. 이 영화를 보면서 작가가 핸드볼 종목과 핸드볼 선수들을 통해 무엇을 말하고자 했는지 알아보겠습니다.

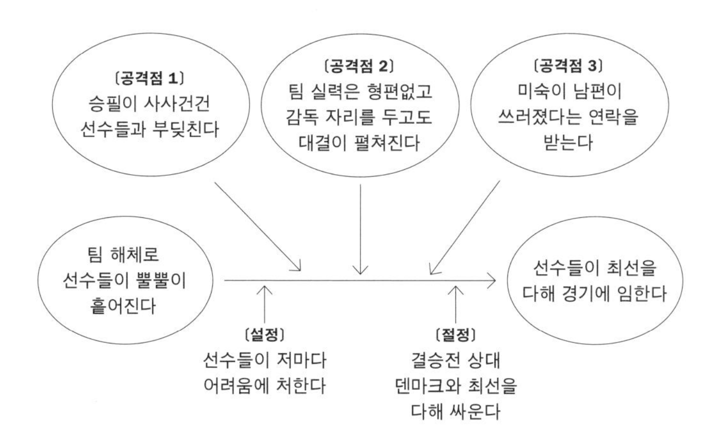

스토리의 근간은 실제 일어난 일입니다. 실화를 바탕으로 했다고 반드시 실화대로 구성할 필요는 없습니다. 물론 사실을 토대로 써야 하지만 작가만의 해석이 필요합니다. 관객은 스포츠 다큐멘터리를 바라지 않습니다. 스토리 구성에서 유의해서 봐야 할 지점은 적대자 라인입니다. '남편', '남자 감독', '남자 고등학생 핸드볼 팀' 등 남성 적대자들이 긴장도를 높입니다.

작가는 스토리를 왜 이렇게 구성했을까요?

스포츠는 소재일 뿐이라고 했습니다. 스포츠라는 소재로 어떤 이야기를 할 것인가가 작가가 풀어야 할 숙제입니다. 스포츠 종목을 파고들게 아니라 스포츠를 하는 사람, 즉 선수의 내면을 파고들어야 합니다. 《우리 생애 최고의 순간》의 내부 서사를 보면 작가는 키워드로 '아줌마'라는 단어를 잡고, 이를 세밀하게 풀어냅니다. 아줌마의 적대자는 아가씨 혹은 할머니일 수도 있죠. 다만 이렇게 되면 여자 대 여자 플롯이 되기 때문에 '여자 핸드볼 팀'이라는 소재가 가진 가치가 흔들릴 수 있습니다. 같은 성性이고 연령대만 다른 적대자는 스토리를 깊이 흔들 수 없으니까요. 그래서 주인공들의 정반대에 있는 남자를 적대자로 잡았습니다.

선수에게도 구단에게도 인정받지 못하는 감독 대행 혜경(김정은 분)의 자리를 그녀의 전 연인인 승필(엄태웅 분)이 대신합니다. 그것도 대행이 아니라 정식 감독으로요. 팀 에이스 미숙(문소리 분)의 남편은 중요한 시합을 앞두고 혼수상태에 빠집니다. 여자 국가대표 핸드볼 팀은 남자 고등학생 팀에게도 크게 질 정도로 실력도 형편없습니다. 여러 난관 속에서도 주인공들은 자신들을 괴롭히는 남자들과 맞서고 끝내 승리합니다. 스포츠 스토리의 결말에서 주인공이 반드시 승리할 필요는 없습니다. 하지만 최선은 다해야 합니다.

《우리 생애 최고의 순간》은 국가대표 여자 핸드볼 팀의 선전이라는 표면적인 소재보다는 대한민국 아줌마들 각자가 처한 상황을 심도 있게 보여 줍니다. 그리고 각자의 최선을 이야기하죠. 이것이 심층 서사입니다. 스포츠 영화 스토리는 인생이란 스포츠를 매일 짊어지고 나가는 우리들에게 앞으로 어떻게 살아갈지 질문합니다. 삶에서 반드시 최고일 필요는 없지만 최선을 다하는 자세는 필요합니다. 스포츠 영화가 필요한 이유는 바로 '삶에서 최선을 다하라!'는 메시지 때문이 아닐까요?

《국가대표》

대한민국의 동계 올림픽 유치를 위해 급조된 스키점프 국가대표 팀의 이야기를 담은 김용화 감독의 《국가대표》(2009). 이 작품도 실화를 바탕으로 했습니다.

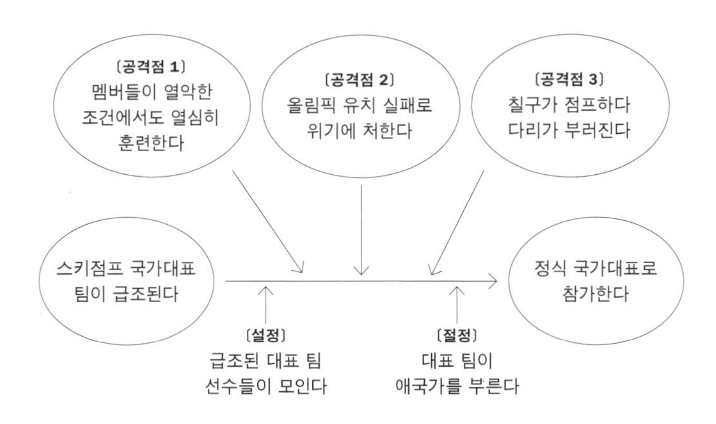

내부 서사에서 눈여겨봐야 할 지점은 어디일까요?

답을 찾고자 표면 서사부터 확인해 보겠습니다. 사회에서 제대로 자리 잡지 못한 루저들에게 우연히 스키점프 국가대표가 될 수 있는 기회가 옵니다. 이들은 팀을 만들고, 열악한 상황에서 훈련하고, 대회에 참여하지만 곧바로 해체 위기에 처하죠. 대회에 다시 참가하는 과정에서 진심으로 최선을 다한다는 내용입니다.

도표를 보면 장르 공식에 맞게 잘 배치되어 있음을 알 수 있죠. 여기서 점검해야 할 서브 서사가 하나 있습니다. 미국 입양아 밥(하정우)과 밥의 친모(이혜숙 분)의 스토리 라인입니다. 영화의 메인 캐릭터인 밥은 실존 인물이 아닙니다. 그럼에도 주인공을 맡고 있습니다.

작가는 왜 실화를 바탕으로 한 스토리에 '밥'이라는 가상의 인물을 추가했을까요?

《우리 생애 최고의 순간》에서 언급했듯 스포츠 스토리는 다큐멘터리가 아닙니다. 실재하는 소재를 갖되, 관객이 원하는 형태로 2차 가공

해야 합니다. 《우리 생애 최고의 순간》은 중요 지점마다 미숙 부부의 이야기가 등장하면서 관객들이 편하게 영화를 볼 수 있게 했습니다. 《국가대표》도 밥 모자의 교감이 스토리의 중반과 결말을 받쳐 주기 때문에 관객이 스키점프 대회를 편하게 볼 수 있습니다. 두 사람의 스토리를 중심으로 플롯을 다시 한 번 살펴보겠습니다.

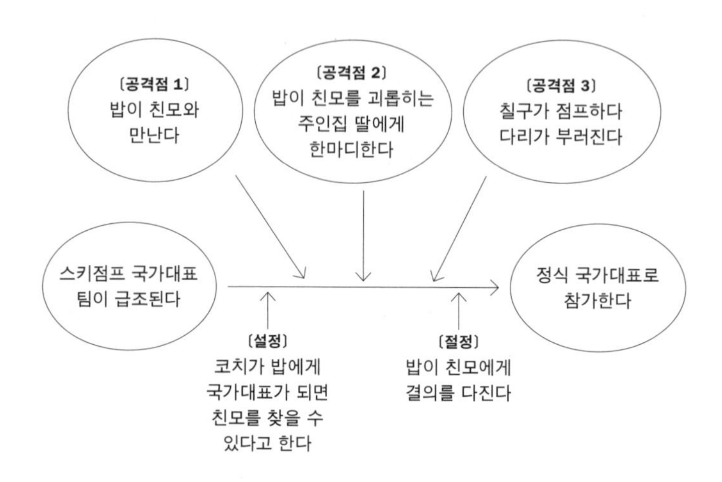

이처럼 작가가 지어 낸 밥 모자의 스토리가 전체 이야기를 지탱합니다. 공격점 3의 스키 사고를 제외하고는 모든 부분, 모든 위치에 자리 잡으며 플롯을 구성합니다.

밥 모자가 없었다면 《국가대표》 스토리가 완성될 수 있었을까요?

감히 논하자면 실화만으로는 영화화되지 못했을 겁니다. 영화는 코치가 입양아인 밥에게 "국가대표가 되면 친엄마를 찾을 수 있다!"고 설득하면서 시작됩니다. 가공의 인물들이 없었다면 코치는 누구에게 무슨 이야기를 건네며 국가대표 팀을 만들자고 했을까요? 스토리 구조의 문제점을 해결할 수 있는 가공의 인물이 투입되고서야 비로소 실타래가 풀리죠. 《국가대표》는 '실화를 바탕으로 전면 재구성'했습니다. 소재 외에는 전혀 다른 이야기죠. 시나리오는 이렇게 써야 합니다.

(3) 스포츠 스토리 총정리

한 사람이 있습니다. 루저로 보이지만 완전히 나락으로 떨어지지는 않았습니다. 아직 기회를 못 잡았을 뿐이죠. 어느 순간 기회가 옵니다. 그는 기회를 잡고 지금껏 비축해 왔던 힘을 세상에 내놓습니다. 세상 사람들은 호기심과 동시에 질시의 시선을 보내고, 경쟁자도 나타납니다. 그는 깨닫죠. '내가 그리 강한 사람은 아니었나 보다.' 하지만 가야 할 길이 보입니다. 잠시 주춤하지만 마음을 다잡습니다. 처음으로 온 기회니까요. 그는 다시 달립니다. 결과가 어떻게 되건 말이죠.

큰 틀에서 보자면 내 이야기 같지 않나요?

맞습니다. 언젠가 글을 통해 세상을 뒤엎으리라 생각하며 온종일 노트북이란 숫돌 위에 손가락이란 칼을 가는 여러분의 이야기입니다. 또한 인생에서 한 가지 정도는 성취하려고 애쓰는 이웃들의 이야기이기도 합니다. 스포츠 스토리는 우리의 이야기에 스포츠 종목을 하나 첨가했을 뿐입니다. 내가 언젠가 이루리라 꿈꾸는 그 이야기를 쓰면 됩니다. 노트북, 손가락 대신 스포츠 종목과 그것에 인생을 건 사람을 넣으세요.

《우리 생애 최고의 순간》, 《킹콩을 들다》(2009), 《글러브》(2011), 《국가대표》, 《퍼펙트 게임》(2011), 《코리아》(2012), 《슈퍼스타 감사용》(2004)의 공통점은 무엇일까요?

실화를 바탕으로 한 영화라는 점입니다. 확실히 스포츠 스토리는 실화를 좋아하는 것 같습니다. 이런 스타일의 글을 쓰고 싶다면 실화를 바탕으로 하면 좋겠죠. 대신 마음껏 각색하세요. 《우리 생애 최고의 순간》과 《국가대표》처럼 하고자 하는 이야기의 뼈대만 남겨 놓고 나머지는 모두 바꿔도 됩니다. 그러나 내가 하고자 하는 이야기가 실화에 짓눌린다면 굳이 가져올 필요는 없습니다. 완벽하게 공존할 때만이 좋은 결과를 기대할 수 있습니다.
그것이 아니라면 오리지널 스토리가 좋아요. 보통은 어떤 선수의 실화가 창작보다 우위에 있다고 생각합니다. 하지만 창작의 완결이 보장되지 않는 실화는 기회가 아니라 날카로운 덫임을 잊지 말아야 합니다. 완결될 수 있는 실화만이 가치가 있습니다.

5

공포

(1) 공포 스토리 공식

특정 존재가 사람들을 두려움에 떨게 합니다. 사람일 수도, 귀신일 수도, 초자연적 존재일 수도 있습니다. 두려움에 떠는 사람은 그가 누구(혹은 무엇)인지 알아내야 하고, 동시에 자신에게 왜 이런 일이 생기는지도 파헤쳐야 합니다. 관객은 주인공의 시선을 따라가며 주인공이 겪는 공포를 유사 체험합니다. 주인공의 공포는 스토리 끝에 해결되거나 해결되는 듯 보입니다. 영화가 끝나고 극장을 나온 관객은 안도의 한숨을 쉽니다. 왠지 뒤를 한번 돌아보고는 내게는 이런 일이 안 생겼으면 좋겠다고 기도합니다.

공포 영화는 충격과 무서움을 안깁니다. 그런데도 우리는 기꺼이 비용을 지불하고 그것을 견딥니다. 놀이공원에서 귀신의 집에 들어가 소리 지르는 행위와 비슷합니다. 사회의 근원적인 공포를 표현한 작품은 걸작으로 칭송받기도 합니다. 무의식을 건드려 인간의 밑바닥을 들여다볼 수 있게 하는 스토리, 공포 장르를 살펴보겠습니다.

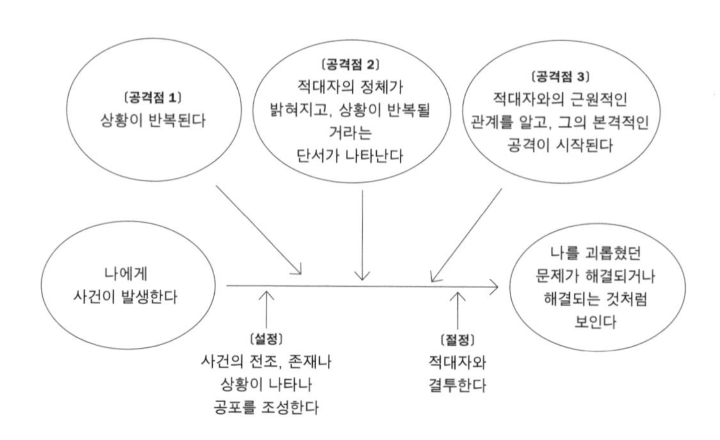

어떤 존재가 주인공을 괴롭힙니다. 처음에는 필사적으로 도망 다니다 공포의 근원을 파헤치기로 합니다. 그리고 마침내 그것의 실체를 알아내면서 상황이 해결됩니다. 다음의 영화들을 보면서 무엇이 우리를 괴롭히고 어떻게 해결하는지 알아보겠습니다.

(2) 공포 스토리 작품 분석

《오멘》

『요한 계시록』 제13장 제18절에는 이런 글귀가 나옵니다. '지혜가 여기 있으니 총명 있는 자는 그 짐승의 수를 세어 보라. 그 수는 사람의 수인 666이니라.' 여기에 영향을 받아 제작된 작품이 《오멘》(1976)입니다. 스토리는 다음과 같습니다.

쏜(그레고리 펙 분)은 태어나자마자 죽은 아들 대신 다른 아이를 데려와 친자처럼 키웁니다. 아이의 이름은 데미안. 사실 데미안은 악마의 자식입니다. 어린아이지만 데미안이 벌이는 행동은 어느 악인 못지않습니다. 설정에서 보모가 목매달아 자살하게 하고, 중간점에서는 (데미안을 죽이지 않으면 쏜의 부인이 유산한다는 신부의 예언처럼) 데미안이 유아용 자전거로 의자 위에 있던 엄마를 치어 떨어뜨립니다. 이로 인해 뱃속의 아이를 유산하게 되고요. 여러 사건으로 결국 자신의 손으로 데미안을 죽이기로 결심한 쏜은 오히려 경찰의 총에 사망합니다. 마지막에 데미안이 미소 짓는 장면은 정말 섬뜩하죠.

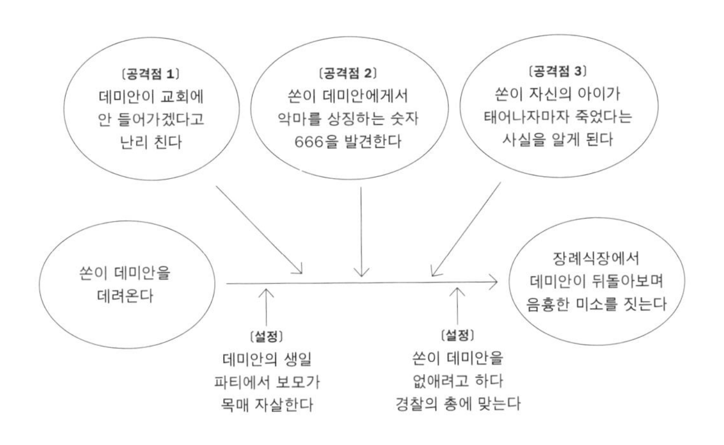

《오멘》은 공포 스토리의 전형을 보여 줍니다. 전조가 있고, 중간점에 적대자의 모습이 보이고, 근원을 추적하고, 그것과 결투를 벌이는 게 공포 스토리의 기본 구성입니다. 다음의 영화들을 보면서 공포 스토리의 특징을 보다 자세히 살펴보겠습니다.

《죠스》

《죠스》(1975)가 공포 영화라는 사실이 놀랍지 않나요? 여러 영화 매체와 평론가들이 이 영화의 장르를 공포라고 명기합니다. 반면에 초자연적인 대상(귀신)이 나와야 공포라는 고정관념도 존재합니다. 공포 장르의 다양성을 알 필요가 있습니다. 《죠스》를 통해 상어가 사람들에게 어떤 공포를 주는지 보겠습니다. 또 《오멘》과 스토리 구성상의 차이점도 살펴보고요.

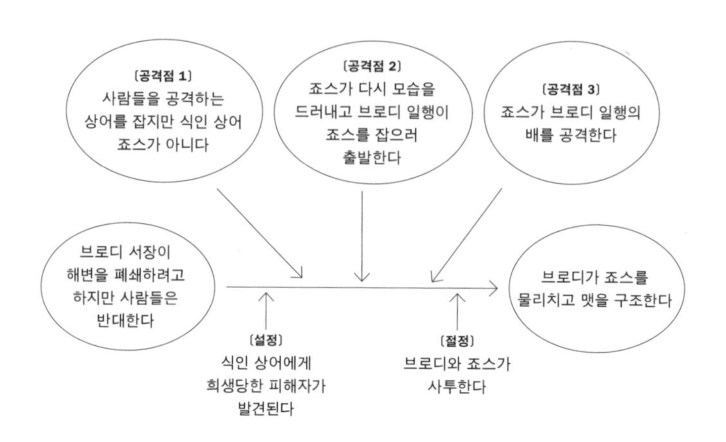

위의 도표가 말해 주듯 《죠스》는 공포 서사가 맞습니다. 공포의 전조가 있고, 계속되는 위협이 있고, 공포의 대상이 실체를 드러내고, 주인공이 이를 해결하고자 달려가고, 적(공포의 대상)이 본격적으로 공격하고, 마지막 결투와 엔딩이 나옵니다. 두 영화는 구성에 있어 큰 차이가 없습니다. 꼭 초자연적인 존재가 아니더라도 이와 같은 서사를 가지면 공포 장르라고 할 수 있습니다.

점검할 게 하나 더 있습니다. 다른 장르들은 고전과 현재 버전에 순서와 위치가 달랐습니다. 지금부터 고전 공포 버전과 현대 공포 버전의 순서와 위치에 변화가 있는지, 있다면 어떤 요소들이 변했는지, 아니면 변화가 없는지를 보겠습니다.

《여고괴담》

대한민국 공포 영화 역사에서 《여고괴담》 시리즈는 가히 기념비적인 존재입니다. 20여 년이 지나서까지 시리즈로 계속 나왔으니까요. 그 중 첫 번째 작품인 1998년에 만들어진 박기형 감독의 영화를 살펴볼 겁니다.

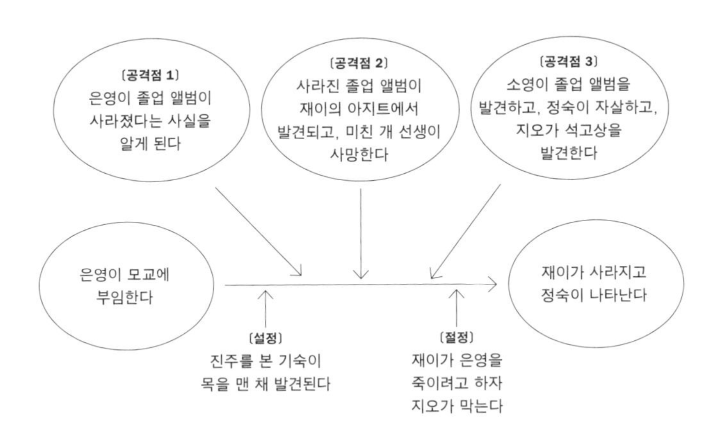

은영(이미연 분)이 모교의 신입 문학 교사로 부임하면서 이야기가 시작됩니다. 얼마 후 은영이 여고생이던 시절 그녀의 담임이었던 '늙은 여우'(별명) 기숙(이용녀 분)이 "(죽은) 진주가 아직 학교에 다니고 있어"라는 말을 남기고 의문의 죽음을 맞이합니다. 공식대로 설정에서 이야기의 전조가 시작되죠. 공격점 1에서 책상 위의 'JJ'라는 글자와 함께 은영은 1993년과 1996년도 졸업 앨범이 없다는 사실을 발견합니다. 후반부의 스토리 전개를 위한 뿌려 두기로, 《오멘》에서 데미안이 교회에 가기 싫다고 울부짖는 지점과 같은 기능을 합니다.

그다음은 중간점입니다. 적대자의 실체가 드러나고 희생자가 발생하는 지점입니다. 사라진 졸업 앨범의 위치가 나오고, 학생들을 성희롱

하던 '미친 개'(별명) 선생도 잔혹하게 살해당합니다. 공격점 3에서는 사건의 전말이 드러나고 적의 공격이 본격적으로 시작됩니다. 사라진 졸업 앨범은 모범생 소영(박진희 분)에 의해 발견되고, 은영은 과거 자신과 함께 학교를 다녔던 진주가 아직도 학교에 있다는 사실을 알게 됩니다. 한편 지오(김규리 분)는 바닥 밑에 파묻혀 있던 석고상을 발견하면서 친구 재이(최강희 분)가 진주라는 사실을 깨닫죠.

마지막으로 클라이맥스인 절정입니다. 진주(현재의 재이)는 은영을 죽이려고 합니다. 그 순간 지오가 나타나 "그만해, 재이야!"라고 소리치죠. 결국 진주는 학교를 떠납니다. 엔딩에서는 공격점 3에서 목매달아 자살한 전교 2등 정숙(윤지혜 분)이 다시 나타나 미소 짓습니다. 아마도 진주처럼 학교를 떠나지 못한 모양입니다.

《여고괴담》의 스토리 배열과 구성은 《오멘》과 《죠스》와 비교하여 큰 차이가 없어 보입니다. 전조가 있고, 전조에 이어지는 현상이 있고, 적이 실체를 드러내고, 실체의 진실이 밝혀지고, 결투를 벌이고, 스토리가 끝납니다. 《오멘》과 《죠스》 중에서는 《오멘》에 더 가까워 보이는데, 적대자의 위치와 움직임 때문에 그렇습니다.

적대자의 위치를 볼까요? 《오멘》과 《여고괴담》은 어떤 사실이 있고 그것을 밝히는 과정에서 일어나는 공포물입니다. 내부에 문제가 있고 그에 관한 진실이 밝혀지는 과정에서 공포가 발생합니다. 주인공이 속한 조직이나 위치 혹은 주인공의 내면에 균열이 발생하면서 생기는 공포입니다. 반면에 《죠스》는 외부 침입자가 있습니다. 외부의 적대자가 언제 주인공을 공격할지 모르는 불안에서 발생하는 공포입니다. 때문에 문제를 해결하기 위해서는 내부에서 외부로 나아가야 합니다.

두 번째로 적대자의 움직임을 보겠습니다. 《오멘》의 적대자는 천천히 움직입니다. 순식간에 주인공에게 다가와 곧장 직접적인 위해를 가하지 않습니다. 천천히 하나씩 사람들을 없애죠. 《죠스》의 적대자는 상어입니다. 자신의 생존을 위해 사람들을 끊임없이 먹어 치우는 괴물입니다. 공포 스토리에서 적대자의 움직임이 중요한 이유는 다른 장르와 다르게 주인공이 액션보다 리액션을 많이 하기 때문입니다. 따라서 적대자의 움직임이 빠를수록 주인공의 리액션도 빨라집니다. 《오멘》, 《여고괴담》과 《죠스》의 화면 리듬과 스토리의 속도를 비교해 보면 쉽게 이해됩니다.

공포 영화의 서사를 설계할 때는 주인공의 움직임보다 적대자의 동선을 먼저 설정하세요. 그런 의미에서 공포 영화의 실질적인 주인공은 액션을 하는 적대자입니다. 공포 영화는 표면적으로 주인공이 있지만 리액션만 맡고, 주도적인 액션은 펼치지 못하는 내적 속성 때문에 영화 역사의 초창기부터 최근까지 'B급' 장르로 취급받았다고 볼 수 있습니다.

《장화, 홍련》

김지운 감독의 《장화, 홍련》(2003)은 앞선 작품들보다 훨씬 깊은 주인공의 내면을 다룹니다. 표면 서사의 형식은 공포지만, 심층 서사는 동생을 챙기지 못한 언니의 죄책감으로 볼 수 있습니다. 이야기가 밖으로 퍼져 나가지 않고 안으로 파고듭니다. 스토리는 현재에서 시작하여 과거의 사건이 벌어진 곳에서 끝나고, 설정과 절정도 현재에서 시작하지만 과거의 진실이 클라이맥스를 장식합니다. 중간 지점도 과거 사건의 재연으로 채워집니다. 다시 말해 서사의 대부분이 수미(임수정 분)의 현재와 과거와의 싸움, 현재의 판타지와 과거의 진실과의 대립으로 이루어집니다.

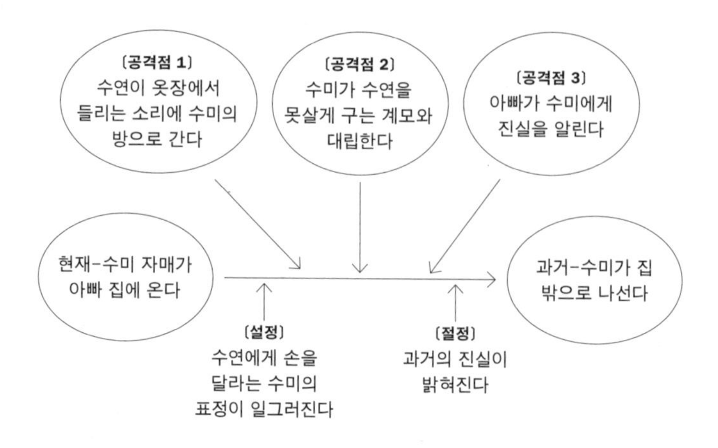

동생 수연(문근영 분)이 현재에도 곁에 있다는 수미의 판타지는 동생의 죽음을 방관했던 자신의 과거에 의해 해체되고 맙니다. 영화의 전체 서사는 수미의 생각으로 가득합니다. 이를 심리학적 기저로 분석할 필요는 없습니다. 자신이 동생을 죽게 했다고 자책하는 수미에게는 모두가 공감을 느낄 만한 지점이 있거든요. 처음에는 균질하지 못하다고 느껴지던 서사도 절정에서의 상황 설명 하나로 전부 이해할 수 있게 됩니다. 수미의 입장에서 스토리를 분석하면 다음과 같습니다.

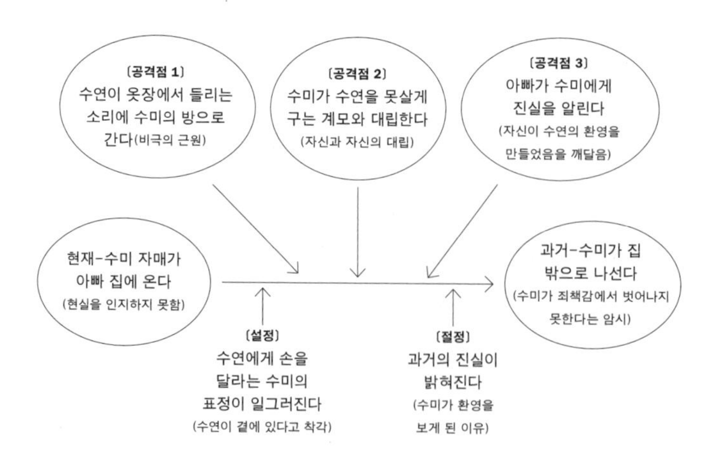

등장인물은 여러 명이지만 알고 보면 수미는 수미, 수연도 수미, 새엄마 은주(염정아 분)마저 수미입니다. 수미의 내면이 이야기하고, 자책하고, 충돌하다가 어느 순간 진실을 깨닫습니다. 영화의 표면 서사는 전형적인 공포 장르의 서사로 잘 짜여 있습니다. 1차원적으로 전체 스토리의 구성을 살펴보면 공포와 충격이 약해 보이지만 이야기가 끝나고 다시 전체 스토리를 곱씹으면 절대 약하다고 할 수 없습니다. 절정에서 보여 주는 상황 하나가 전체 스토리를 탄탄히 지배할 만큼 강하고, 디테일이 비어 보이는 곳곳을 '장화, 홍련'이라는 제목이 빈틈없이 채워 주기 때문입니다.

아마도 외국인이 스토리가 비어 있는 지점을 더 많이 발견하지 않을까요? 우리는 동명의 설화 내용을 잘 알고 있기에 '새엄마', '자매의 한' 같은 키워드만으로도 빈 곳을 알아서 채워 이해합니다. 그래서 제작진도 제목을 내용과 큰 교집합이 없는 '장화, 홍련'으로 붙였을 겁니다.

> ***공포 스토리는 한 사람의 내면의 죄의식 하나만으로도 스토리를 전개시키고, 완결시킬 수 있다.***

《장화, 홍련》에 담긴 이야기의 총량은 작을지도 모릅니다. 하지만 사람의 죄의식과 트라우마 하나만으로도 2시간을 지루하지 않게 채워 넣었습니다. 이것이 가능한 장르가 공포입니다. 공포 이외의 어떤 장르가 사람의 감정 하나만으로 전체 이야기를 풀 수 있을까요?

《곤지암》

일곱 명의 젊은이가 공포 체험 생방송을 위해 모입니다. 목표는 조회 수 100만 뷰! 곤지암 정신병원에 들어간 그들은 어떻게 되었을까요? 정범식 감독의 《곤지암》(2018)입니다.

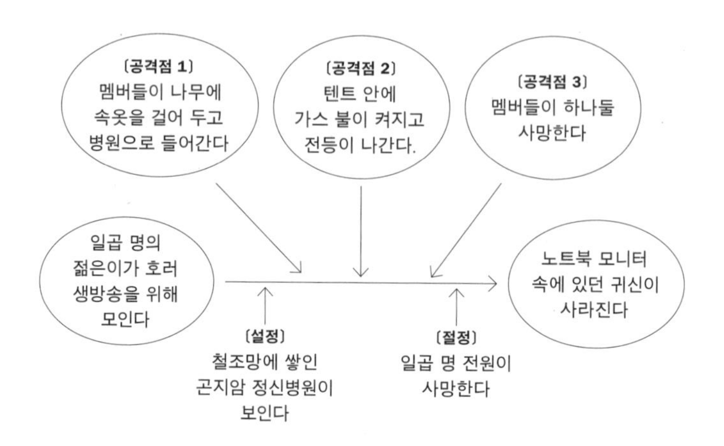

공포 장르의 최신 버전입니다. 이 영화의 구성을 보고 다음 물음에 대답해 보세요.

지금까지의 영화들과 《곤지암》의 내러티브가 다른 지점은 어디인가요? 무엇이 다른가요?

먼저 스토리를 간략하게 정리하고 생각해 봅시다. "라이브 호러 쇼 생방송을 위해 모인 일곱 명의 젊은이가 공포의 중심지로 여겨지는 곤지암 정신병원에 들어가 생방송을 한다. 그들은 그곳에서 어떻게 될 것인가?" 이 문장에서 기존 공포 영화와 다른 점을 발견할 수 있나요? 기존 호러 스토리는 주인공의 주변에서 갑자기 어떤 일이 발생했습니다. 그런데 《곤지암》의 주인공들은 스스로 공포에 뛰어듭니다.
《곤지암》의 스토리 구성을 보면 설정에서 전조 역할을 하는 것은 폐

쇄된 곤지암 정신병원이고, 공격점 1에서도 병원으로 가는 길에 발견된 흰 속옷 외에는 사건이 발생하지 않습니다. 하지만 이들이 병원으로 들어간 순간부터 전형적인 공포 스토리의 색채를 띱니다. 중간점에서 갑자기 텐트 안의 가스불이 올라오고, 곧이어 불이 꺼지고 모니터 화면도 꺼집니다. 적대자의 등장이죠. 2-2막 중반부터 영화가 끝날 때까지 각각의 인물은 하나씩 공격당하고 사라집니다. 절정에서도 너희들이 영상을 찍지 않으면 자신이 찍겠다며 달려온 대장이 처참하게 죽습니다. 영화는 지금까지 가만히 있던 노트북 모니터 속 귀신이 사라지면서 끝납니다.
이 단순한 스토리로 어떻게 260만 명 이상의 관객을 모을 수 있었을까요? 장르를 불문하고 시대와의 접점과 관객과의 공감이 가장 중요합니다. 이 영화가 좋은 결과를 얻었던 첫 번째 이유는 새로움입니다. 공포를 생중계하는 영화, 어디서 본 적 있나요? 콘셉트 자체가 같은 영화는 없습니다. (적어도 우리가 아는 영화 가운데는요.) 두 번째 이유는 '곤지암 정신병원'이라는 영화의 배경이 실제로 존재하기 때문입니다. CNN에서 선정한 세계에서 소름 끼치는 7곳의 장소 중 하나입니다. 당연히 관객들은 실재하는 장소를 떠올리게 됩니다. 이처럼 새로운 형식과 공포의 실재성은 좋은 결과의 원인으로 꼽을 만합니다.
관객들은 항상 새로운 공포를 원하고 있다는 점을 인지하세요.

(3) 공포 스토리 총정리

《오멘》부터 《곤지암》까지, 40여 년에 걸쳐 만들어진 몇몇 공포 영화를 통해 공포 스토리의 흐름을 살펴봤습니다. 언제 어느 곳에 살건 인간에게 공포는 떼려야 뗄 수 없는 존재입니다. 개인적인 공포이건 사회적인 혐오이건 우리 주위에는 터부시되는 영역이 존재합니다. 공포 장르는 작은 부분을 깊이 들여다볼 수 있는 스타일의 스토리입니다. 두려움을 불러일으키는 단어나 상황, 억울함, 복수, 한국의 한限 같은 소재 하나만 잘 잡으면 비교적 쉽게 이야기를 쓸 수 있습니다. 이런 특성 때문에 다른 영화보다 제작비도 적게 듭니다.

그런데 대부분 좋은 결과를 얻지 못합니다. 심층 서사가 없어서 그렇습니다. 《여고괴담》은 1990년대 말의 학생과 선생, 1등과 2등의 문제를 잘 다루었습니다. 심층 서사가 있습니다. "아직도 내가 네 친구로 보이니?" 이 영화의 카피는 한국의 교실 모습 그대로입니다. 20년이 훌쩍 넘은 영화 카피가 현재에도 통용됩니다. 대한민국의 교실이 경쟁이 지배하는 지옥이 아니라 친구들과 함께 웃는 천국이라고 누가 자신 있게 말할 수 있을까요?

공포 장르를 너무 좋아한다면 더욱 깊은 곳으로 들어가 자신이 생각하는 시대의 어둠을 이야기하세요. 개인적인 공포보다는 사회적인 공포를 그려야 합니다. 공포의 크기가 클수록 거기에 공감하는 관객이 늘어납니다.

6

스릴러

(1) 스릴러 스토리 공식

공포와 스릴러의 차이는 무엇일까요? 구분이 쉽지 않습니다. 혹자는 공포는 '서프라이즈surprise', 스릴러는 '서스펜스suspense'를 담는다고도 합니다. 장르 구분이 까다롭다는 말은 태생이 비슷하다는 말로 바꿀 수 있는데요. 저는 공포는 귀신이나 초자연적인 존재가 사건을 발생시키고 인간이 이를 해결해 나가는 장르, 스릴러는 한 인간이 마구 엉클어 놓은 사건의 실체를 또 다른 인간이 풀어내는 장르라고 정의합니다.

기본적인 스릴러의 서사 구조는 다음과 같습니다. 촘촘하고, 켜켜이 쌓여 있는 단서들을 하나씩 풀어 가는 재미 때문에 지적 희열을 추구하는 관객들에게 특히 인기 있죠. 대부분의 스릴러는 이러한 구성을 가집니다.

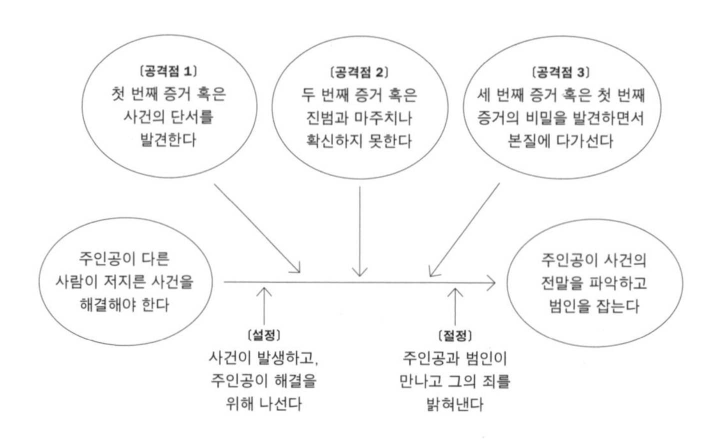

(2) 스릴러 스토리 작품 분석

《차이나타운》

로만 폴란스키 감독의 《차이나타운》(1974)은 모든 시나리오 작법서에 등장하고, 저자들이 걸작으로 칭송하는 작품입니다. 개인적인 평은 다를 수 있지만 스릴러 장르의 초기 모형으로서의 완벽함에는 모두 동의할 것입니다. 얽히고설키고 배배 꼬인 사건의 실타래를 하나씩 풀어 나가는 게 스릴러 장르입니다. 전반부에서 단서를 뿌리고, 후반부에서 정리해 나가는 구성이나 치밀함이 정말 대단합니다.

스릴러 장르 마니아든 아니든 좋은 글을 쓰고 싶다면 앞으로 최소 두 번 이상 《차이나타운》을 다시 감상할 것을 권합니다. 스릴러 장르에서는 독보적인 위치에 있는 영화이고, 다른 작가들과 대화를 나누기 위해서라도 반드시 필요합니다. 우리의 논의를 위해서도 필수이니 아직 영화를 보지 못했다면 책장을 덮고 어서 플레이 버튼을 누르세요. 품질은 1975년 아카데미 각본상이 보증합니다.

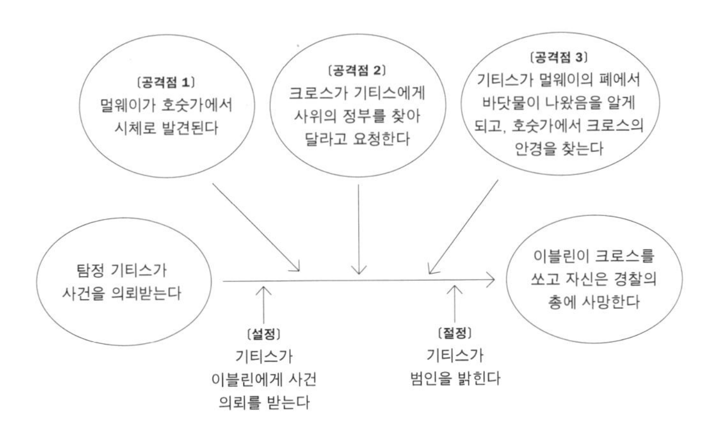

불륜 전문 탐정 제이크 기티스(잭 니콜슨 분)에게 이블린 멀웨이라는 여자가 찾아와 남편 멀웨이가 불륜을 저지르는지 알아봐 달라고 부탁합니다. 기티스는 멀웨이에게 정부가 있다는 사실을 밝혀내지만 자신을 찾아온 이는 진짜 멀웨이의 아내가 아니라는 사실도 알게 됩니다. 얼마 후 멀웨이가 살해당하고 기티스는 진짜 이블린(페이 더너웨이 분)의 아버지(크로스)에게 의혹을 품고 사건을 조사해 나갑니다.

표면적으로는 전형적인 범인 찾기 영화지만 심층적으로는 인간의 욕망과 집착을 다룹니다. 아쉽지만 세밀한 내용을 전부 말하기는 곤란합니다. 직접 보고 스스로 해석할 필요가 있기 때문이죠. 하나만 말하자면 멀웨이의 장인인 노아 크로스가 양녀인 이블린을 범하고, 이블린과의 사이에서 낳은 캐서린도 소유하려고 합니다. 이런 중요한 스포일러를 알고 봐도 새롭고 흥미진진한 영화예요.

정상인의 사고 범주에서는 이해되지 않는 내용이니 이에 대한 부분은 너무 신경 쓰지 마세요.

여기에 비즈니스 측면에서는 동업 관계인 멀웨이와 크로스의 사업 문제도 얽혀 있어서 기티스는 이에 관한 비밀도 파헤칩니다. 복잡한 스토리는 더 해석하지 않겠습니다. 스토리 안에 단서를 어떻게 뿌리고 또 해결하는지를 보면서 스릴러 장르의 기본 구성법만 체득하면 됩니다. 지금부터 소금물, 크로스, 중간점이라는 세 단어로 복잡해 보이는 《차이나타운》의 플롯을 분석하겠습니다. 먼저 죽은 멀웨이의 폐에서 발견되는 소금물이 어떻게 배치되었는지 보죠.

① 소금물

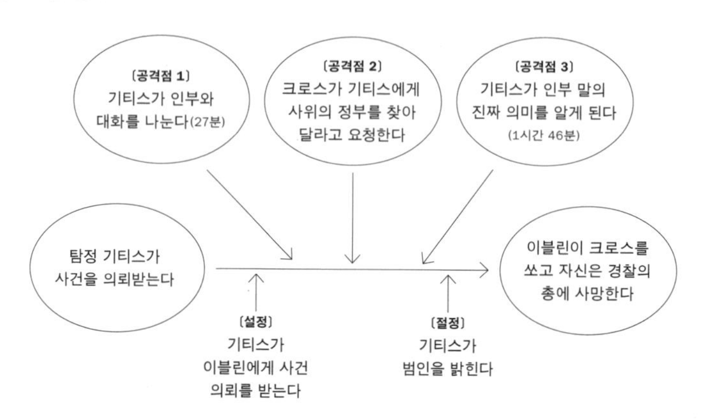

공격점 1에서 무심히 지나가는 기티스와 크로스 집안의 일꾼 사이에서 오간 대사는 공격점 3에서 결정적으로 기능합니다. 기티스가 잔디를 관리하는 인부의 "잔디에 좋지 않다"라는 말이 소금물을 의미한다는 사실을 그때서야 깨닫기 때문이죠. 그리고 멀웨이가 사망한 연못에서 크로스의 안경을 발견합니다. 소금물 연못에서 크로스의 안경이 발견되면서 사건이 극적으로 해결됩니다.

스릴러 장르는 단서들의 정교한 배치가 중요한 특징입니다. 결정적인 단서들을 전반부의 제 위치에 잘 놓아두어야 후반부에서 자연스럽게 해결할 수 있습니다.

② 크로스

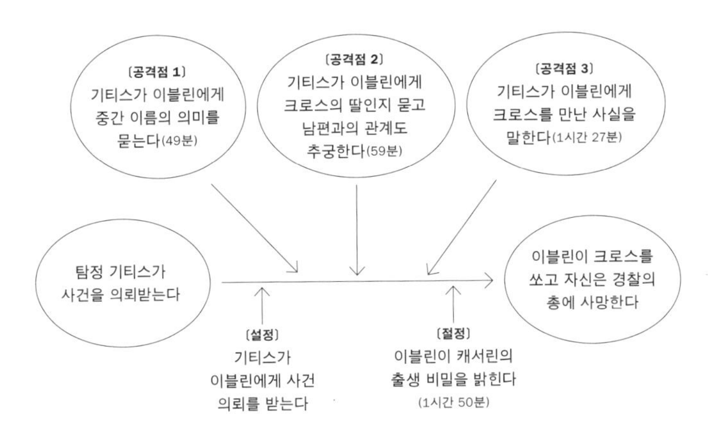

《차이나타운》을 봤다면 영화의 서사에서 '크로스 노아'라는 인물과 '아버지'라는 존재가 얼마나 중요한 비중을 차지하는지 알 것입니다. 작가는 공격점 1, 중간점, 공격점 3, 절정까지 관객이 크로스를 해석하고 스스로 사건을 해결할 수 있게 그에 관한 세부 플롯을 세심하게 배치해 두었습니다. 이를 확인하기 위해서라도 영화를 다시 한 번 감상할 필요가 있습니다.

세상에는 순수한 우연이라고 할 수 있는 게 거의 없습니다. 이 영화가 걸작이라고 칭송받는 데에는 이와 같은 정교한 사전 배치가 있기 때문입니다.

③ 중간점

《차이나타운》은 중간점에 엄청난 비밀이 숨겨져 있다거나 혹은 (표면적으로 드러나지 않는) 심층적인 적대자가 존재한다거나 하는 이야기는 아닙니다. 시드 필드의 『시나리오 워크북』에 《차이나타운》의 중간점을 설명하는 대목이 있습니다. 그런데 시드 필드의 생각과 제 생각이 확연히 달라 이 부분을 짚고 넘어가고 싶습니다. 누가 맞다, 틀리다의 문제는 아니고요. 스토리를 바라보는 시선 차이니 여러분도 함께 고민했으면 좋겠습니다.

시드 필드는 2부 12장 '중간점'에서 자신이 《차이나타운》의 중간점이 무엇이냐를 정할 때 여러 번 수정했던 과정을 설명합니다. 첫 번째는 49분 정도에 위치한 기티스와 이블린의 대화입니다.

기티스	제게 모든 걸 말하지 않으신 것 같더군요. 남편이 아닌 뭔가가 부인을 괴롭히고 있는 것 같습니다. 많이 상심한 것 같지 않고.
이블린	날 넘겨짚지 마세요.
기티스	미안합니다. 절 고소하고 남편이 죽자 곧 고소를 취하했죠. 여자는 변덕이 심하다지만 모든 게 너무 빨랐어요. 경찰에 거짓말까지 하고.
이블린	심한 건 아니었어요.
기티스	남편이 살해당했는데 돈으로 증거를 숨기는 것 같아요.
이블린	그는 살해당하지 않았어요.
기티스	멀웨이 여사께서는 뭔가 숨기고 계시네요.
이블린	그렇다고 하죠. 실은 남편의 외도를 알고 있었죠.
기티스	그걸 어떻게 아셨죠?
이블린	남편이 말했어요.

기티스　남편이 말해요? 그런데 상심조차 않으셨나요?

이블린　오히려 감사했죠.

기티스　설명이 더 필요하겠네요.

이블린　왜죠?

기티스　남편이 외도한다는데 아내가 좋아했다면 그건 내 경험과는 정반대 현상입니다.

이블린　정말 그랬다면?

기티스　부인도 외도하는 거죠, 그랬습니까?

이블린　외도라는 말이 거북하네요.

기티스　딴 남자와 관계를 가졌나요?
남편도 알고 있었습니까?

이블린　집에 와서 무엇을 했는지 제가 일일이 설명할 필요가 있나요?
또 알고 싶은 게 있나요?

기티스　사건 당시 어디 있었죠?

이블린　말할 수 없어요.

기티스　기억이 안 나나요?

이블린　말할 수 없어요.

기티스　누군가 만나고 있었죠?
오래되셨나요?

이블린　난 오래 만나지 않아요. 난 곧 싫증이 나죠.
자, 이제 나에 대해 전부 아신 셈이네요.
소문은 원치 않아요, 이전이나 지금이나.
이제 되었나요?

기티스　아! (ECM이라는 이니셜을 보며) 그런데 C는 무슨 의미죠?

이블린 크로스예요.

기티스 결혼 전의 이름인가요?

이블린 네. 왜요?

기티스 별 이유 없습니다.

이블린 이유가 있을 텐데요.

기티스 그냥 궁금했습니다.

이 신의 전체 대사를 보여 주는 데는 그만한 이유가 있습니다. 두 사람의 대사가 전반부를 지탱하기 때문입니다. 시드 필드는 처음에는 이 신을 《차이나타운》의 중간점이라고 생각했다고 합니다. 그러다 수정하죠. 위의 신 바로 다음 신인 옥외 주차장 신입니다.

기티스 저와 같이 가는 게 좋겠어요.

이블린 더 이상 할 말이 없는데요.
(주차 요원에게) 제 차를 가져오세요.

기티스 좋아요, 하지만 남편은 살해된 게 틀림없습니다.
이 가뭄에도 누가 저수지의 물을 방류하고 있습니다.
남편이 그걸 알아내자 즉시 살해한 겁니다.
이유 불명의 익사자들이 고의적으로 살해당했어요.
시의 절반가량이 그걸 숨기려 하는 건 좋은데….
난 아직도 부인이 뭔가를 숨기고 있다고 믿습니다.

이블린 기티스 씨….

기티스의 차가 멀어져 간다.

시드 필드는 이 신을 《차이나타운》의 중간점으로 수정했습니다. 그러다 갑자기 이 신도 중간점이 아님을 깨달았다고 합니다. 이유는 이렇습니다.

"그 신은 관객이 이미 아는 것을 이야기하기 때문이다."

다르게 표현하면 이렇습니다.

관객이 이미 아는 것을 표현하는 곳은 중간점이 아니다.

시드 필드가 그다음으로 생각한 중간점은 기티스가 수력발전국의 새 국장을 만나러 가는 신입니다. 옥외 주차장 바로 다음에 오는 신이죠. 이 신에서 기티스는 멀웨이와 크로스가 같이 찍은 여러 장의 건설 현장 사진을 발견하고, 이를 통해 두 사람이 동업자였다는 사실을 깨닫습니다. 이블린의 중간 이름인 크로스와 노아 크로스의 연관성도요. 시드 필드는 《차이나타운》은 이 지점을 통해 스토리의 후반부로 나아갈 수 있는 동력을 얻게 되므로 이곳이야말로 진정한 중간점이라고 이야기합니다.
시나리오의 대가 시드 필드도 중간점을 찾는 과정에서 이렇게 여러 번 헤맸습니다. 우리도 그럴 겁니다. 그래도 이 같은 과정을 통해 시나리오 구조를 제대로 알 수 있습니다. 텍스트 분석을 통해 습득하는 지식은 큰 도움이 됩니다. 글의 길을 알 수 있으니까요.

한 가지 짚고 넘어갈 게 있습니다. 앞서 시드 필드가 생각한 중간점과 제가 생각하는 중간점이 다르다고 했는데요. 제가 생각하는 《차이나타운》의 중간점은 영화 시작 1시간 후에 등장하는 기티스와 크로스의 만남 신입니다.

크로스 내 딸이 사기를 친다는 느낌이 들어서 말이지.
경제적인 의미에서…. 얼마를 받으시나?
기티스 보통 주는 대로 받죠. 해결되면 보너스도 있고.
크로스 그 애와 자나?
기티스 ….
크로스 기억을 더듬을 필요까지 있는 사항이오?

자리에서 일어나는 기티스.

크로스 그 아이는 방금 남편을 잃었소. 이용할 생각은 하지 마시오.
앉으시오.
기티스 왜 앉아요?
크로스 뭔가 아는 것 같겠지만 자넨 아무것도 몰라.
기티스 검찰이 만날 하는 소리죠.
크로스 그런가? 나에 대해 뭘 알고 있소?
기티스 부자이시고, 신문에도 나오시고, 또 존경받는 분이시죠.
크로스 당연히 난 존경받지. 난 늙었지 않은가?
정치가이건 부동산 사업자이건 창녀이건 늙으면 다 존

경받지.

사위의 여자를 찾으면 1만 달러를 주겠네.

기티스 사위의 여자?

크로스 사라지진 않았겠지. 뭔가 나타날 거 같지 않나?

기티스 그럴 수도 있겠죠.

크로스 그가 살해당했다면 그 여자가 마지막으로 봤겠지.

기티스 사위를 마지막으로 본 게 언제입니까?

크로스 늙으면 기억력이 없어지네.

기티스 5일 전 술집 밖에서 두 분은 심하게 언쟁하셨죠.

사무실에 사진이 있습니다. 보시면 기억이 날 겁니다.

크로스 ….

기티스 왜 언쟁을 벌이셨죠?

크로스 딸 때문이었네.

기티스 따님의 무슨 문제로?

크로스 그 여자나 찾으시오.

사위는 내 딸을 좋아했소. 난 그 애를 돕고 싶소.

기티스 사위와 그렇게 가까운지 전 미처 몰랐어요.

크로스 멀웨이는 이 도시를 세웠고, 나에게 부를 안겨 주었지.

우리 둘은 딸의 생각보다 훨씬 가까웠네.

기티스 절 고용하시려면 언쟁하신 이유를 말씀해 주시죠.

크로스 내 딸은 질투가 심해. 그 여자에 대해 알리기 싫었소.

기티스 여자는 어떻게 아셨죠?

크로스 아직도 도시엔 친구가 많소.

기티스 따님이 여자를 어떻게 할까 걱정되십니까?

크로스 찾기나 하시오.

왜 이 신이 《차이나타운》의 중간점일까요? 대사만으로는 알기 힘듭니다. 시드 필드가 언급한 크로스의 대사인 "뭔가 아는 것 같겠지만 자넨 아무것도 몰라"도 물론 매우 중요한 대사입니다. 영화를 봤다면 이 대사가 얼마나 중요한 의미를 담고 있는지 알 겁니다. 하지만 저는 다음의 대사가 더 중요하다고 봅니다.

> 사위의 여자를 찾으면 1만 달러를 주겠네.

제가 생각하는 중간점은 결과론적인 게 아닙니다. 이미 세상에 나온 영화를 분석하면서 '결과적으로 여기가 중간점이야'라고 말하기 싫다는 뜻입니다. 중간점은 중간 목적지입니다. 시나리오를 쓰기 위해 시나리오 중간에 경유지를 하나 정해 놓는 거죠. 글을 쓰기 전에, 스토리에 관련된 단서가 하나도 없는 처음 단계에서 작가가 중간점을 정해야 한다면 어떻게 무슨 기준으로 찾아야 할까요?
어렵지만 중요한 문제입니다. 승부점이기도 하거든요. 지금까지 수많은 스토리 작법서를 읽었음에도 근원적인 문제를 해결하지 못했던 이유이기도 합니다. 결과론으로만 생각하고 창작론으로의 중간점을 이해하지 못했기 때문이죠. 그래서 분석에서는 승리했어도 창작에서는 완패했을 겁니다. 문제 해결을 위해 질문 하나 하겠습니다.

> **《차이나타운》을 잊으세요. 그리고 이 스토리를 새롭게 다시 써야 한다면 어떻게 시작해야 할까요? 이 스토리를 처음 쓸 때 작가는 어떻게 설계했고, 어디에서 시작했을까요?**

다시 한 번 《차이나타운》의 중간점을 살펴보겠습니다. 제가 기티스와 크로스의 만남 신을 영화의 중간점이라고 주장하는 데는 나름의 이유와 근거가 있습니다.

첫 번째로 스토리는 모든 요소가 연결되어 있는, 살아 움직이는 유기체입니다. 중간점은 단순히 중간에 있는 지점이 아닙니다. 처음에서 시작한 무엇을 (중간에서) 이어받고 그것이 끝으로 잘 달려갈 수 있도록 하는 지점입니다. 다시 말해 중간 부분에서만 중간점을 찾는다면 스토리의 진짜 기둥인 중간점을 찾기 힘듭니다. 전체를 보고 중간을 짚어야 제대로 된 중간점을 찾을 수 있습니다.

두 번째로 플롯의 삼각형 개념을 다시 꺼내야 합니다. 스토리 전체에서 정확하게 중간점을 점검할 수 있는 유일한 단서거든요. 유기체인 스토리에서 중간점이 연결되어 있는 구성 요소를 찾아 서로의 연결 관계를 확인해야 합니다. 이를 위하여《차이나타운》의 플롯의 삼각형을 보겠습니다.

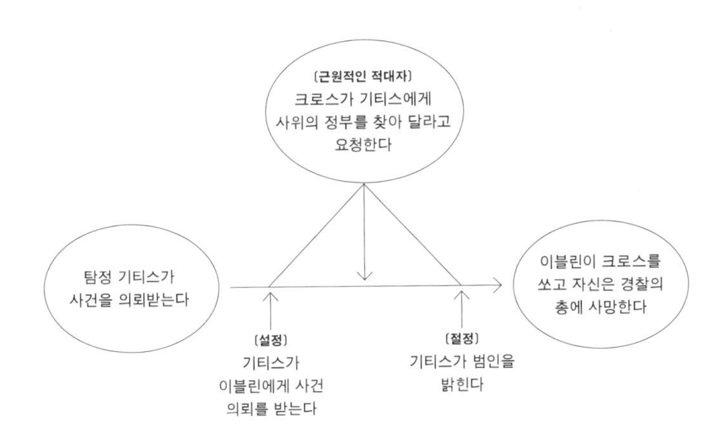

중간점만 보지 말고, 중간점과 연결되어 있는 설정과 절정을 찾으면 왜 기티스와 크로스의 만남 신이 중간점인지 알 수 있습니다. 이제 왜

"사위의 여자를 찾으면 1만 달러를 주겠네"라는 크로스의 대사가 중요한지 이해가 가나요? 대사건 지문이건 행동이건 모든 스토리는 순환이고, 연결입니다.

《차이나타운》의 모든 스토리는 무엇으로부터 시작됩니까?

가짜 이블린의 멀웨이의 정부를 찾아 달라는 의뢰였죠. 그리고 중간점에서 다시 한 번 근원적인 적대자인 크로스가 "사위의 여자를 찾으면 1만 달러를 주겠네"라고 말합니다. 절정에 가면 마침내 크로스가 멀웨이를 죽인 범인임이 밝혀집니다.
설정과 중간점과 절정은 서로 끈끈하게 연결되어 있습니다. 그래서 기존 텍스트를 분석할 때도 중간점을 찾을 때는 왼쪽의 설정과 오른쪽의 절정을 연결해서 살펴야 합니다. 그냥 '영화 전체에서 여기가 중간 정도니까 중간점이겠네' 같은 단순한 사고를 하면 안 됩니다. 텍스트 분석을 할 때는 결과론으로 생각하지 말고 창작론의 입장에서 판단하기 바랍니다. 내가 작가라면 어떻게 설정했을까를 염두에 두세요.

실제 창작 과정에서는 중간점을 어떻게 세팅해야 할까요?

중간점에 가장 큰 적대자, 근원적인 적대자를 배치하고 시작하세요. 스릴러에서는 범인이 가장 큰 적대자입니다. 그러니 그를 중간점에 두세요. 설정에서 사건이 시작되고 절정에서 범인이 붙잡힙니다. 중간점은 이 사이입니다. 주인공은 중간점까지는 범인이 적대자라는 사실을 알지 못합니다. 따라서 그 둘을 중간점에서 적절히 엇갈리게 만들어야 합니다. 교차 상황을 얼마나 적절하고 아슬아슬하게 설계하느냐가 스릴러 장르의 중간점 배치 방법입니다.

《차이나타운》을 통해 스릴러는 치밀한 서사의 단서들이 씨줄과 날줄로 교차되어 완성되는 장르임을 알게 되었습니다. 또한 전반부의 뿌리기와 후반부의 거두기가 잘 호응되어야 좋은 스토리가 완성된다는 사실도 배웠습니다.

《미져리》

스티븐 킹의 원작 소설을 바탕으로 만들어진 영화 《미져리》(1990)는 폭설 때문에 자동차 사고를 당해 정신을 잃은 소설가 폴 쉘던(제임스 칸 분)을 그의 팬이자 전직 간호사 출신의 애니 윌킨스(케시 베이츠 분)가 구해 주면서 벌어지는 이야기입니다. 《미져리》와 《차이나타운》은 비슷하면서도 다른 구조를 가집니다.

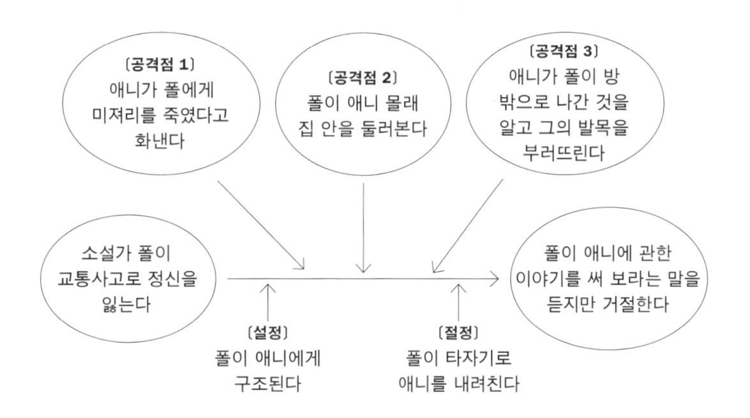

폴은 애니 덕분에 간신히 목숨은 건졌지만 사이코인 그녀의 집에 홀로 감금당합니다. 외부와의 접촉이 거의 없는 외딴 곳이죠. 사고 때문에 옴짝달싹하지 못해 애니에게 생명을 의탁하는 처지고요. 설상가상 폴이 이곳에 감금당했다는 사실을 아는 사람은 아무도 없습니다.

《미저리》와 《차이나타운》의 차이점은 무엇일까요?

첫째로 《차이나타운》은 오리지널 시나리오인 데 반하여 《미저리》는 원작 소설이 있다는 점이 다릅니다. 오리지널 시나리오와 각색 시나리오가 가진 차이점을 알아보고자 《미저리》를 가져왔습니다. 오리지널 시나리오와 각색 시나리오는 중간점에서 차이를 보여 줍니다. 《차이나타운》의 크로스와 기티스의 만남 신에서 (주인공 기티스는 아직 모르지만) 관객은 다음과 같은 사실을 알게 됩니다. 처음 기티스에게 사건을 의뢰했던 여성은 멀웨이의 아내가 아니라는 점과 그녀가 크로스의 사주를 받았다는 점을요.

모든 글에는 전체 스토리를 조망할 수 있는 전망대 같은 장소가 있습니다. 보통은 중간점이 그 역할을 합니다. 하지만 《미저리》는 방 안에 갇혀 있던 폴이 문 밖으로 나가고, 집에만 머물던 애니가 소설가인 폴에게 필요한 종이를 사러 나갔다가 돌아오는 과정이 교차되면서 긴장감을 조성하는 것 외에는 사건의 전말이 밝혀지거나 심층적인 적대자가 위치하거나 하는 등의 기능은 없습니다.

이 책에서 원작이 있거나 리메이크된 작품을 거론하지 않는 이유도 이것입니다. 원작을 바탕으로 한 각색 시나리오와 오리지널 시나리오는 서사의 기본 형식이 다릅니다. 그럴 수밖에 없는 게 각색 시나리오의 경우 원작이 이미 소설, 연극, 웹툰 등을 통해 대중의 평가를 받았습니다. 그리고 원작은 영화나 드라마 작법과는 다른 방식의 글쓰기로 창작되었습니다. 따라서 각색할 경우 대사나 지문의 디테일 등은 수정할 수 있지만 스토리의 척추인 플롯을 건드리기는 힘듭니다. 그 때문에 원작을 샀으니까요.

각색 작가가 원작의 구조를 전면적으로 재구성하는 것은 합리적이지 않습니다. 원작과 다른 이야기를 하겠다는 의미인데, 그럴 거면 굳이 원작을 구매해서 영상화할 이유가 없죠. 따라서 오리지널 시나리오와 원작이 존재하는 각색 시나리오는 반드시 구분해서 살펴야 합니다.

각색에 관심이 많다면 영화 《완득이》(2011)가 좋은 참고가 됩니다. 김려령 작가의 동명 소설을 원작으로 하는데요. 소설과 영화를 같이 보면서 원작이 영화화될 때 스토리의 서사 중 무엇이 바뀌고 또 바뀌지 않는지 잘 살펴보기 바랍니다.

두 번째로 사건의 진행 방향에 차이가 있습니다. 《미져리》와 《차이나타운》을 한 쌍으로 묶어 비교하는 이유이기도 합니다. 《차이나타운》은 주인공이 사건을 밖에서 안으로 파고듭니다. 《미져리》는 주인공이 안에서 밖으로 나가야 사건이 해결됩니다. 스릴러 장르에서는 누군가 엉클어 놓은 사건을 다른 누군가가 풀어냅니다. 사건을 푸는 방향은 밖에서 안으로, 혹은 안에서 밖으로 두 가지 모두 가능합니다. 전자는 주로 형사나 탐정이 사건을 의뢰받아 진상을 파헤치는 경우입니다. 반면에 데이빗 핀처 감독의 《패닉 룸》(2002)이나 《미져리》 등은 주인공이 안에서 문제를 해결하고 밖으로 나가야 합니다. 단순하게 안에서 밖으로, 밖에서 안으로라고 방향만 생각하지 마세요. 창작할 때는 내가 쓰는 시나리오가 안에서 밖으로 빠져나오는 이야기인지 아니면 밖에서 안으로 파고드는 이야기인지 깊이 고민해야 합니다. 어떤 반전을 줄 수 있는지도 생각해 보고요. 스릴러에서는 사건을 파고들었더니 의외로 진실은 사건 밖에 있다던가, 내부의 문제만 해결하고 나가면 될 줄 알았더니 밖에는 더 큰 적대자가 기다리고 있다거나 하는 의외의 장치가 꼭 필요합니다.

《미져리》를 통해 원작이 있는 작품이 갖는 스토리 구조의 특이성과 스릴러를 풀어 나가는 방향을 짚어 봤습니다.

《살인의 추억》

1980년대에 대한민국을 떠들썩하게 만든 화성 연쇄 살인 사건을 다룬 봉준호 감독의 《살인의 추억》(2003)도 특이한 구조를 가지고 있습니다. 김광림의 희곡 『날 보러 와요』를 원작으로 삼지만 『날 보러 와요』와 《살인의 추억》은 서사 구조에 커다란 차이가 있습니다. 원작이 있다는 사실을 아는 사람이 거의 없을 만큼 시나리오 자체의 완성도가 탁월하죠.

《살인의 추억》의 서사 구조를 통해 스토리를 개조, 변조, 직조하는 감독의 거시적인 시선을 논하려고 합니다. 스토리는 다음과 같습니다.

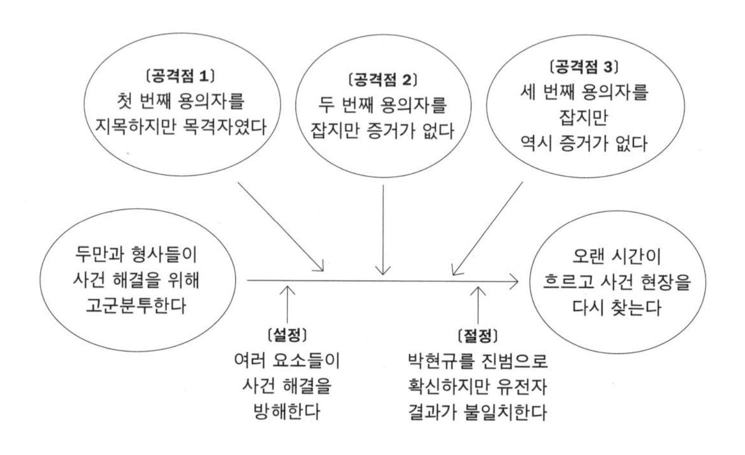

형사가 사건을 밖에서 안으로 파헤치는 일반적인 스릴러와 다른 점이 느껴지나요?

《살인의 추억》이 기존 스릴러 장르와 가장 다른 지점은 범인이 잡히지 않는다는 데 있습니다. 영화에는 총 세 명의 용의자가 나옵니다. 형사 박두만(송강호 분)은 이들을 하나씩 검거하고 취조하고 조사합니다.

하지만 증거가 없고, 계속해서 또 다른 용의자가 나오죠. 이 과정이 반복됩니다.

왜 이와 같은 스토리를 구성했을까요?

영화의 처음과 끝을 보겠습니다. 초반부에 뉴스 등을 통해 연쇄 살인이 벌어지는 정황이 나옵니다. 한데 형사들은 증거 하나 제대로 정리하지 못합니다. 보존되어야 할 사건 현장에는 경운기가 마구잡이로 돌아다니죠. 엔딩에서는 오랜 시간이 흐른 뒤 끝내 범인을 잡지 못한 박두만이 다시금 사건 현장을 찾습니다. 복잡한 감정으로 사건 현장을 둘러보는 그에게 한 소녀가 묻죠.

여자아이 뭐 있어요?

박두만, 일어선다.

여자아이 거기에 뭐 있냐고요?
박두만 아니.
여자아이 근데 왜 봐요?
박두만 그냥 좀 봤다.
여자아이 되게 신기하다.
박두만 뭐가?
여자아이 얼마 전에도 어떤 아저씨가 여기서 이 구멍 속 들여다보고 있었는데.

그 아저씨한테도 물어봤었거든요, 왜 여기 들여다보느냐고.

박두만 그랬더니?

여자아이 뭐라더라? 맞어, "옛날에 여기서 자기가 했던 일이 생각나서 진짜 오랜만에 한번 와 봤다" 그랬는데.

박두만 그 아저씨 얼굴 봤어?

여자아이, 말없이 고개를 끄덕인다.

박두만 어떻게 생겼어?

여자아이 그냥 뭐 뻔한 얼굴인데.

박두만 어떻게?

여자아이 그냥 평범해요.

박두만, 정면을 직시한다.

이번에는 설정과 절정을 보겠습니다. 설정에서는 형사들이 현장 보존은커녕 증거 하나 제대로 모으지 못하는 상황을 보여 줍니다. 절정에서는 제대로 된 증거가 없어서 유력한 용의자 박현규(박해일 분)를 풀어 주고요. 《살인의 추억》에서 적대자 기능을 하는 것은 박현규를 포함한 세 명의 용의자가 전부입니다.

어떻게 보면 심심할 수도 있습니다. 그런데 이 허술하게 보이는 스토리가 왜 아직까지도 한국 영화사에 길이 남을 걸작이라는 소리를 들을까요? 앞에서 주인공이 목적을 성취하지 못함에도 좋은 평을 받을 때는 (표면 서사 밑에) 일반 관객이 알지 못하는 심층 서사가 존재한다고 했습니다. 그런 면에서《살인의 추억》은 심층 서사를 설명하기 좋은 텍스트입니다.

《살인의 추억》의 심층 서사는 무엇일까요?

스토리의 깊은 곳을 보기 위해 질문을 하나 더 하겠습니다.

《살인의 추억》의 범인은 누구인가요? 박현규인가요? 그가 아니라면요?

2019년에 드디어 화성 연쇄 살인 사건의 진범이 잡혔습니다. 공소시효가 끝난 미제 사건 하나가 30여 년 만에 풀린 셈이죠. 이제 우리는 이 사건의 진범을 알고 있습니다만 잠시 잊고, 영화 내용으로 논의를 이어 가겠습니다.
제가 생각하는《살인의 추억》의 진범은 사람이 아니라 '그때, 그 시절'입니다. 대한민국의 무능했던 1980년대가 범인입니다. 수많은 인력이 동원되었음에도 제대로 된 증거 하나 챙기지 못하고, 현장 보존 개념도 없었던 대한민국이요. 범인의 체모가 발견되지 않았다는 이유로 동네 목욕탕을 뒤져 무모증 환자를 찾으려고 했습니다. DNA 검사 장비가 없어서 미국으로 자료를 보내서 분석했습니다. 영화 전반에 무능한 대한민국의 상황을 보여 줌으로써 관객은 범인이 잡히지 않았음에도 완결성을 느낍니다.
봉준호 감독은 인터뷰에서 "엔딩 장면에서 배우 송강호가 카메라를 응시하는 이유는 범인이 이 영화를 보러 극장에 올 것이라 생각했기 때문"이라고 여러 번 밝혔지만 여기에도 심층적인 의도가 따로 있다고 봅니다.

첫째, 실제 범인이 존재합니다. 그러니 그가《살인의 추억》을 보러 극장에 올 수도 있겠죠. (감독이 인터뷰에서 밝힌 내용입니다.) 그래서 두만이 범인을 노려보는 겁니다. 둘째, 그때 그 시절을 살았던 관객들에게 감독은 "그 시절을 살았던 너희들이 범인 아니야?"라고 말한 게 아닐까요? 표면적인 범인이 살인 사건의 진범이라면 심층적인 범인은 피해자들을 보호하지 못하고 추가 사건을 예방하지 못한 대한민국의 허술한 시스템입니다. 또 이 시스템 속에서 무지한 채로 살았던 우리들도 공범이 됩니다. 그래서 두만이 범인을 바라보듯 관객을 바라본 것이죠. 셋째, 이것은 두 번째 이유의 변형 버전입니다. 두만이 자신이 범인이라고 깨달은 겁니다. 사람을 죽였다는 게 아니라 자신의 무능이 사건을 해결하지 못한 이유라고 깨달았다는 의미입니다. 이런 가정으로 영화의 중간점을 다시 보면 박두만이 보입니다. 가장 강력한 적대자가 등장하는 곳이죠.

우리는《살인의 추억》으로 스릴러 작법의 정점을 경험했습니다. '범인이 인간이 아닐 수도 있다', '적대자 구성이 용의자의 나열일 수도 있다', '영화의 마지막에 범인이 안 잡힐 수도 있다', 그리고 이러한 세 가지 특이점이 있어도 스토리가 완성될 수 있다고요. 장르의 기본을 알고 난 다음에 이를 재구성해 보려는 시도는 필수입니다. 공식을 답습하면 퇴보, 재구성하면 전진입니다.《살인의 추억》에서는 전진의 단서를 찾을 수 있습니다.

《곡성》

나홍진 감독의《곡성》(2016)을 어떻게 설명해야 할까요? 특이하고 특별합니다. 줄거리는 이렇습니다. 경찰 종구(곽도원 분)가 사는 시골 마을에 의문의 사건들이 벌어지고, 딸 효진(김환희 분)마저 사건과 얽히면서 그의 일상에 균열이 생깁니다. 마을 사람들은 외지인(쿠니무라 준 분)을 가해자로 의심하기 시작합니다. 현장을 목격했다는 무명(천우희 분)은 무명대로, 사건 해결을 위해 사람들이 불러온 무속인 일광(황정민 분)은 일광대로 종구에게 이러저런 말을 합니다. 종구는 자신이 누구의 말을 들어야 하는지 고민에 빠집니다. 하루하루 효진의 증세는 심해지고, 종구는 끝내 파국을 맞습니다.
《곡성》의 전체 스토리 구성은 다음과 같습니다.

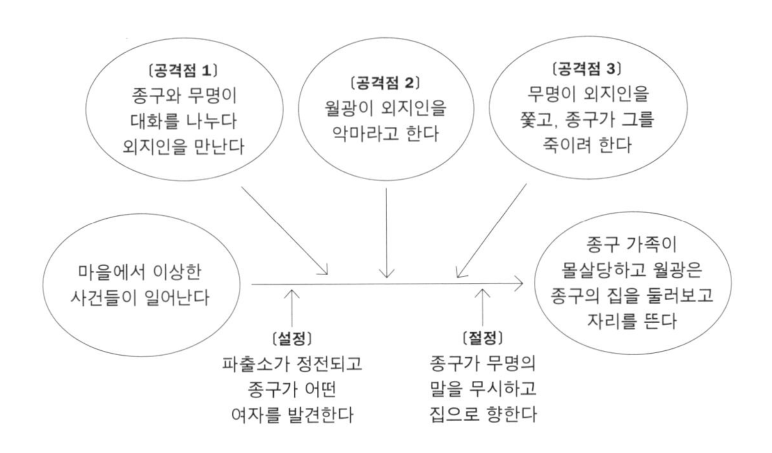

개인적으로 정말 좋아하는 영화입니다. 영화를 처음 보고 나면 좋은 작품 같은데 텍스트가 불균질하게 느껴져서 혼란스럽습니다. 저도 여러 번 보면서 나름의 분석을 했지만 쉽지 않았습니다. 그러다 감독의 인터뷰에서 해석의 실마리를 찾았습니다.

"영화의 시작은 피해자에 대한 고민에서부터였다. '어떻게' 피해를 입었는지에 대한 답은 있는데 '왜' 피해를 입었는지에 대한 답은 없더라. 왜 이 사람이어야만 했는지, 왜 이와 같은 피해를 입어야만 했는지. 현실은 '어떻게'라는 질문에 대한 답을 주지만 '왜'라는 질문에 대한 답은 현실 범주에서 생각할 수 있는 부분이 아닌 것 같았다. 그 순간에 공포가 찾아왔다."

감독의 인터뷰에서 '피해자'라는 단어를 발견하고부터 영화가 이해되기 시작했습니다. 피해자는 리액션을 하는 사람입니다. 따라서 액션을 하는 가해자가 필요합니다. 《곡성》은 피해자인 종구의 시선을 따라가서는 제대로 된 해석을 할 수 없습니다. 가해자인 악마의 시선으로 영화를 다시 보면 의외로 쉽게 이해 가능합니다. 한마디로 주인공은 가해자인 '악마'입니다. 오직 그만이 주도적인 액션을 하죠. 무속인 월광은 처음에는 종구의 협조자처럼 보이지만 사실은 악마의 하수인입니다. 적대자입니다. 중반 이후 그가 옷을 갈아입는 장면에서 증거가 나오는데 악마와 똑같이 '훈도시'(일본의 전통 속옷)를 차고 있습니다. 본편에는 없는 삭제된 신 가운데는 사건이 끝난 후에 악마와 월광이 같은 차를 타고 떠나는 장면이 있습니다. 온라인에서 쉽게 찾을 수 있습니다.

《곡성》의 표면 서사는 종구의 딸이 미쳐 가고, 결국 그의 일가족마저 살해되는 잔혹한 스토리입니다. 하지만 그 이상의 무엇이 있습니다. 제가 생각하는《곡성》의 심층 서사는 이렇습니다.

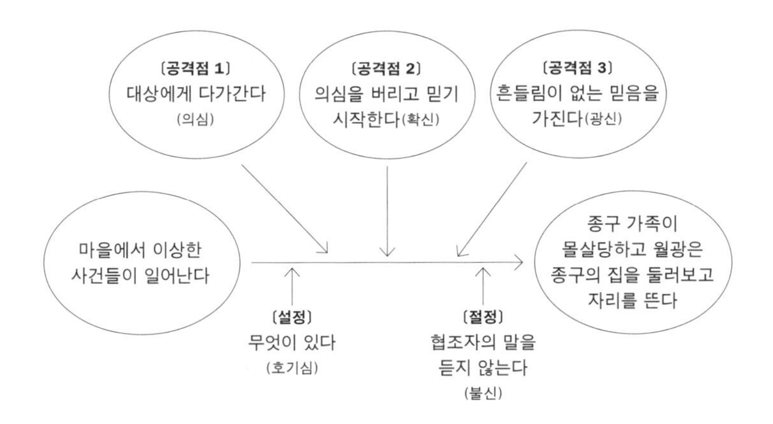

《곡성》은 대상에 다가갔다가 그것에 빠져드는 사람들의 심리 변화 과정을 다룹니다. 사람들은 '호기심'에 무언가를 발견하고, 그것을 '의심'하면서 다가가고, 이로 인해 알게 된 진실을 '확신'하고, 점점 더 그것을 '광신'하면서, 자신을 불쌍히 여기는 진짜 협조자를 '불신'합니다.《곡성》은 그 과정을 보여 주는 영화입니다. 이 과정에서의 파괴를요. 우리는 피라미드 판매 조직이나 사이비 종교에 깊이 빠진 사람들을 어렵지 않게 볼 수 있습니다. 이들이 왜 그것에 빠졌는지를 생각해 보세요.

이 모든 것을 행하는 주체는 악마입니다. 덥석 미끼를 무는 나약한 인간인 종구의 시선이 아닌, 가련한 인간을 낚아채는 외지인(악마)의 시선으로《곡성》의 서사를 분석해 보세요. 다른 시야가 열립니다.

(3) 스릴러 스토리 총정리

스릴러는 의미 없이 하루하루 살아가는 우리들에게 세상의 이면을 끄집어서는 찬찬히 해체하여 보여 줍니다. 세상이 복잡하고 어두울

수록 진가를 발휘하는 장르죠. 스릴러를 쓰겠다고 마음먹었다면 조금 더 어두운 세상으로 파고들어야 합니다. 범죄 현장으로, 사건 수사 기록 안으로 전진하라는 뜻은 아닙니다. 세상이 점점 각박해지고, 뾰족한 모서리로 가득 차는 이유에 관한 진지한 고민이 필요하다는 뜻입니다.

스릴러는 앞으로도 계속하여 어떤 사건을 다룰 겁니다. 관객은 단순한 사건을 바라지 않습니다. 근원을 알고 싶어 합니다. '내가 사는 세상에 왜 이런 일이 일어나는가?'의 답을 바랍니다. 관객이 내 글에 공감하길 바란다면 표면적인 사건 아래, 사회를 바라보는 작가의 냉철한 시각을 담으세요. 치밀한 서사, 정교한 반전, 깔끔한 마무리를 기대하는 스릴러 마니아들은 항상 존재해 왔습니다. 그들의 지적 유희를 만족시켜야 하니 단순한 사건 하나로는 어렵습니다. 사건의 이면을 재해석하는 작가의 시선이 반드시 담겨 있어야 합니다.

7

언더커버

(1) 언더커버 스토리 공식

갱단에 숨어든 경찰, 경찰 조직에 숨어든 갱. 특수한 목적을 가지고 자신의 신분을 숨긴 채 첩보 활동을 펼치는 이들을 다룬 이야기를 언더커버undercover라고 합니다. 조심스럽고 비밀스럽게 임무를 수행해야 함은 물론, 누구에게도 정체가 탄로 나면 안 됩니다. 이와 같은 아슬아슬함 때문에 스릴러, 누아르 영화에서 유독 사랑받는 소재이죠. '어딘가에 소속되어 있던 주인공이 조직의 목적을 위해 적대 조직에 잠입한다.' 다만 소재의 독특함 때문에 스토리의 변주에는 제약이 있습니다. 그래서 기본 공식도 다른 장르보다는 단조로운 편입니다.

목적을 위해 적대 조직에 잠입한 주인공이 그곳에서 자신에게 주어진 미션을 성공적으로 수행하고 복귀(혹은 적대 조직에 자리 잡는다)한다는 것이 언더커버의 기본 스토리 구성입니다. 적대 조직 안에서 미션을 수행해야 하므로 주인공은 외롭고, 활동 반경이 좁고, 그곳의 리더 눈치도 봐야 합니다. 적대 조직의 사람들과 친분을 쌓고 인간적인 정도 느끼지만 아이러니하게도 그들을 처단해야 하는 운명이죠.

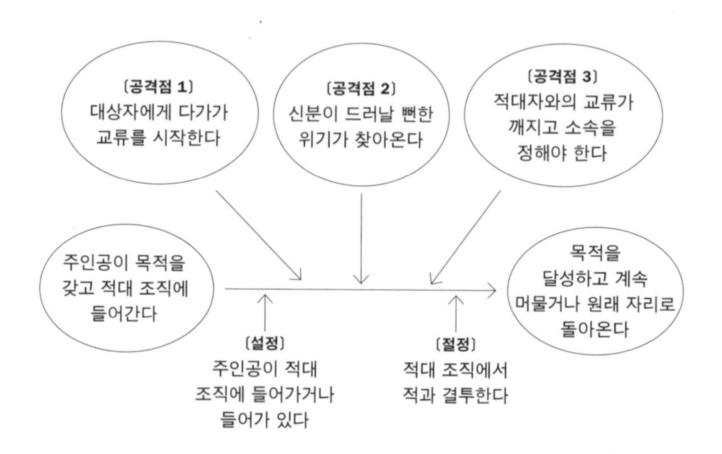

스토리 특성상 브로맨스(워로맨스)의 발화점이 생길 수밖에 없습니다. 그러나 중간점 이후 적대자가 주인공의 신분을 눈치채면서 관계에 균열이 생깁니다. 평화는 깨지고 두 사람은 서로의 생명을 담보로 한 일생일대의 결투를 벌입니다. 승리한 주인공의 선택은 다음 두 가지입니다. 그곳에 남거나 원래의 자리로 돌아오거나.

(2) 언더커버 스토리 작품 분석

《폭풍 속으로》

캐스린 비글로우 감독의 《폭풍 속으로》(1991)는 너무나 유명하죠. FBI 요원 죠니(키아누 리브스 분)는 완전 범죄에 가까운 은행 강도 사건을 해결하기 위해 해변에서 서핑하는 무리에 잠입합니다. 유일한 단서가 범인들이 서핑을 즐긴다는 것이거든요. 주인공의 잠입 경로와 시기, 사건 해결 순서를 유의해서 봐야 합니다.

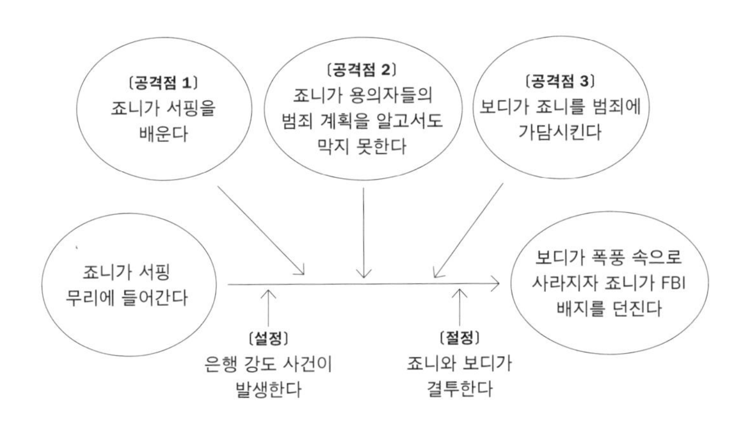

첫 번째로 언더커버 장르에서는 주인공이 스토리의 어느 지점에서 적대자 무리에 잠입하는가가 중요합니다. 스토리의 시작점이자 설정점이니까요. 죠니가 서핑 무리로 들어가는 시점은 영화의 1막이 거의 끝나 갈 무렵입니다. 과거의 언더커버 스토리의 1막은 대부분 이렇게 구성되었습니다. 범죄가 발생하고, 이를 해결하고자 주인공이 적대 무리에 잠입하는 게 1막 전체의 스토리였습니다. 그만큼 잠입 이유와 과정을 자세하게 보여 주었고요. 요즘에는 한층 빨라졌는데 《무간도》(2002)에서 자세히 다루겠습니다.

그다음으로 중간점을 보세요. 언더커버에서는 적대 조직의 리더가 주인공의 정체를 알게 되는 지점이 곧 중간점입니다. 1막에서 서로를 알게 되고, 2-1막 내내 서로에 대한 호감으로 브로맨스를 쌓다 주인공의 정체가 탄로 나는 바로 그 지점입니다. 이후부터의 관전 포인트는 '두 사람이 앞으로 상대방을 어떻게 대할까?'입니다.

마지막으로 결말입니다. 1990년대에는 현재의 감성으로는 이해하지 못하는 그 시대만의 낭만이 있었습니다. 《폭풍 속으로》의 엔딩은 이렇습니다. 우여곡절 끝에 죠니는 호주 바닷가에서 적대 조직의 리더 보디(패트릭 스웨이지 분)를 체포합니다. 엄청난 태풍이 부는 날이었죠. 보디는 마지막으로 서핑을 하게 해 달라고 부탁합니다. 감옥에 갇혀 사느니 파도를 타고 죽음으로 향하겠다는 뜻입니다. 그런데도 죠니는 부탁을 들어줍니다. 이에 더해 자신도 FBI 신분증을 바다에 던지고 떠납니다. 죠니가 FBI로 돌아갈까요? 해변에서 만난 연인과 해변에 머물 확률이 높아 보입니다.

언더커버 장르의 결말은 주인공이 자신이 원래 속한 곳으로 돌아가느냐 아니면 새롭게 들어간 곳에 남느냐 중 하나입니다. 언더커버 스토리를 본격적으로 쓰기 전에 반드시 주인공의 운명을 설정하세요. 결말에 따라 1막이 정리되고, 1막이 정리되어야 전체 스토리의 뼈대를 세울 수 있습니다.

장르의 특성을 파악하고, 장르에 맞는 결말을 먼저 설정해야 한다.

《무간도》 vs. 《신세계》

맥조휘 감독의 《무간도》는 경찰의 스파이가 된 범죄 조직원 유건명(유덕화 분)과 범죄 조직의 스파이가 된 경찰 진영인(양조위 분)의 뒤바뀐 운명을 담고 있습니다. 이 영화를 보고 나서 《무간도》와 닮은 점이 많지만 완전히 다른 박훈정 감독의 《신세계》(2012)를 비교해 보겠습니다. 《폭풍 속으로》, 《무간도》, 《신세계》. 여러분이 세 영화의 공통점과 차이점을 구분해 낸다면 언더커버의 모든 것을 깨우쳤다고 할 수 있습니다. 전부 장르의 특성이 잘 드러나거든요.

《무간도》

언더커버 장르를 논할 때 가장 먼저 떠오르는 《무간도》의 스토리 구조는 이렇습니다.

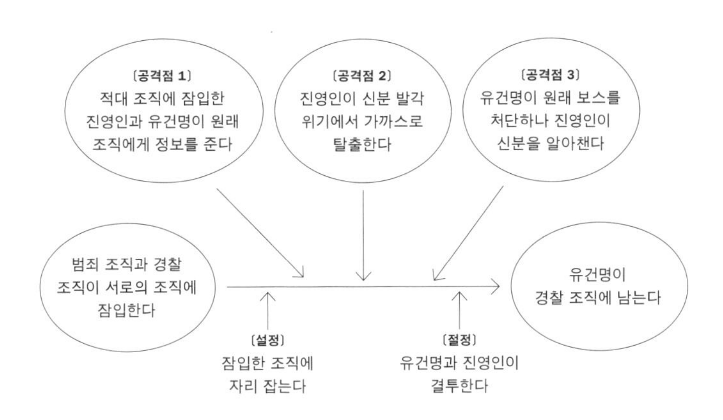

첫 번째로 범죄 조직에 들어간 형사와 경찰 조직에 들어간 범죄 조직원의 잠입 위치 및 시간을 봅시다. 《폭풍 속으로》와 비교해서 살펴보면 한층 빨라졌음을 알 수 있습니다. 《폭풍 속으로》가 1막 끝 무렵에 주인공의 잠입이 완료된 데 비해 《무간도》는 설정에서 이미 잠입을 끝내고 1막 끝에서는 임무를 수행하고 있습니다. 두 번째로 언더커버 장르에서 가장 중요한 중간점은 (《폭풍 속으로》와 조금 다른 형태이긴 하지만) 신분이 탄로 날 위기에 처한 진영인의 모습을 보여 주며 장르적 특성을 잘 따르고 있습니다.

다음으로는 《무간도》의 중·후반부를 봐야 합니다. 《무간도》에서 유건명은 자신의 정체를 알고 있는 모든 사람을 처치하고 난 뒤 경찰이 됩니다. 원래 자신이 속한 조직의 보스도 처단하고, 또 다른 경찰 내부의 첩자마저 처치한 뒤 경찰 신분증을 내보이며 끝납니다. 범죄 조직을 버리고 앞으로는 경찰로 살겠다는 뜻이죠.

《무간도》와 《폭풍 속으로》를 비교하면서 언더커버 스토리의 전반부의 특징인 주인공의 '잠입 시기'를 살펴봤습니다. 이번에는 《무간도》와 《신세계》를 비교하면서 스토리 후반부의 특징을 조금 더 알아보겠습니다.

《신세계》

대한민국 최고의 범죄 조직 골드문에 잠입해 있는 경찰 이자성(이정재 분)은 경찰 복귀를 희망하지만 계속하여 잠입해 있으라는 명령을 받습니다. 한편 이자성이 속한 범죄 조직의 보스인 석 회장이 죽자 조직 안에서는 서로 보스가 되고자 혼란이 벌어지고, 조직의 유력한 후계자 정청(황정민 분)은 자성에게 무한한 신뢰를 보입니다. 조직의 이익을 위해 자신을 배반할 수 있는 경찰 조직과 자신에게 무한한 신뢰를 보이는 범죄 조직 사이에서 이자성은 한쪽을 선택해야만 하는 상황에 이릅니다.

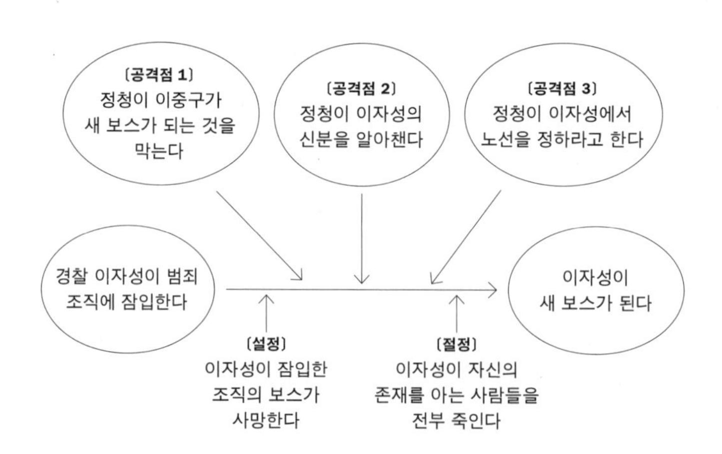

《폭풍 속으로》에서 《무간도》, 《신세계》로 이어지는 언더커버 스토리

의 변화가 보이나요? 잠입 시점부터 보겠습니다. 주인공이 적대 조직으로 잠입하는 데 소요되는 시간이 《폭풍 속으로》는 1막 전체, 《무간도》는 1막 절반, 《신세계》는 이미 들어가 있는 것으로 바뀌었습니다. 반면 중간점은 큰 변화가 없습니다. 언더커버 스토리는 주인공이 적대 조직에 들어가 벌어지는 이야기라 어떤 변주를 주어도 '신분 노출 위험'이 가장 큰 적대자로 기능합니다.

결말에는 주인공이 원래 조직으로 돌아오느냐 잠입한 조직에 남느냐의 두 가지가 있다고 했는데요. 《폭풍 속으로》는 주인공이 경찰 신분증을 바다에 던짐으로써 경찰에 돌아가지 않을 것 같은 열린 결말을 보여 줍니다. 《무간도》의 유건명은 원래 자신의 조직을 버리고 경찰로 남겠다는 선택을 합니다. 그리고 《신세계》의 주인공은 경찰을 버리고 범죄 조직의 보스가 됩니다. 어쨌든 세 영화 모두 주인공은 자신의 원래 배경을 버리고 적대 조직을 택합니다. 하지만 언더커버 장르의 모든 주인공이 이와 같은 선택을 하지는 않습니다. 《프리즌》(2016)과 《불한당: 나쁜 놈들의 세상》(2016)이 예인데요. 《프리즌》의 주인공 송유건(김래원 분)과 《불한당》의 주인공 조현수(임시완 분)는 적대자를 처단하고 나서 원래 자신이 속한 세상으로 돌아온다는 뉘앙스로 끝납니다. 어쨌든 두 가지 결말이 있다는 점만 알면 됩니다.

《신세계》는 《무간도》와 비슷한 설정으로 표절 의혹을 받기도 했습니다. 표절이라기보다는 변화 폭이 적은 장르의 특성 때문으로 보입니다. 장르의 틀은 같지만 내부 서사가 다르니 전혀 다른 이야기로 봐야 합니다.

(3) 언더커버 스토리 총정리

언더커버 장르를 대표하는 세 작품《폭풍 속으로》,《무간도》,《신세계》를 살펴봤습니다. 세 영화를 통해서 언더커버 장르 초반부에 나오는 주인공의 잠입 시점의 변화와 잠입 소요 시간 등을 알았습니다. 중간점의 형식과 형태에는 큰 변화가 없다는 사실도요. 또 중간점에서는 주인공의 신분 노출 위험이 가장 큰 위기라는 것도 알았습니다. 마지막으로 주인공이 자신이 잠입한 적대 세력에 잔류하거나 원래 있던 곳으로 회귀하는 두 가지 결말이 있습니다.

관심이 있다면《프리즌》과《불한당》도 보면 좋겠습니다. 언더커버 장르의 공식에서 변함없는 요소와 변화 있는 요소를 찾는 재미가 쏠쏠할 겁니다. 주로 형사와 범죄자가 등장해 왔지만 검사가 진범을 잡기 위해 교도소로 가거나 회사원이 경쟁사의 정보를 캐기 위해 경쟁 회사에 잠입하는 등의 새로운 상상도 가능합니다. 변주 가능한 부분은 다른 장르보다 적지만 대신 잠입할 수 있는 장소는 무궁무진합니다.

사람들은 내가 잘 알고 있는 나의 삶이 아니라 내가 잘 알지 못하는 다른 사람의 삶을 경험해 보고 싶어 합니다. 언더커버 장르를 통해 정반대의 세상을 나열하고, 그 속에서 진실을 찾아내고, 그 과정에서 근원적인 적대자들을 해치울 수 있다면 관객의 본능과 공감할 수 있지 않을까요?

8

케이퍼

범죄 영화 가운데 범죄자들이 무언가를 강탈 혹은 절도하는 과정을 담은 영화를 '하이스트heist 무비' 혹은 '케이퍼caper 무비'라고 부릅니다. 여러 범죄 전문가가 동일한 목표를 달성하기 위해 모여 우여곡절 끝에 미션을 완성해 내는 이야기입니다.

(1) 케이퍼 스토리 공식

케이퍼 무비의 기본 공식은 다음과 같습니다. 초반부에 주인공(표면적인 주인공)은 어떤 물건을 훔치고, 대부분 성공합니다. 곧바로 누군가가 나타나 주인공에게 이번에는 더 큰 대상을 같이 훔치자고 제안합니다. 거절할 수 없는 좋은 조건을 제시하면서요. 처음엔 상대를 의심하던 주인공은 점차 확신을 가지면서 그를 따라갑니다. 그곳에는 각 분야의 전문가들이 모여 있죠. 동일한 목적을 위해 모인 멤버들은 함께 세밀한 계획을 짭니다.

마침내 D-Day! 한데 순조롭게 시작되던 일은 어느 순간 실패로 돌아가고 등장인물들은 경찰이나 적들의 추격을 피해 뿔뿔이 흩어지죠. 한숨 돌린 멤버들은 문제의 원인을 찾아 나섭니다. 그리고 깨닫죠. "그놈이 범인이네!" 그놈은 멤버들에게 한탕을 제안한 이로, 사실 자신의 복수를 위해 사람들을 모았습니다. 이 사람이 진짜 주인공입니다. 결말에서 설계자(심층 서사의 주인공)는 계획대로 적대자에게 복수하고, 물건도 갖고(훔치고), 사랑마저 쟁취합니다.

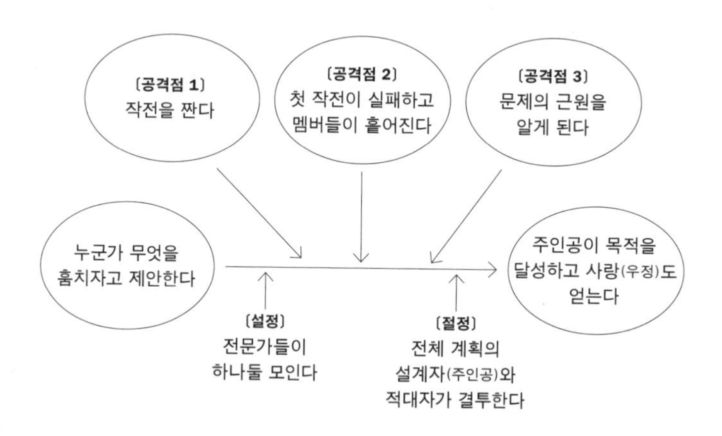

케이퍼 스토리의 기본 공식은 위와 같이 정리할 수 있습니다. 《킬링》부터 《암살》까지 다양한 케이퍼 장르 작품들을 살펴보면서 스토리 공식을 더욱 자세하게 알아보겠습니다.

(2) 케이퍼 스토리 작품 분석

《킬링》

스탠리 큐브릭 감독의 《킬링》(1956)은 화려한 범죄 경력을 자랑하는 자니 클레이(스테링 하이든 분)가 동료들과 샌프란시스코 경마장을 터는 내용입니다. 시작과 함께 자니의 제안으로 많은 사람이 모입니다. 치밀한 준비 끝에 드디어 작전을 실행하는데 예기치 못한 상황이 벌어집니다. 멤버인 조지의 아내 셰리가 남편의 계획을 엿듣고 이를 정부에게 알린 거죠. 이들은 조지가 훔친 돈을 빼앗아 도망가려는 계획을 세웁니다. 드디어 자니의 계획이 실행되고, 그가 돈을 훔쳐 멤버들이 모인 곳으로 가는데 그사이 셰리의 정부가 들이닥칩니다. 살벌한 총격전 끝에 멤버들은 전부 죽고, 자니는 돈 가방을 들고 공항으로 달려가 무사히 비행기 표를 끊습니다. 그런데 갑자기 활주로에 뛰어든 강아지 한 마리 때문에 짐을 옮기던 차가 급회전하면서 돈 가방이 땅에 떨어지고 그 바람에 가방이 열려 자니가 애써 훔친 돈은 활주로에 흩날립니다. 허탈하게 공항을 나오던 자니와 애인은 경찰에 잡히고요.

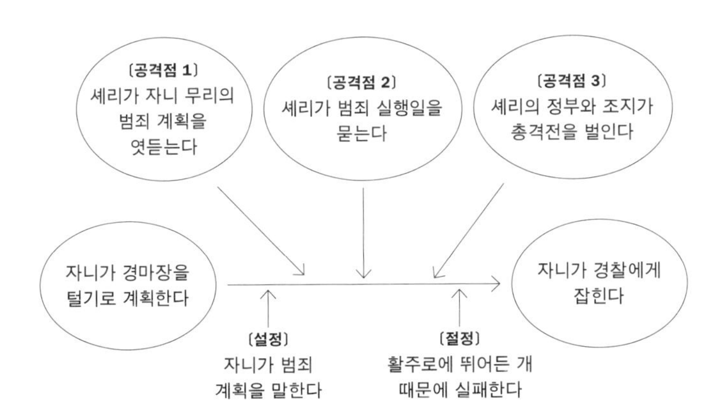

《킬링》의 스토리를 그대로 사용한다고 했을 때, 지금도 투자받을 수 있을까요?

이 영화가 만들어진 1956년에는 가능했습니다.《킬링》도 제작되었잖아요. 투자 가능성의 여부를 떠나《킬링》은 잘 만들어졌고 재미도 있습니다. 하지만 현재의 케이퍼 무비 공식과 비교했을 때 스토리의 전개 속도에서 확연한 차이가 있습니다. 보통의 케이퍼 무비는 공격점 1에서 멤버들이 전부 모여 작전을 짭니다.《킬링》도 마찬가지입니다. 하지만 계획 실행 부분이 현재의 공식과 다릅니다. 현재의 공식에서는 등장인물들이 2-1막부터 작전을 실행해야 하지만《킬링》은 중간점부터 실행합니다. 한마디로 속도가 느립니다. 1950년대와 현재의 스토리는 구성이 같을 수 없습니다. 삶의 속도부터가 다르죠. 이 부분은 더 언급하지 않겠습니다.
다만 절정은 반드시 짚어야 합니다.《킬링》에서 강풍에 실려 비행기 활주로에 흩날리는 돈다발이 주는 이미지는 매우 강렬합니다. 그만큼 결말은 허망하고요. 왜 주인공이 실패하는 서사를 만들었는지 오늘날의 관점으로는 쉽게 납득이 가지 않습니다. 당대에는 인과응보, 권선징악의 결론이 필요했을 겁니다. 지금은 아니고요. 시간을 조금 건너뛰어 1970년대의 케이퍼 무비를 살펴보겠습니다.

《겟어웨이》

샘 페킨파 감독의《겟어웨이》(1972)는 형기를 마치고 출소한 맥코이(스티브 맥퀸 분)가 아내 캐롤(알리 맥그로우 분)과 함께 멤버들을 모아 은행을 터는 이야기입니다.《킬링》과 스토리 구조를 비교하면서 어떤 변화가 있었는지 보겠습니다.

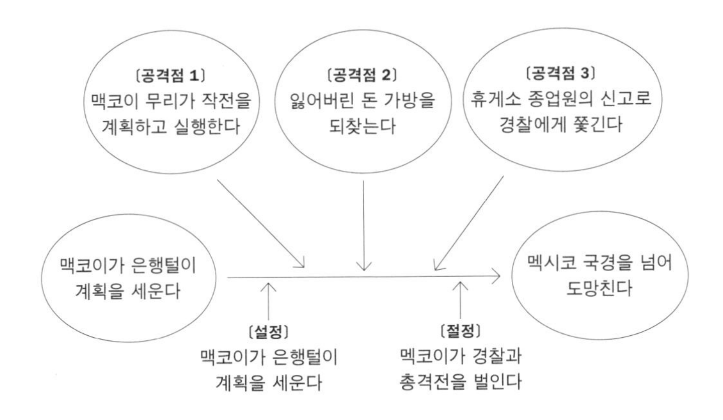

16년의 시간이 흐른 탓인지 《겟어웨이》의 스토리 구성은 오늘날의 그것과 많이 비슷해 보입니다. 《킬링》과 《겟어웨이》의 내부 구조상의 변화를 하나하나 비교해 보겠습니다.

① 계획 실행 시점
《킬링》의 주인공들은 중간점 이후부터 경마장 털이 계획을 실행하는데 비해 《겟어웨이》의 주인공들은 공격점 1에서 작전을 짜자마자 2-1막에서 바로 실행에 나섭니다.

② 중간점의 형태
《킬링》에서는 적대자인 셰리가 남편 조지에게 범행 예정 날짜를 캐묻는 대화 외에는 별다른 위기 요인이 보이지 않습니다. 반면에 《겟어웨이》의 중간점에는 주인공이 어렵게 탈취한 돈을 기차역에서 잃어버리는 커다란 위기가 있습니다. 맥코이는 잃어버린 돈을 되찾기 위해 도둑을 따라 기차에 오르고 온갖 우여곡절 끝에 돈을 되찾습니다. 반복하여 말하지만 위기가 스토리의 긴장감을 만듭니다. 계획 실행 날짜를 묻는 단순 대화만 존재하는 《킬링》과 비교하여 《겟어웨이》는 돈

가방을 잃어버리고 되찾는 과정이 추가됨으로써 훨씬 긴박하고 재미있어졌습니다. 《킬링》과 비교하여 《겟어웨이》의 중간점이 보다 강력해졌다고 할 수 있습니다.

③ 공격점 3의 형태

케이퍼 장르의 스토리 구성상 보통은 오른쪽 날개를 지탱하는 공격점 3에서 심층적인 주인공이 한 번 더 위기에 처합니다. 《킬링》의 공격점 3에서는 셰리의 정부가 등장하여 남편 조지와 총격전을 벌입니다. 조지는 서브 서사를 담당하는 조연입니다. 당연히 메인 서사를 책임지는 주인공의 위기보다 긴장이 떨어지죠. 그러니 관객의 심장을 짜릿하게 만들려면 조연이 아니라 주인공에게 위기 상황을 주어야 합니다. 《겟어웨이》의 공격점 3은 어떤가요? 경찰의 출동으로 주인공 무리와 경찰차 사이에 추격전과 총격전이 동시에 벌어집니다. 경찰이라는 적대자로 인하여 주인공들은 본질적인 위기에 처하죠. 스토리의 긴장감 역시 《킬링》과 비교할 수 없이 강력합니다.
두 영화를 통해 케이퍼 장르의 계획 실행 시점의 변화, 중간점과 공격점 3의 형태 변화를 살폈습니다. 이제 최근의 케이퍼 장르를 보겠습니다.

《범죄의 재구성》

대한민국 케이퍼 무비를 논할 때 최동훈 감독을 빼놓을 수 있을까요? 그만큼 독보적인 능력을 보여 주었다고 할 수 있습니다. 일례로 최동훈 감독이 만든 영화사 이름도 '케이퍼필름'입니다. 아무튼 앞의 두 영화와 최동훈 감독의 영화에는 또 어떤 차이가 있는지, 그리고 코리안 케이퍼 무비는 어떤 특징을 가지는지 살펴보겠습니다.

먼저 《범죄의 재구성》(2004)입니다.

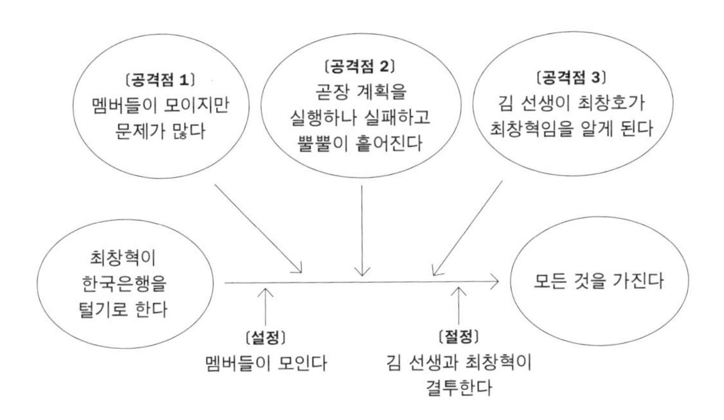

《범죄의 재구성》은 표면적으로는 사람들이 모여 한국은행을 터는 이야기입니다. 심층적으로는 동생이 사기당해 자살한 형의 복수를 하는 이야기입니다. 스토리 구성을 중심으로 영화를 살펴보죠. 공격점 1에서 범죄를 함께할 멤버들이 모입니다. 공식대로라면 이 지점에서 작전 회의가 진행되어야 하지만 《범죄의 재구성》에서는 중간점에서 최창혁이 동료들에게 작전 내용을 알려 주는 동시에 곧장 범죄를 실행합니다. 정리하면 원래는 작전 회의가 공격점 1에 위치해야 하는데, 중간점에서 계획을 실행할 때 동시에 작전이 소개됩니다. 이 점이 보통의 케이퍼 무비 공식과 다른 한 가지입니다. 나머지는 케이퍼 스토리의 정석대로 흘러갑니다.

《겟어웨이》와 비교하여 확인할 부분은 중간점과 공격점 3입니다. 《겟어웨이》의 중간점은 주인공이 우연히 돈 가방을 잃어버리는 것, 《범죄의 재구성》의 중간점은 주인공의 치밀한 계획에 의해 멤버들의 계획이 실패하는 것입니다. 《겟어웨이》의 중간점은 '우연'이고, 《범죄의 재구성》의 중간점은 주인공의 '계획'이죠. 과거에는 우연에 의해 사건이 일어나도 또 그것이 메인 서사와 어느 정도 균열이 있어도 용납되었습니다. 하지만 현재는 사전에 치밀하게 짜인 주인공의 계획에 의해 진행되어야만 합니다. 우연처럼 보여도 알고 보니 주인공의 계획이었음이 밝혀져야 합니다. 메인 서사가 우연에 의해 진행되는 것은 좋은 창작법이 아닙니다.

공격점 3에서도 중간점과 비슷한 차이가 발견됩니다. 《겟어웨이》의 공격점 3은 우연히 주인공 무리를 발견한 식당 종업원이 경찰에게 신고하는 곳입니다. 그로 인해 주인공 무리와 경찰 무리가 대치합니다. 《범죄의 재구성》의 공격점 3은 최창호와 최창혁이 실은 동일 인물임이 밝혀지는 지점입니다.

오늘날의 케이퍼 무비에서 2-2막의 주요 내용은 대개 '역추적'입니다. 중간점에서 계획이 어그러지고 함께 범죄를 도모한 멤버들이 뿔뿔이 흩어집니다. 일부는 사망하죠. 살아남은 멤버 중 한 사람 혹은 몇몇은 중간점에서 왜 자신들의 계획이 실패했는지를 파헤치기 시작합니다. 사건의 역추적이죠. 2-2막 내내 이 과정이 지속됩니다. 그러다 2-2막의 끝과 3막의 시작점 사이에서 마침내 실패의 원인이 밝혀집니다. 모두가 주인공의 계획이었음이 밝혀지는 지점입니다. 전체 사건이 어떻게 시작되었는지와 최초 시작점도 관객에게 정확하게 알려 줍니다.

《범죄의 재구성》의 2-2막은 표면적으로는 김 선생(백윤식 분)이 최창호를 추적하는 동선입니다. 동시에 심층적으로는 형 최창호가 자살했다는 사실이 밝혀지면서 동생 최창혁이 형의 복수를 위해 모든 사건을 꾸몄다는 사실을 관객에게만 가르쳐 줍니다. 이야기의 시작과 중간까지는 현재 사건의 '실행과 실패'를 보여 주고, 중간점 이후인 후반부에 전체 스토리의 '근원과 시작'을 보여 줍니다. 그리고 절정에서 모든 요인이 충돌하고 주인공과 적대자의 격렬한 결투가 나오고, 결국 주인공이 승리하면서 종결됩니다. 엔딩에서 주인공은 복수도 하고, 사랑도 이루고, 돈도 가지고, 가진 것을 주위에 나누면서 자기 자신과 멤버 모두를 행복하게 만듭니다. 이것이 요즘의 케이퍼 스토리의 결말입니다.

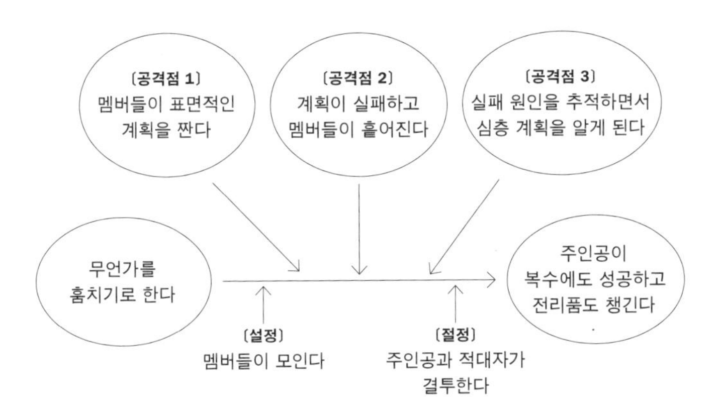

현재의 케이퍼 무비는 위와 같은 서사의 층위를 가집니다. 표면 스토리는 무엇을 훔치는 이야기입니다. 심층 서사는 주인공의 복수 혹은 특수한 목적입니다. 주인공은 자신의 목적을 위한 수단으로 범죄 계획을 세우나, 이는 주인공의 진짜 목적이 아니기 때문에 중간점에서 계획을 실패로 만듭니다. 실패를 경험한 동료들은 일단 흩어졌다 다시 모여 사건을 역추적하는데, 이것은 작가의 정교한 설계에 따른 것입니다. 역추적의 동선은 창작자가 정교하게 설계해 놓은 사건의 근원으로 가는 길입니다.

왜 이런 일이 발생했을까요?

그 길을 따라가야 '현재의 사건'과, 현재의 사건을 만든 '과거의 근원'

을 교차시킬 수 있거든요. 작가의 설계대로 2-2막의 끝에 도달하게 된 등장인물들은 계획 실패 이유를 확실하게 인지하고 주인공과 충돌합니다. 이후에는 모든 것을 이루는 해피엔딩이 주인공을 기다립니다. 케이퍼 스토리는 표면적으로는 무엇인가를 훔치는 스토리지만 심층적으로는 주인공의 목적 때문에 훔치는 척하는 이야기입니다. 훔치는 게 목적이 아니라 훔치는 계획을 빌미로 적대자들을 한데 모으는 것으로, 이것이 케이퍼 스토리의 핵심입니다.

《도둑들》

다음으로 《도둑들》을 보겠습니다. 최동훈 감독이 만든 《범죄의 재구성》과 《도둑들》에는 8년의 시간 차가 있습니다. 두 영화의 차이점이 무엇인지 보겠습니다.

《범죄의 재구성》의 사기꾼들이 은행털이를 위해 모였다면 《도둑들》의 도둑들은 희대의 다이아몬드 '태양의 눈물'을 훔치기 위해 모입니다. 《범죄의 재구성》은 중간점에서 누군가의 전화로 계획이 실패로 돌아갑니다. 《도둑들》도 마찬가지입니다. 금고 안에 아무것도 없음을 발견한 시점에 멤버 전원에게 문자가 옵니다. "다이아몬드는 잊어 주세요. 웨이홍은 저 혼자 만나겠습니다. 그동안 고마웠습니다."

두 영화에는 비슷한 요소가 하나 있습니다. 《범죄의 재구성》의 공격점 3에서는 동생 최창혁이 형의 복수를 위해 모든 것을 계획했다는 사실이 드러납니다. 《도둑들》의 공격점 3에서는 마카오박(김윤석 분)이 적대자 웨이홍에게 과거에 그가 자신의 아버지를 죽일 때 이 장면을 소파 밑에서 지켜봤음을 고백합니다. 이로써 모든 게 마카오박의 복수라는 사실이 드러나죠. 절정에서의 총격전과 해피엔딩은 똑같습니다.

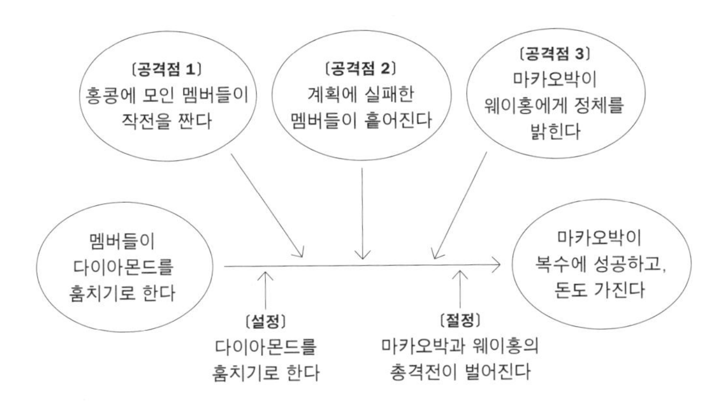

《범죄의 재구성》과 《도둑들》은 같은 플롯, 다른 스토리라고 정리할 수 있습니다. 장르의 공식을 잘 따른다는 증거입니다. 그만큼 감독이 장르에 맞게 스토리를 영민하게 풀었습니다.

또한 두 영화를 비교해 보면 자연스럽게 서브 서사의 충실도가 보입니다. 이야기 구성 요소의 위치는 똑같지만 《범죄의 재구성》과 비교하여 《도둑들》의 서브 서사는 보다 촘촘해졌습니다. 다이아몬드 훔치기라는 표면 서사 아래에도 마카오박, 뽀빠이(이정재 분), 팹시(김혜수 분)의 멜로와 마카오박, 웨이홍, 첸(임달화 분)의 원한 관계 등을 잘 배치했습니다. 여기에 보통의 영화보다 훨씬 많은 등장인물을 적절한 위치에 적절한 분량으로 배치한 것은 여러분이 앞으로 케이퍼 스토리를 작업할 때 반드시 참고해야 할 점입니다.

영화는 보통 2시간이라는 시간 제약이 있어 TV 드라마 대본에 비해 이야기의 충실도가 엄청나게 높아야 합니다. 정말 쉽지 않죠. 드라마 대본은 16부라는 길이에 맞춰 서사를 수평으로 나열하는 글쓰기입니다. 반면 영화 시나리오는 2시간(120분)이라는 길이에 맞춰 스토리를 수직으로 쌓는 글쓰기입니다. 스토리의 집적도를 높이는 전략이 좋은 시나리오를 쓰는 방법입니다. 메인 서사 밑에 두세 겹의 서브 서사의 층위를 쌓아야 좋은 결과를 얻을 수 있습니다.

《암살》

최동훈 감독의《암살》(2015)의 구조는 이렇습니다.

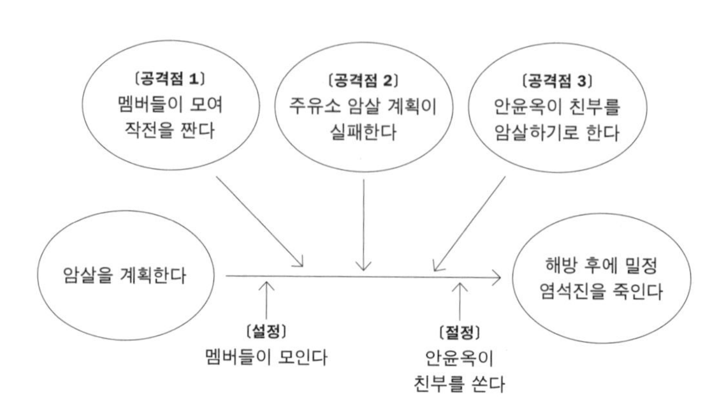

한번 따져 봅시다.《암살》을 케이퍼 무비라고 할 수 있을까요? 사전적 의미로만 따진다면 아닙니다. 일단 이 영화는 범죄 영화가 아닙니다. 하지만 여러 등장인물이 하나의 목표를 위해 모이고, 계획을 세우고, 이를 실행한다는 범주에서 케이퍼 무비의 관점으로 분석할 만한 가치가 있습니다. 그리고《범죄의 재구성》,《도둑들》,《암살》이 모두 최동훈 감독의 작품이니 그의 스타일을 심층적으로 분석해 보는 것도 나름의 의미가 있습니다.

우리가《암살》을 '한 무리의 사람들이 잃어버린 조국 대한민국을 다시 훔쳐 오는 영화'라고 바꿔 보면 어떨까요? 이것이야말로 진정한 케이퍼 무비가 아닐까요? 독립투사들이 잃어버린 대한민국을 되찾으려고 애쓰는데, 그들을 괴롭히는 가장 악랄한 적대자가 밀정이라고 해석할 수 있습니다.

그러면 《암살》을 케이퍼 스토리의 구성으로 들여다보겠습니다. 앞의 두 작품과 마찬가지로 사람들이 모이고, 계획을 짜고, 계획을 실행하다 실패하고, 다시 역추적하고, 또 계획을 짜고, 또 실행하고, 끝내 자신의 목적을 이루는 것으로 끝납니다. 케이퍼 무비의 공식 그대로요.

《암살》은 오락 영화지만 스토리의 깊이가 깊습니다. 표면 서사는 친일파 암살이지만 이야기의 층위가 하나 더 있습니다. 주인공들의 암살 대상은 표면적으로는 강인국(이경영 분)과 조선 주둔군 사령관 카와구치(박병은 분)입니다만 이보다 중요한 대상은 염석진(이정재 분)입니다. 그래서 그의 죽음으로 끝나죠. 어떻게 보면 일제 강점기의 표면적인 적대자는 '친일파'이지만 심층적인 적대자는 '밀정'이라는 해석이 가능합니다.

그것만이 아닙니다. 당시에는 친일파 부모를 가진 자식들이 차마 자기 손으로 부모를 처단할 수 없어 살부계를 만들어 서로의 아버지를 죽이기도 했습니다. 하와이 피스톨(하정우 분)이 살부계의 멤버입니다. 영화에는 '일본인 죽이기', '밀정 죽이기', '친일파 아버지 죽이기' 등 암살의 여러 층위가 켜켜이 쌓여 있습니다. 하나씩 벗기다 보면 스토리의 정교함에 절로 감탄하게 됩니다. 안윤옥(전지현 분)을 쌍둥이로 표현한 데는 어떤 의미가 숨어 있을까요? 당시 우리나라 사람들은 독립군과 친일파, 둘 중 하나였음에 관한 심층 표현으로 본다면요?

(3) 케이퍼 스토리 총정리

1956년작 《킬링》부터 2015년에 개봉한 《암살》까지 케이퍼 스토리의 내부 공식을 점검했습니다. 이 과정에서 케이퍼 스토리의 공식을 깨우칠 수 있었습니다. 케이퍼 스토리의 등장인물들은 무엇을 훔치거나 누구를 죽이기 위한 동일한 목적을 갖고 모입니다. 설정에서 목표가 정해지고, 1막 끝에서 함께 작전을 짜고, 2-1막에서 계획을 실행합니다. 중간점에서 처음의 계획은 실패로 돌아가고, 2-2막 내내 실패의 원인을 역추적합니다. 공격점 3의 시작에서 마침내 실패 이유를 알고, 절정에서 주인공과 적대자의 결투 혹은 총격전이 벌어집니다. 그리고 주인공은 바라던 모든 것을 성취합니다.

또 하나. 케이퍼 스토리의 표면 서사는 무엇을 훔치는 내용이지만 심층 서사는 주인공의 복수나 특별한 목적의 실행이라는 사실도 알았습니다. 이제 여러분의 과제는 이와 같은 이야기의 기본 형식 안에서 이야기의 층위를 켜켜이 쌓는 일입니다.

9

액션

(1) 액션 스토리 공식

액션 영화는 시작부터 주인공이 누군가와 격렬하게 싸웁니다. 처음에 등장하는 악당은 적대자거나 적대자의 하수인 혹은 적대자의 다른 형태입니다. 과거의 주인공과 적대자의 결투 모습을 보여 줄 수도 있습니다. 적대자는 적대자대로 스토리가 시작되자마자 악행을 저지릅니다. 대상은 주인공의 가족이거나 나중에 그가 구해 줄 피해자죠.
아무튼 스토리는 액션이 폭발하는 형태로 열립니다. 그다음부터는 계속하여 적대자를 찾아가는 주인공이 보이고요. 주인공은 본격적으로 악행을 저지르는 적대자를 찾아다니지만 중간점에서야 적대자의 본질과 마주합니다. 결정적으로 악인을 잡으려는 순간, 예상하지 못한 장애물이 등장하여 그를 놓치고 맙니다. 하지만 절정에서 장쾌한 액션과 함께 처단합니다. 이때 관객은 주인공에게 강한 동질감을 느낍니다. 전형적인 액션 스토리의 모습은 이렇습니다.

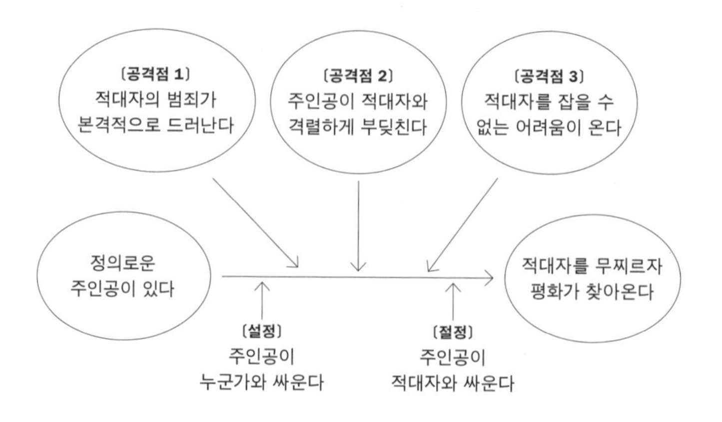

현재 액션은 전 세계적으로 관객들에게 가장 반응이 좋은 장르입니다. 플롯은 굉장히 단순하지만 단순한 구조를 뛰어넘는 화려한 움직임이 관객의 마음을 사로잡죠. 액션 영화를 보기 전에 관객들은 이번에는 어떤 독특하고 박진감 넘치는 액션이 펼쳐질까 기대를 갖습니다. 그래서 액션 장르의 진화는 액션 신의 다양한 변신에 달려 있습니다. 어떻게, 어떤 무기로, 어떤 폭탄으로, 어떤 무술로 히어로가 절대 악인을 물리칠까요?

액션 장르의 인기가 유독 높은 이유는 무엇일까요?

일반 관객들은 현실에서 이와 같은 장면을 보거나 경험할 일이 없기 때문입니다. 현실에서 어떻게 배트맨이 조커를 무찌르고, 아이언맨이 지구를 구하고, 신문 기자가 슈퍼맨으로 변신할 수 있을까요? 액션 영화야말로 소시민의 소원을 통쾌하게 풀어 주는 장르입니다. 그런 면에서 액션 스토리에는 글 자체에 판타지 요소가 있습니다.

(2) 액션 스토리 작품 분석

《스카페이스》

브라이언 드 팔마 감독의 범죄 액션 영화 《스카페이스》(1983)는 하워드 혹스 감독의 《스카페이스》(1932)의 리메이크작입니다. 리메이크 작품의 주인공은 알 파치노가 맡았습니다. 영화는 토니 몬타나라는 남자의 성장과 파멸을 다루는데요. 액션 영화의 원형을 살펴보고자 택했습니다. 절정 부분에서 액션이 폭발하는데, 지금 봐도 정말 재미있습니다.

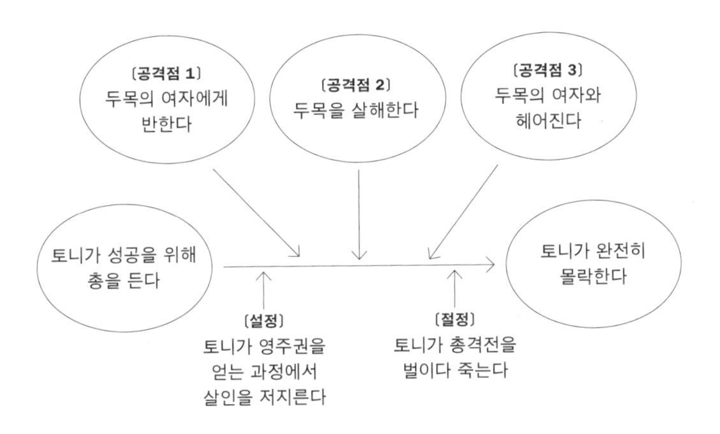

이것이 내용의 전부입니다. 본질만 따지면 한 남자가 욕망을 품고, 한 여자를 취하려 하고, 그 때문에 총을 맞고, 복수하고, 정상에 올랐다 파멸합니다. 연대기적 구성으로 진행되는 스토리는 지금의 시선에서 보면 지루하고 어딘지 엉성합니다. 다만 지금까지 살펴본 모든 장르의 초기 모습이 이야기의 단순 나열이었음을 기억한다면 《스카페이스》 역시 액션 스토리의 초기 원형으로 나쁘지 않은 사례라고 할 수 있습니다.

설정과 절정에 주목하세요. 설정과 절정이 장르를 정한다고 계속 강조했습니다. 액션 영화의 설정과 절정은 당연히 액션 신으로 구성됩니다. 설정과 절정의 액션 신 설계가 가장 중요한 스토리 작업입니다. 전체 플롯을 세우자마자 설계해야 합니다. 그것이 성공과 실패를 좌우할 테니까요. 이 장면들은 아주 치밀하고 세밀해야 합니다.

— 두 사람이 총격전을 한다.

— 차가운 바람이 불었다. 방아쇠에 손을 가져다 대는 그의 마음에는 거대한 빙산이 갈라지는 것 같은 균열이 일었다. 불과 0.5초 차이였다. 적이 숨을 내쉬는 것과 동시에 총을 빼들었고, 총구는 적이 숨을 들이쉬기 전에 불을 뿜었다. 총알은 거대한 회전으로 적의 속을 태풍처럼 휘저었고… 결국 적이 털썩 쓰러졌다. 쓰러진 적이 마지막 숨을 들이켰으나 그 숨은 적의 몸 밖으로 나오지는 못했다.

두 표현을 비교해 보세요. 멜로 영화가 주인공들의 세밀한 감정의 결을 미세하게 잡아내듯 액션 영화는 주인공과 적대자의 액션 톤을 세밀하게 조정해야 합니다. 액션 시나리오는 말 그대로 액션을 제대로 써내야 하는 글입니다. 주인공과 적대자의 갈등을 담은 전체 플롯을 정한 후에는 곧바로 스토리 곳곳에 세밀한 액션 신들을 정교하게 배치해야 합니다.

《다크 나이트》

크리스토퍼 놀란 감독이 만든 《다크 나이트》(2008)는 배트맨 시리즈 중 하나입니다. 주인공 브루스 웨인/배트맨(크리스찬 베일 분)의 적대자는 조커(히스 레저 분)죠. 한데 보통의 할리우드 히어로 영화들과는 결이 다릅니다. 고담 시민들은 절대적으로 배트맨을 지지하지 않거든요. 배트맨은 외로움 속에서 적대자인 조커와 싸우고 스스로 악인을 자처하며 어둠 속으로 떠납니다. 제목처럼 굉장히 어둡습니다. 그런데도 재미있어요. 또 보고 나면 주인공이 그렇게 멋져 보일 수가 없습니다. 무엇보다 자꾸 생각납니다. 관객이 모르는 무언가가 있다는 증거입니다.

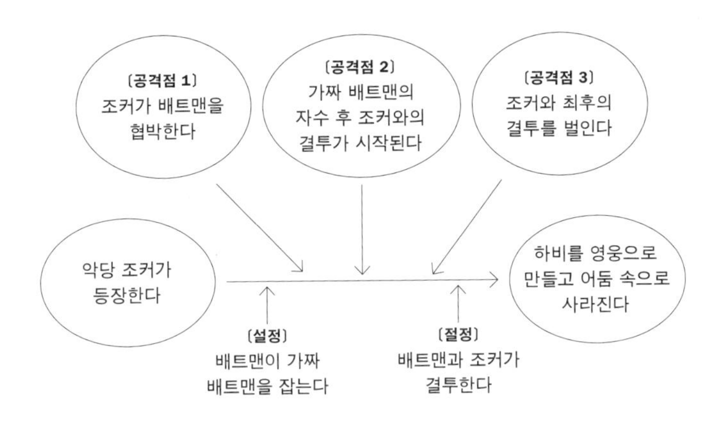

《다크 나이트》에는 무엇이 숨겨져 있을까요?

감독과 작가의 심층 서사, 스토리 밑에는 그들의 정교한 계획이 깔려 있을 겁니다. 《다크 나이트》의 심층 서사를 생각해 보죠. 《다크 나이트》는 '선택'에 관한 영화입니다. 감독은 플롯의 모든 포인트마다 이 명제를 배치했습니다. 관객은 장르에 맞게 설계된 화려한 액션 신을 따라 영화를 즐기면서 감독이 설치해 둔 선택이라는 틀에 자기도 모르게 빠져듭니다. 의식을 통한 세밀한 분석은 관객 몫이 아닙니다. 하지만 관객의 무의식은 알고 있습니다. 《다크 나이트》가 명작이라는 사실을요. 놀란 감독은 액션 장르라는 표면 서사를 잘 차려 배치하고, 그 밑에 자기가 하고 싶은 이야기를 교묘하게 설정해 놓았습니다.

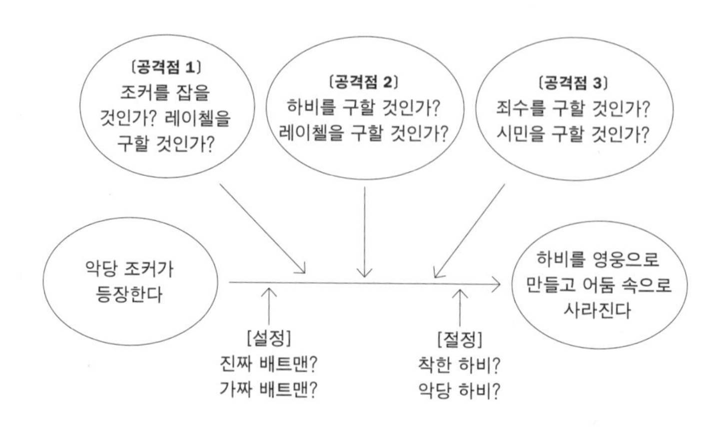

영화의 심층 서사는 위와 같은 모습이 아닐까요? 플롯 구조 외에도 '선택'이 떠오르는 장치들이 몇 개 더 있습니다. 영화 전체에 걸쳐 등장하는 동전 던지는 장면이죠. 동전의 앞면과 뒷면. 동전을 던지면 나오는 50퍼센트 확률은 선택을 뜻합니다. 또한 얼굴의 절반에만 상처를 입은 하비 덴트/투 페이스(아론 에크하트 분)도 마찬가지입니다. 감독은 자신이 하고 싶은 이야기를 하고자 등장인물의 얼굴까지도 '선택'이라는 프레임에 맞추었습니다. 마지막에 배트맨이 하비의 상처 입고 악해 보이는 얼굴을 뒤집어 상처 입기 전의 순수한 얼굴이 관객을 향하게 합니다. 그것으로 이야기를 마무리하죠. 정말이지 완벽한 결말입니다.

《베테랑》

류승완 감독의 《베테랑》(2015)의 행동파 형사 서도철(황정민 분)은 재벌 3세 범죄자 조태오(유아인 분)를 잡기 위해 고군분투합니다.

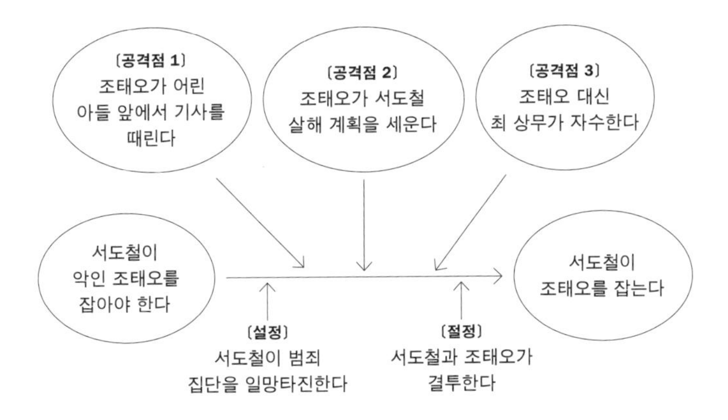

적대자는 범죄자가 아니라 파렴치한 재벌 3세입니다. 주인공은 '서민', 적대자는 '재벌'입니다. 이 작품은 2015년에 개봉했는데요. 2010년에 일어났던 모 재벌 2세의 '맷값 폭행' 사건이 모티프로 보입니다. 스토리의 내부 구조도 서민과 재벌의 대치 구도입니다.

서민들에게 '갑질'은 엄청난 스트레스입니다. 교과서는 세상이 평등하다고 하지만 현실이 정말 그런가요? 여전히 계급 사회임을 모두가 인지할 겁니다. 계급에 짓눌려 사는 서민은 현실에서는 아픔을 하소연할 데가 없습니다. 그래서 재벌이 돈을 내고 서민을 마음껏 때렸다는 뉴스는 우리 가슴을 피멍 들게 했습니다.

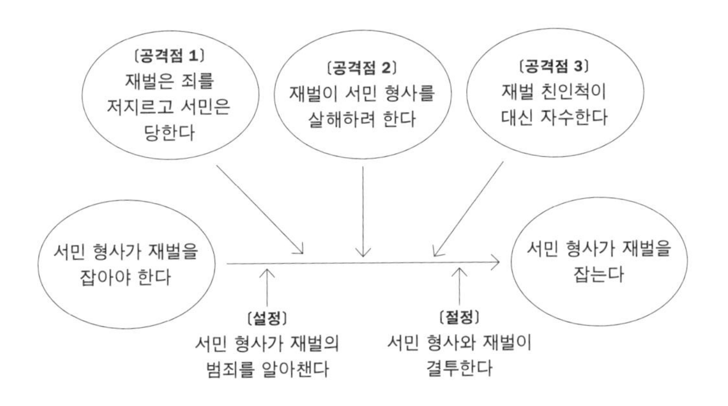

《베테랑》에서는 현실과 다른 일들이 일어납니다. 위의 도표처럼 표현할 수 있습니다. 서민들의 연대가 이루어지고 재벌을 통쾌하게 무찌릅니다. 이것이 관객의 커다란 공감을 얻습니다.
액션 스토리는 정의로운 주인공이 절대 악을 물리치는 내용이 많습니다. 적대자의 존재와 기능도 주인공 못지않게 중요하고요. 하지만 단순하게 '나쁜 사람'을 적대자로 설계하면 안 됩니다. 일반인의 소박하고 일상적인 삶을 영위하지 못하게 하는 존재, 존재만으로도 고개를 가로젓게 되는 사람, 혹은 우리 무의식에 존재하는 절대 악 같은 강력한 적대자를 설계해야 합니다. 주인공이 절정에서 적대자를 무찌르고요. 거대한 적이 주인공 앞에서 털썩 쓰러질 때, 관객의 공감은 훌쩍 높아집니다.

《범죄도시》

《범죄도시》(2017)는 강윤성 감독의 데뷔작입니다. 이후 《롱 리브 더 킹: 목포 영웅》(2019)을 만드는 등 액션에 강점을 보여 주었습니다. 《범죄도시》는 액션 영화의 정석입니다.
주인공은 열혈 형사 마석도(마동석 분), 적대자는 장첸(윤계상 분) 일행입니다. 장첸 일행이 대림동 거리에 들어와 범죄를 저지르고, 그때부터 주인공과 적대자의 갈등이 시작됩니다. 마석도는 형사의 본분을 다하며 장첸 무리를 잡기 위해 동분서주합니다. 마침내 둘의 결투, 그리고 평화. 전형적인 형사물 혹은 범죄 액션물의 원형을 보여 줍니다. 서사의 특이점은 없어도 잘 짜인 매끈한 만듦새를 자랑합니다.

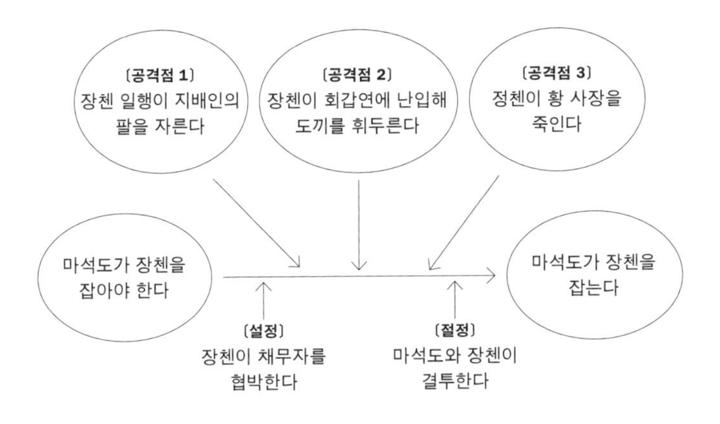

이번에도 적대자에 주목하세요. 《베테랑》의 적대자는 재벌 3세, 《범죄도시》의 적대자는 조선족 깡패입니다. 재벌 3세가 적대자가 된 이면에는 대한민국 사회에 만연한 재벌 갑질이 있습니다. 《범죄도시》의 적대자인 조선족은 대한민국에 어떤 위해를 가하기에 적대자가 된 걸까요? 영화의 엔딩 자막에는 다음과 같은 문구가 나옵니다. '2004년 금천서 강력반은 조선족 조직원 30여 명을 검거해서 검찰에 송치했다.' 이는 이 영화가 실화를 근거로 만들어졌으며, 우리 사회에 이미 조선족과 관련된 여러 문제가 존재한다, 혹은 만연해 있다는 말과 같습니다. 절대로 비하의 의미는 아닙니다. 다만 최근의 여러 사건으로 우리 무의식에는 조선족에 대한 경계와 공포가 존재합니다. 이 영화는 그 문제를 건드렸고요. 단순히 싸우기만 하면 액션 스토리가 아닙니다. 주인공이 싸울 만하고 당연히 싸워야 하는 적대자와 싸울 때 관객의 반응도 높아진다는 점을 기억하세요.

《레디 플레이어 원》

마지막으로 살펴볼 영화는 스티븐 스필버그 감독의 《레디 플레이어 원》(2018)입니다. 한국 영화가 아니라 할리우드 영화를 마지막으로 내

세운 이유가 있습니다.

오늘날의 영화 산업 현장에서 우리가 고전으로 생각하는 영화라는 매체의 스토리는 사라졌습니다. 영화를 배우는 학교에만 그 자취가 남아 있습니다. 대신 마블 시리즈 같은 만화적 상상력이 영화, 드라마 안에 깊숙이 들어와 있습니다. 가까운 미래에는 현재와 같은 만화적 상상력도 끝나고, 게임과 영화, 드라마가 교집합을 이루는 날이 오지 않을까요? 그래서 《레디 플레이어 원》을 액션 스토리의 마지막으로 선택했습니다.

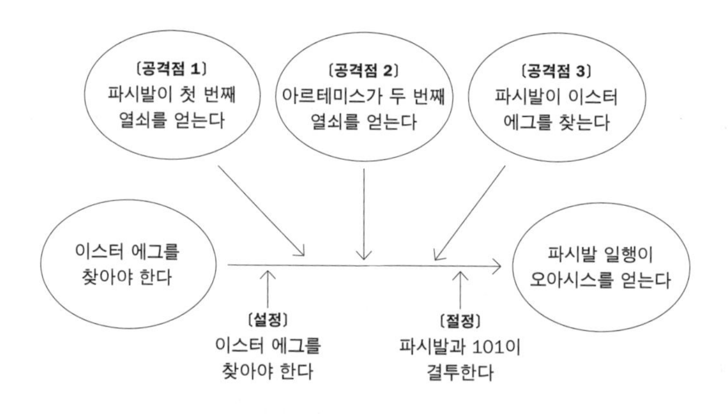

도표만 보고도 《레디 플레이어 원》이 기존 스토리의 공식과는 다르다는 사실을 알 수 있습니다. 영상 스토리라기보다는 게임 스토리에 가깝지 않나요? 미션을 해결하고 다음 미션으로 향하고, 다음 미션을 해결하면 그다음 단계로 전진합니다. 영화 매체에 게임 스토리가 담겨 있습니다. 그래서 신선하다는 느낌이 있지만 중화권을 제외하고는 큰 흥행을 거두지 못했습니다. 저는 영화나 드라마에서 이런 식의 스토리가 더욱 많아지리라 예상합니다. 아직까지는 주인공의 스토리를 극장에서 지켜보고 있지만 곧 우리가 직접 시스템의 주인공이 되어 스토리 자체를 만들 것이라고요.

20년 전에 마블의 세상이 올 줄 알았나요?

미래는 아무도 모릅니다. 다만 조심스럽게 게임의 세상이 현실의 세상을 더욱 넓혀 나가리라 예측합니다. 만약 그런 세상이 진짜로 온다면 《레디 플레이어 원》은 그 시발점으로서의 가치를 가질 것입니다. 창작자인 우리들은 스토리의 미래가 어떻게 어떤 모습으로 변할지 깊이 생각해 봐야 합니다.

(3) 액션 스토리 총정리

액션 스토리를 정리할 차례입니다. 그에 앞서 질문 하나 하겠습니다.

제3차 세계 대전은 일어날까요? 일어난다면 언제일까요?

정답이 없는 질문이지만 전문가들은 대체로 일어나지 않는다고 전망합니다. 미래의 전쟁은 핵전쟁일 가능성이 크고, 이는 곧 지구 종말을 의미하기 때문입니다. 이 예측이 맞다면 앞으로의 인류는 영원히 전쟁 없는 세상에서 살게 될 것입니다. 기나긴 평화가 지속되면 지루함을 견디지 못하는 사람들은 더더욱 탈출구를 찾으려 할 테죠. 인간에게는 도덕이나 법규로 막을 수 없는 본능이 깊숙이 자리 잡고 있습니다. 그것이 액션 영화가 사랑받는 이유입니다. 액션 영화는 윤리와 도덕이라는 프레임에 갇혀 사는 인간의 파괴 본능을 해소시켜 줍니다. 액션이 강하면 강할수록 억눌려 있던 파괴 본능이 분출됩니다. 스트레스가 해소됩니다. 액션 영화의 순기능이 바로 이것입니다.
통쾌한 액션 스토리를 쓰는 작가들은 스토리의 얼개가 어느 정도 구축된 이후 곧장 지금까지 존재하지 않았던 창조적인 액션 신을 창작해야 합니다. 인간의 파괴 본능을 만족시키는 액션 장면이 필요합니다. 주인공과 적대자가 격렬하게 부딪치는 강력한 액션 장면일수록 관객들이 만족할 것입니다. 인간의 강력한 파괴 본능을 해소시켜 주는 장르가 액션 스토리라는 사실을 명심하세요.

10

재난

(1) 재난 스토리 공식

무언가 커다란 일이 벌어질 것 같습니다. 주인공 주변에서 재난의 전조가 될 만한 일들이 일어나고 곧바로 희생자가 나타납니다. 아직 몇몇 예민한 사람들만 상황을 인지하고, 대다수는 그들의 말을 듣지 않습니다. 그사이 여러 곳에서 비슷한 일이 연달아 발생하죠. 주인공은 소리 높여 위험을 주장하지만 좀처럼 받아들여지지 않습니다. 그때 재난이 일어납니다. 여러 사람이 피해를 당하자 그제야 주인공의 말이 인정받기 시작합니다. 그러나 너무 늦었습니다. 다수의 피해자가 발생하고 사람들은 깊은 절망에 빠집니다. 한바탕 슬픔이 휩쓸고 지나가고, 이제는 극복할 차례입니다. 친구를 위해, 연인을 위해, 가족을 위해 자신을 희생하는 사람들이 나타납니다. 발생한 재난을 해결할 수는 없습니다. 그저 극복하는 겁니다. 서로가 서로의 상처를 보듬어 줄 수는 있으니까요. 이 과정을 통해 사람들은 현재가 너무나 소중하다는 사실을 깨닫습니다. 앞으로도 재난이 다시 발생할 수 있다는 것을 알기에 평소에 친구, 연인, 가족들을 챙기고 내가 살고 있는 집, 마을, 나라를 다시 돌아봅니다.

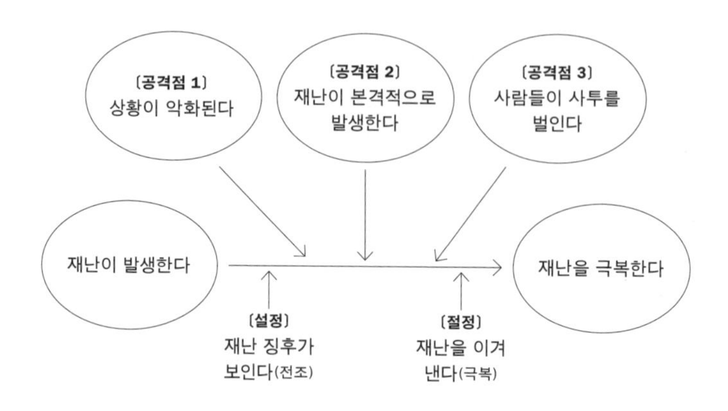

이와 같은 기본 스토리에 주인공이 극복하기 힘든 재난만 넣으면 재난 스토리가 만들어집니다.

(2) 재난 스토리 작품 분석

《해운대》

윤제균 감독의 《해운대》(2009)는 한국형 재난 영화의 효시가 되는 작품이라고 할 수 있습니다. 지질학자 김휘(박중훈 분)는 해운대를 둘러싼 동해의 상황이 2004년에 발생했던 인도네시아 쓰나미와 같다는 사실을 발견하고 부산에 메가 쓰나미가 닥칠 거라고 경고합니다. 물론 아무도 귀 기울여 듣지 않죠. 사람들은 언제나처럼 평온한 일상을 보냅니다. 그사이 쓰나미의 진앙지가 한반도 쪽으로 이동하고 있다는 과학적 데이터가 보이기 시작하고 그는 더욱 목소리를 높입니다만 해운대에서 예정되어 있는 국제 행사가 있어 이 사실을 덮으려고만 합니다. 바로 그때, 엄청난 쓰나미가 몰려옵니다. 그제야 사람들은 김휘의 말을 경청하지만 너무 늦었습니다. 다수의 피해자가 발생하면서 소중한 친구, 연인, 가족이 쓰나미에 희생됩니다. 간신히 살아남은 사람들은 함께 눈물을 흘리고 같이 시련을 극복하기로 합니다. 해운대에 살고 있는 사람들, 놀러 온 이들은 힘을 모아 재난의 잔해를 치웁니다.

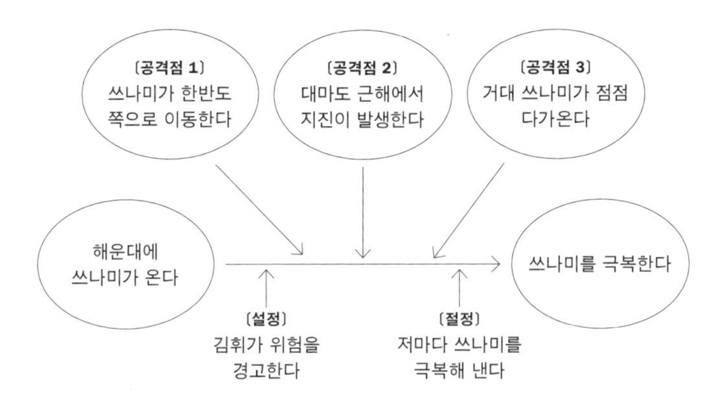

《해운대》는 2004년에 실제로 발생했던 인도네시아 쓰나미가 우리나라에도 일어난다면 어떻게 될까라는 상상을 바탕으로 만들어진 영화입니다. 인도네시아 쓰나미의 재난 규모와 피해가 상당했기에 영화를 보고 나면 정말로 해운대에 메가 쓰나미가 닥치면 어떻게 될지 고민해 보게 됩니다. 너무 무서운 일이니까요. 그런데 여기서 잠깐! 《해운대》의 스토리가 어딘지 낯익지 않나요? 앞부분에서 살펴본 한 영화와 매우 닮았습니다.

'메가 쓰나미'를 '상어'로 바꾸면 어떨까요?

《죠스》를 공포 장르로 소개했지만 재난 장르에서 다루어도 무리 없습니다. 인간을 향해 다가오는 대상이 '상어'냐 '쓰나미'냐의 차이만 있을 뿐이죠. 두 영화는 공통점이 많습니다. 재난을 감지한 주인공이 빨리 대피해야 한다고 주장하지만 사람들은 듣지 않습니다. 곧 재난이 닥치고 커다란 피해를 겪습니다. 여러 어려움이 있지만 사람들은 끝내 그것을 극복하고요. 적대자 라인은 어떻고요. 《죠스》는 죠스의 공격이 전체 적대자 라인을 지배합니다. 죠스가 공격하고, 공격하고, 공격합니다. 《해운대》도 마찬가지입니다. 쓰나미가 발생하고, 이동하고, 다시 인간을 공격합니다.

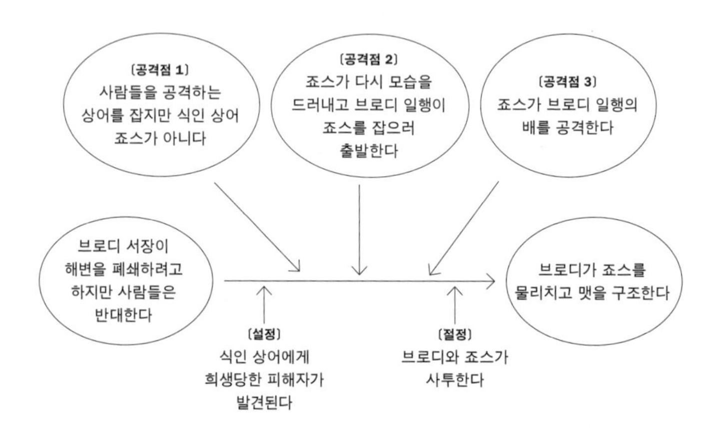

《죠스》의 스토리 구성을 다시 보세요. 공포 영화와 재난 영화의 플롯 구성이 비슷하다는 말이 금방 이해가 가죠? 스토리의 시작과 함께 전조가 등장하고 1막 끝부분 즈음에 대상이 실체를 드러냅니다. 그 정체가 귀신이면 공포, 자연재해나 사고면 재난 장르가 됩니다. 내부의 디테일은 당연히 다릅니다. 대상에 따라 대응법이 다를 테니까요.

이런 생각을 할 수도 있습니다. 어떤 공포 영화를 봤는데 너무나 마음에 들었습니다. 그래서 내가 다시 만들어 봐야겠다고 결심했습니다.

자본도 충분하고 원작 회사와도 말이 잘 통한다면 판권을 사서 다시 만드는 편이 제일 이상적입니다. 반면에 자본도 충분하지 않고 원작 회사가 동의하지 않는 경우 공포 영화를 재난 영화로 바꾸는 것도 하나의 방법입니다.
표절은 분명한 범죄입니다. 즉, 창작자의 양심을 파는 행위입니다. 하지만 재구성은 창작의 한 가지 방법입니다. 원작의 흐름과 전혀 다른 내용으로 채워진다면 시도해 볼 만합니다. 이 책의 1/4 가까이를 장르 분석에 할애하는 이유가 그것입니다. 스토리의 공식에 관한 공부가 깊어질수록 공식을 뛰어넘는 이야기를 창작하고 싶다는 욕망은 커집니다. 봉준호 감독이 《괴물》에서 기존 공식과 다르게 주인공의 딸을 희생시키고 다른 소년을 받아들인 것처럼, 이야기의 전체 포맷을 이해하면 이해할수록 공식의 변형과 통합을 향한 호기심은 커집니다. 다만 공식을 초월하는 이야기는 기존 공식을 완전히 체득한 이후에 가능합니다. 플롯의 새로운 재해석과 재구성을 시도하기 위해서라도 모든 장르의 법칙을 체화하기 바랍니다.

《부산행》

연상호 감독의 《부산행》(2016)도 《해운대》와 같은 구조의 서사를 보여 줍니다. 《죠스》의 '상어', 《해운대》의 '쓰나미'가 '좀비'로 바뀌었다는 게 차이입니다. 서울역에 좀비가 나타나는 전조가 보입니다. 석우(공유 분)의 딸 수안이 이를 목격하지만 석우는 보지 못합니다. 어쨌든 이들은 정체불명의 바이러스를 피해 안전하다는 부산행 기차를 타지만 이 열차에 좀비 바이러스에 감염된 여자가 타면서 열차는 아비규환이 됩니다. 기차가 부산에 가까워질수록 상황은 심각해져만 가죠. 이야기의 중간점에서 주인공 무리는 몰려오는 좀비들을 무찌르고 조금씩 객차 앞으로 전진합니다. 다른 열차로 갈아타 보려고 하지만 쉽지 않습니다. 결국 석우는 딸을 위해 자신의 몸을 내던집니다.

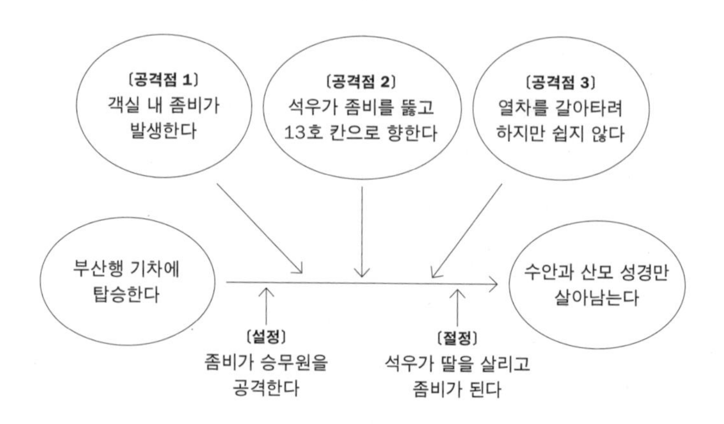

《부산행》 역시 앞서 살펴본 영화들처럼 재난 영화의 공식에 맞추어 구성됩니다. 재난 장르 창작에서 가장 중요한 점은 관객 모두가 인정할 수 있는 재난의 형태와 상태를 만드는 일입니다. 액션 영화의 시나리오를 쓸 때 전체 구조가 잡히자마자 액션의 형태를 세밀하게 서술해야 하듯 재난 영화는 전체 스토리의 플롯이 세워지자마자 재난의 형태와 상태를 고민해야 합니다. 1975년에는 상어가, 2009년에는 쓰나미가 관객들이 인정할 만한 재난이었습니다. 그리고 2016년이 되자 좀비가 한국 관객들이 인정할 만한 재난이 됩니다.

대한민국에 남아 있는 재난은 무엇일까요?

재난 스토리를 구상 중이라면 내가 쓰는 재난이 현재의 관객에게 허용 가능한지를 먼저 따져 봐야 합니다. 전 세계적으로는 여러 번 다루어졌더라도 한국 관객에게는 이질감이 느껴진다면 재빨리 재난의 종류와 대처법을 바꾸어야겠죠. 시대마다 사랑에 대한 생각이 달라지듯, 재난을 대하는 사람들의 시선과 대응법도 달라집니다.

《터널》

김성훈 감독의 《터널》(2016)은 재난 장르의 특성을 살펴보기 좋은 텍스트입니다. 스토리 구조가 매우 독특하기 때문인데요. 전조가 있어야 할 설정에서 곧바로 재난이 시작됩니다. 한마디로 진행 속도가 매우 빠릅니다.

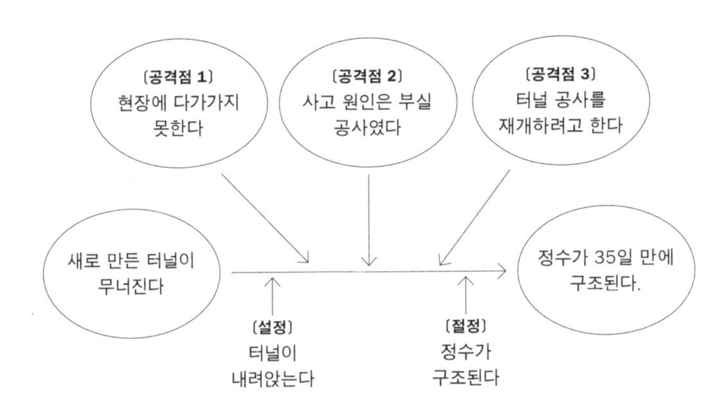

전체 스토리 구조를 보면 한 가지 놀라운 사실을 발견할 수 있습니다. 설정에서 터널이 무너지는 사건이 벌어지고, 이후 외부에서 주인공을 구하는 행동이 일어납니다. 터널에 갇힌 주인공은 큰 행동을 할 수 없으니 서사는 주인공을 구하려고 하는 사람들에게 집중됩니다. 다만 그 움직임은 지난하고, 지루하고, 지리멸렬합니다.

스토리가 진행되면서 새로운 사실이 속속들이 밝혀지죠. 주인공이 갇힌 터널은 부실 공사로 만들어졌기 때문에 제대로 된 설계도도 남아 있지 않습니다. 게다가 건설 비용 때문에 (갇혀 있는 주인공은 아랑곳하지 않고) 다른 터널 공사를 재개하려고 합니다. 소중한 생명을 구하는 구조 작업이 아니라 하찮은 생명을 방치하는 작업 같아 보입니다. 아이러니하지만《터널》의 장점은 바로 이 지점에 있습니다.

영화의 표면 서사는 터널이 무너지고, 사람들이 힘을 합쳐 주인공을 구하는 것입니다. 바로 이 과정에 심층 서사가 숨어 있습니다. 즉 터널이 무너진 것보다 더 큰 재난은 터널 구조 작업입니다. 이 영화의 심층 서사는 다음과 같습니다.

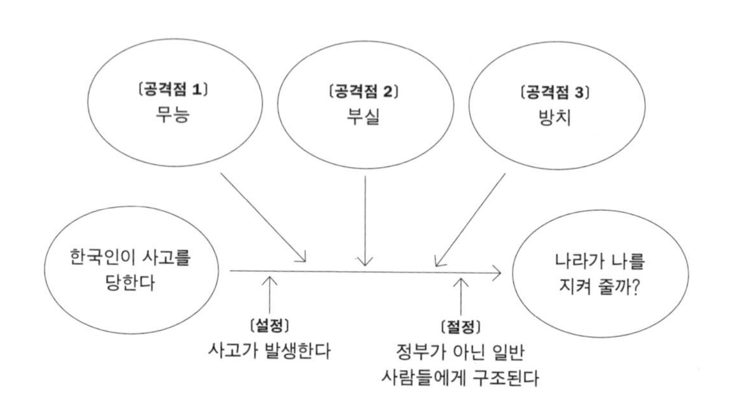

사고 발생보다 구조 과정이 더욱 '재난'인 것이죠. 표면 서사인 주인공이 터널에 갇혀 버린 사건을 재난으로 본다면 재난 스토리의 기본 공식과 맞지 않습니다. 터널에 갇힌 주인공을 구조하는 과정을 재난으로 보면 스토리의 공식과 맞아떨어집니다. 설정에서 정수(하정우 분)가 터널에 갇히는 사고를 당하지만 사람들은 이 사실을 알지 못합니다. 공격점 1에서 사람들이 정수의 사고를 인지하지만 사고 지점을 제대로 찾지 못해 상황은 악화되어 갑니다. 중간점에서 재난의 원인이 부실 공사임이 밝혀지고, 지금까지 구조 작업에 사용된 설계도도 맞지 않았음을 깨닫습니다. 공격점 3에서는 아예 구조를 포기하려고 합니다. 재난 스토리의 공식 그대로입니다. 구조 작업 자체가 재난이죠. 《터널》의 진짜 적대자는 사고가 난 다음 형식적으로 현장을 찾아오는 (누군가를 연상시키는) 여성 지도자와 그를 따라오는 공무원들입니다. 스토리 이론으로 해석하지 않아도, 한국인이라면 단번에 알 수 있는 내용입니다. 그러니 구태여 보충 설명하지 않겠습니다. 어쨌든 《터널》의 스토리 분석을 통해 우리가 다룰 수 있는 재난의 종류는 생각 외로 무궁무진할 수 있다는 점을 알게 되었습니다.

《그래비티》

마지막으로 살펴볼 영화는 알폰소 쿠아론 감독의 《그래비티》(2013)입니다. 우주에서 미아가 된 주인공이 지구에 돌아오는 간단한 스토리입니다. 서사가 매우 단순하기에 구성의 기본 요소를 보고 나면 '《그래비티》의 스토리가 이렇게 빈약했나?'라고 생각할 수 있습니다.
맞습니다. 스토리는 빈약합니다. 하지만 영화를 보는 내내 누구도 그런 생각을 하지 않았을 겁니다. 그리고 라이언 스톤(산드라 블록 분)이 마침내 지구로 돌아와 땅에 발을 내딛는 순간, 무엇이라 설명할 수 없지만 그녀와 같은 인간으로서 깊은 공감을 하게 됩니다. 스토리의 내부를 들여다보겠습니다.

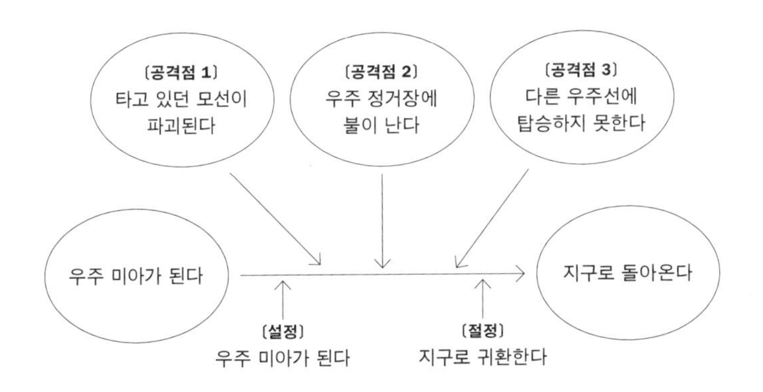

재난 장르의 마지막에, 그리고 장르 분석 장의 마지막 작품으로《그래비티》를 가져온 이유가 있습니다. 원래는 SF도 장르의 하나로 구분하고 배치까지 했지만 곧 생각을 바꾸었습니다. SF는 말 그대로 'Science Fiction'이기 때문입니다. 이야기에 과학적 배경이 붙어 있는 게 장르일까 하는 생각이 들었습니다.
SF 영화 혹은 드라마는 보통 가까운 미래의 이야기를 다룹니다. 이야기가 펼쳐지는 시간이 가까운 미래라는 것 외에는 장르적 차별성이 크지 않습니다. 앞으로 SF 멜로, SF 액션, SF 스릴러, SF 공포 영화나 드라마가 많이 나올 겁니다. 하지만 시점이 가까운 미래라는 점 외에는 모두 각각의 장르 공식에 맞는 스토리입니다. 그래서 SF 장르를 따로 구분하지 않았습니다. 한 가지, 영화의 시작에 대해서는 고민해 볼 필요가 있습니다. 1895년 즈음, 지구 여러 곳에서 인류 최초의 영화들이 만들어졌습니다. 미국에서는 에디슨, 프랑스에서는 뤼미에르 형제, 그 외에도 많은 사람들이 영화를 만들고 있었습니다. 그중 뤼미에르 형제가 만든 영화가 세계 최초의 영화로 인정받았습니다.

에디슨의 영화와 뤼미에르 형제의 영화에는 어떤 차이점이 있었을까요?

에디슨의 영화는 '들여다보기'였습니다. 반면에 뤼미에르 형제의《열차의 도착》(1895)은 사람들을 대상으로 '상영'되었습니다. 다시 말해 일반적인 사람들이 생각하는 영화란 '여러 명이 함께 보는 영상물'이었습니다. 이번에는 조르주 멜리에스의《달세계 여행》(1902)을 볼까요?

《달세계 여행》의 장르는 무엇입니까?

《달세계 여행》은 최초의 SF 영화입니다. 우주선을 타고 달로 모험을 떠나죠. 사람들이 함께 봤던 뤼미에르 형제의 《열차의 도착》과 우주로 가서 모험을 하는 멜리에스의 《달세계 여행》을 함께 보면 인류 최초의 영화들은 '우주로 가서 모험하는 것을 함께 보는 영화'라고 정리할 수 있습니다. 즉 새로운 것을 함께 보는 것이 영화입니다. 현재에도 통용되는 개념이고요. 오늘날에도 사람들은 극장이나 스트리밍 사이트에서 새로운 것을 함께 봅니다.

'SF'라는 단어가 붙는 스토리들은 관객에게 새로운 시각적 쾌감을 선사합니다. 지금껏 본 적이 없는 무엇을 보여 줍니다. 세계 일주를 경험한 사람은 있어도 우주여행을 경험한 사람은 거의 없습니다. 따라서 우주에 관련된 영화는 (아직 우주에 가 본 사람들이 거의 없으니) '새로운 것'입니다.

《그래비티》처럼 우주에 홀로 남겨졌다 우여곡절 끝에 지구에 돌아오는 스토리는 재난 스토리의 공식과는 결이 조금 다릅니다. 하지만 시각적인 쾌감은 물론이고 지금껏 보지 못한 긴장감을 줍니다. 누구도 겪어 보지 못한 상황이기에 가능합니다. 이러한 이유로 영화의 스토리 구성은 다소 빈약하게 보일지라도 관객은 이 사실을 알아채지 못합니다. 온통 새로운 것을 보는 재미에 빠져들기 때문이죠.

다만 앞으로 SF 재난 영화가 나온다면 우주에서 미아가 되는 스토리는 피해야 합니다. 《그래비티》가 나왔으니까요. 다시 말해 새롭지 않습니다. 《그래비티》는 인류가 처음 겪는 이야기라고 해도 과언이 아닙니다. 이러한 이유로 관객은 무한한 우주를 불안정하게 떠도는 주인공을 나 자신과 동일시할 수 있었습니다.

우주를 다룬 영화는 과거에도 있지 않았냐고 반문할 수 있습니다. 당연히 있었습니다. 그런데 대부분 우주선 안에서 벌어지는 일이었죠? 제임스 카메론 감독의《에이리언 2》(1986)가 대표적입니다. 또 우주 행성에 도착하여 잠시 임무를 수행하다 우주선으로 돌아오는 이야기도 있죠. 마이클 베이 감독의《아마겟돈》(1998)이나 브라이언 드 팔마 감독의《미션 투 마스》(2000)처럼. 반면에 주인공이 영화 내내 우주 밖을 떠도는 스토리는《그래비티》가 최초입니다.

《그래비티》를 재난 장르의 마지막에 배치한 이유는 액션 장르의 마지막에《레디 플레이어 원》을 배치한 이유와 비슷합니다.《레디 플레이어 원》의 경우에는 전망 근거가 '게임'이었습니다.《그래비티》의 경우에는 '우주'입니다. 우주를 아는 사람은 많이 없습니다. 그만큼 그곳에는 '새로운 것'이 많을 테죠. 앞으로 배경이 광활한 우주고, 우리가 경험하지 못한 것이 위협으로 다가오고, 장르가 SF 재난이라면 서사가 다소 빈약하더라도 보고 싶어 하는 사람들이 많을 겁니다. 인간은 영원히 새로운 것을 같이 보고 싶어 합니다.

(3) 재난 스토리 총정리

강력한 존재가 다가옵니다. 어려움입니다. 우리는 이를 극복해야 합니다. 상어, 쓰나미, 좀비, 무능한 대한민국, 우주 등 대상은 정말이지 다양합니다.

인간의 힘으로는 도저히 극복할 수 없어 보이는 재난이 닥치면, 어떻게 해야 할까요?

이에 대한 답이 재난 스토리의 서사입니다. 어떤 위협을 '설정'하고, 그것을 극복하면 '절정'이 옵니다. 극복은 그리 큰 문제가 아닙니다. 강력한 위협의 설정이 가장 큰 문제죠. 지금까지 누구도 겪어 보지 못한, 앞으로 우리에게 남은 재난의 수를 세고, 그중 하나를 선정하고, 글을 쓰기 전에 재난의 크기를 정확하게 파악하고, 그것이 모두가 공감할 만한 재난인가를 점검한다면 글쓰기 과정은 물 흐르듯 진행될 것입니다. 재난 스토리처럼 스토리의 균질성을 보장받는 장르는 드뭅니다. 정해진 위치에 적절한 재난만 배치되면 일정 수준을 보장받는 장르입니다. 문제점은 '재난' 바로 그 자체입니다.

— 대한민국에 무엇이 닥치면 가장 힘들까?
— 한국인은 어떤 어려움을 가장 극복하기 어려울까?

이 질문의 답을 먼저 찾고 난 다음에 재난 스토리를 쓰기 바랍니다.

11

장르 총정리

(1) 장르의 공식 = 공공재

지금까지 다룬 모든 장르의 공식은 공공재입니다. 누구나 아무 조건 없이 사용할 수 있습니다.

이유가 무엇일까요?

원시 시대의 조상들은 늦은 밤 동굴 안 모닥불 앞에 모여 두런두런 이야기를 나누었습니다. 재미있는 이야기도 있었고 재미없는 이야기도 있었겠죠. 특별히 재미있는 이야기는 멀리 퍼졌을 겁니다. 그래서 조상들은 재미있는 이야기를 전하고 또 들으려고 궁리했습니다. 그때부터 지금까지 긴 세월이 흐르는 동안 '여러 사람이 좋아하는 이야기를 만드는 방법'에 관한 연구가 계속되었습니다. 이 과정에서 인기 있는 이야기의 특징과 형식을 정리하는 사람들도 생겼고요.

점차로 재미있는 이야기는 무엇이 어떻게 다르고, 어떤 형식(그릇)에 담기는지 이론적으로 공부하는 사람들이 많아졌습니다. 그중 이야기의 형식 부분은 '장르'라는 이름으로 각각의 스타일과 구성 원리가 정리되고 공유되었습니다. 따라서 장르라는 형식은 개인의 창작품이 아닙니다. 누구도 장르의 규칙에 독점권을 갖지 않습니다. 스토리의 공식은 공공재입니다. 다만 그것의 형식 안에 담긴 내용은 함부로 가져다 쓰면 안 됩니다. 작가의 사유물이니까요. 음악에서 화성악 이론은 공공재이지만 각각의 곡은 저작권이 있는 작품인 것과 같습니다.

(2) 작품 분석의 기능

『스토리: 흥행하는 글쓰기』는 장르 분석서가 아닙니다. 스토리 작법서입니다. 여러분이 점검해야 할 것은 장르별 작품 분석과 그것의 창작 적용 가능성입니다. 작품 분석도 당연히 중요하지만 창작과 연결되지 않는 분석은 아무런 의미가 없습니다. 평론가가 되려는 게 아니니까요. 창작자라면 분석에서 그치지 말고 분석을 창작에 적용할 수 있어야 합니다.

모든 스토리 작법서의 저자들은 저마다 자신의 이론으로 세상의 온갖 영화를 분석했습니다. 하지만 어디까지나 저자의 분석이지 여러분의 분석이 아닙니다. 여러분은 여러 저자의 분석을 지켜본 것입니다. 이 책도 마찬가지입니다. 작품 분석을 지켜본 경험이 곧장 스토리 창작으로 연결되지는 않습니다. 따라서 스토리 분석을 이해하는 데 그쳐서는 안 됩니다. 능동적으로 여러 작품을 찾아서 풀어 보고, 거기에 담긴 다양한 규칙을 발견해야 합니다. 이 과정을 통해 노하우를 체화해야 하고, 근거를 갖고 창작해야 합니다.

지금까지 수많은 작법서를 보고 공부했지만 별다른 성과를 얻지 못했던 이유를 생각해 보세요. 무엇이 문제였을까요? 분석한 것을 바로 창작에 적용했나요? 창작으로 연동되지 않는 분석은 효용 가치가 없습니다.

지금부터 이 책에 나온 작품들 이외의 작품을 찾아서 나만의 분석을 시작해 보기 바랍니다. 내가 좋아하는 작품을 열 편 정도만 분석해 보면 깨달을 겁니다. '이것이 내 스타일이구나!' 그것을 바탕으로 스토리를 설계하고 플롯을 구축하고 문장을 다지세요. 그리고 바로 전진하는 겁니다. 장르 분석의 다음 순서는 바로 창작입니다. 이제 당신의 글을 쓰세요!

09

스토리 창작

이 책이 한 편의 영화라면 방금 전체 스토리 구조 중 마지막 막인 3막에 접어들었습니다. 스토리의 3막은 위기, 절정, 결말이 모두 모인 곳입니다. 적대자들이 총집결하여 싸움을 걸어올 테니 단단히 준비하세요. 아마도 격렬한 전투가 벌어질 겁니다. 그래도 희망이 있습니다. 이번 싸움에서 살아남으면 해피엔딩을 맞이합니다. 모든 스토리는 주인공이 간절하게 원하는 것을 성취하는 여정입니다. 그 과정에서 온갖 어려움과 시련을 겪지만 주인공은 끝내 극복해 냅니다. 이번 장에서 이 책의 주인공인 여러분은 가장 큰 어려움을 맞이할 테죠. 여러분을 기다리는 가장 큰 적대자는 다음의 질문입니다.

> 『스토리: 흥행하는 글쓰기』를 다 읽고 나면 좋은 글을 쓸 수 있을까?

여러분이 이 책을 읽는 내내 가졌던 의문을 해결해야 할 지점이 이곳입니다. 이번 장에서 여러분이 현재 갖고 있는 근원적인 고민(『스토리: 흥행하는 글쓰기』를 다 읽고 나면 좋은 글을 쓸 수 있을까?)에 대한 본질적인 문제점을 해결해야 합니다. 적대자는 '내가 글을 쓸 수 있을까?'이고, 극복은 '이렇게 하니까 쓸 수 있네!'가 되겠습니다.

이제 고민을 함께 해결해 볼까요? 스토리는 누구나 쓸 수 있습니다. 초등학교 시절 다들 일기를 잘 썼잖아요? 글쓰기가 본질적인 어려움이 아닙니다. 내가 잘 알고 있고, 내가 좋아하는 글은 누구나 쉽게 씁니다. 당장이라도 해결 가능한 문제죠. 따라서 '내가 글을 쓸 수 있을까?'라는 질문의 답은 '지금 바로 써라!'입니다. 다만 이것은 표면적인 질문과 대답입니다.
심층적인 어려움은 따로 있습니다. 창작자를 정말 힘들게 하는 문제는 '다른 사람들이 좋아하는' 스토리 쓰기입니다. 이것이 심층적이고 본질적인 어려움입니다. 우리에게 남아 있는 문제들을 점검하면서 '남들이 좋아하는 글쓰기'라는 심층적인 어려움을 극복해 봅시다.

1

창작의 기초

8장까지의 학습을 통해 어떤 스토리건 구조 하나는 정확하게 분석할 수 있게 되었습니다. 이를 통해 글을 어떻게 수정할지도 깨쳤습니다. 축하합니다. 글에 어느 정도 자신감이 생긴 여러분에게, 다시 질문합니다.

글쓰기에서 가장 기초적이고 기본적인 요소는 무엇인가요?

지금까지 다룬 모든 스토리 창작 이론은 잠시 내려놓고, 글쓰기의 본질을 따져 봅시다. 이토록 많은 지식을 쌓아 온 이유도 이 질문을 해결하기 위함이었습니다. 이 책의 저자인 저는 독자이자 미래의 창작자인 여러분이 조금이라도 쉽게 글쓰기를 할 수 있도록 제가 가진 지식을 힘껏 나누었습니다. 나름의 서사로 촘촘하게 책을 구성하고 순차적으로 조금씩 공유했습니다. 성실하게 책을 읽어 왔다면 공감하리라 믿습니다. 그러나 지금쯤이면 여러분의 내면에 잠재되어 있던 불안이

조금씩 날을 세우고 여러분을 찌르기 시작할 겁니다. '책을 다 읽었는데도 변화가 없으면 어떡하지?'

이제부터는 다른 이야기를 하겠습니다. 여러분도 지금까지와는 다른 태도, 생각 혹은 자세를 가져야 합니다. 작가를 꿈꾸는 수많은 이들은 스토리에 관련된 다양한 책을 읽고, 세상에 존재하는 여러 글쓰기 스승을 만나러 돌아다니고, 동료 작가들과 관계자들의 말을 듣습니다. 그리고 이 과정에서 깨달은 지식을 발판 삼아 평생 이야기를 씁니다. 또 그 글로 평가받고요.

스토리 창작의 세계는 타인이 해결해 주지 못하는 영역입니다. 이론 공부는 누군가 도와줄 수도 있겠지만, 스토리 창작 작업은 결국 창작자 혼자 해결해야 합니다. 그래서 이제부터는 글쓰기 선배 혹은 스승으로서가 아니라 함께 '창작'이라는 험난한 세계를 개척해 나가는 동료이자 동지의 입장에서 이야기하겠습니다. 여러분도 스스로를 작가로 확실하게 인지하세요. 창작자 혼자 떠나야 하는 길이니까요. 물론 저는 여러분 뒤에 있습니다.

하나 더, 이론의 길과 창작의 길은 다른 길입니다. 창작 이론 지식은 내려놓고 내면에 귀를 기울이세요. 글쓰기가 완성된 다음에 여러 의견과 이론의 잣대를 재면 됩니다. 스스로를 믿으세요. 그리고 이제 글을 씁시다.

(1) 쓰다

지금 어떤 글을 쓰고 있나요?

일기, 리포트, 드라마 대본, 영화 시나리오?

무엇으로 쓰고 있나요?

연필, 펜, 아이패드, 노트북?

언제 쓰나요?

수업 전후, 잠자기 전후, 틈이 날 때마다?

언제까지 쓰나요?

여름 혹은 겨울 방학? 1달 혹은 1년? 기약 없이?

모두 좋습니다. 쓰는 건 뭐든지 바람직합니다. 창작자에게 무엇을 쓰고 있다는 것만큼 행복을 주는 건 없습니다. 좋아하는 커피 한 잔이 더해진다면 금상첨화이고요. 대단한 글이 아니더라도 글을 쓰는 행위에 애정을 느끼지 못한다면 창작자로 살아남을 가능성은 낮습니다. 그런데 말이죠. 작가에게 일기 쓰기나 끼적임은 글쓰기가 아닙니다. 작가는 일기가 아닌 글, 낙서가 아닌 생산적인 글을 쓰는 사람입니다. 따라서 창의적인 글, 새로운 글에 집중해 보겠습니다.

언제쯤 창의적인 글, 멋진 글을 쓸 수 있을까요?

국어사전에서 '쓰다'를 찾아보면 '머릿속의 생각을 종이 혹은 이와 유사한 대상 따위에 글로 나타냄'이라고 나옵니다. 앞의 질문에 답하기 위해 쓰다라는 단어의 뜻과 근본에 집중해 보겠습니다. 쓰다는 '머릿속의 생각'을 '글'로 나타내는 행위입니다. 머릿속의 생각을 정리해서 글로 나타내어야 비로소 쓰기가 됩니다. 머릿속에 아무 생각이 없으면 당연히 글쓰기가 힘듭니다. 그러니 머릿속의 생각을 먼저 정리하세요. 그래야 원하는 글을 쓸 수 있습니다. 창의적인 생각이 정리되어야 창의적인 글이 나오고, 새로운 생각이 정리되어야 새로운 글이 나옵니다.
여러분의 생각이 어느 정도 정리되어 있는지 확인해 보고, 어느 수준까지 정리되어야 내가 원하는 글을 쓸 수 있는지 알아보겠습니다.

여러분은 보통 어디에서 글을 쓰고 하루에 어느 정도의 분량을 쓰나요?

도서관, 카페, 그리고 의자와 책상이 있는 무수한 장소에서, 심지어는 길거리에 앉아서 노트북을 열고 무엇인가 열심히 쓰고 있는 사람들을 쉽게 볼 수 있습니다.

그중 몇 사람이나 글을 쓰는 작가일까요?

숫자를 묻는 것이 아니라 그들이 쓰고 있는 글의 형태를 묻는 질문입니다.

노트북을 연 모든 사람이 창작을 하고 있을까요?

아닐 겁니다. 보고서를 쓰는 사람도 많고, 리포트를 쓰는 학생도 있을 테죠. 부동산 계약을 하는 경우도 있고요. 앞서 창의적인 생각이 창의적인 글을 만들고 새로운 생각을 해야만 새로운 글을 쓸 수 있다고 했습니다. 따라서 노트북을 열고 작업하는 이들 가운데 새로운 생각을 하는 사람과 그렇지 않은 사람부터 구분해 내야 합니다. 창의적인 글은 '창작', 창의적이지 않은 글은 '서술'로 나누겠습니다. 수사학을 위한 설명이나 논리학을 위한 증명을 하는 건 아니기에 현재 머릿속에 있는 사실을 그대로 쓰면 서술, 현재 머릿속에 없는 서사를 새롭게 만들어서 쓰면 창작으로 분류하겠습니다.
아이러니하지만 창작은 현재 작가의 머릿속에 없는 무엇을 쓰는 행위입니다. 머릿속에 없는 것을 상상을 통해 만들어 내고 그것이 머릿속을 가득 채울 때 비로소 글을 통해 배출되는 것이죠. 그래서 창작이 힘듭니다. 없는 것을 만들어 내야 하니까요. 우리 같이 머릿속에 없는 것을 어떻게 새롭게 구상해 낼지 상상해 봅시다.

(2) 쓰다 vs. 타이핑하다

창작과 서술을 분리해야 하듯 '글쓰기'와 '타이핑'도 구분해야 합니다. 명쾌한 구분을 위해 각각의 개념을 정확하게 나눠야 할 필요가 있습니다. 타이핑이란 '순서대로 쓰기'입니다. 타자기로 치건 노트북으로 치건 손가락으로 두드리기 시작하는 것입니다. 생각의 정리 없이 써 나가고, 글의 끝도 모릅니다. 반면에 글쓰기는 '정리하여 쓰기'입니다. 전체 플롯을 생각하고, 그다음에 씁니다. 사전에 설계도를 완성한 채 써 나가고, 마지막 문장을 알고 씁니다.
첫 문장부터 써 나가고, 첫 번째 신부터 시작하여 타이핑하는 글쓰기는 20세기 스타일입니다. 요즘의 글쓰기는 머릿속의 생각을 완벽하게 정리한 다음 그것을 최대한 효율적으로 써 나가는 방식입니다. 노트북을 열고 타이핑을 시작하면 그것이 글쓰기라고 착각하는 사람이 많습니다. 생각 정리가 없는 타이핑과 생각 정리가 있는 글쓰기는 확실하게 구분되어야 합니다.
창의적인 글쓰기의 흐름은 다음과 같습니다.

① 무엇인가 써야겠다고 자각한다.
② 아이템 개념의 소재를 확정한다.
③ 전체 설계도를 작성한다.
④ 스토리의 전후 관계를 반복하여 점검한다.
⑤ 타이핑을 시작한다.
⑥ 원고를 수정한다.

타이핑은 전체 여섯 번째 중 다섯 번째 단계입니다. 여러분의 글쓰기 과정에서 타이핑 이전에 1번부터 4번까지의 단계가 있는지 살펴보세요. 없다면 창의적인 글쓰기가 아니라 단순 서술을 위한 타이핑을 했을 확률이 높습니다. 새로운 것을 쓴 게 아니라 단순하게 타이핑하지 않았는지 확인하세요! 타이핑을 자주 했던 사람들은 다음과 같은 경험을 합니다.

① 언제 글이 완성될지 모른다.
② 지금 내가 쓰고 있는 부분이 전체 글 중 어디인지 모른다.
③ 글에 문제가 있는 것 같은데 정확한 이유를 모르겠다.
④ 글이 막혀서 멈춘 지 한 달이 넘었다.
⑤ 이렇게 멈춘 글이 몇 개 더 있다.
⑥ 글쓰기에 재능이 없는 것 같아 우울하다.

이런 과정을 반복하여 겪으면 자존감이 점점 낮아집니다. 창작자의 잘못이 아닙니다. 작가의 재능 부족 때문이 아니라, 글에 문제가 있기 때문입니다. 글쓰기 방식의 오류가 범인입니다. 한데 이를 자신의 문제라 생각하고, 잘못된 창작 방식을 반복하고 있지는 않나요? 지금 열심히 타이핑하고 있다면 잠시 멈추세요. 너무 신나 하루에 열 페이지씩 쓰진 않았을 겁니다. 한두 페이지가 넘어가면 더는 진도가 나가지 않아 힘들었을 겁니다. 원인을 알면 해결 방법을 찾을 수 있습니다. 앞으로는 타이핑하지 마세요. 글쓰기가 아닙니다.

(3) 아이템

'쓰다'는 현재 내 머릿속에 없는 것을 생각하고, 새로운 것을 만들고, 그것이 모이면 잘 정리해서 타이핑하는 일입니다. 그럼 새로운 글을 '쓰기' 위해서 무엇부터 해야 할까요?

> 지금부터 여러분의 아이템을 저에게 보여 주세요.
> 음….
> 여러분의 새로운 생각을 이야기해 주세요.
> 음….
> 어서요!
> ….

이게 문제입니다. 새로운 생각의 근거, 앞으로 써야 할 소재, 이야기의 원형 덩어리인 아이템을 말하기가 힘들다는 것. 이것이 근원적인 문제입니다!

> — 최근에 어떤 뉴스 봤죠? 그것을 한번 써 볼까 하는데….
> — 어느 동네에 어떤 아이가 있습니다. 그 아이의 가족 관계는….

— 역사적으로 이런 사건이 하나 있습니다. 그에 대한 자료 조사를….

— 제가 아는 사람이 이런 일을 겪었습니다. 그래서 제가 그것을….

아이템 폴더에는 이런 이야기가 적어도 한두 개는 있을 겁니다. 이상하게도 막상 아이템을 꺼내 써 보려고 하면 잘 써지지 않습니다. 왜일까요?

이 아이템들은 상태, 상황입니까? 액션입니까?

행동으로 표현되어야 스토리라고 했습니다. 여러분의 글이 잘 풀리지 않고, 써지지 않는 것은 이 때문입니다. 상태나 상황은 스토리가 아니니까요. 지금 생각하는 아이템 가운데 행동으로 표현할 수 있는 게 있나요?

생각해 봅시다. 어떤 사람이 어떤 일을 겪었습니다. 이것은 아이템인가요? 여러분은 겪었다는 행동이 들어 있지 않냐고 반문할 수 있습니다. 하지만 생각해 보세요. 그 사람이 어떤 행동을 했습니까? 겪었습니까? 겪는다는 것은 누군가의 행동에 대한 리액션 아닙니까? 그것이 진짜 행동이었다면 왜 지금까지 글이 써지지 않는 걸까요?

앞서 다루었던 이론들을 살펴봅시다. 수학 공식을 배웠다고 해서 처음부터 수학 문제를 잘 풀 수는 없는 것처럼, 스토리 이론을 배웠다고 해서 지금 당장 시나리오에 관련된 모든 문제를 해결할 수 있는 것은 아닙니다. 지금까지 배운 모든 지식을 가지고 하나하나 차근차근 실습 문제를 풀어 나가야 합니다.

정리해 보겠습니다. 스토리를 시작하고 진행하려면 무엇이 필요합니까? 여러 요소가 있겠지만 제일 먼저 주인공이 필요합니다. 그다음은요? 보통의 주인공은 전체 스토리를 관통하는 계획이 있습니다. 그것을 만들어야 합니다. 주인공의 계획은 무엇으로 성취되나요? 주인공은 목적을 위해 행동합니다. 액션만이 주인공을 주인공답게 만듭니다. 스토리는 주인공을 만들고, 주인공의 계획을 세우고, 계획 실행을 위한 액션 플랜을 만드는 과정을 통해 완성됩니다. 이 전체 과정을 조종하는 사람이 작가이고요. 그렇다면 앞으로 글쓰기에 앞서 아이템을 어떻게 구성해야 할까요? 주인공을 설정하고, 주인공의 계획을 세우고, 주인공이 그 계획을 성취하게 해야 합니다.

어떤 주인공이 어떤 것을 하려고 한다. 그 과정에 이러한 어려움이 있지만 주인공을 끝내 그것을 극복하고 계획을 성취한다.

이것이 아이템입니다. 새로운 생각의 근거입니다. 또 여러분이 써 나가야 할 이야기 소재입니다. 우리들이 풀어내야 할 이야기의 원형 덩어리입니다.

— 최근에 어떤 뉴스 봤죠? 그것을 한번 써 볼까 하는데….

최근에 어떤 뉴스가 있었습니다. 특정한 사회적 상황에 대한 것이었는데요. 그것을 이렇게 표현하면 재미있을 것 같습니다. 이러이러한 대학생이 있습니다. 그는 뉴스에 나온 것과 같은 상황을 겪습니다. 억울했죠. 그래서 이런 계획을 세웁니다. 그 과정에는 이러이러한 어려움이 있었지만 저러저러하게 이겨 내고 끝내 자신의 계획을 성공시킵니다.

— 어느 동네에 어떤 아이가 있습니다. 그 아이의 가족 관계는….

어떤 아이가 꿈을 꿉니다. 꿈은 상태, 상황이지 행동은 아니죠. 그래서 아이가 자신의 꿈을 어떠한 계획과 행동으로 실행하려 합니다. 이 계획에는 몇 가지 어려움이 있지만 아이는 그것을 이러저러한 방법으로 해결하고 끝내 자신의 계획을 성취합니다.

— 역사적으로 이런 사건이 하나 있습니다. 그에 대한 자료 조사를….

『조선왕조실록』에 이런 사건이 나옵니다. 그래서 생각했는데, 이 시기에 어떤 왕자가 실록에 나온 것처럼 이런 계획을 세웁니다. 그래서 왕자는 계획을 차근차근 실행해 나가는데 적대자가 나타납니다. 사실 그는 이런 사람입니다. 왕자는 이러한 어려움을 저런 방식으로 해결하고 끝내 성공합니다.

— 제가 아는 사람이 이런 일을 겪었습니다. 그래서 제가 그것을….

평범한 회사원이 이런 일을 겪고 분노했습니다. 그래서 더러운 세상을 뒤엎어야겠다고 생각합니다. 그는 이러저러한 계획을 세우고 실행합니다. 그 과정에 어떠한 어려움이 있지만 주인공은 굴하지 않고 자신의 계획을 수정하면서 행동하여 끝내 계획을 이룹니다.

어떤가요?

이와 같은 방식으로 아이템을 말하세요. 주인공을 설정하고 그 사람이 자신의 계획을 행동으로 실천하는 방식으로 설명하세요. 설명에 상태, 상황이 들어 있다면 행동으로 바꿔야 합니다. 주인공의 계획이 없는 스토리라면 작가의 계획을 말해 주세요. "극중에서 주인공이 이런 리액션을 하는데 사실 그것은 내가 이런 이야기를 하고자 그런 형식을 취한 것이다"라고 명쾌하고 정확하게 설명해 주세요.
자신의 아이템을 타인에게 어떻게 설명해야 하는지 논의해 봤습니다. 이것만으로는 아이템에 관련된 문제가 완전히 해결되었다고 할 수 없습니다. 우리에게는 아직도 큰 바위 같은 어려움이 존재합니다. 지금부터 그에 대한 이야기를 하려고 합니다. 전문 작가가 되어 글을 써서 생활하려고 하는 작가 지망생이라면 이 문제에 대해 누구보다 깊이 고민해야 합니다. 문제는 바로 이것입니다.

이런 이야기 어떠세요?

우리가 많이 묻고, 많이 듣는 문장입니다. 앞서 글쓰기 방법에도 표면적인 어려움과 심층적인 어려움이 있다고 했습니다. 아이템을 정리하여 타인에게 발표하는 과정이 표면적인 어려움이라면 심층적인 어려움은 "내 생각을 과연 타인들이 좋아하는가?"라고 할 수 있습니다. "이런 이야기 어떠세요?"라고 물었을 때 "네, 저도 좋아요"라는 답을 얻어야 이야기가 밖으로 나갈 수 있습니다. 작가가 지향하는 글쓰기는 자신이 만족하는 글이 아니라, '나뿐만 아니라 남들도 좋아하는 글쓰기'가 되어야 합니다.
아이템을 어떻게 표현해야 하는지는 알았으니 다른 사람들이 좋아하는 아이템을 어떻게 만들어야 하는지 알아볼 차례입니다.

(4) 유기체 vs. 조립품

머릿속을 거쳐 갔던 수많은 아이디어, 노트북에 담겨 있는 수많은 시놉시스들을 생각해 보세요. 여러분을 좌절에 빠뜨린 아이템들은 몇 가지 특징을 가지고 있었을 겁니다.

여러분을 제일 힘들게 했던 것은 무엇이었습니까?

아마도 스토리의 단절이었을 겁니다. 처음에는 자신의 아이템이 너무 재미있다고 생각하면서 글을 시작하죠. 쓰면서도 행복합니다. 하지만 행복은 길지 않습니다.

위기는 언제 찾아오죠?

글을 쓰기 시작한 후 며칠이 지나고, 열 페이지 정도 글을 채웠을 때 갑자기 글 쓰는 게 행복하지 않습니다. 어느 순간 꽉 막히죠. 머리를 쥐어뜯고, 잠시 다른 일을 하면서 궁리해 봐도 꽉 막힌 스토리는 해결될 기미가 보이지 않습니다. 이 상태로 한 달 정도가 지나면 대부분 이렇게 말합니다. "아이고 내가 그렇지 뭐." 그리고 포기합니다. 미련이 남아 한두 달이 지난 다음 다시 파일을 열어 살펴봐도 해답은 없고, 진도는 더 이상 나가지 않습니다.

그것이 작가의 책임인가요? 재능 부족 때문인가요?

아닙니다. 절대 그렇지 않습니다. 자책하지 마세요. 이유는 작가가 아니라 아이템에 있습니다. 정확하게는 '끝이 없는 아이템'이 문제입니다. 아이템에도 끝이 필요합니다. 결말이 있는 글을 쓰기 위해서는 아이템의 개념을 정리할 필요가 있습니다.

아이템은 생물체인가요? 조립품인가요?

스토리는 살아 있는 생물입니다. 써 보면 압니다. 1막을 고치는 순간 2막과 3막도 고쳐야 함을 자동으로 깨닫게 됩니다. 이것이 1막과 2막과 3막이 연결되어 있다는 증거입니다. 조립품이라면 1막을 아무리 고쳐도 2막과 3막은 변함이 없겠죠. 외적으로만 연결되어 있으니까요.
생명체는 온전한 모습으로 탄생합니다. 작가인 여러분은 아이템을 세상에 태어나게 하고, 성장시키고, 성장이 끝난 다음 세상에 내보내야 합니다. 조립되는 아이템을 고르지 마세요. 태어나는 아이템을 골라야 합니다. 지금 노트북에 잠자고 있는 아이템은 태어나지 못하는 아이템입니다. 태어나는 아이템, 성장할 수 있는 아이템, 세상으로 나갈 힘을 가진 아이템, 완결할 수 있는 아이템을 고르는 기준은 무엇일까요? 제가 찾은 답은 '끝이 있는 아이템'입니다. 끝이 있는 아이템만이 완주할 수 있는 아이템입니다.

여러분의 아이템에는 정확한 엔딩 장면이 있나요?

예를 들겠습니다. 삶이 힘든 남자가 있습니다. 하는 일마다 어그러지고 안 풀리자 끝내 자살을 결심합니다. 그런데 자살마저도 힘듭니다. 목에 줄을 걸고 몸을 날렸는데 줄이 끊어져 살아나고, 빌딩에서 떨어졌는데 가게 차양에 걸려 살아나고, 욕조에 물을 받고 전기를 흘렸는데 단전이 되는 바람에 살아나고…. 고민 끝에 그는 자신을 죽여 줄 킬러를 고용합니다. 킬러와 만난 그는 "어떻게 죽여 드릴까요?"라는 킬러의 질문에 최대한 빠르게 고통 없이 죽여 달라고 합니다. 두 사람은 논의 끝에 상세한 방법과 날짜까지 정합니다. 두 달 뒤 어느 날로요. 킬러는 마지막에 이런 말을 합니다. "이제 당신은 저를 다시 만날 수 없습니다. 생각이 바뀌어도 계약은 취소할 수 없습니다. 마지막으로 생각해 보세요. 정말 후회가 없나요? 두 달 뒤에 계획대로 실행하면 되나요?" 한참 생각하던 남자는 자신의 생각이 굳건함을 말합니다. 계약을 끝내고 돌아와 죽을 날만 기다립니다. 그런데 그에게 우연히 운명적인 여자가 나타납니다. 그녀와 사랑에 빠짐과 동시에 삶의 의욕이 되살아납니다. 살아야겠다는 생각이 들었습니다. 하지만 킬러와 약속한 시간은 점점 다가오고….

위의 아이템으로 스토리를 쓰고 싶으세요?

호감을 느꼈다면 아래 질문에 답해 주세요.

— 어느 정도의 시간을 들여야 글이 완성될까?
— 이 이야기는 드라마가 어울릴까, 영화가 어울릴까?

다음 질문도요.

— 이 이야기는 어디까지 성장할 수 있을까?
— 아이템의 끝은 어떻게 될까?
— 이야기의 엔딩은 무엇이어야 할까?

— 떠오르는 엔딩 장면이 있나?

대답을 주저한다면 이 아이템을 버려야 합니다. 조금만 더 생각하면 엔딩 장면이 나올 것 같고, 쓰다 보면 훨씬 더 좋아질 것 같죠? 그것이 문제입니다. 이 아이템은 구조적으로 문제가 있습니다. 아이템에 관련된 생각이 혼란스러울 때는 스토리 이론 파트에서 다루었던 지식을 사용해 보세요. 앞에서 그렇게 지겹게 봤던 그림을요.

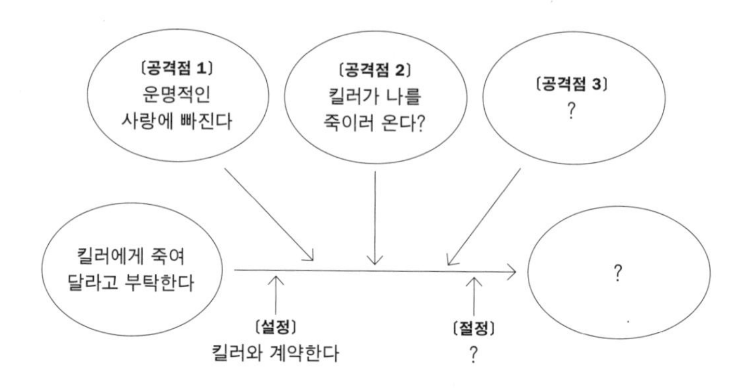

왼쪽의 동그라미들과 중간점은 금방 이해됩니다. 나머지 오른쪽 동그라미 두 개는 어떤가요? 이론적으로 채워 본다면 네 번째 동그라미, 즉 공격점 3에서 주인공이 사랑하는 여자가 위기에 빠질 확률이 높습니다. 절정에서는 주인공과 킬러가 대치하겠죠. 그리고 앞에서 킬러와 계약했던 주인공을 죽이는 방법과 연동되는 장면이 나올 겁니다. 엔딩에서는 주인공이 킬러를 제압하고 행복한 결말을 맞겠죠.
어느 정도 구성을 마쳤는데도 찜찜함이 남습니다. 무엇 때문일까요? 아직 여러분이 모르는 것들이 있어서 그렇습니다.

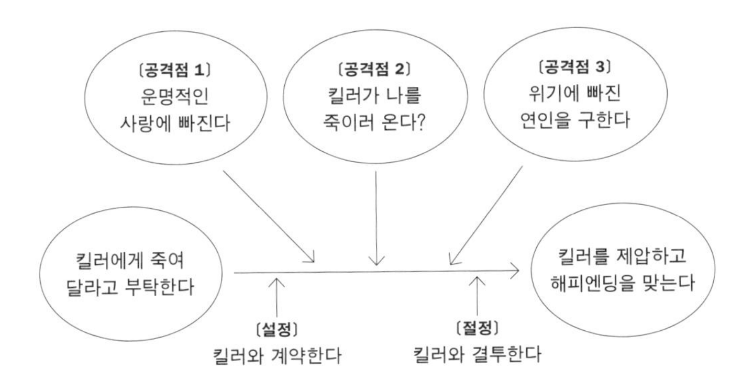

① 킬러가 주인공을 어떻게 죽이기로 했는지 아직 모릅니다.
② 주인공과 주인공을 사랑하는 여자가 어떻게 사랑에 빠졌는지 아직 모릅니다.
③ 주인공이 킬러가 오기로 한 시간까지 자신과 연인을 보호하기 위해 어떻게 준비했는지 아직 모릅니다.

이런 이유들 때문에 글을 쓰기 힘듭니다. 정보 부족은 전체 스토리의 완성을 방해합니다. 이것들이 정리되고, 그 과정이 선명하고, 엔딩 장면이 확실할 때 스토리는 비로소 완성될 수 있습니다. 스토리에 끝이 있고, 그 끝으로 가는 모든 과정이 명쾌하면 글은 완성됩니다. 과정은 있는데 끝이 없거나 끝만 있고 과정이 없는 글은 완성되지 않습니다. 오직 과정과 끝이 함께 있는 글만 완성됩니다.

지금까지 어떤 글쓰기를 했나요? 아이템에 전체 과정과 끝이 있나요?

끝까지 쓸 수 있고 완성할 수 있는 아이템의 조건을 논했습니다. 정리하면 다음과 같습니다.

① '쓰기'는 현재 내 머릿속에 없는 것을 생각해 내고, 그것을 미리 정리한 다음에 쓰는 것이다.
② 미리 정리하고 쓰는 '쓰기'와 아무 생각 없이 시작하는 '타이핑'을 구분해야 한다.
③ 아이템은 주인공, 주인공의 목적, 주인공의 계획, 적대자의 네 가지 요소로 설명되어야 한다.
④ 아이템은 생명체와 같다. 작게 온전하게 태어나서 완전하게 성장한다.
⑤ 아이템이 잘 성장하려면 끝이 있어야 한다. 끝이 없는 아이템은 아이템이 아니라 단순한 생각이다. 이는 완성될 수 없다.
⑥ 과정이 선명하고 엔딩 장면이 확실할 때 글쓰기를 시작해야 한다.
⑦ 세상으로 나갈 글이라면 본격적인 글쓰기 전에 다른 사람들의 긍정적인 반응을 확보해야 한다.

본격적인 글을 시작하기 전, 사전에 점검할 것들을 살펴봤습니다. 지금부터는 전반부에서 다루었던 이론의 세계와 같은 것 같으면서도 전혀 다른 창작 세계의 세부 요인들을 짚겠습니다.

2

주인공

(1) 주도하는가? 휩쓸리는가?

아이템 사전 점검이 끝난 다음, 본격적인 글쓰기를 시작할 때 고려할 사항을 논해 보겠습니다. 스토리가 어느 정도 아이템의 형태로 구축되는 순간, 액션과 플랜을 동시에 생각해야 합니다. 액션은 '주인공', 플랜은 '플롯'입니다. 주인공이 하는 액션으로 시작과 끝이 생기고, 주인공의 플랜이 이야기의 과정(플롯)이 됩니다. 액션과 플랜은 이야기를 완성시키는 공동 운명체로 둘을 분리할 수는 없습니다. 아이템 사전 점검 시 시작과 끝이 있는지를 확인해야 한다고 했습니다. 주인공 파트에서도 아이템처럼 미리 확인할 것이 있습니다. 주인공의 액션과 리액션입니다.

지금 쓰고 있는 글의 주인공은 스토리를 주도하나요, 아니면 휩쓸리나요?

아이템에 끝이 있어야 하는 것처럼 주인공은 사건을 주도해야 합니다. 사건을 주도한다는 것은 주인공에게 계획이 있고, 그것을 주도해야 한다는 의미입니다. '킬러를 고용한 남자'의 이야기에서 주인공은 누구인가요? 대부분 킬러를 고용한 남자라고 말하겠지만 시선을 바꿔서 이렇게 생각할 수도 있습니다. 남자와 킬러 가운데 계획이 있는 사람은 누구입니까?

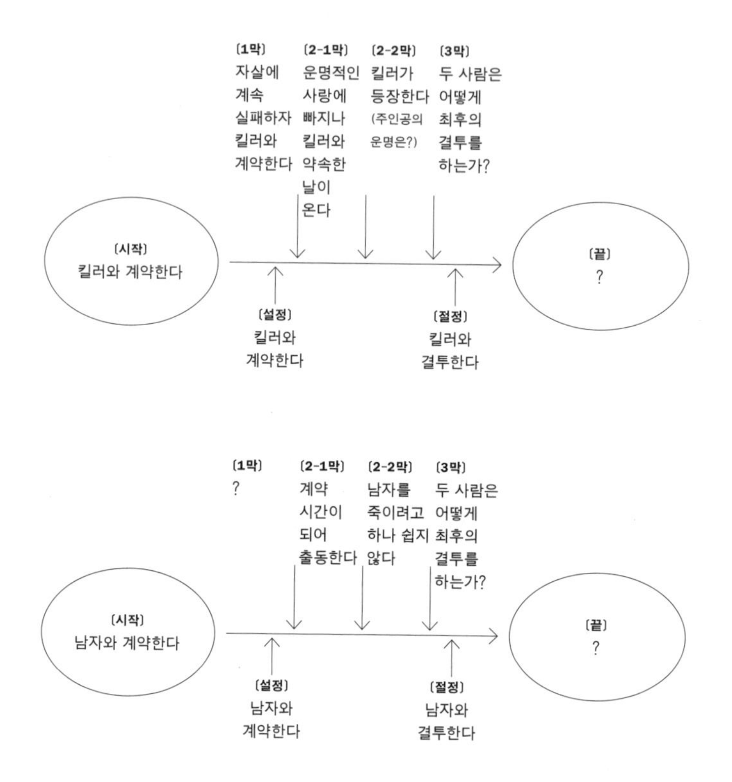

위는 남자, 아래는 킬러의 입장입니다. 남자가 킬러에게 자신을 죽여달라고 할 때까지만 해도 그에게는 계획이 존재합니다. 그래서 킬러를 고용하죠. 이후에는 어떤 계획이 있나요? 현재 상황에서는 아무런 계획이 없습니다. 계획이 없다면 주인공이라고 할 수 없습니다. 이러한 이유로 스토리 중·후반부가 허술해집니다. 킬러 쪽도 살펴볼까요? 킬러는 중간점까지 등장하지 않습니다. 하지만 등장 이후부터는 스토리를 책임집니다. 주인공과 맺었던 계약에 따라 남자를 죽이려 움직입니다. 다시 말해 중·후반부에는 킬러의 계획이 있습니다. 따라서 스토리 중·후반부의 주인공은 남자가 아니라 킬러입니다.

이 해석에 동의하나요? 이 스토리에는 정확한 주인공이 없습니다. 킬러와 남자, 누구도 완벽한 주인공이 아닙니다. 남자는 1막 이후에는 계획이 없고, 킬러는 중반 이후의 계획만 있으니까요. 둘 중 한 명을 주인공으로 만들어야 한다면 누구를 택해야 할까요? 스토리는 남자의 계획으로 시작되니 킬러보다는 남자가 좋겠습니다. 다만 그에게 1막 이후의 계획을 만들어 주어야 합니다. 그래야 플롯이 살아납니다.

남자가 무인도로 떠나 요새를 만들면 어떨까요? 거기서 킬러가 오기를 기다리는 것이죠. 그리고 그 둘의 결투가 시작된다면?

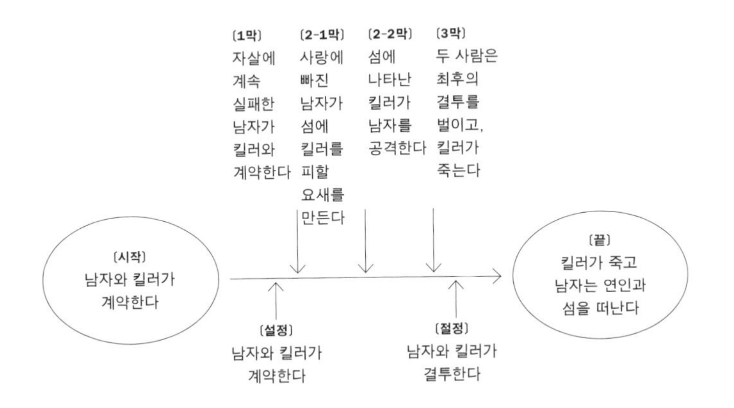

스토리는 대략 이런 모습일 겁니다. 3막의 보충을 위해 1막의 대사를 수정해 볼 필요도 있습니다. 킬러와 계약을 맺기 전에 남자가 이런 말을 하는 겁니다.

> 남자: 당신이 나를 제대로 죽이지 못하면 어떻게 되는 거죠? 그럴 수도 있지 않겠어요?
>
> 킬러: (피식 웃으며) 전 한 번도 미션을 해결하지 못한 적이 없습니다. 만약 그런 일이 발생한다면 제가 1백 억 원을 드리겠습니다. 그런 일은 절대 일어나지 않을 테니까요.

약속한 시간이 지나면 킬러가 남자에게 보상해야 합니다. 그것으로 이야기는 행복한 결말을 맞이하죠. 그럼에도 이 아이템은 좋은 스토리가 아닙니다. 주인공도, 주인공의 계획도 분명하지 않습니다. 스토리의 끝을 생각해 보고, 주인공의 계획을 생각해 보고, 주인공을 막는 적대자들을 생각해 보고 난 다음의 결론입니다. 왜냐하면 주인공의 계획이 스토리 전반을 관통하지 못하거든요.

주인공이 사건에 휩쓸리는 영화는 전혀 없나요? 아닙니다. 의외로 많습니다. 그런 영화들은 어떤 계획으로 영화화되는 걸까요?

(2) 주인공의 계획인가? 작가의 계획인가?

보통은 주인공의 계획이 전체 서사를 지배하지만 아주 가끔은 주인공의 계획이 아니라 창작자의 계획이 지배하는 서사도 있다고 했습니다. 대부분 스릴러, 시대물, 재난 영화에서죠.《살인의 추억》의 전체 서사를 다시 보겠습니다.

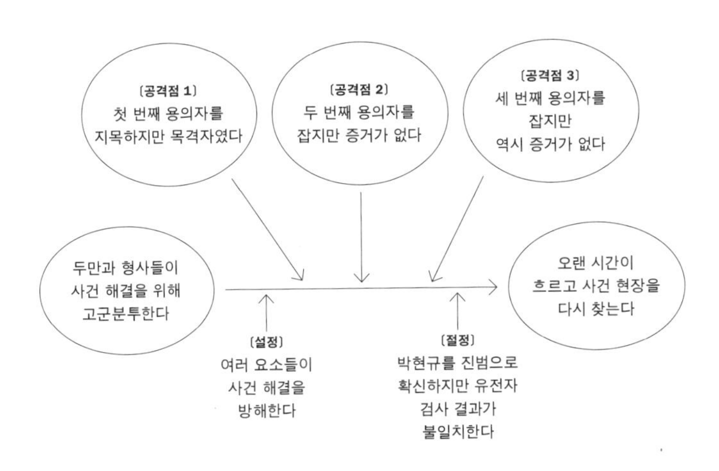

주인공 두만의 계획이 없음에도 모두가 극찬했습니다. 작가가 전하고 싶은 메시지가 따로 있기 때문입니다. 다시 말해 어느 날 아이템이 하나 생각났는데 주인공에게 제대로 된 동작이 없습니다. 그럼에도 정말 하고 싶은 이야기라면?《살인의 추억》은 주인공이 주도하는 스토리도 아니고, 정확한 적대자도 없습니다. 한마디로 시나리오를 설계할 수가 없죠. 이럴 경우 독특한 설계가 필요합니다. 스토리를 뒤집어 주인공이 하고 싶은 이야기가 아니라, 작가가 하고 싶은 이야기로 구성해야 합니다. 이렇게 생각해 보세요.

> 작가인 나는 연쇄 살인 사건을 통해 1980년대가 얼마나 저열했는지를 이야기하고 싶었습니다. 그래서 용의자가 순서대로 나타나고 형사들이 그들에 대한 증거와 자료가 없어서 잡지 못하는 모습으로 그 시대를 이야기하기로 결정했습니다. 이와 같은 구성에서 마

지막 용의자는 진범이 되어야 하는데, 그마저도 증거가 없어 결국 범인을 잡지 못하는 것으로 전체 이야기의 구조를 잡았습니다. 이 과정을 통해 소시민인 피해자들을 제대로 보호하지 못한 무능한 대한민국의 1980년대를 보여 주고 싶었습니다. 진범은 현장 보존 하나도 제대로 못하고, 유전자 검사조차 해결할 수 없었던 1980년대의 대한민국입니다.

정말로 《살인의 추억》이 이렇게 만들어졌다는 뜻은 아닙니다. 다만 지금 준비하는 글이 주인공이 저돌적으로 움직이는 스토리가 아니라면 작가의 설계가 반드시 필요합니다. 바로 '심층 서사'입니다.
스릴러 영화 《곡성》도 그렇습니다. 앞서 주인공을 종구가 아니라 악마(외지인)라고 했습니다. 영화 전반에 종구의 계획이 보이지 않기 때문이죠. 따라서 보통의 스토리 작법으로 설계하면 안 됩니다. 주연이 종구가 아니니 사전에 악마 위주로 계획을 짜 두어야 합니다. 다른 사람들이 볼 때는 주인공의 계획이 아닌 것처럼 보입니다. 그래서 작가의 계획이라고 설명하는 겁니다. 작가가 주인공으로 보이는 종구가 아니라 적대자인 악마를 통해서 하고 싶은 이야기를 해야 합니다.
세상에는 두 종류의 이야기가 있습니다. 주인공의 계획을 통해 풀어야 하는 스토리가 있고, 적대자의 계획을 통해 풀어 나가는 스토리가 있습니다. 주인공을 통해서 풀어야 하는 스토리는 주인공의 계획을 전면에 배치하여 설계하면 됩니다. 장르로 치면 액션 영화입니다. 반대로 적대자의 계획을 통해 풀어 나가는 스토리도 있습니다. 적대자의 계획은 작가의 계획입니다. 이 경우 작가의 심층 서사가 반드시 필요합니다. 액션 영화를 제외한 대부분의 장르가 여기에 해당됩니다.
휴먼 드라마는 주인공의 평범한 일상에 사건이 일어나면서 시작됩니다. 스릴러나 공포, 재난 영화도 마찬가지죠. 어떤 장르를 쓰건 작가의 정확한 계획이 꼭 필요합니다.

앞으로 글을 쓰기 전에는 내가 쓰고자 하는 이야기가 주인공이 주도하는 이야기인지, 아니면 주인공이 사건에 휩쓸리는 이야기인지를 먼저 정해야 합니다. 그러고 나서 장르를 선택하고 해당 장르의 공식에 맞게 이야기를 구성해야 합니다. 당장은 어렵게 느껴져도 남아 있는 창작 연습 과정을 이수하면 바로 가능합니다.

3

가치

본격적인 글쓰기에 앞서 선행되어야 할 요소들을 살펴보고 있습니다. 생각 정리 과정에 관한 이야기를 나누면서 다음의 정보를 정리할 수 있었습니다.

① 이야기를 쓸 때는 끝이 있는 아이템으로 써야 한다.
② 주인공의 계획이 스토리 전반을 지배하고 있어야 한다.
③ 주인공의 계획이 없다면 작가의 계획이 있어야 한다.

글을 쓰기 전에 확인해야 할 요소가 이렇게나 많다니 하며 크게 한숨을 내쉬고 있나요? 혹은 그동안 글쓰기가 왜 이렇게 힘들었는지를 알겠다며 미소를 짓고 있나요? 이제 생각 정리의 마지막 단계를 이야기하겠습니다. 이 단계는 프로 작가들에게만 해당합니다. 아마추어라면 글의 결과에 강박을 가질 필요가 없습니다. 이번 글이 제대로 써지지 않았다고 해서 당장 생활에 타격을 받지는 않으니까요.

보통의 영화 시나리오와 드라마 대본은 아이디어 구상에서 극장 상영 혹은 TV 방영까지 2년이라는 긴 시간이 소요됩니다. 그래서 창작 전에 내가 쓰는 작품이 언제쯤 결과가 나올지 계산해 두어야 합니다. 인생에서 2년은 너무나 길고 소중한 시간입니다. 잔혹하지만 작가가 2년(혹은 그보다 긴)이라는 시간을 투자하여 소중한 원고를 완성했더라도, 그중 80퍼센트 정도는 사회의 답을 받지 못합니다. 오직 20퍼센트 정도의 글만이 세상과 소통합니다.

(1) 내 글은 어디로 가는가?

첫 번째로 글의 도착점을 정합시다.

글을 쓰기 전에 내 글이 어느 곳에서 어떤 형태로 사람들에게 보일지, 작업은 언제 끝날지 등을 정리하세요. 영화 시나리오인지 드라마 대본인지, 아니면 특정 용도의 글인지도 정리해야 합니다. 도착지는 작가가 도달하고 싶은 곳으로 설정하면 됩니다. 그에 맞춰 분량이 정해지겠죠. 유영아 작가는 영화 《7번방의 선물》과 드라마 《남자친구》를 썼습니다. 영화와 드라마를 모두 쓸 수 있는 작가라면 아이템이 떠오른 순간부터 이것은 드라마, 이것은 영화라고 자체적으로 분류합니다. 지금 머릿속에 떠오른 아이템이 영화에 적합한지 드라마에 적합한지 고민해 보세요. 글을 쓰기 전에 정하는 목표는 분명하고 명쾌해야 합니다.
다음의 경우는 가면 안 되는 길입니다.

이 시나리오를 쓴 지 1년 6개월이 지났다. 제작사와 투자사의 반응도 좋지 않다. 하지만 난 꼭 이 이야기를 하고 싶다. 그래서 생각 중이다. 최근의 모니터에서 누군가가 드라마 대본으로 바꾸면 어떻겠냐고 제안했다. 고민이다. 계속 시나리오를 써야 할지 아니면 드라마 대본으로 바꿔야 할지?

최악의 상황입니다. 왜냐고요? 처음에 세웠던 계획이 아니잖아요. 주인공이 스토리 전체를 관통하는 일관된 행동을 해야 하듯, 작가도 일관된 계획이 있어야 합니다. 처음 목표가 시나리오라면 시나리오로, 드라마 대본이었다면 드라마 대본으로 끝을 봐야 합니다. 계획을 변동해서 더 좋은 결과가 나온다면 얼마나 좋겠습니까. 어쩌다 예외가 있을 수도 있죠. 하지만 예외를 기대하는 것은 계획이 아닙니다. 우연을 통해 좋은 결과를 얻는 것이야말로 우연입니다.

두 번째로 장르를 확인합시다.

글을 쓰기 시작하는 시기를 기준으로, 해당 산업 내에 잘 보이지 않는 장르는 실패율이 높습니다. 예를 들어 요즘 한국 영화에 멜로가 잘 보이지 않는다면 그 이유를 살펴볼 필요가 있습니다. 그렇다고 멜로를 피하라는 의미는 아니고요. 멜로 장르를 선택한 명확한 이유가 있어야 합니다. 글쓰기는 오랜 시간을 투자해야 하는 작업이고, 그만큼 신중을 기해야 합니다. 멜로를 꼭 쓰고 싶다면 영화 산업 대신 멜로가 자주 방영되는 드라마를 선택하는 쪽이 성공 확률을 조금이나마 높일 수 있겠죠. 시기에 맞는 장르와 매체를 선택하는 것도 요령입니다.

세 번째로 분량을 생각합시다.

영화 시나리오의 분량은 보통 2시간을 기준으로 90페이지 내외입니다. 반면에 드라마는 1부 대본이 70분물 기준으로 보통 35페이지입니다. 편성을 받으려면 최소한 4부 대본이 필요하니까 (16부작을 기준으로) 140장 정도는 써 두어야 합니다. 물론 작품 전체 시놉시스도 필요합니다. 이처럼 작품의 분량도 생각해 보고, 영화 시나리오와 TV 드라마의 상관관계에 대해서도 따져 볼 필요가 있습니다. 다만 영화 시나리오를 늘린다고 드라마 대본이 되지는 않습니다. 마찬가지로 드라마 대본을 줄인다고 영화 시나리오가 되지 않습니다. 쓰고자 하는 이야기의 크기와 깊이를 따져 보세요. 글이 나가고자 하는 매체에 맞는 형식과 분량을 생각하고 그에 맞춰 설계하기 바랍니다.

네 번째로 나의 스타일을 확정합시다.

작가는 독특한 시선으로 세상을 바라보고, 자기만의 시선으로 세상을 해석해서 글을 쓰는 사람입니다. 일반인보다 스타일이 훨씬 강할 수밖에 없습니다. 어떤 글을 쓸지도 생각해야 하지만 자신의 스타일도 고려해야 합니다. 장단점을 알아야 한다는 뜻입니다. 대사나 지문에 강하다면 드라마가 더 잘 맞겠고, 플롯에 강하다면 아무래도 영화가 어울리겠죠. 절대적인 기준이라기보다는 일반적인 기준입니다. 최종 판단은 스스로 해야 하지만 근거가 있어야 합니다. 지금 내가 무엇을 많이 보고 있는지 살피는 것도 방법 중 하나입니다.

(2) 내 글은 성공할까?

과연 누가 알까요? 모니터링 전문 회사에 맡겨서 조사하면 정확도가 높고 과학적이기도 합니다. 시간과 돈은 들지만요. 보다 간단한 방법도 있습니다. 친구가 나에게 요즘 어떤 글을 쓰는지 물을 때가 있습니다. 그 친구가 업계와 전혀 관계없는 직업이라면 (아이디어 도용의 불안도 없으니) 슬쩍 반응을 보기 위해 대략 이러이러한 글을 쓴다고 이야기합니다. 이때 친구들의 눈을 잘 봐야 합니다. 90퍼센트 이상이 괜찮다고 말할 테니까요. 그러나 친구들이 괜찮다고 했던 아이템들은 지금 어디에 있나요? 대부분은 다른 아이템을 쓰고 있습니다. 왜일까요? 이리저리 고민해도 결국 아이템이 문제입니다. 글이 좋지 않았던 겁니다.
그런데 왜 괜찮다고 했을까요? 입장을 바꾸어 생각하면 금방 답이 나옵니다. 우리나라 사람들은 냉정하게 말하지 못합니다. 서양인들은 '좋다'의 반대말이 '나쁘다'지만 우리나라의 '좋다'의 반대말은 '괜찮다'입니다. 다들 마음이 여려서 '나쁘다'라고 말하지 못합니다. 스토리를 모니터할 때는 '괜찮다'가 아니라 '좋다'는 피드백을 얻어야 합니다. 좋다는 평가를 받은 글만 좋은 결과를 성취합니다. 괜찮다는 평가를 받은 글은 보통 작가의 집에 남게 됩니다.
타인의 반응 분석은 정말 중요합니다. 작가들은 평균 80퍼센트 이상의 거절을 당하면서 살아갑니다. 1백 편을 쓰면 80편은 거절당합니다. 그만큼 좋은 글은 쉽게 나오지 않습니다. 지금까지 본격적으로 글을 쓰기 전에 확인해야 할 사항들을 살펴봤습니다. 덕분에 글을 쓰기 전에 점검해야 할 여러 단계를 알게 되었습니다. 다음은 본격적인 글쓰기입니다.

10

창작의 순서

『스토리: 흥행하는 글쓰기』는 '오의 공식'을 기본으로 하니, 창작 순서도 이 공식에 맞추어 설명하겠습니다. 창작 과정은 단선이 아니라 복선입니다. 직선으로 전진하지만 때로는 선후 관계가 바뀌기도 하고 좌우가 교차하기도 합니다. 글쓰기 과정 가운데 9할에 고통이 동반됩니다. 이번 장에서 기본적인 글쓰기의 순서를 설명하고, 다음 장에서 장르별 글쓰기의 디테일에 관한 보충 설명을 하겠습니다. 이 책의 목적은 '스토리 완성'입니다. 목적 달성을 위해 다양한 창작의 순서와 방법을 반복하여 설명하겠습니다.

1

주인공의 공식

스토리의 시작은 무조건 '주인공이 무엇을 하는가?'입니다. 내가 쓴 스토리가 '주인공이 무엇을 한다'라고 표현되지 않고, '주인공이 어떤 상태다'라고 표현된다면 그 스토리는 원활하게 진행될 수 없습니다.

'주인공이 지구를 구한다'는 스토리인가요, 아닌가요?

스토리가 아닙니다. 문장에 동작이 없잖아요. '구하다'라는 동작이 있지 않느냐고요? 물론 '구하다'의 품사는 동사죠. 그런데 주인공이 어떻게 지구를 구하나요? 주인공이 지구를 구하는 모습이 떠오르나요? 머릿속에 떠오르는 그림이 여러분이 쓸 글입니다. 그림이 떠오르지 않으면 쓸 내용이 없다는 겁니다. 따라서 미완성 문장입니다.

— 주인공이 지구로 다가오는 별똥별을 폭발시켜 지구를 구한다.
— 주인공이 뉴욕에 미사일을 터뜨리려는 악당들의 본거지에 침투하여 미사일을 폭발시키고 지구를 구한다.

이런 식으로 영화 2시간, 드라마 16부를 지배할 수 있는 동작 문장이 있어야 합니다. 스토리의 기본입니다. 지금까지 재능이 부족해서 여러분의 글쓰기가 힘들었던 게 아닙니다. 스토리가 아닌 것을 스토리라고 믿고 썼던 작업 방식이 문제였습니다. 실수를 반복하지 않으려면 머릿속에 정확하고 명징한 동작이 떠오를 때까지 표현을 수정하세요. 주인공의 상태가 아닌 동작으로 스토리의 기초를 잡으세요.
창작 순서를 보다 쉽게 설명하기 위해 가상의 스토리를 하나 설정하겠습니다. 아이템은 주인공이 에베레스트산 정상에 있는 다이아몬드를 보석 전시장에 가져다 놓아야 하는 이야기입니다. 평지에 있는 주인공이 에베레스트산 정상까지 오르내리는 동선은 단순 적용했습니다. 이해를 돕기 위해 적용하는 스토리이니 가치는 고려하지 말고 주인공의 동선만 그려 보기 바랍니다.

이것이 주인공의 공식입니다. 앞으로 매 단계마다 이 스토리를 적용하여 창작 순서를 알아보겠습니다.

2

가치 설정

가치 설정은 프로 작가에게만 필요합니다. 글의 사회적 가치를 평가하는 일이거든요. 상업 영화 시나리오라면 메이저 영화 투자사의 투자액, 규모가 큰 영화 제작사의 제작 가능성, 그리고 유명 배우의 캐스팅 가능성에 달려 있습니다. 예술 영화의 시나리오라면 투자사의 예산 확보 가능성, 영상위원회의 지원 가능성, 제작 가능성, 캐스팅 가능성, 영화제 수상 가능성 등입니다.

2년의 시간을 들여 시나리오를 완성하고 모니터했는데 아무 가치가 없다고 평가받는다면 2년이 날아가는 겁니다. 드라마도 마찬가지입니다. 프로 작가라면 내가 만들 주인공의 동작이 2년이라는 시간을 투자할 만한 가치가 있는지 반드시 미리 확인해야 합니다.

3

설정과 절정

주인공과 작품의 가치가 모두 준비되었다면 스토리의 고속도로에 톨게이트를 설치할 차례입니다. 설정과 절정에서 어떤 형태로 메인 스토리에 진입하고, 또 어떤 상황으로 빠져나올지 생각해야 합니다. 영화 구성으로 보면 각각 1막과 3막의 중간이고, 16부 드라마라고 한다면 2부와 3부 사이, 그리고 14부와 15부 사이입니다. 형식상의 위치도 중요하지만 하나 더 확인해야 할 것은 이 지점에서 장르가 결정된다는 사실입니다.

다이아몬드 스토리를 액션 영화로 진행하고 싶다면 다음과 같은 설정과 절정이 가능하겠죠.

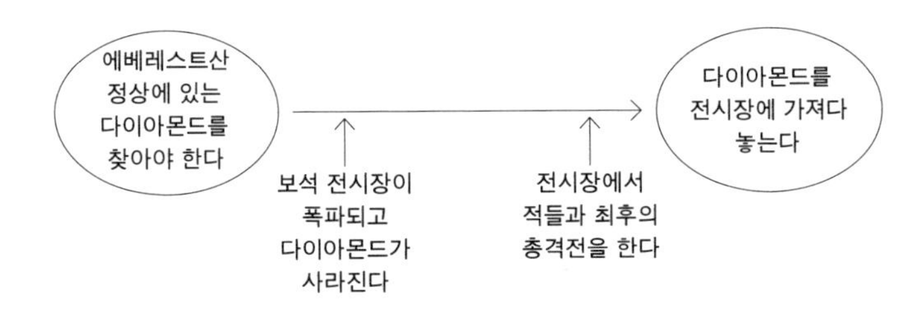

설정과 절정에 총격전을 배치하여 액션 장르로 구성합니다. 멜로로 만들고 싶다면 설정에서는 주인공이 연인과 처음 만나고 절정에서는 헤어진 후 다시 만나 포옹하고 키스하는 장면으로 채우면 되겠죠.

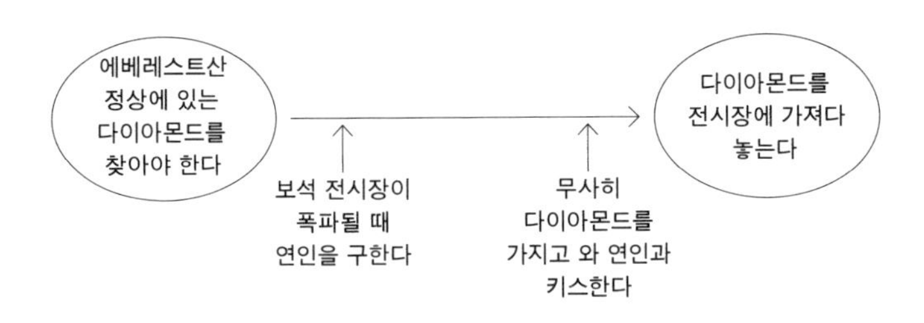

장르에 맞는 장면 설계가 필요한 지점이 '설정'과 '절정'입니다. 설정과 절정의 형태가 정해짐에 따라 플롯의 삼각형을 이루는 적대자의 형태도 바뀝니다. 스토리는 생물체라 하나가 바뀌면 전체가 수정됩니다. 이와 같은 이유로 액션 장르의 공격점의 형태와 멜로 장르의 공격점의 모양은 서로 달라야 합니다. 설정과 절정을 오가며 확인한 후, 나의 이야기에 맞는 장르를 정하기 바랍니다.

4

메인 적대자 설정

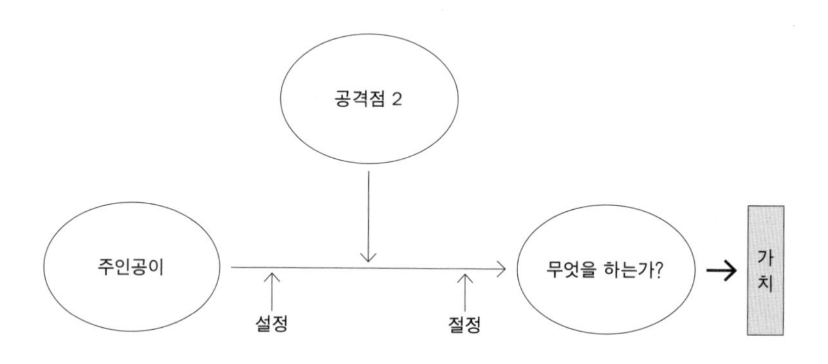

스토리의 기초가 설정된 다음부터 스토리는 주인공과 적대자가 격렬하게 부딪치면서 성장해 나갑니다. 그래서 가능한 한 빨리 적대자를 투입해야 합니다. 이 과정에서 어떤 것 혹은 어떤 사람이 주인공의 행동을 가장 강력하게 방해할 수 있는지가 가장 중요합니다. 가장 강력한 적대자가 스토리의 크기를 결정하기 때문이죠. 큰 텐트를 치려면 크고 굵은 기둥이 필요한 것과 같은 이치입니다. 스토리의 시작은 주인공으로부터 비롯됩니다. 하지만 이야기의 크기는 적대자 설정으로 결정됩니다. 적대자 설정은 주인공의 실체를 확인할 수 있는 기회입니다.
달리 말하면 가장 강력한 적대자가 쉽게 결정되지 않는다면 주인공의 동작이 명쾌하지 않다는 증거가 됩니다. 주인공이 약하단 말입니다. 주인공의 목적과 동선이 명쾌하면 적대자는 곧바로 자리 잡습니다. 하지만 적대자의 모습과 위치가 떠오르지 않는다면 주인공에게 문제가 있다는 신호입니다. 첫 번째 순서로 돌아가 주인공의 동선을 명쾌하게 수정하고 돌아와야 합니다.
글쓰기 과정은 단선이 아닙니다. 복선이기도 하고 때로 교차하기도 합니다. 창작 과정에서 문제가 발생하면 앞으로 돌아가 수정하고 다시 전진해야 합니다. 문제를 무시하고 전진하면 반드시 대가를 치르게 됩니다. 스토리 설계는 건축 공사와 비슷하여 기초를 제대로 쌓지 않으면 한순간 모든 게 무너집니다. 매 단계마다 반드시 문제를 해결하고 난 다음 다음 단계로 나아가세요. 좋은 글을 얻으려면 정상적이고 바른 과정을 거쳐야 합니다.
에베레스트 정상에 있는 다이아몬드를 가지고 보석 전시장으로 돌아와야 하는 스토리로 돌아가겠습니다. 이 스토리에서 표면적으로 가장 강력한 적대자는 무엇인가요? 에베레스트산? 아니면 주인공의 계획을 알고 있는 누군가? 끊임없이 더 큰 적대자를 대입해 보세요. 더 강력한 적대자를 배치하려는 노력이 필요합니다. 주인공에게 '고소공포증'이 있다면 어떨까요?

— 주인공이 에베레스트산에 있는 다이아몬드를 가져와야 한다.
— 고소공포증이 있는 주인공이 에베레스트산에 있는 다이아몬드를 가져와야 한다.

어느 문장이 더 힘들어 보이나요? 이 스토리에 주인공의 고소공포증이라는 적대자를 적용시켜 보겠습니다.

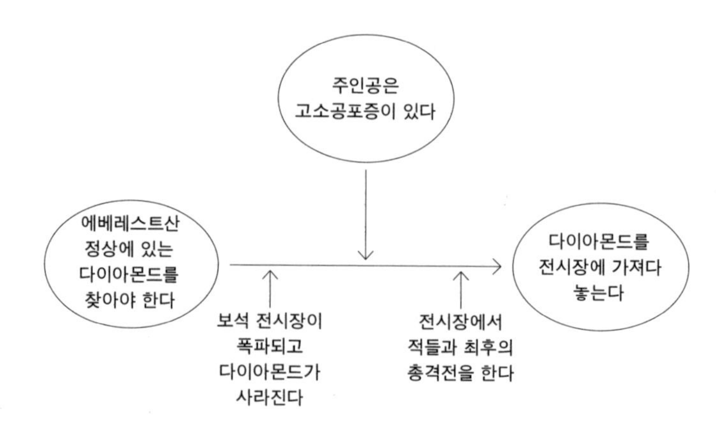

일체의 의심이 없어질 때까지 계속하여 더욱 강한 적대자를 대입하세요. 그러다 보면 어느 순간 스토리에 어울리는 가장 강력한 적대자가 자리 잡을 겁니다. 적대자 구축에 시간과 노력을 들이세요. 이야기의 크기를 최대한으로 확대시키는 필수 과정입니다. 그리고 가장 강력한 적대자를 구축하는 것으로 스토리의 중심축이 자리 잡습니다.
적대자 설정으로 러닝 타임이 2시간인 영화라면 1시간 부근이, 16부작 드라마라면 8-9부가 정리됩니다. 이야기 전체의 중심에 흔들림 없는 이정표가 하나 우뚝 선다는 것은 스토리 전체에서 굉장히 중요한 일입니다. 강력한 적대자를 설정하는 것으로 플롯의 삼각형이 완성됩니다.

5

서브 적대자 설정

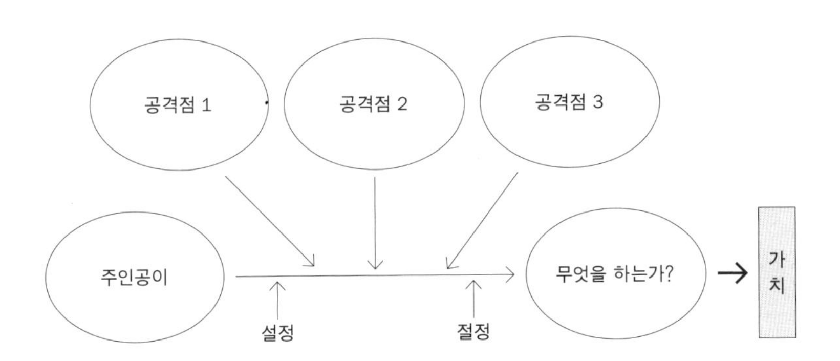

공격점 1과 공격점 3은 텐트를 칠 때 기둥을 세워 받치는 양 날개와 같습니다. 위치상으로 공격점 1은 스토리의 시작부터 중간점까지 가는 동안 주인공이 어려움을 겪어야 하는 곳이고, 공격점 3은 중간점에서 결말에 도달하는 과정에서 주인공이 다시 어려움을 겪어야 하는 곳입니다. 내용상으로는 중간점이 기능하는 메인 플롯을 도와주는 서브플롯을 담당하는 지점입니다.

고소공포증이 있는 주인공이 에베레스트산 정상에 있는 다이아몬드를 가져와야 하는 스토리라면 다음과 같은 방식의 공격점 1과 3의 구성이 가능하겠죠.

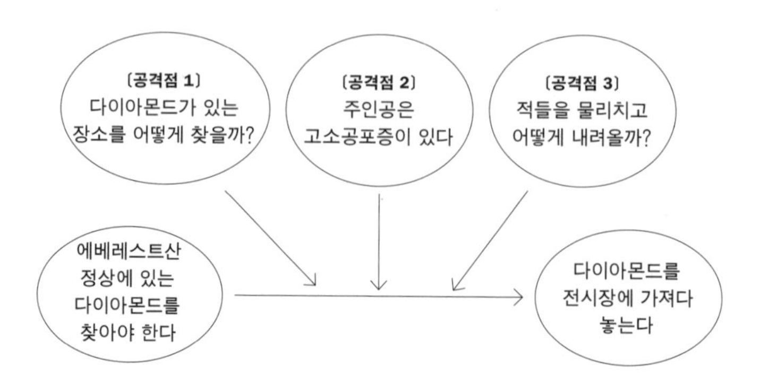

공격점 1과 공격점 3의 셋업이 한눈에 보이지 않나요? 메인 적대자만 잘 구축하면 서브플롯은 쉽게 구성됩니다. 아무리 고민해도 서브플롯 설정이 힘들다면 스토리의 처음부터 다시 확인할 필요가 있습니다. 스토리의 시작으로 돌아가 주인공의 행동과 강력한 적대자의 설정이 맞게 되었는지 점검하세요. 제대로 된 셋업이라면 서브플롯 설정이 제대로 안 될 리가 없습니다. 적대자 설정으로 다시 돌아가 주인공을 힘들게 하는 가장 큰 요인이 정확한지 점검하고, 맞으면 주인공을 괴롭히는 두 번째 요인이 무엇인지를 점검해서 공격점 1과 3에 계속해서 대입해 보기 바랍니다. 메인 적대자와 서브 적대자의 상관관계가 논리적으로 연결될 때 비로소 서브플롯이 완성됩니다.

6

표면 서사와 심층 서사

주인공, 적대자, 설정과 절정이 모두 자리를 잡았으니 본격적으로 달릴 때입니다. 프로 작가라면 여기서 또 한 번 호흡을 멈출 필요가 있습니다. 본격적으로 달리기 전에 내가 쓰려고 하는 글의 가치를 최종 확인해야 합니다. 다이아몬드 스토리를 다시 소환해 보겠습니다.

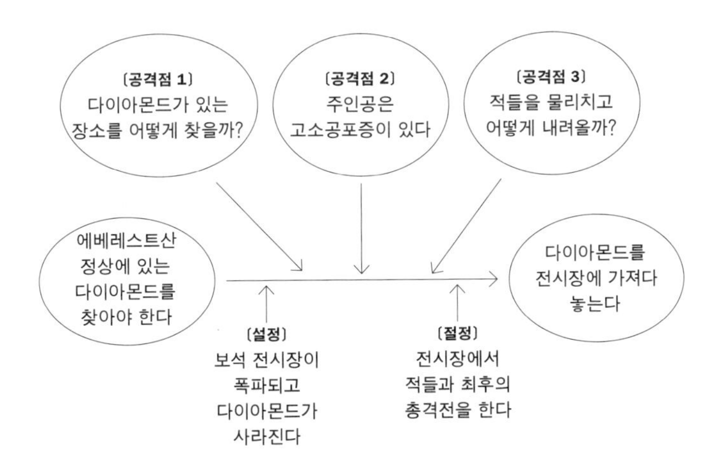

이와 같은 표면 서사를 가진 스토리에는 어떤 심층 서사가 숨어 있을까요? 함께 생각해 봅시다. 사실 잘 보이지 않습니다. 고백하자면 이 이야기는 스토리의 창작 순서를 설명하기 위해 급조했기에 심층 서사가 없습니다. 프로 작가는 깊이 숙고한 후에 스토리 창작을 시작해야 합니다.

스토리 자체가 워낙 재미있어 완성되면 자체로도 충분한 가치가 있을 거라 확신이 든다면 드라마 쪽으로 고려해 보세요. 반대로 심층 서사가 떠오를 때 비로소 글을 쓰겠다는 마음가짐이면 영화 시나리오가 조금 더 어울립니다. 맞다, 틀리다의 문제가 아닙니다. 글의 크기와 깊이에 대한 문제입니다. 글을 쓰는 사람이 최종 선택해야 합니다.

7

교차 점검

지금부터 글의 시작점으로 돌아가 모든 항목을 교차 점검하겠습니다. 사전 점검의 마지막 단계입니다. 모든 순서가 합리적으로 진행되었는지 점검합니다. 그동안 처음 며칠은 신나게 쓰고 영원히 멈춘 아이템이 얼마나 많았나요? 그것들은 왜 그렇게 되었을까요? 세밀하게 점검하지 않고 타이핑부터 시작해서가 아닐까요? 앞으로 다시는 그런 실수를 반복하지 않았으면 합니다. 그러기 위해서 마지막 교차 점검이 필요합니다.

교차 점검은 아이템을 처음 생각했던 때로 돌아가서 처음부터 지금까지를 복기하는 과정입니다. 다음의 순서를 따르면 됩니다.

① 처음으로 돌아가 내가 쓰고자 했던 첫 문장을 한 시간 정도 가만히 들여다본다.

② 첫 장면부터 마지막 장면까지 주인공의 동작이 막힘없이 흘러가는지 확인한다.

③ 머릿속에서 설정과 절정이 명쾌하게 떠오르는지 생각한다. 그 장면들의 장르가 분명한지 자문한다.

④ 내가 생각한 적대자가 가장 강력한 적대자가 맞는지 한 시간 정도 생각한다.

⑤ 스토리의 중간 지점에서 주인공과 적대자가 강렬하게 부딪치는 장면이 떠오른다면 그 옆의 양 날개는 어떤지 생각한다.

⑥ 그 두 곳에서도 강력한 충돌이 보인다면 적대자의 위치를 제대로 잡은 것이다.

⑦ ①부터 ⑥까지를 세 번 정도 반복한다.

⑧ 그다음에 마지막으로 스스로에게 묻는다. "이 이야기를 끝까지 쓸 수 있을까?"

⑨ 확신이 들면 글쓰기를 시작한다. 아니라면 ①번으로 돌아간다.

8

스토리 작성

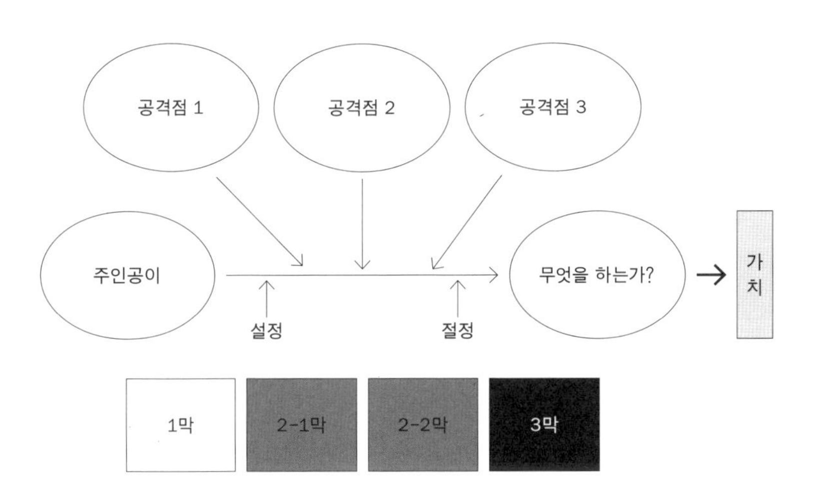

이제 글쓰기를 시작합니다. 전체 설계도는 완성되었으니 글을 쓰는 데 막힘이 없습니다. 설계도 사이사이, 정확한 위치에 잡아 놓은 이정표들 사이만 글로 메우면 됩니다. 설계도가 튼튼하니 다른 길로 샐 염려도 없습니다.

2시간 분량으로 90장 내외의 시나리오를 쓴다고 가정해 봅시다. 동그라미 다섯 개에 설정과 절정까지, 이미 일곱 군데나 이정표를 세웠습니다. 전체 구성을 살펴보면서 글쓰기를 해 나가세요. 시간으로 치면 대략 17분에 하나씩 다음 이정표가 나옵니다. 페이지로 치면 대략 10페이지마다 하나씩 다음 이정표에 도달합니다. 드라마 대본의 경우 한 회당 70분을 기준으로 35페이지 내외를 쓴다고 생각해 봅시다. 먼저 전체 16부의 시놉시스를 참고하면서 회당 세부 설계도를 그리세요. 글을 시작하면 대략 다섯 페이지에 하나씩 사전에 준비한 이정표를 만날 겁니다. 이정표가 있으니 안심하고 글을 전진시키면 됩니다.
곳곳에 이정표를 세워 두는 글쓰기는 막연한 기대와 재능만으로 전진하던 예전의 글쓰기에 비해 실패할 확률이 적습니다. 다만 초보 작가의 경우 예상하지 못한 다음의 상황과 만날 수 있습니다. 첫 번째, 완벽한 줄 알았던 설계도의 문제점을 발견한 경우와 두 번째, 기존 설계도보다 좋은 아이디어가 떠오른 경우입니다. 두 가지 모두 해결책은 같습니다. 처음으로 돌아가세요. 그리고 모든 단계를 다시 밟아 여기까지 오면 됩니다.

전체 과정을 제대로 따르면 글은 반드시 완성된다.

11

장르별 글쓰기

긴 시간을 투자하여 완벽한 계획을 세우고, 드디어 글쓰기를 시작합니다. 처음 며칠은 행복합니다. 그런데 1막 끝부분부터 슬슬 속도가 줄어들고, 내가 잘 쓰고 있는지 조금씩 의심이 고개를 듭니다. 걱정하지 마세요. 모두가 겪는 과정입니다. 아직 서사의 전개 방식을 잘 몰라서 겪는 어려움입니다. 공식만 암기하고 문제는 많이 풀어 보지 못해서입니다. 그래서 이번 장을 마련했습니다.
아직도 내 글의 장르가 명쾌하게 정해지지 않았다면 오류의 원인부터 살펴야 합니다. 어떤 장르를 쓸지 명확하게 정했다면 그 순서를 디테일하게 알아야 하고요. 이번 장에서 그것을 다룰 예정입니다. 장르별 글쓰기의 특성과 유의점을 설명하려고 합니다. 앞에서 공부한 전체 글쓰기의 '순서'와 이번에 학습할 각 장르별 글쓰기의 '특성'을 동시에 비교하면서 글을 성장시켜 나가세요. 지금 겪고 있는 모든 어려움은 몇 번의 창작 과정을 겪으면서 서서히 풀릴 겁니다. 흔들리지 말고 전진하세요.

1

멜로

(1) 누구의 사랑인가?

멜로는 누군가의 사랑을 보여 주는 장르이니 가장 먼저 누가 누구와 만날지를 정해야 합니다. 남녀가, 흡혈귀와 소년이, 외계인과 소녀가 등 주인공 정하기가 작가의 첫 번째 일입니다.

주인공이 정해지면 다음은 두 사람이 처음에 어떻게 만나고 나중에 어떻게 다시 만날지를 결정해야 합니다. 설정과 절정이 되겠죠. 만남의 시작은 설정이고, 다시 만나는 것은 절정입니다. 처음에 만나는 방법과 다시 만나는 방법을 고민하세요. 많은 이들이 설정과 절정의 셋업에 어려움을 토로합니다. 단서는 '설정'과 '절정'의 연관 관계입니다. '설정'이 어려우면 '절정'을 살펴보세요. '절정'이 어려우면 '설정'을 생각해 보세요. 설정에는 절정의 단서가 숨어 있고, 절정에는 설정의 기초가 숨어 있습니다. 설정을 다양하게 대입하면서 동시에 절정도 고민해 보세요.

《노팅 힐》처럼 설정에서 여자 주인공이 남자 주인공에게 키스한다면 절정에서는 남자 주인공이 여자 주인공에게 키스하는 겁니다. 그러면서 두 사람이 다시 만나고요. 이런 방법으로 설정에 여러 상황을 대입하다 보면 어느 순간 개연성 있는 절정의 상황이 정해집니다. 이를 통해 멜로 시나리오 공식 중 주인공 라인을 확정할 수 있습니다.

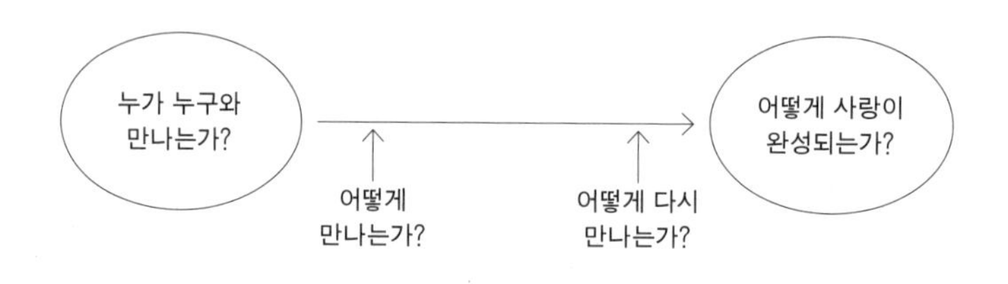

(2) 사랑을 막는 자는 누구인가?

두 주인공과 그들의 만남이 정해지면 곧바로 그들의 사랑을 방해할 적대자를 만들어 주어야 합니다. 적대자는 인간일 수도 있고 아닐 수도 있습니다. 인간이라면 두 주인공의 전 연인이거나 (두 사람의 만남을 반대하는) 두 주인공의 부모 등입니다. 그 외에 다른 인종(백인, 유색, 혼혈 등), 특이한 인종(늑대인간, 뱀파이어, 마녀, 외계인)도 있습니다. 심층적인 적대자로 등장시킬 수 있는 정치, 외교, 종교, 신념 등은 존재를 형상화하기는 힘들지만 우리를 둘러싼 문화적, 사회적 환경을 고려할 때 얼마든지 가능성이 있습니다.

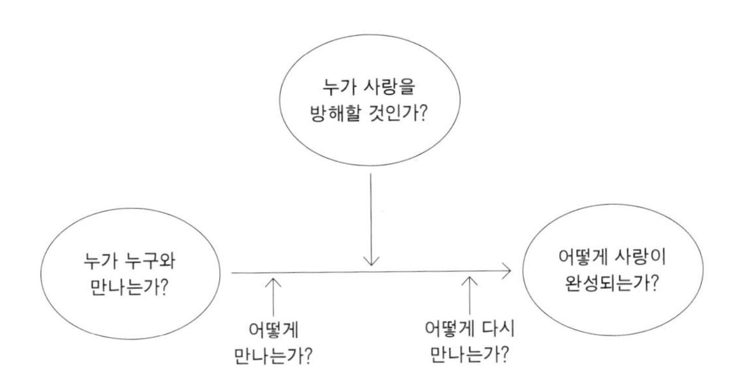

메인 적대자가 정해지면 양 날개의 서브 적대자를 설정할 차례입니다. 장르 분석에서 다루었듯이 멜로 영화의 왼쪽은 키스, 오른쪽은 헤어짐입니다. 왼쪽은 드디어 친해진 두 사람이 키스하자마자 오해로 인해 연락이 끊어지는 등의 이야기가 들어가고, 오른쪽은 두 사람 중 한 명이 이민이나 출장을 가거나 혹은 이별을 고합니다. 어쨌든 두 사람이 잠시 헤어지는 곳입니다.

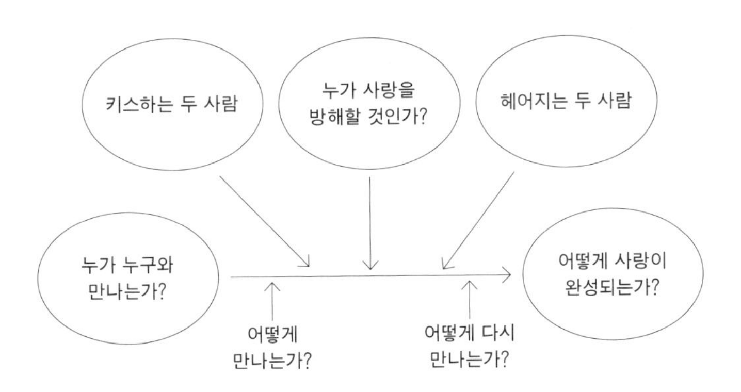

(3) 어떤 가치가 있는 사랑인가?

주인공과 주인공의 만남과 두 사람의 적대자까지 정해지면 잠시 숨을 고르면서 이들의 사랑의 가치를 생각해야 합니다. 초보 작가는 전체 구성의 적절성을 확인하는 시간으로 활용하고, 프로 작가는 앞으로 작업에 어느 정도의 시간을 투여할지를 점검하고 스토리 완성 후 사회화 가능성을 가늠해 보는 시간으로 이용합니다.

남자의 어머니가 한국 남성과 외국인 여성의 사랑을 방해하는 구조라면 아침 드라마에 적합합니다. 적대자가 종교라면 이것이 두 사람의 사랑을 얼마나 방해할 수 있는지, 현재의 시점에서도 과연 가치가 있는지부터 따져야 합니다. 이때의 합리적인 가치 판단은 작가의 주관이 아니라 타인의 객관적인 의견에 기초해야 합니다. 나의 이야기는 어느 매체에 맞을지, 어떤 가치가 있는지 가능한 한 여러 의견을 많이 들으세요. 최종 판단은 당연히 작가의 몫이지만요. 타인의 의견을 많이 참고한 결정일수록 합리적입니다. 합리적일수록 좋은 결과를 얻을 확률이 높고요.

(4) 멜로 vs. 로맨틱 코미디

《건축학개론》이 개봉한 2012년 이후 2020년까지, 흥행 면에서 성과를 거둔 멜로 작품은 이석근 감독의 《너의 결혼식》(2018)과 이한결 감독의 《가장 보통의 연애》(2019)의 단 두 작품밖에 없습니다. 이 세 작품을 구분할 필요가 있습니다. 《건축학개론》은 고전적인 의미의 멜로 영화입니다. 반면에 《너의 결혼식》과 《가장 보통의 연애》는 로맨틱 코미디입니다. 조금 과장되게 표현하자면 《건축학개론》은 멜로, 《너의 결혼식》과 《가장 보통의 연애》는 코미디로 볼 수 있습니다.
이 책에서는 코미디를 장르로 구분하지 않았습니다. 저는 코미디는 장르가 아니라 스타일이라고 생각하기 때문입니다. 멜로 서사를 쓰고 있는 중이라면 멜로와 코미디를 정확하게 구분하세요. 코믹 멜로와 로맨틱 코미디는 마땅히 구별되어야 합니다. 멜로에 코미디가 섞인 것인지 아니면 코미디에 멜로를 섞은 건지를 분명히 하고 작업에 들어갔으면 합니다. 이때 최근 작품들의 경향을 분석해야 합니다. 멜로면 멜로의 공식, 코미디면 기존 코미디의 분석 자료를 바탕으로 다시 재구성하세요. 작가가 자신의 글이 멜로인지 코미디인지조차 구분하지 못하는데 관객들이 작품을 받아들일 수 있을까요?

2

휴먼

(1) 어떤 일이 일어나는가?

휴먼 드라마는 말 그대로 한 사람의 삶을 다룹니다. 사람의 이야기입니다. 하지만 아침에 일어나 출근하고 회사에서 일하다 퇴근해서 소주 한 잔 기울이는 일과를 굳이 영화로 만들지는 않습니다. '상태' 혹은 '상황'이니까요. 무언가 특별한 사건이 벌어질 때에야 누군가의 삶에 변화가 생깁니다. 그리고 움직이게 됩니다. 휴먼 드라마가 되기 위해서는 관객이 주인공의 삶을 들여다볼 만한 특별한 일이 벌어져야 합니다.

《수상한 그녀》는 할머니가 사진을 찍고 아가씨가 되면서 벌어지는 이야기입니다. 《기생충》은 가난한 집 아들이 부잣집에 과외하러 들어가면서 벌어지는 이야기입니다. 어떤 일이 발생하는지를 정하는 것이 휴먼 드라마 창작의 1순위입니다.

휴먼 드라마를 몇 번 써 본 이들은 이 장르의 글쓰기에서 제일 힘든 점을 '사건 발생'이라고 말합니다. 사건 발생은 주인공의 액션이 아니라 상태 혹은 상황입니다. 휴먼 드라마는 주인공 앞에 특별한 일이 벌어짐으로써 주인공이 발생한 사건에 맞춰 리액션을 하는 스토리입니다. 주인공의 리액션에 맞춰 써 나가면 스토리가 전진하지 않습니다. 어느 순간 멈춰 섭니다. 액션은 스토리입니다. 전진합니다. 리액션은 스토리가 아닙니다. 전진하지 못합니다. 사건 발생이 흥미롭다고 성급하게 글쓰기를 시작했다가는 얼마 안 가 패닉에 빠질 가능성이 높습니다. 한데 사건 발생을 기반으로 하는 휴먼 드라마 중에는 좋은 결과를 얻은 작품이 많습니다. 이유가 무엇일까요? 대답은 두 가지로 정리할 수 있습니다.

첫 번째로 사건의 방향성입니다. 일어난 '상태, 상황'을 그 자체로 끝내는 게 아니라 스토리의 끝까지 방향성을 유지해야 합니다. 《수상한 그녀》의 오말자가 사진을 찍고 오두리가 되었을 때 관객은 사건에 집중하면서 앞으로 어떻게 전개될까 의문을 품고 자연스럽게 스토리를 따라갑니다. 할머니가 계속 아가씨의 모습으로 살아갈지 아니면 원래 모습으로 돌아올지 궁금해합니다.

관객이 사건의 방향과 흐름을 궁금해하고, 그 내용이 가치가 있고, 최종 목적지가 공감될 때 스토리가 폭발합니다. 사건이 발생하고 이후로 관객이 시선을 놓지 못하는 지속 가능하고 방향성 있는 스토리가 되어야 합니다. 반대로 사건 발생이 순간적이고 일시적인 상태 혹은 상황이라면 완성하기 어렵습니다. 어렵게 완성되었다고 해도 장편이 아니라 단편일 가능성이 농후합니다. 단편 스토리는 예외적으로, 순간적이고 일시적인 사건을 담아도 되는 경우가 있습니다.
장편을 쓰고자 한다면 사건 발생 이후의 후일담이 얼마나 크게 담기는지, 사건은 얼마나 방향성이 있는지, 방향성이 얼마만큼 지속되는지, 그리고 속도는 얼마나 빠른지를 중점적으로 확인해야 합니다.
두 번째로 휴먼 드라마는 주인공이 주도하는 스토리가 아닙니다. 설정에서 주인공이 주도적으로 스토리를 만들어 나가지 않죠. 특정 사건이라는 '액션'이 벌어지면 주인공이 그에 대한 '리액션'을 합니다. 《수상한 그녀》의 오말순 할머니는 아가씨로 변한 다음 바뀐 자신의 모습을 보면서 상황에 맞게 대처합니다. 할머니의 계획에 따라 아가씨가 된 게 아닙니다. 휴먼 드라마는 스릴러나 재난 영화처럼 '발생하는 사건'이 진짜 주인공입니다. 그 사건은 곧 작가가 세상을 바라보는 시선이고요. 작가는 자신이 전달하고 싶은 이야기를 관객에게 전달하기 위해 자신의 계획에 따라 '그 사건'을 일으킵니다. 바꿔 말하면 작가가 주인공인 장르입니다. 그래서 설정과 절정은 다음과 같이 배치되어야 합니다.

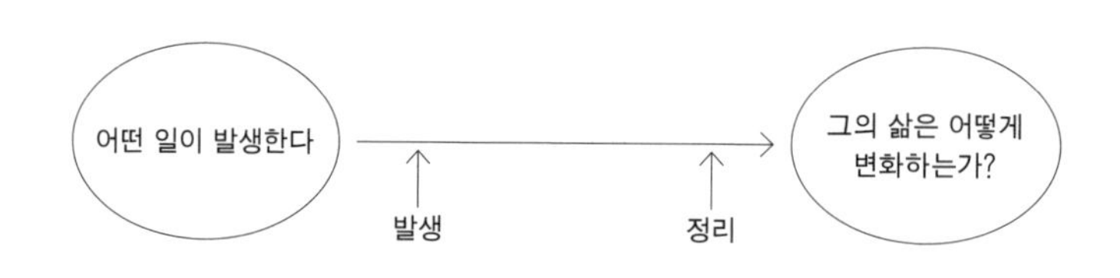

이때 사건은 다음의 사전 점검 과정을 거친 후 발생되어야 합니다. 사건이 작가의 계획에 의해 발생해야 하니 먼저 작가의 계획부터 확인해야겠죠. 그렇다면 작가의 계획이 있는 지점은 어디일까요?

(2) 삶의 무엇이 힘든가?

작가의 계획은 작가의 시선에서 탄생하는 경우가 많습니다. 어느 순간 특정 대상에 대한 불만 혹은 사회의 어느 부분에 대한 분노 등을 다루어야겠다고 결심하죠. 그때부터 작가는 생각합니다. 이런 이야기를 하려면 어떤 방법이 가장 효과적일까? 휴먼 드라마에서는 작가가 말하려는 이야기가 보통 적대자의 모습으로 나타납니다. 그래서 적대자가 중간점에 자리 잡고 전체 스토리를 지배합니다. 작가의 문제의식은 설정에서 작가가 계획한 사건이 터지면서 모습을 드러냅니다.

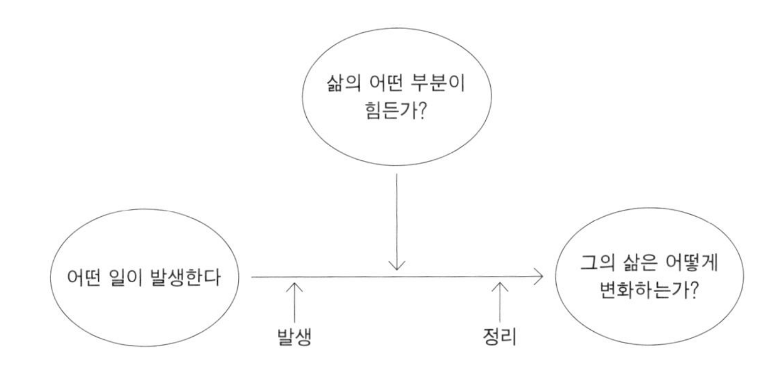

《수상한 그녀》의 중간점은 아가씨로 변한 할머니가 원래 자신이 살던 집에 손님으로 들어가는 지점입니다. 이 스토리를 관통하는 문제는 할머니의 모습(원래의 나)으로는 집에 있을 수 없는 현실입니다. 표면적으로 말하면 고부 갈등이고, 심층적으로 이야기하면 평생을 가족에게 헌신했지만 이제는 집에서조차 편안하게 쉴 수 없는 할머니의 현실입니다. 작가가 생각하는 한국 사회의 문제점이기도 하죠. 작가는 자신의 생각을 잘 전달할 수 있는 방법을 궁리하다 할머니를 아가씨로 바꾸면 관객에게 잘 전달할 수 있겠다고 생각했던 겁니다.

중간점에 자리 잡은 문제를 해결하기 위해 공격점 1과 공격점 3을 다음과 같이 배치합니다.

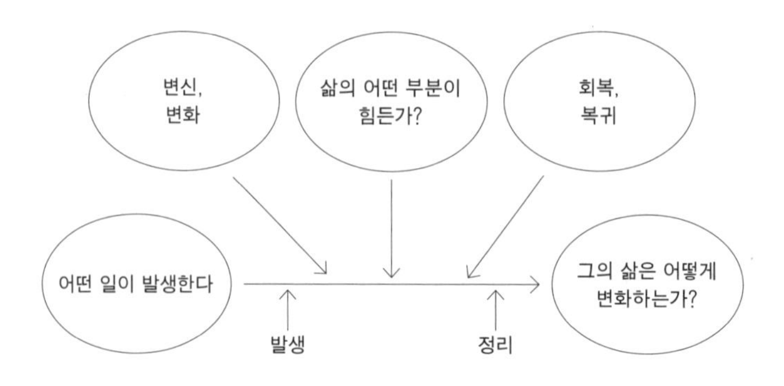

할머니는 공격점 1에서 아가씨로 변신하고 공격점 3에서는 아가씨의 모습으로 계속 살지 아니면 원래 모습인 할머니로 돌아올지 고민합니다. 중간점의 이야기를 해결하기 위해 공격점 1에서 아가씨로 변신하고, 공격점 3에서 어떤 모습을 택할지 고민하는 시나리오 구조를 설정했죠. 이런 순서로 장르의 구성 요소들을 배치하는 것이 보통의 휴먼 드라마 창작 공식입니다.

(3) 무슨 말을 하고 싶은가?

휴먼 드라마는 작가가 주도하는 스토리이기에 작가의 문제의식과 문제 해결법이 전체 스토리를 지배합니다. 다시 말해 작가의 의도와 실행 방법이 스토리의 전부가 됩니다. 이 두 가지가 스토리의 가치를 결정합니다. 스토리 발생과 관객의 공감이 조응하면 호평받을 수 있습니다. 말처럼 쉽지는 않죠. 보통은 퇴고까지 2년 정도가 소요되는데,

글이 끝나는 시점의 미래를 예측하기란 너무나 어렵습니다. 그럼에도 불구하고 작가라면 세상 사람들의 생각, 세상이 나아가는 방향에 대해 나름의 예상을 할 수 있어야 합니다.

《수상한 그녀》는 아들을 위해 모든 것을 희생했음에도 어느새 짐이 된 우리 시대의 할머니(어머니)를 살폈습니다. 《7번방의 선물》은 너무 착해서 오히려 피해를 당한 주인공을 통해 억울한 소시민의 한을 토했습니다. 《극한직업》은 한국에서의 삶 자체가 '극한' 직업이라는 화두를 던졌습니다. 《기생충》은 자본주의 사회를 산다는 것은 반지하에 살던 사람이 부잣집 지하로 숨어드는 것과 마찬가지라는 나름의 정의를 내렸습니다.

지금 여러분이 쓰고 있는 휴먼 드라마는 우리 삶에 대한 대답을 담아야 합니다. 그것이 없다면 좋은 반응을 얻기 힘듭니다. 반대로 현재 담겨는 있는데 스토리가 공개될 시점의 관객이 여기에 공감하지 못한다면 역시 좋은 결과를 얻기 힘듭니다. 잠시 글을 멈추세요. 생각을 정리하고 모니터 의견을 보강한 다음 다시 쓰세요. 관객들은 작가의 시선과 생각이 분명하게 담긴 휴먼 드라마를 사랑합니다.

3

공포

(1) 무엇이 무서운가?

공포 영화의 플롯은 간단합니다. 무엇이 나타나 주인공을 괴롭히는 이야기입니다.

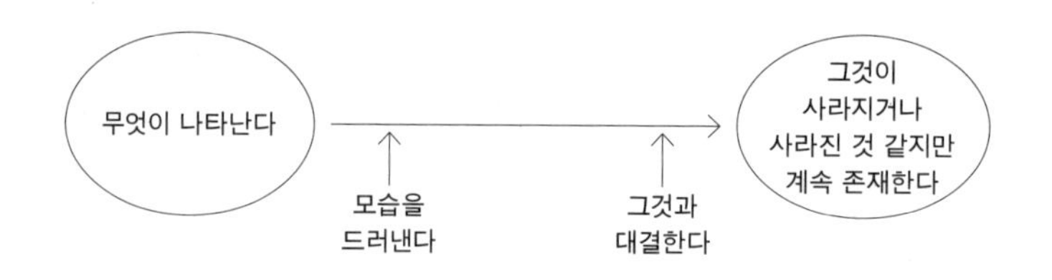

공포 스토리를 준비한다면 당연히 주인공을 괴롭히는 '무엇'이 무엇인지부터 정해야 합니다. 그런데 사람들이 가장 무서워하는 대상은 무엇일까요? 아마도… 사람일 겁니다. 공포 영화에 자주 나오는 귀신도 실은 (죽은) 사람이죠. 물론 상어, 악어, 공룡, 괴물이 주인공을 괴롭히는 스토리도 있습니다. 하지만 생각해 보면 그 이면에는 반드시 그것을 만든 사람이 있습니다. 멸종된 공룡을 복원시킨 것도, 유전자 변형으로 거대 악어를 만든 것도, 독극물을 풀어 한강에 괴생명체를 만든 것도 사람입니다. 주인공을 괴롭히는 대상이 사람인지, 죽은 사람인 귀신인지, 사람이 만든 어떤 생명체인지를 먼저 정하세요. 어떤 형태로 나타나건 근원은 '사람'임을 잊지 말아야 합니다.

(2) 왜 무서운가?

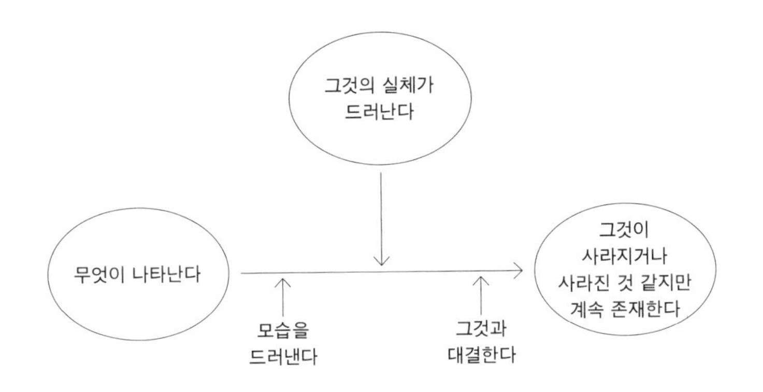

공포 영화의 중간점은 표면적으로 '그것'의 정체가 드러나는 곳입니다. 관객이 그것을 통해 무서움의 근원을 발견하는 지점이고요. 긴장하며 서서히 다가가는 주인공에게 갑자기 그것이 와락 나타납니다. 심층적인 목적은 따로 있습니다. 중간점은 관객들이 자신의 무의식과 충돌하는 곳입니다. 일상에서 지니던 공포를 확연히 깨닫는 지점입니다. 작가는 이곳에서 어떤 공포를 보여 주는지 분명하게 말해야 합니다. 이것이 왜 우리 삶을 파괴하는지를 밝혀야 합니다. 귀신이니까, 무서우니까, 공포니까 같은 단순한 이유라면 관객의 외면을 받습니다.

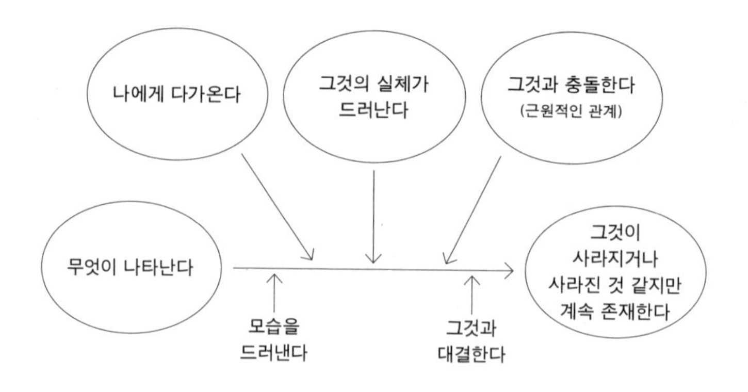

중간점은 무서움의 실체가 존재하는 곳입니다. 공격점 1과 3은 주인공과 그것의 관계를 이야기하고요. 작가가 생각하는 우리 사회의 공포가 실업이라면 중간점에 실업으로 피해당한 '사람' 혹은 '죽은 사람' 혹은 '그것으로 인해 만들어진 어떤 물체'가 존재해야 하고, 양쪽에는 실업의 이유 혹은 실업이 반복되는 이유의 근거를 배치합니다.

공장 기숙사를 배경으로 하는 이야기를 생각해 봅시다. 한 신입 사원이 기숙사에 들어왔는데 자꾸 이상한 존재가 나타납니다. 중간점에 나오는 적대자는 과거 기숙사에서 억울하게 일자리를 잃고 죽은 존재가 좋겠습니다. 공격점 1에서 그가 신입 사원 앞에 모습을 조금 드러내고, 공격점 3에서는 신입 사원이 귀신이 억울하게 죽은 근본적인 이유를 알게 하면 됩니다.

주인공은 설정에서 뭔가가 있음을 알게 됩니다. 공격점 1에서는 그것이 정말 존재한다는 것을 알게 됩니다. 중간점에서는 그것이 주인공을 덮칩니다. 공격점 3에서는 그것이 왜 주인공을 덮치는지를 알게 됩니다. 주인공과 귀신은 절정에서 충돌합니다. 이후 귀신은 사라지거나 혹은 사라진 것처럼 보였는데 아직도 우리 주위에 존재합니다. 이것이 공포 장르의 기본 창작 방법입니다.

(3) 왜 관객이 무서워해야 하는가?

공포 영화의 가치는 관객이 느끼는 '무서움의 가치'입니다. 이는 누군가의 불안에서 기인합니다. 관객이 아무 생각 없이 공포 영화를 보러 극장에 들어갑니다. 이때 영화 속 주인공에게 다가오는 공포가 현실에서의 나의 이야기라면 얼마나 무서울까요? 관객은 주인공에게 깊게 감정을 이입하며 소리 지르고 절규합니다. 극장을 나오는 순간에도 공포는 쉽사리 물러서지 않습니다. 집에 돌아와 늦은 밤 혼자 있는데 계속 생각납니다. 잠을 설치고 다음 날 일어나 주변에 이야기합니다. "그 영화 너무 무서워! 꼭 봐! 내가 잠을 못 잤다니까. 자꾸 생각나서."

대한민국 국민 모두가 공감하는 무서움이라면 좋은 결과가 있을 겁니다. 그런 공포를 찾아보세요. 관객이 내 이야기라고 느낄 수 있는 공포. 그런 공포만이 가치를 가집니다. 우리 사회의 어두운 면을 반으로 잘라 관객에게 적나라하게 보여 줄 수 있는 공포 영화! 관객은 그런 이야기를 기다리고 있습니다.

4

스릴러

(1) 악마의 계획은 무엇인가?

스릴러는 사건에 휘말리는 누군가의 이야기입니다. 공포 장르처럼 적대자를 통해 작가의 계획이 드러나죠. 이는 형사의 모습으로 나타날까요, 아니면 범죄자의 모습으로 나타날까요? 맞습니다. 스릴러 장르를 쓸 때는 적대자의 이야기를 먼저 구성해야 합니다. 사건을 조사하는 형사가 아니라 범죄를 실행하고 있는 범인의 시각으로 스토리를 구성해야 합니다.

적대자가 등장하는 보통의 스릴러는 이런 구성입니다. 우리가 함께

살펴봤던 《숨바꼭질》처럼 적대자는 절정에서 주인공과 싸우다 죽거나 잡히죠. 즉 형사인 주인공이 성공하는 스토리가 일반적입니다. 적대자가 끝까지 잡히지 않고 오히려 적대자의 계획이 성취되는 구성도 있습니다. 《세븐》이나 《곡성》은 범인이나 악마가 자신의 계획을 성취하는 스릴러입니다. 즉 적대자가 성공하는 스토리입니다. 다만 가끔 볼 수 있는 이례적인 구성입니다.

대부분의 스릴러는 범죄자나 악마가 전체 스토리를 시작하고 끝냅니다. 형사가 아닙니다. 적대자가 먼저 사건을 일으키고 이후 형사가 투입되는 순서입니다. 따라서 사건의 흐름에 맞추어 스토리를 설계하는 편이 합리적입니다.

적대자의 경로는 두 가지입니다. 악마의 계획이 실패하는 스토리와 악마의 계획이 성공하는 스토리. 내가 쓰고 싶은 스릴러가 《숨바꼭질》처럼 적대자가 죽거나 잡히는 스토리인지, 아니면 《세븐》이나 《곡성》처럼 적대자가 자신의 계획에 성공하는 스토리인지 먼저 정해야 합니다.

스릴러 스토리 쓰기의 첫 단계가 이것입니다. 악마의 동선은 작가의 사고 흐름이니 자신이 하고 싶은 이야기의 끝을 정해야 합니다. 내가 하고자 하는 이야기는 악행을 저지르던 악마가 없어지면서 관객들이 속 시원해하는 스토리인지, 아니면 악마가 형사를 죽이고도 계속 존재함으로써 관객이 집으로 돌아가는 길을 무서워해야 하는지 결정해야 합니다.
적대자의 동선이 정리되면 그다음으로 표면적인 스토리의 주인공이자 실질적으로는 조연의 기능을 하는 형사를 투입합니다. 저는 범인이 잡히는 스토리를 택하겠습니다.

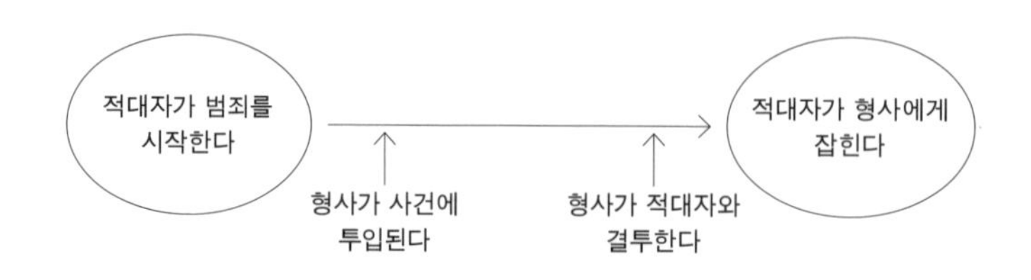

첫 번째로 적대자 중심으로 사건을 설계했습니다. 두 번째로 이미 벌어진 사건에 형사를 투입했습니다. 설정에서부터는 스토리가 형사가 적대자를 쫓는 시선으로 전진합니다. 적대자의 계획이 먼저 설정되어 있기 때문에 그에 맞추어 형사를 배치하기는 쉽습니다. 적대자의 계획을 방해할 수 있는 곳에 형사가 나타나면 되니까요. 그리고 적대자가 성공하는 스토리인지 아니면 그가 잡히거나 죽는 스토리인지를 먼저 정해 두었으니 결말에 맞춰 형사의 기능과 위치를 조정할 수 있습니다.
스릴러 장르를 선호하는 작가와 관객이 지적 유희를 즐기는 이들인 만큼 구성이 치밀해야 합니다. 작은 빈틈도 꼼꼼하게 살펴야 하죠. 기초 설계부터 범인의 시선에서 사건을, 형사의 시선에서 사건 추적 과정을 상호 교차 확인하면서 전진하세요. 양쪽 시선을 오가면서 두 라인을 정교하게 직조해야 합니다.
20세기의 오래된 글쓰기처럼 첫 번째 신부터 써 나가고, 처음부터 끝까지 형사의 시선으로만 범인을 쫓아서는 정교한 스릴러를 설계하기 힘듭니다. 장르 특성상 전체 사건이 먼저 있고, 그다음에 형사가 투입되어야 함을 잊지 마세요. 사건이 벌어지고서야 투입되는 형사의 좁은 시선으로는 정교한 스릴러 스토리를 쓸 수 없습니다.

범행을 저지르는 범인의 계획이 정교할까요, 범인을 추적하는 형사의 계획이 정교할까요?

사건을 뒤쫓는 형사에게는 능동적인 계획이 없습니다. 물론 사건을 해결하기 위해 밤낮없이 열심히 뛰어다니긴 하겠죠. 하지만 그가 바라는 단서가 언제 어떻게 나올지는 알 수 없습니다. 언제 나타날지 모르는 단서를 쫓아다니는 형사의 불안정한 동선으로 정교한 스토리를 구성할 수 있을까요?
모든 것을 알고 있는 적대자의 시선으로 전체 설계를 해야 합니다. 그 빈틈 사이사이에 형사를 배치하고요. 또한 적대자를 먼저 배치하는 플롯 구성을 통해 관객의 허를 찌르는 반전을 설계할 수도 있습니다. 관객은 형사의 시선으로 영화를 보기 때문에 모든 정보를 가질 수 없습니다. 반면에 사전에 적대자를 설계한 작가는 모든 정보를 갖습니다. 관객의 정보가 부족한 곳에 자신이 가진 정보를 투여함으로써 관객의 허를 찌를 수 있습니다. 관객에게 투여할 정보와 작가가 가지고 있는 정보의 양을 계속 비교하면서 글을 써야 한다는 점도 스릴러 창작의 특징입니다.

(2) 무엇을 두려워하는가?

공포 영화의 중간점에는 '무서움'을 설계해야 합니다. 스릴러 영화의 중간점에는요? 정답은 '두려움'입니다. 공포 영화의 귀신은 무서움을 설계할 수 있는 대상이고, 스릴러 영화의 살인마는 두려움을 설계할 수 있는 좋은 소재입니다. 좋은 공포 영화는 관객이 집에 돌아가서 (방의) 불 끄기를 주저하게 만드는 영화입니다. 좋은 스릴러 영화는 관객이 집으로 가는 길에 자꾸 뒤를 돌아보게 만드는 영화입니다. 그 두려움을 설계해야 하는 것이 스릴러 장르의 숙제입니다.

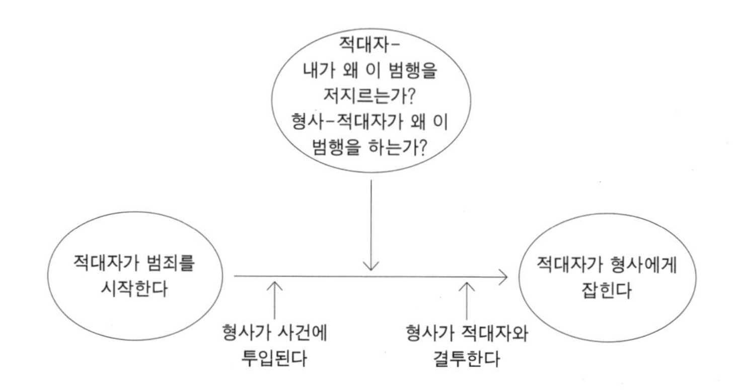

대부분의 두려움은 범인이 가진 악마적 사고와 대담한 범행에서 기인합니다. 관객에게 두려움이 최고조로 다가올 때는 그들이 이런 생각에 도달할 때입니다. '나도 저런 사람에게 당할 수 있다!' 중간점에서 사건의 실체와 관객의 두려움이 맞닿을 수 있다면 성공할 수 있습니다. 두려움은 스릴러를 쓰는 목적이기도 합니다. 그러니 사건을 설계할 때 범행의 디테일에 집착하는 동시에 범행의 목적과 현재 사회와의 접점도 깊이 생각하세요. 관객은 형사의 시선으로 사건을 함께 좇으며 '현재 사회에서 이런 범행이 벌어지고 있다', '내 주위에도 얼마든지 피해자가 생길 수 있다', '내가 피해자가 될 수도 있다'라고 각성합니다. 두려움의 실체가 관객의 목을 천천히 쓰다듬을 때 스릴러는 목적을 달성합니다.

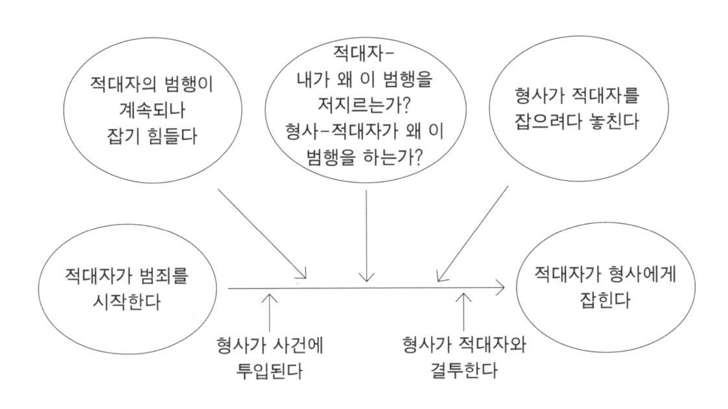

(3) 우리 사회는 왜 이럴까?

대한민국에서 태어난 우리들은 매일 우리 사회에서 벌어지는 수많은 사건 사고를 만납니다. 대부분은 뉴스를 통해서죠. 같은 성격의 사건이라도 우리나라에서 벌어지는 사건이 외국에서 발생하는 사건보다 훨씬 가깝게 느껴집니다. 내 일이 될 가능성이 높으니까요.
스릴러 영화에 등장하는 사건들은 뉴스에 나오는 사건과는 조금 차이가 있어야 합니다. 사회 전체에 해당될 만한 큰 사건이어야 하고, 모든 국민이 두려움에 떨 만한 사건이어야 하고, 현재 대한민국의 존재를 위협할 만한 사건이어야 합니다. 과거에 벌어졌던 사건을 모티

프로 시나리오를 쓰는 경우에도 마찬가지입니다. 과거의 사건을 현재로 소환할 만한 가치가 있어야 합니다. 스릴러는 현실과의 접점이 매우 중요합니다. 관객이 과거의 사건이 현재에도 일어날 만하다고 느껴야 합니다.

《살인의 추억》은 연쇄 살인마를 통해 1980년대 대한민국의 불안, 《숨바꼭질》은 누군가에게 집을 빼앗길 수 있다는 두려움을 다루었습니다. 실제 사건은 아니지만 《곡성》은 우리가 악마의 유혹을 어떻게 처신해야 하는가라는 근원적인 질문을 던집니다. 좋은 스릴러는 동시대의 사람들이 느끼는 근원적인 두려움을 다룹니다. 스릴러 스토리를 쓰기 전에 작은 범죄의 디테일보다는 국민 전체가 느끼는 커다란 두려움을 면밀히 살피세요. 어느 순간 대한민국의 취약점이 보일 겁니다. 곧 우리 사회의 구조적인 약점이겠죠. 좋은 스릴러를 쓰고 싶다면 사건을 단순하게 나열하지 말고 대한민국 사회의 균열을 이야기하세요. 우리 사회의 근원적인 문제점을 다룰수록 좋습니다. 사건을 통해 우리 사회의 어두운 곳을 적나라하게 보여 주세요.

스릴러는 표면적으로는 사건을 다루지만 심층적으로는 사회를 다룹니다. 그 점에 주목하여 사건을 선택하고, 적대자의 계획을 설계하기 바랍니다. 사건을 통해 사회가 보여야 합니다. 그러면 관객은 격렬하게 공감하고, 좋은 결과도 얻을 것입니다.

5

케이퍼

(1) 무엇을 훔칠 것인가?

여러 명이 모여서 어떤 것을 훔쳐야 합니다. 보통은 《범죄의 재구성》처럼 현금이거나 《도둑들》처럼 보석입니다. 굉장히 값비싼 대상이죠. 같은 목적을 위해 여러 명이 모이지만 최종적으로 목적을 취하는 사람은 한 명입니다. 그가 실질적인 주인공입니다. 사실 자신의 목적 달성을 위해 모든 계획을 꾸몄거든요. 케이퍼 장르의 표면 서사는 어떤 대상 훔치기이고, 심층 서사는 이 모든 것을 계획한 주인공의 복수입니다.

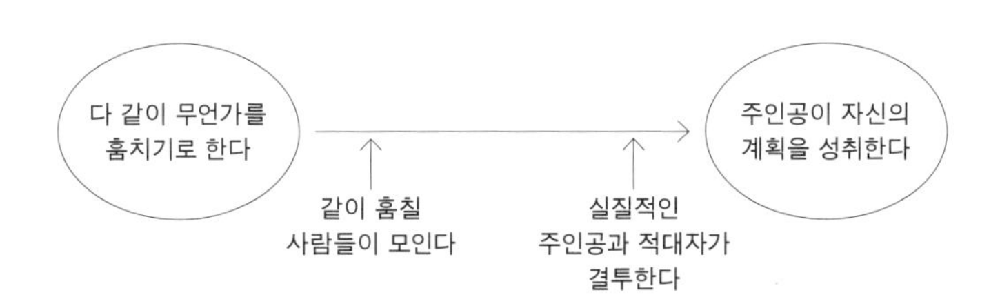

케이퍼 장르의 표면적인 목적은 특정 대상 훔치기입니다. 훔치는 목적만 정하면 스토리가 금방 완성될 것 같지만 쓰다 보면 만만치 않음을 절감합니다. 주인공이 훔치는 대상은 단순한 물건이 아니라 그의 과거나 우리 사회와 관련된 상징이어야 합니다.

《도둑들》에서 마카오박이 훔치고자 하는 다이아몬드는 그의 아버지가 살해될 때 그 앞에 놓여 있던 상징적인 물건입니다. 숨어서 이 과정을 지켜본 소년은 성인이 되어 마침내 아버지의 복수를 결심하고 사람들을 불러 다이아몬드를 같이 훔치자고 제안합니다.《암살》은 무엇을 훔치는 대신 다 같이 모여 누군가를 암살하려고 합니다. 대상은 표면적으로는 일제강점기 당시의 친일파이지만 심층적으로는 해방 이후 오늘날까지도 우리 사회에 남아 있는 친일파 세력입니다.

주인공들이 훔치려는 물건을 정하는 일은 어떤 이야기인지를 정하는 일입니다. 그것에 담긴 이야기가 있어야 합니다. 비싼 보석만으로는 스토리의 가치가 떨어집니다. 주인공의 원한이 담겨 있는 보석, 아니면 한 나라의 역사를 뒤바꿀 수 있는 보석이어야 합니다. 물질적 가치보다 스토리적 가치가 뛰어난 물건이어야 흥미로운 스토리를 이끌 수 있습니다.

(2) 왜 훔치는가?

목적이 정해지면 목적 달성을 향한 준비 과정이 보여야 합니다. 1막 끝에서 작전 회의를 하는데 그 실행 과정이 보통 2-1막에서 보입니다. 케이퍼 시나리오의 중간점에는 '실행의 실패'가 자리합니다. 표면적으로는 실행의 실패지만 이를 통해 심층적으로는 주인공의 진짜 계획이 모습을 드러냅니다. 《범죄의 재구성》에서는 "그때 전화가 한 통 걸려 왔어요"라는 대사와 함께 최창혁(최창호)이 자신의 진짜 계획을 드러내는 지점입니다. 《도둑들》에서는 마카오박이 다른 멤버들에게 "다이아몬드는 잊어 주세요. 웨이홍은 저 혼자 만나겠습니다"라는 문자를 보내는 지점입니다.

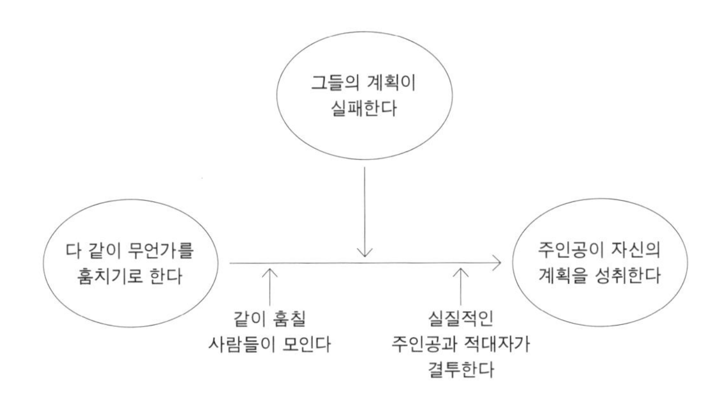

케이퍼 스토리의 공격점 1과 공격점 3은 물건에 담긴 히스토리를 풀어내는 지점입니다. 공격점 1에서는 물건에 관련된 사람들이 모여 훔칠 계획을 세웁니다. 공격점 3에서는 함께 계획을 세웠던 사람들이 자신들의 계획이 왜 실패했는지 깨닫습니다. 즉 물건의 과거 때문에 심층적인 주인공이 사람들을 모아서 여기까지 끌고 왔음을 알게 됩니다. 앞에서 언급했듯 등장인물들이 훔치려는 물건에는 사연이 필요합니다. 물건 자체는 플롯의 삼각형을 책임지고 관련 히스토리는 서브서사를 책임집니다.

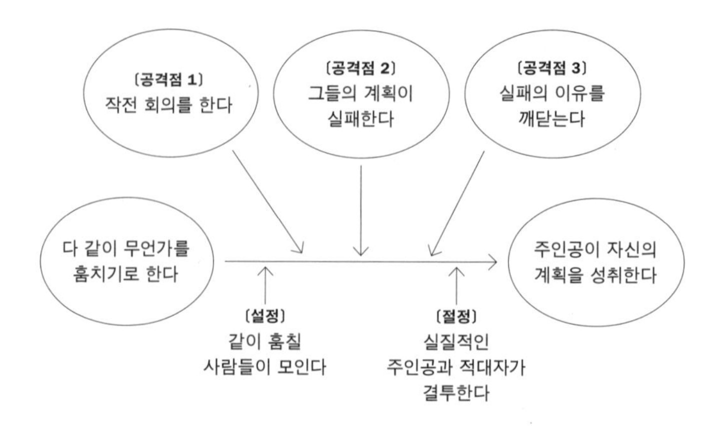

(3) 훔쳐서 무엇을 얻는가?

케이퍼 장르는 멜로의 구조처럼 공식이 단순하고 명쾌합니다. 멜로 시나리오는 사랑이 이루어지는 전반부와 두 사람이 잠시 헤어지고 재결합하는 후반부가 중간점을 기준으로 잘 연결되어 있습니다. 마찬가지로 케이퍼 시나리오는 목적을 달성하기 위해 멤버들이 준비하고 실행하는 전반부와 실패의 원인을 역추적하고 주인공의 원래 계획을 깨닫는 후반부가 치밀하게 결합되어야 합니다. 플롯이 간단할수록 심층 서사가 중요해집니다. 멜로에서는 어떤 사랑이냐가 제일 중요합니다. 가치가 있는 사랑이어야 하죠. 반면에 케이퍼 스토리에서는 계획 실행을 통해 어떤 대상을 얻느냐가 제일 중요하기에 등장인물들이 훔치려는 대상은 절대적인 가치가 있어야 합니다.

6

액션

(1) 왜 싸우면서 시작하는가?

액션 영화는 폭발합니다. 설정에서부터 두 사람이 격렬하게 싸웁니다. 도구는 상관없습니다. 주인공과 적대자가 온 힘을 다해 싸웁니다. 처음부터 같이 싸울 수도 있고, 주인공은 주인공대로 적대자의 부하와, 적대자는 적대자대로 주인공의 조력자와 따로 싸우기도 합니다. 액션 시나리오는 설정 지점에서 폭발하고, 절정에서 다시 폭발해야 합니다. 그런데 이 격렬한 충돌을 쓰기가 쉽지 않습니다. 처음에는 터뜨리는 장면만 쓰면 되지 않을까 가벼운 마음으로 시작하지만 곧 감정의 폭발이 진짜 설정임을 깨닫습니다.

폭력만 충돌하면 액션입니다. 폭력이 충돌하고, 감정까지 부딪쳐야 액션 스토리입니다. 설정에서 폭력과 함께 터지는 감정이 절정까지 이어져야 합니다. 절대 약해지지 않고, 일관성 있게 끝까지 지속되어야 합니다. 혹시라도 설정에서 터진 감정이 절정까지 연결되지 않는다면 액션 스토리로서의 가치가 약합니다. 설정에서 절정까지 도달할 수 있는 감정을 발현시켜야 합니다.

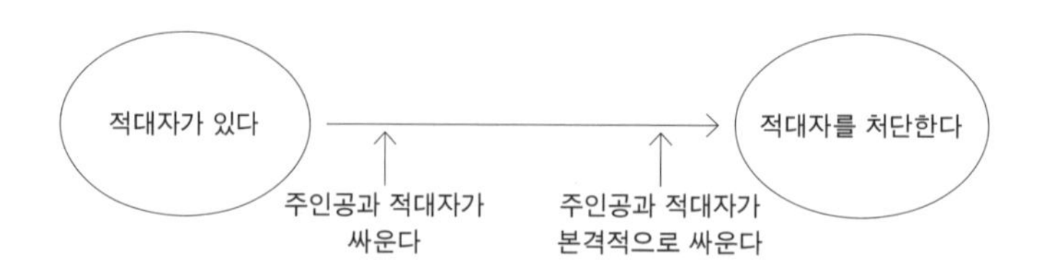

이것이 액션 스토리에서의 주인공의 플롯입니다. 주인공은 누구와 싸워야 할까요? 그것이 정해져야 설정과 절정의 디테일, 액션의 형태가 결정됩니다. 적대자는 인간일 수도 있고 외계인일 수도 있고 신화 속의 생명체일 수도 있습니다. 특정 환경일 수도 있고 재난일 수도 있습니다. 무엇이 되었건 이를 가장 먼저 정하세요. 단, 반드시 싸우면서 감정이 폭발할 수 있는 대상과 싸워야 합니다.

(2) 어떻게 싸우는가?

적대자의 선택에서 최우선으로 고려되어야 할 점은 그가 주인공의 적대자인가 아니면 사회의 적대자인가입니다. 주인공만의 적대자여도 좋지만 액션 영화에서도 심층 서사가 존재하기에 스토리를 깊이 파고들려면 적대자가 개인의 적대자보다는 우리의 적대자가 되는 편이 좋습니다. 주인공이 싸우는 적이 가치가 있어야 주인공과 적대자의 싸움에도 가치가 생깁니다. 적대자는 단순히 그냥 나쁜 사람이 아니라 모든 사람이 인정할 만한 절대 악을 가지고 있어야 합니다.

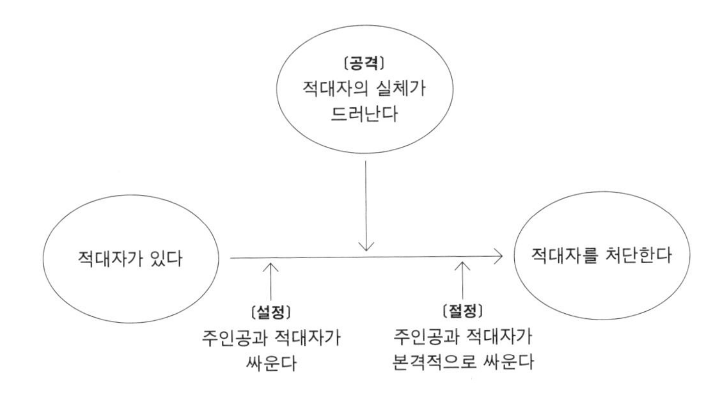

적대자가 확정되면 그는 주인공이 가는 길을 사력을 다해 막아야 합니다. 주인공과 적대자의 충돌이 약해 보이면 안 됩니다. 둘 사이의 갈등을 최대치로 키워야 합니다. 갈등이 커질수록 관객의 반응도 커지기 때문입니다. 관객이 이 스토리를 보는 이유는 주인공과 적대자의 액션 신 때문입니다. 관객의 욕구를 채울 수 있게 최대한 강력하고 최대한 신선하게 주인공과 적대자가 싸워야 합니다. 그들이 부딪치는 지점이 액션의 형태로 나타나야 합니다. 총을 쏘는지, 미사일을 발사하는지, 무술 액션을 하는지를 명확하게 설계해야 합니다.

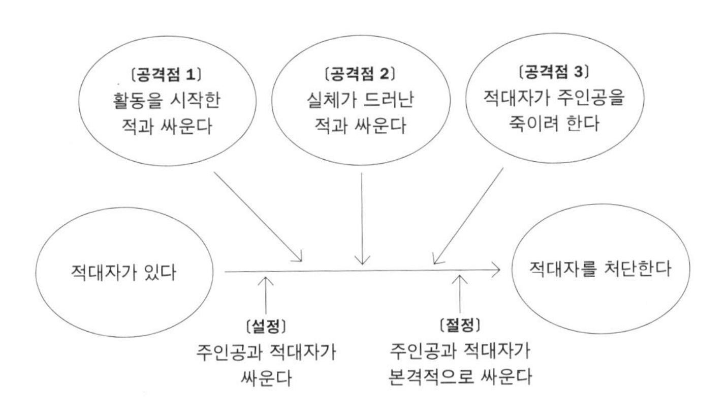

(3) 이 싸움의 가치는 무엇인가?

옛날 무협 영화에 자주 나오는 "부모님의 원수! 어서 내 칼을 받아라!"가 메인 대사라면 작은 싸움입니다. 적대자가 대한민국 모두가 공감할 만한 개인이나 단체라면 '나와 우리 사회의 적'과의 싸움이 됩니다. 이를테면 적이 남북 관계에서의 '북한', 자본주의 사회에서의 '부자'여야 합니다. 적이 북한이라면 판문점이건 비무장 지대건 제3국이라는 장소를 정하고 그곳에서 총을 쏘거나 미사일을 발사하거나 남북 군인 간의 격렬한 전투가 벌어져야 합니다. 《베를린》(2012), 《용의자》(2013), 《강철비》(2017)가 있죠. 또한 자본주의 사회에서의 부자라면 재벌을 상징하는 호화 주택과 서민을 상징하는 허름한 빌라 등의 장소를 정하고 힘이 있는 자와 힘이 없는 자의 신분 차이가 드러나는 액션 장면을 설계해야 합니다. 《설국열차》(2013)와 《베테랑》에서 볼 수 있습니다.

관객에게 다양한 액션을 보여 주어야 하는 것이 액션 스토리의 숙명입니다. 다만 액션 스토리에 대한민국 사람들이 충분히 공감할 만한 적대자가 등장해야 합니다. 그리고 주인공이 지금껏 보지 못한 새로운 액션으로 적대자와 격렬하게 싸워야 합니다. 관객은 시간을 들여서 볼 만한 충분한 가치가 있는 액션 장면을 원합니다.

7

드라마 창작

영화 시나리오와 드라마 대본은 '시나리오의 장르'보다는 '서사 매체의 장르'에 따른 분류로 이해하고 살펴보기 바랍니다.

(1) 전체 설계

드라마는 전체 16부 플롯(전체 플롯)의 설계부터 해야 합니다.

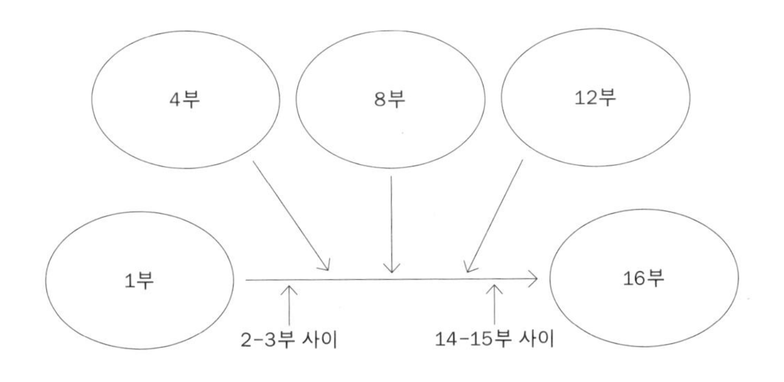

이것이 완성된 이후 각 화를 설계합니다.

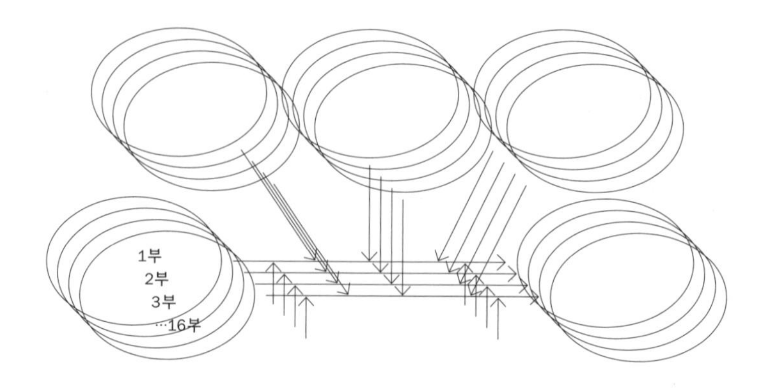

따라서 전체 설계도 1장과 각 회당 설계도 16장까지, 총 17장의 설계도가 필요합니다. 작성은 '스토리의 공식'에 따르면 됩니다. 전체 스토리 구성을 진행하면서는 각 캐릭터의 스토리도 확인할 필요가 있습니다. 전체 16부 설계가 끝나자마자 각 캐릭터별로 설계를 시작합니다.

(2) 캐릭터 설계

드라마의 등장인물은 여러 명이지만 가장 중요한 주인공 한 사람을 먼저 정하고, 그를 기준으로 전체 스토리를 전개해 나가면 됩니다. 그 다음으로 두 번째 주인공을 정하고 그의 전체 동선을 설정합니다. 드라마는 영화와 달리 적대자가 한 사람 이상입니다. 따라서 적대자를 기준으로 동선을 설정합니다. 마지막으로 세 사람의 동선을 같이 봅니다. 그러면 16부의 얼개가 어느 정도 보일 겁니다.

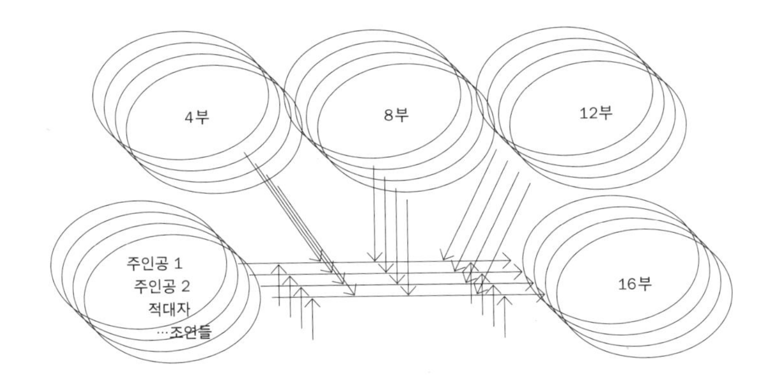

주인공, 서브 주인공, 적대자의 동선만으로도 스토리 설계가 충분하다면 이 세 장으로 전체 16부 설계도를 짜면 됩니다. 부족하다면 서브 등장인물을 한두 명 추가합니다. 그러고 나서 각 인물별로 완성된 도표를 겹쳐 보면 전체 설계가 보다 명확하게 보입니다.

전체 16부 설계에서 가장 중요한 것은 메인 주인공의 동선입니다. 이것이 명쾌해야 나중에 각 회당 설계에서도 도움을 받습니다. 각 회의 정확한 분량이 나뉘어 있지 않으면 전체 설계도는 무용한 설계도가 되어 버립니다. 전체 얼개가 정해진 다음 각 회별로 다시 구성을 정리해야 합니다. 지금까지 정리한 인물별로 각 회의 목표를 정하고, 세부 동선을 점검하고, 그다음 각 회당 메인 주인공의 어려움을 중간점에 배치하여 메인 축을 잡으세요.

저는 남자 두 명과 여자 한 명의 삼각관계를 예로 들어 보겠습니다. 16부를 기준으로 차례로 남자, 여자, 그리고 다른 남자의 입장에서 구성했습니다. 먼저 이야기하지만 이 스토리가 좋은 스토리라는 뜻은 아닙니다. 캐릭터 구성을 설명하기 위한 예시입니다. 먼저 인물별로 전체 16부 동선을 짜고, 이들의 동선을 합칩니다. 그러면 4, 8, 12, 16부별로 각 인물의 큰 동선이 보입니다. 큰 그림이 정해지면 각 회당 캐릭터 구성에 들어가세요.

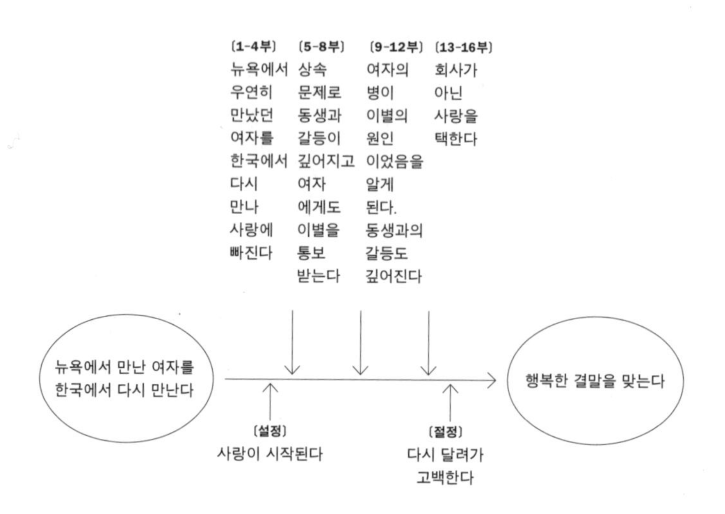

1부에서 세 주인공이 뉴욕에서 처음 만나는 모습이 나옵니다. 뉴욕에서 일하는 남자 주인공은 회사 일로 한국에 가야 한다는 이야기를 듣습니다. 여자 주인공과는 뉴욕에서 우연히 한 번 정도 만납니다. 서브 남자 주인공인 남자 주인공의 동생은 뉴욕 지사에 왔다가 아버지의 회사를 물려받을 배다른 형이 있다는 소식을 듣습니다. 마지막으로 뉴욕에서 어학연수 중인 여자 주인공은 온갖 고생을 하면서 여기저기 이력서를 넣고 있습니다.

2부에서 미국 생활을 정리한 남자 주인공이 한국행 비행기를 탑니다. 여자 주인공도 귀국을 결심하고 같은 비행기에 탑니다. 한편 남자 주인공과 그의 동생은 서로의 존재를 모른 채 일등석 옆자리에 앉아 작은 다툼을 벌입니다. (가난한 유학생인) 여자 주인공은 이코노미석에 탔기에 이 상황을 모릅니다. 어쨌든 세 사람이 같은 회사(남자 주인공의 아버지의 회사)에서 만나면서 2부 엔딩이 끝납니다. 훌륭한 스토리는 아니어도 기본 요소는 전부 갖추었습니다. 이 드라마의 주인공은 세 명입니다. 여자 주인공과 서브 남자 주인공인 남자 주인공의 동생 시선에서도 구성해 봐야 합니다. 이처럼 주요 인물별로 전체 16부 구성을 완성해야 합니다.

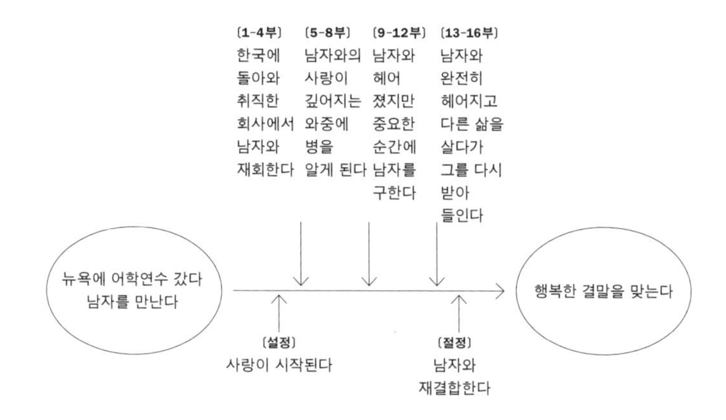

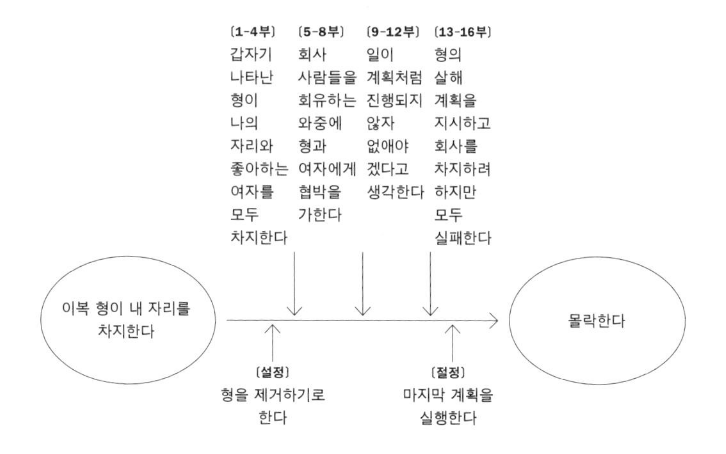

영화 시나리오는 2시간이라는 정해진 시간 때문에 내용을 깊이 파고드는 심층 서사에서 승부를 봐야 합니다. 표면 서사를 형성하는 플롯과 심층 서사를 구성하는 깊은 의미를 속된 말로 '죽어라' 생각해야 합니다. 캐릭터보다 플롯에 더 신경 써야겠죠. 반면에 보통 70분 분량으로 16회차를 만들어야 하는 드라마 대본은 전체 스토리를 구성하는 방법이 영화 시나리오와 다를 수밖에 없습니다.

드라마 전체 내용을 설명하는 기획서를 쓴다고 가정해 봅시다. 이때는 전체 플롯의 구성이 중요합니다. 전체 플롯을 완성하고 난 다음 회차별 세부 내용을 쓸 때는 각 인물의 동선이 중요합니다. 캐릭터별로 동선을 세밀하게 파악해야 회차별 스토리를 구성할 수 있습니다. 드라마는 전체 16부를 관통하는 전체 설계도를 먼저 짜고, 캐릭터별로 동선을 파악하고, 그에 따라 회차별 스토리를 구성하는 방법이 효율적입니다. 전체 회차별 구성과 각 회당 구성을 동시에 고려해야 하는 드라마 작법의 특성상 플롯과 캐릭터를 같은 무게로 고민해야 합니다.

마지막으로 드라마 창작 과정을 정리해 보겠습니다.

① 전체 16부를 설계한다.

② 각 회의 스토리를 설계한다.

③ 각 캐릭터의 전체 16부를 설계한다.

④ 전체 16부 설계, 각 회당 설계, 각 캐릭터별 설계를 합친 다음 살펴본다.

⑤ ④의 오류, 부족한 점, 감정의 강약 등을 여러 번 반복해서 점검해본다.

⑥ 완성된 설계에 맞추어 1화부터 타이핑을 시작한다.

12

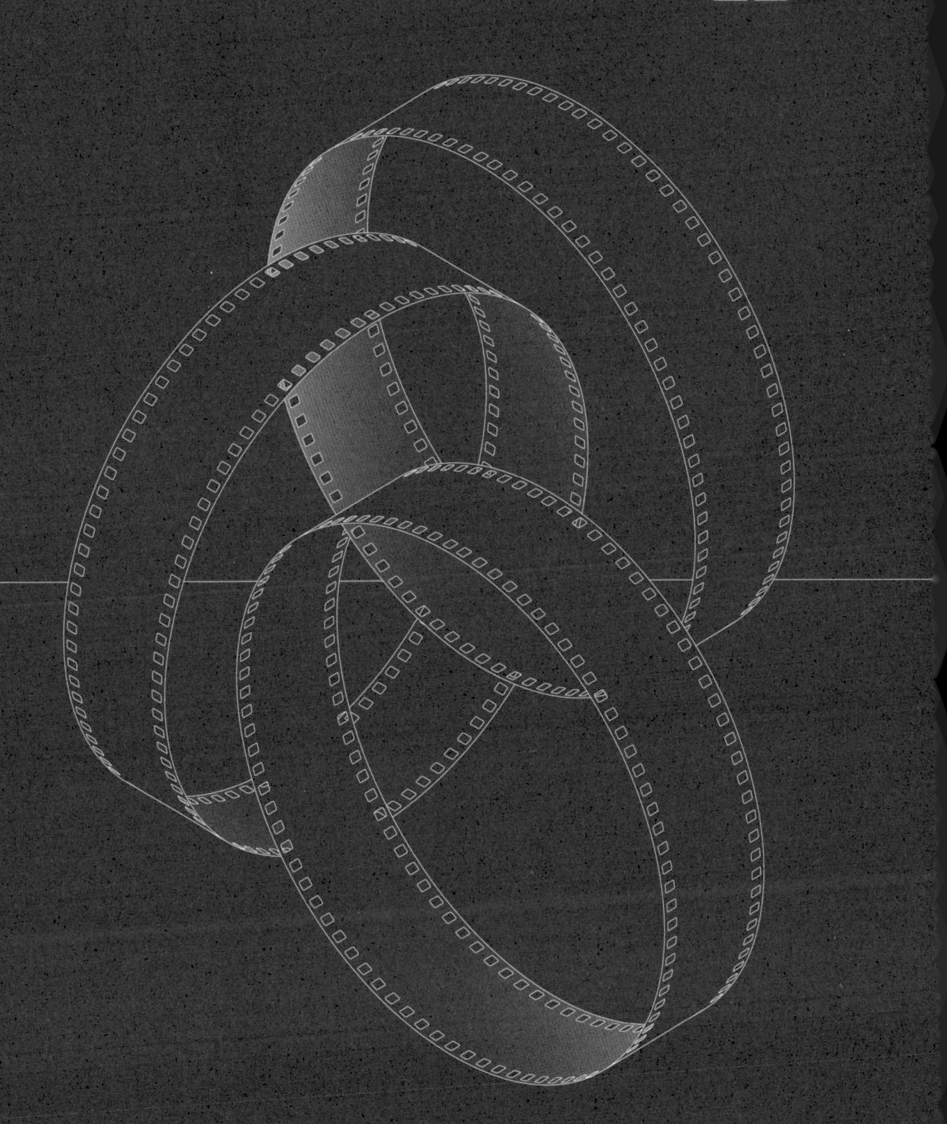

체크 포인트

글을 시작했다고 반드시 글이 끝나는 것은 아닙니다. 끝나지 않는 글에는 그만한 이유가 있습니다. 해결하지 못한 문제가 남아 있다는 뜻이죠. 앞에서 여러 번 문제의 원인을 다루었지만 아직까지 다루지 못한 문제가 남아 있습니다. 다음은 정체되고 반복되는 스토리 때문에 힘겨운 시간을 겪고 있는 모든 작가에게 바치는 헌사입니다. 이제 막 글쓰기를 시작한 아마추어 작가에서부터 곧 계약한 글의 완성본을 제출해야 하는 프로 작가까지 모두가 각 단계별로 참고할 수 있는 요소들입니다. 각자의 상황에 맞는 곳을 열어 보기 바랍니다.

1

1막이 완성되면 초고는 완성할 수 있다

1막 끝부분까지 쓰고 나니 더 이상 진도가 나가지 않는 경우가 있다고 했습니다. 이유는 나중에 밝히겠다고 했는데 지금이 그때인 것 같습니다. 우리가 함께 살펴본 내용을 바탕으로 원인을 분석해 보겠습니다.

— 엔딩 신이 없다.

— 주인공의 동선이 명쾌하지 않다.

— 완고까지 완성할 만한 내적 가치가 없다.

아마도 이 세 가지가 이유일 겁니다. 바꿔 말하면 창작 과정에서 이 셋만 제대로 충족된다면 초고는 완성할 수 있습니다. 어떤가요? 희망적이지 않나요?

혹시 여러분의 글이 이런 상태가 아닌가요? 어쩌면 반복해서 이런 상태의 글을 써 왔고, 문제점을 모른 채 항상 이 상태에서 멈췄을 겁니다.

노트북에서 1막에서 멈춘 글 목록을 꺼내 이들을 회생시킬 수 있는지 점검해 봅시다. 도표에 있는 번호에 따라 하나씩 설명하겠습니다.

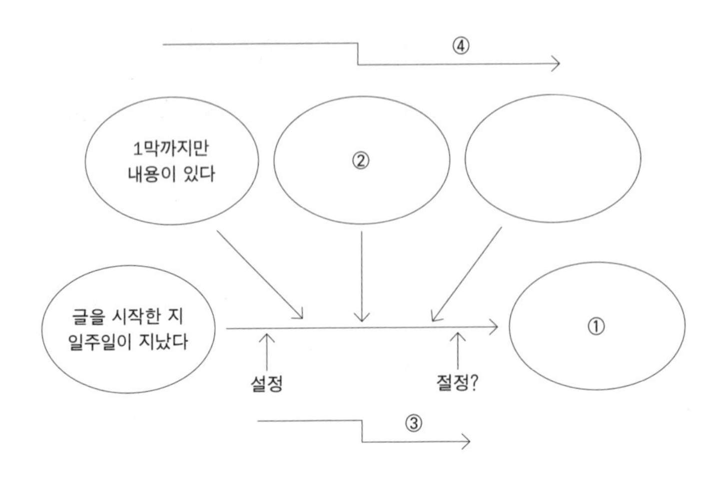

① 엔딩 신을 정확하게 세워야 합니다. 시작만 있고 끝이 없는 글은 유기체가 아니라 조립품입니다. 조립되는 글은 생명이 없습니다. 현재 상태로는 생명체가 아닙니다. 아무리 고민해도 엔딩 신이 떠오르지 않는다면 여기서 멈추는 게 좋습니다. 반면 다시 생각했더니 엔딩 신이 떠오른다면 생명이 있는 글, '멈추지 않는 글'입니다. 성장시킬 수 있습니다.

② 생명체로 태어난 글은 피가 순환되고 성장합니다. 그리고 주인공의 동선이 있습니다. 그래서 엔딩 신이 생각난 거죠. 산을 올랐는데 내려오지 않았다면 동선이 없습니다. 도착점이 생겼으니 하산할 수 있는 것입니다. 중간점의 적대자는 어떤가요? 주인공의 동선이 생겼으니 적대자도 금방 떠오를 겁니다. 주인공의 목적지를 가로

막을 가장 힘이 센 존재를 떠올리면 되니까요. 도무지 적대자가 떠오르지 않는다면 주인공의 동선이 문제입니다. 다시 ①로 돌아가야 합니다. 주인공의 동선이 분명하면 적대자도 금방 떠오릅니다. 주인공의 동선이 불분명하면 적대자도 나타나지 않습니다.

③ ①과 ②가 끝나면 이제부터는 크게 어렵지 않습니다. 1막까지는 글이 있으니 그 가운데서 설정을 찾고 이를 기반으로 멀리 보이는 절정을 예상하면 됩니다. 대부분의 절정은 설정의 성장태입니다. 설정 안에 절정의 씨앗이 들어 있습니다. 그것만 꺼내서 꽃피우면 절정입니다. 이 과정이 어렵다면 내가 쓰고자 하는 글의 장르가 무엇인지 고민해 보기 바랍니다. 장르만 분명하다면 지금까지 쓴 글에 반드시 설정의 씨앗이 있습니다. 반대로 절정 장면이 떠오르지 않는다면 장르가 불분명한 글이라는 뜻입니다. 어쩌면 장르가 없을 수도 있고요. 설정에는 앞으로 전진할 생각이 없는 주인공이 있을 겁니다. 그래서 절정 장면이 생각나지 않습니다. 어쨌든 확실한 설정이 없다면 지금까지 써 놓은 1막이 타인의 기준에서는 제대로 된 1막이 아닙니다. 바로 모니터하고, 결과가 안 좋다면 다시 써서 제대로 된 1막의 끝을 만드세요.

④ 설정을 통해 3막의 절정까지 배치했다면 이제 1막 끝을 갖고 2-2막의 끝을 예상하면 됩니다. 1막 끝과 2-2막 끝은 쌍둥이입니다. 1막의 끝을 써 두었으니 2-2막의 끝은 1막의 끝으로 추측할 수 있습니다. 1막의 끝으로 2-2막의 끝이 생각나지 않는다면 써 놓은 1막 끝은 진정한 1막의 끝이 아닙니다. 2-2막의 끝이 생각나는 1막의 끝을 다시 써야 합니다. 엔딩 신이 없는 글은 생명이 없

는 글이니 냉정하게 그만두라고 말할 수 있습니다. 하지만 1막의 엔딩과 2-2막의 연결은 숙련도와 경험의 문제입니다. 쉽게 포기할 필요는 없습니다. 지금 바로 내가 쓰고자 하는 스토리와 비슷한 영화와 드라마 파일을 열어서 어떻게 연결되어 있는지 보세요. 거기에 답이 있습니다. 다만 최근의 작품들을 위주로 참고하기 바랍니다. 오래된 작품에는 현재와는 호환이 어려운 그 시절에 통용되었던 답이 들어 있거든요. 최신작들을 열어서 글을 쓰고 있는 현재에 적용 가능한 답을 찾기 바랍니다.

1막이 완성되면 시나리오 초고는 반드시 완성된다.

2

서브플롯

주인공의 동선이 정리되고, 가장 강력한 적대자가 셋업된 이후의 문제점과 해결 방법을 알아보겠습니다. 공격점 1과 공격점 3의 배열과 정리에 대한 것입니다. 시나리오를 쓰다 보면 적대자가 뭔가 부자연스럽거나 전체 스토리를 지배하지 못한다는 생각이 들 때가 자주 생기는데요. 그 이유와 해결 방법을 살펴보겠습니다.

좋은 시나리오의 예로 들었던 이창동 감독의 《시》를 다시 한 번 살펴보겠습니다.

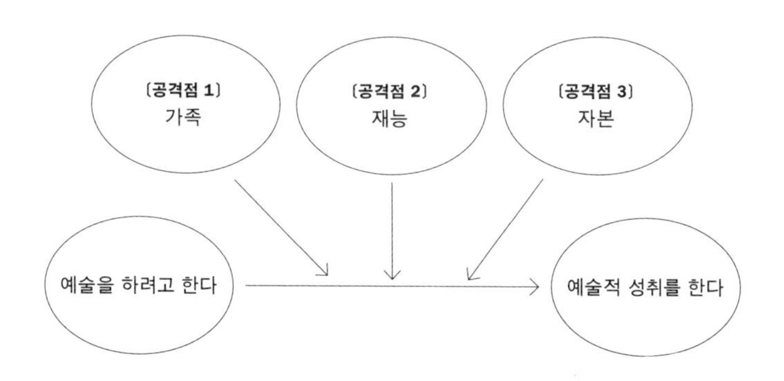

양쪽 날개인 공격점 1과 공격점 3을 보겠습니다. 공격점 1과 3이 제대로 자리 잡으면 스토리의 외연이 확장됩니다. 이 두 곳은 단순히 주인공을 괴롭히는 지점이 아니라 메인 적대자를 도우면서 스토리의 너비를 확장시키는 지점입니다. 스토리의 양 날개는 쌍둥이 형태라고 했습니다. 그래서 이 둘은 대조 혹은 대구를 이루는 경우가 많습니다. 말로는 간단하지만 실제로 글을 쓰다 보면 녹록지 않은 곳입니다.

《시》의 서사를 그림으로 치환하고 다시 설명하겠습니다.

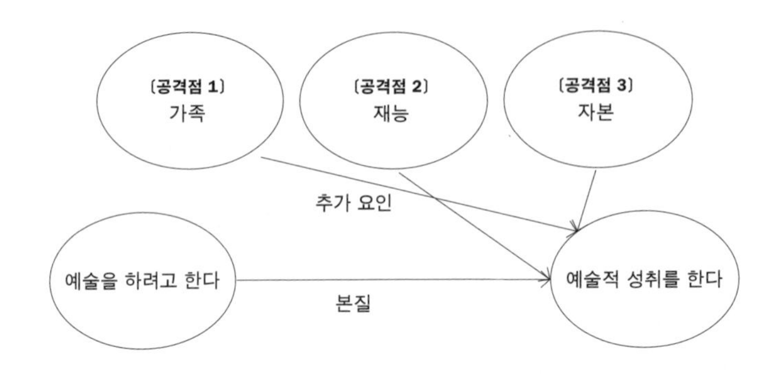

스토리에는 메인 플롯과 서브플롯이 있습니다. 플롯의 삼각형은 메인 플롯을 담당합니다. 공격점 1과 3은 서브플롯을 담당합니다. 서브플롯의 기능은 추가 요인입니다. 하고자 하는 이야기의 외연을 확장시키고, 스토리의 심층을 파고드는 기능을 합니다. 《시》의 본질은 예술하기입니다. 예술하는 데 있어 본질적인 어려움은 재능 부족입니다. 여기에 추가 요인이 있습니다. 가족의 반대와 경제적인 문제입니다. 그래서 '예술은 기본적으로 재능 있는 자가 가족의 반대와 경제적 빈곤함을 이기고 정진할 때 이루어진다'가 이 영화가 하고 싶은 이야기입니다. 비교해 보세요.

① 예술을 하고자 하는데 나의 재능에 확신이 없다.

② 예술을 하고자 하는데 나의 재능에 확신이 없다. 게다가 가족들도 반대하고, 물질적 환경마저 어렵다.

두 문장 가운데 무엇이 2시간 분량의 스토리를 유지하기에 적합할까요?

공격점 1과 3을 이리저리 대입해도 스토리가 분산되고 집중이 안 될 때는 공격점 1과 3의 무엇이 이 영화의 메인 플롯에 도움되는지 확인해야 합니다. 즉 공격점 1과 3은 단순히 적대자를 세팅하는 지점이 아닙니다. 서브플롯의 핵심 단어들이 위치하면서 스토리의 양쪽을 단단하게 지탱해야 하는 곳입니다.

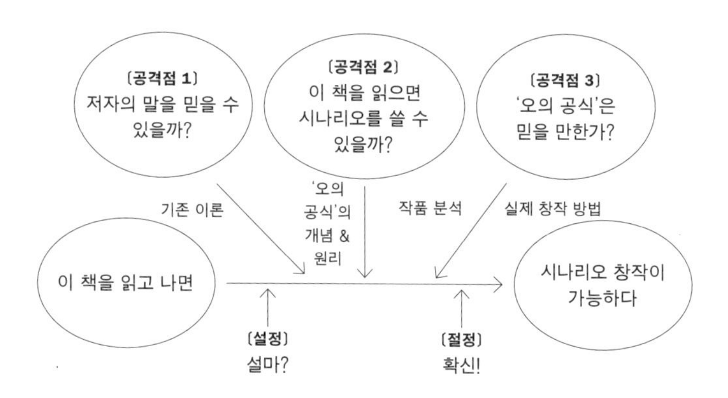

이 책의 구성입니다. 앞에 한 번 나왔죠. 이제 변형해 보겠습니다.

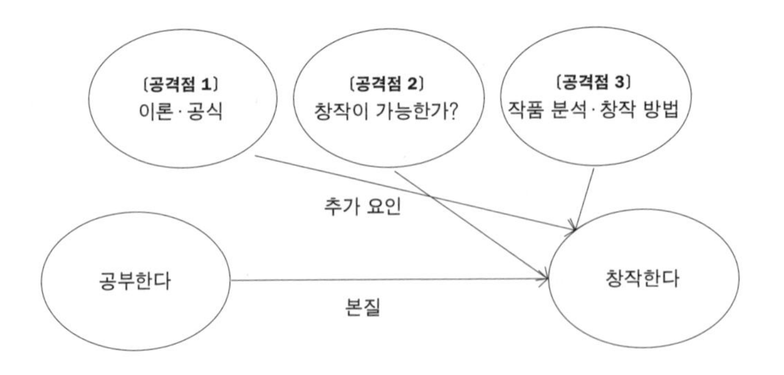

『스토리: 흥행하는 글쓰기』의 핵심 문제는 '이 책을 읽고 나면 시나리오를 쓸 수 있는가?'입니다. 저자는 '이 책에 나오는 이론과 공식을 열심히 공부하면 불안이 해소되고 글을 완성할 수 있다'고 답합니다. 이것이 책의 메인 플롯입니다. 다음을 비교해 보세요.

('이 책을 읽고 나면 시나리오를 쓸 수 있나요?')

— 네, 이 책을 읽으면 가능합니다.

— 네, 이 책을 읽으면 가능합니다. 책에 담긴 이론과 공식을 배우고 작품 분석과 창작 방법을 체계적으로 학습하면 가능합니다.

어느 답이 더 신뢰가 가나요? 공격점 1과 3은 작가가 말하고자 하는 내용의 신뢰성을 높이는 곳입니다. 이와 같은 서브플롯으로 스토리는 보다 안정적으로 전개됩니다.
스토리에는 메인 플롯과 서브플롯이 존재합니다. 공격점 2를 통해 제시되는 메인 플롯은 관객의 질문에 대한 본질을 답하는 곳입니다. 공격점 1과 3의 서브플롯은 메인 플롯의 대답을 지원하고요. 따라서 공격점 1과 3을 구성할 때는 독단적으로 배치하지 말고 공격점 2를 잘 보완할 수 있게 하세요.

3

수정 완료

이 세상에 존재하는 스토리와 관련된 거의 모든 이론을 짚어 봤습니다. 여전히 답을 찾지 못한 이들도 있을 겁니다. '어떻게 고쳐야 하지?' 아무리 물어도 답은 같습니다. 글이 문제입니다. 글만 잘 해결하면 됩니다. 이번에는 어떻게 수정해야 하는지를 논하려고 합니다.
여기에 완벽하지 않은, 어딘가 부족한 글이 하나 있습니다.

여러분이라면 이 글을 어떻게 할 건가요? 잠시 잊고 다른 글을 쓰나요? 문제점이 무엇인지 끊임없이 생각하나요? 계속해서 모니터링을 받나요?

여러 방법이 있겠죠. 지인에게 모니터링을 부탁하고 모니터링에서 나온 이야기를 바탕으로 계속 수정해 나갑니다. 공모전에 제출하고 결과를 기다립니다. 스스로 만족할 때까지 몇 년이고 수정하기도 합니다. 시나리오 수정 과정에 답은 없습니다. 각자의 기준으로 판단해야 합니다.

저는 잠시 생각해 보다 타인에게 모니터링받는 유형입니다. 혼자 쓴 글을 믿지 않거든요. 글을 출력해서 지인들에게 돌리고 모니터링받습니다. 이상한 글, 대사, 지문이 있으면 표시해 달라고 부탁합니다. 코멘트나 생각나는 지문이 있으면 직접 써 달라고도 합니다. 보통 다섯 명 정도에게 부탁하고 종이에 쓰인 지인들의 의견을 듣고 난 다음 직접 만나서 전후 맥락을 이해합니다. 그리고 의견을 종합해 수정합니다.

제가 꼭 제안하고 싶은 건 글의 완료 시점입니다. 저는 하나의 글에 1년 이상은 작업하지 않습니다. 1년 이상이 소요되는 글은 글 자체에 문제가 있다고 생각합니다. 작가는 언제나 새로운 무엇을 쓰고 싶어 하는 사람입니다. 그러니 '이 글은 언제까지, 어느 정도까지 수정하겠다' 혹은 '이 글은 공모전에만 내고 결과에 상관없이 다른 글을 시작하겠다' 등 완료 시점을 정하는 편이 좋습니다. 기간은 절대 1년을 넘기지 않았으면 합니다. 프로 작가는 보통 글을 시작한 시점부터 영화 혹은 드라마가 제작에 들어가는 시간까지 1년 반 정도를 사용합니다. 하지만 그 시간 동안 온전히 그 글만 쓰지는 않습니다. 한 번에 두세 개의 글을 같이 쓰는 경우가 많습니다. 그러니 온전히 한 글에만 투여하는 시간은 각 스토리마다 1년이 최대치라고 봅니다. 물론 판단은 각자의 몫입니다.

기간을 말했으니 다음으로 수정 방향을 생각해 보겠습니다.

왜 글을 수정하나요? 스스로 만족하지 못해서인가요, 아니면 다른 사람들이 글을 고치라고 해서인가요?

글 내부의 어떤 요인이 문제라면 이 책의 처음으로 돌아가 스토리의 기본 요소부터 다시 확인하세요. 주인공과 적대자의 연결 관계, 표면 서사와 심층 서사의 결합 등등. 외부에 문제가 있다면 정말 큰 문제입니다. 대부분의 수정과 관련된 문제는 외적 문제일 확률이 높습니다. 투자사가, 제작사가, 감독과 연출진이 수정하자고 합니다. 작가의 주관적인 만족도 문제라면 시기와 방법을 정해서 작가의 일정과 만족도에 맞추면 됩니다. 쉽습니다. 외부의 기준으로 수정해야 한다면 수정 비율, 수정 횟수, 수정 기간 등을 반드시 미리 정해야 합니다.
창작자에게는 매번 타인의 기준으로 평가받아야 한다는 자체가 고통입니다. 그러나 작가는 이를 당연시하고 또 매번 이 과정을 거쳐야 합니다. 이때 수정 비율, 수정 횟수, 수정 기간을 정해 두면 훨씬 감내하기 쉽습니다. 반드시 계약서에 명시하세요. 책임을 회피하라는 이야기가 아닙니다. 역할은 다하되 작가 본연의 의무를 잊지 마세요. 새로운 글을 쓰는 사람이 작가입니다. 타인의 의견에 갇혀 있는 시간은 최대한 줄이고 오리지널 스토리를 쓰는 데 집중하는 편이 바람직합니다.

작가는 수정하는 사람이 아니라 창작하는 사람이다.

4

내 글의 사회화

세상 밖으로 나갈 차례입니다. 영화의 경우 제작사나 투자사에 시나리오를 보내야 합니다. 드라마라면 드라마 제작사나 방송사 편성 팀에 대본을 보내야 하고요. 아마추어 작가라면 영화진흥위원회, 콘텐츠진흥원, 각 지역 영상위원회가 주관하는 스토리 공모전에 응모해야 합니다. 가끔은 제작사나 투자사에서는 버림받았는데, 우연히 유명 PD나 다른 작가에게 스토리가 흘러가서 부활할 수도 있습니다. 사람에게 각자의 인생이 있듯 각각의 스토리도 자기만의 스토리 라인대로 흘러갑니다. 어디로 흘러갈지는 아무도 모릅니다.

좋은 글은 어디서나 좋은 평가를 받습니다. 어디론가 글을 보내면 대개 2주 정도면 결과가 나옵니다. 여기서 산업이 작가에게 주는 응답에는 두 가지 방법이 있다는 사실을 알아야 합니다. 글이 좋으면 일주일 내로 연락이 옵니다. 그리고 연락 온 당일 혹은 다음날 바로 담당자와 만납니다. 반대의 경우는 아무도 연락하지 않습니다. 굳이 연락해서 내 글의 문제점이 무엇인지 묻지 마세요. 관례상 알려 주지 않습니다. 그래도 계속해서 연락하면 대부분 이렇게 말합니다. "글은 괜찮은데, 이번에는 저희 회사랑 맞지 않는 것 같습니다." '괜찮다'는 나쁘다에 가깝다고 했습니다. 대신 동료들에게 의견을 구하세요. 냉정하고 잔인한 표현을 쓰는 친구나 선후배에게 부탁해야 합니다. 그들에게 이야기를 듣다 보면 문제점을 파악할 수 있습니다. 당장은 상처지만 이 과정을 통해 성장합니다. 잊지 마세요. 작가는 사회로 나가는 글을 쓰는 사람입니다. 사회로 나가는 글을 '나의 글'이 아닙니다. '우리의 스토리'만 사회로 나갑니다.

이 책을
덮기 전에

스토리의 가치

이로써 스토리 만들기에 대한 논의가 끝났습니다. 이제 여러분이 만든 스토리를 세상에 내보일 차례입니다. 마지막으로 글쓰기를 둘러싼 외부 환경에 대한 간략하지만 중대한 이야기를 꺼내려 합니다.

> **여러분은 왜 글을 쓰나요? 무엇이 여러분에게 글을 쓰게 하나요? 글쓰기로 발생하는 부가 가치는 무엇인가요? 우리는 무엇을 위해 날마다 노트북을 두드리는 걸까요?**

이제 솔직하게 터놓도록 해요.

> **무엇을 바라나요?**

이 질문에 대한 답이 여러분이 쓰고 있는 글의 '가치'입니다. 모든 작가는 텍스트에 내재되어 있는 가치를 이야기하고 싶어 합니다. 몇 년 전부터, 오래전부터, 어제 갑자기 어떤 이야기를 쓰고 싶었다고 흔히 말합니다. 이때 배경을 유심히 들여다볼 필요가 있습니다. 작가의 무의식을 들여다봐야 합니다. 무엇이 작가를 글 쓰게 할까요?

예술적 가치

영화 산업에서 예술적 가치가 높은 텍스트라면 칸, 베를린, 베니스처럼 작품성을 중심으로 영화를 평가하는 영화제 수상작부터 떠오릅니다. 대중의 사랑보다는 작품의 명예를 최고의 목표로 둔 작가들이 선호합니다. 이들에게 묻고 싶습니다.

> **여러분이 바라는 것이 무엇인가요? 세계적인 영화제에서의 수상인가요? 여러분의 무의식은 무엇을 바라고 있나요?**

자신의 내면에 질문해 보세요. 내가 진심으로 바라고 원하는 게 무엇인지. 자신의 답을 가슴 깊이 보관하고 가끔 꺼내 들여다보세요. 처음으로 목표를 설정했던 그때의 생각이 지금도 유효한지 매번 확인해야 합니다. 스스로 무엇을 바라며 어디로 가고 있는지 물으세요. 스스로가 납득할 만한 답을 찾아야 비로소 그에 맞는 창작 형태와 과정이 생깁니다.

'어떤 상을 수상해야 나의 작가적 성취가 이루어질까?'라는 질문을 평생 가지고 가야 합니다. 매 작품이 끝날 때마다 이 질문을 꺼내서 자신에게 물어봐야 합니다.

상업적 가치

영화도 드라마도 이익을 바랍니다. 흥행을 마다할 제작사, 투자사는 없습니다. 지향점도 확실하고 목표도 분명하고 객관적입니다. 1천 만 관객이 보는 영화 시나리오를 쓰고 싶은 여러분께 묻겠습니다.

여러분의 인생 목표는 무엇인가요? 글쓰기는 돈벌이의 수단입니까? 아니면 인생의 목표입니까?

아마도 대답은 비슷할 겁니다. 관객이 좋아할 만한 스타일로, 시청자가 재미있어 할 만한 이야기를 쓰다 보면 물질적인 풍요도 자연히 이루어질 거라고 대답하겠죠. 그래서 심층 질문을 하나 더 하겠습니다.

바라는 만큼의 돈을 벌면 글쓰기를 멈출 건가요?

욕망의 크기에 대한 질문입니다. 글쓰기를 통한 경제적 성공을 바란다면 나의 욕망의 크기를 정리해 둘 필요가 있습니다. 만약 제때, 제대로 정리하지 못한다면 '작가 정신'이 '자본의 크기'에 잠식당할 확률이 높습니다. 그런데 예술적 가치와 상업적 가치, 이 둘을 절묘하게 섞어 영화제에서도 좋은 평가를 받고 관객도 많이 드는 영화를 만들고 싶은 사람들이 있습니다.

누구인가요?

바로 여러분입니다. 둘 다 가지고 싶죠. 하지만 쉽지 않습니다. 먼저 하나를 성취하세요. 그러면 가능합니다. 이제 마지막 질문을 던집니다.

당신은 예술적인 작가입니까? 상업적인 작가입니까?

나가며

저는 지금도 기원전에 쓰인 『시학』을 가지고 스토리 강의를 합니다. 지금 이 순간에도 지구 어디에선가는 그리스 비극이 공연되고 있을 겁니다. 인간은 변하지 않습니다. 인간이 사는 세상이 변할 뿐이죠. 본질은 그대로입니다. 사람들은 여전히 이야기를 좋아하고, 이야기를 펼치고 있습니다. 서로의 이야기를 나누고자 하는 욕망은 변하지 않습니다.

우리는 변하지 않습니다만 우리를 둘러싼 환경은 변합니다. 돈과 시간을 들여 영화관을 찾았던 우리가 점점 TV, 컴퓨터, 핸드폰을 통해 영화를 보고 있습니다. 간단한 신문 기사는 이미 인공지능 컴퓨터가 쓰고 있습니다. 앞으로는 로봇이 창작하여 글을 쓸 겁니다. 하지만 모니터 앞에 앉아 하염없이 빈 화면을 바라보며 보내는 숱한 인간 작가들의 고뇌의 밤, 고민의 시간을 인공지능 시스템은 결코 알 수 없겠죠.

인간은 변하지 않는데 인간이 좋아하는 것은 변하다 보니 시대마다 사람들이 좋아하는 스토리가 다릅니다. 앞으로도 마찬가지입니다. 당장 한국 영화만 봐도 그렇습니다. 한때 대한민국 영화에는 조폭밖에 안 나온다는 말이 나온 적도 있었고, 멜로 영화가 아니면 제작이 어려웠던 시절도 있었습니다.

그 시절에 오늘날과 같은 미래를 상상할 수 있었을까요? 앞으로 다가올 미래에 우리는 어떤 글을 쓰게 될까요? 이 질문에 대해 제가 할 수 있는 답은 '관찰'밖에 없습니다. 밖으로 시선을 돌려 세상의 변화를 세밀하게 관찰하세요. 자신의 내면의 변화에 귀를 기울이세요. 세상 사람들이 어떤 것을 좋아하는지 매일 살펴보세요. 어떤 방법이건 좋습니다. 중요한 것은 이 세상의 모든 것은 변한다는 진리입니다. 이것을 마음에 새기고 시대와 걸음을 맞추어야 합니다. 머나먼 과거의 이야기를 쓰더라도 현재의 감성과 공존해야 함을 잊지 말고 먼 미래의 이야기를 쓰더라도 그것을 보는 관객은 동시대의 사람들이라는 점을 기억하세요.

이 책에서 저는 모든 스토리를 '오의 공식'에 대입하여 설명했습니다. 독자인 여러분은 이 공식에 대해 공감도 반박도 할 수 있습니다. 괜찮습니다. 저 역시도 대가들의 시나리오 작법서를 읽고 어느 부분은 감화되기도 하고, 어느 부분은 반박하기도 했으니까요. 수많은 사람이 각자의 방법으로 각자의 글을 씁니다. 이 책은 저의 방법입니다. 저는 계속해서 여러분께 '자신만의 툴tool'이 있는지를 물었습니다. 『스토리: 흥행하는 글쓰기』는 그것을 얻기 위한 도구여야 합니다. 아직 자신의 공식이 없다고 해서 걱정하거나 조급해하지 않아도 됩니다. 저 역시 책을 써야겠다고 마음먹고서 10년이 지난 지금에야 책을 완성했으니까요. 조금 위안이 되나요? 제일 중요한 것은 여러분이 글을 대하는 태도, 좋아하는 글의 방향, 끝내 완성해 내는 의지입니다. 그리고 플롯, 주인공, 가치 이 세 단어 사이를 맴돌며 오늘도 밤을 지새우는 여러분이 진정한 승자입니다.
마지막으로 이 말을 하고 싶습니다. "작가님의 길을 지지합니다." 그 길의 형태와 무관하게, 그 길의 도착점과 상관없이 진심으로 응원합니다. 긴 시간이 걸리더라도 꼭 완주하기 바랍니다. 잊지 마세요. 이 세상 모든 사람들이 여러분의 글을 기다리고 있습니다.